경영의 본질

Führen, Leisten, Leben
by Fredmund Malik
Copyright © 2006, 2014 Campus Verlag GmbH

Korean Translation Copyright © 2023 by Sensio
Korean edition is published by arrangement with Campus Verlag GmbH,
Frankfurt am Main through BC Agency, Seoul

CEO의 서재 · 39

MANAGEMENT

경영의 본질

피터 드러커가 극찬한 경영 바이블

프레드문트 말릭 지음 × 박여명 옮김

X ESSENCE X

센시오

2 ═══ 원칙 ═══

3 ⎯ 경영 과제

4 ═ 경영 도구

5 시스템

대변혁의 시대에도
경영의 본질은 같다

● **대변혁 시대, 옛 세상에서 새 세상으로**

오늘날 세계는 역사상 가장 근본적인 사회적, 경제적 변화를 경험하고 있다. 지금 우리를 둘러싼 '저 바깥세상'에서 벌어지는 일들은 단순한 금융위기나 은행 위기, 경제 위기, 유로화 위기 그 이상이다. 이 모든 것들은 지금까지의 변화와는 근본적으로 다른 새로운 무엇이다.

우리가 알던 세상은 이제 우리가 알지 못하는 새로운 세상으로 변하고 있다. 근본적으로 새로운 질서와 새로운 사회적 기능이 자리를 잡고 있으며, 새로운 유형의 사회적 진화가 진행되고 있다. 몇 년 안에 거의 모든 것이 새로워지고 달라질 것이다. 우리가 '무엇'을, '어떻게', '왜' 하는지는 물론이고 무언가를 생산하고 운송하는 방법, 자금

경영의 본질

을 조달하고 소비하고 관리하는 방식, 치료하고 교육하고 학습하고 연구하고 혁신하는 과정, 정보를 얻고 소통하며 협력하고 일하고 살아가는 방식까지도 달라질 것이다. 그리고 마침내는 이를 통해 우리가 '누구'인지도 달라질 것이다.

사회적 기능의 원리와 구조 또한 근본적으로, 전 세계적으로 돌이킬 수 없게 변화할 것이다. 유형이나 규모와 상관없이 수백만에 이르는 조직들은 변화해야 하고, 여기에 순응해야 한다. 세대에 상관없이 우리는 모두 생각의 틀을 바꾸고 다른 방식으로 학습해야 할 것이다.

이와 같은 근본적인 변혁은 정부의 형태와 민주적인 프로세스의 실제를 바꿔놓을 것이고, 갈등과 문제를 해결하는 방식도 달라질 것이다. 변혁은 대부분의 조직에 전면적인 개혁을 가져올 것이며, 인간의 생각과 감정, 목표와 목적, 가치 그리고 삶의 의미까지도 바꾸어놓을 것이다.

내가 이 책을 쓴 이유는 급격하게 변화하는 시대를 위한 효과적인 경영에 대해 말하기 위해서이다. 나는 경영에 대한 기존의 인식과 현장에서 사용하는 경영 도구들의 유통기한이 끝났음을 알고 있었다. 이러한 모델들은 지금보다 세상이 훨씬 더 단순하고 느리게 흘러가던 시절에 만들어진 것이기 때문이다.

나는 1993년부터 '새 시대'의 본질에 대해 설명해왔고,[1] 여기에 '대변혁'이라는 이름을 붙였다.[2] 가파르게 증가하는 복잡성과 갈수록 촘촘해지는 사회적 네트워크의 역동성 등 '대변혁'의 흐름 속에서 기존의 경영 모델은 무용지물이 되고 말 터였다. 그렇기에 기업의 주인은 주주이므로 주주의 가치를 극대화하기 위해 기업을 경영해야 한다는 '주주가치론Shareholder Value'을 강조했으며, 금융계의 단기적인 사고방식만으로는 살아남기 어려울 것이라고 판단했다.

그리고 얼마 지나지 않은 2000년 2월 누구도 예상하지 못했던 금융 시장의 붕괴가 시작되었다. 주식시장은 곤두박질쳤다. 주가가 하락하는 것은 20년 만에 처음 있는 일이었다. 사람들은 큰 충격에 빠졌다. 주가는 불과 2년 만에 70퍼센트나 하락했고, 이 가운데 대부분이 오늘날까지도 온전히 회복하지 못했다. 한편에서는 인터넷의 초기 붐과 함께 만들어진 신경제New Economy(미국에서 디지털 기술을 기반으로 인플레이션 없이 1990년대 10년 이상 장기 호황이 이어진 현상-옮긴이)가 무너졌다. 하지만 또 한편으로는 이 시기를 기점으로 인터넷이 발전하기 시작했다.

이 과정에서 우리는 위기 속의 기회를 볼 수 있었다. 오늘날에도 우리는 새로운 세상이 가진 주요한 특징과 패턴을 이미 엿보고 있다. 새롭게 주어지는 과제들을 정복하고 거대한 기회를 활용하는 것은 결코 불가능한 일이 아니다. 복잡성과 변화의 속도가 요구하는 것이 바로 경영의 효과성과 전문성이다. 그리고 성공의 열쇠는 바로 효과적인 실행이다. 그리고 나는 바로 이 근본적인 변혁을 정복하기 위해 이 책을 썼다.

● **대변혁의 법칙**

하지만 경제적인 생각만으로는 이와 같은 변혁을 이해하기 힘들다. 단순히 재정적이거나 경제적인 것 그 이상의 변화이기 때문이다. 변혁을 야기하는 가장 강력한 요소로는 대표적으로 인구 발달과 환경 문제, 과학의 거대한 발전 가능성과 그 기술적인 활용을 꼽을 수 있다. 여기에 지난 수십 년간 금융 시스템이 가져온 과도한 부채와 그로 인한 극심한 디플레이션 및 경기 침체라는 특수하고도 아직 파악하지 못한 위험 요소가 더해진다. 불행하게도 주류 경제는 지난 15년간 이와 같은 현상을 부의 창출이라고 여겼다. 하지만 사실상 이러한 경제가 만들어낸 것은 역사상 가장 거대한 부의 파괴를 위한 시스템이었다.

이와 같은 대변혁의 시기에는 우리가 상상조차 할 수 없을 정도로 극심한 경제 침체의 위험이 도사리고 있다. 그 징후는 이미 미국과 남유럽을 포함해 전 세계적으로 나타나고 있다. 더욱이 사회적 혼란으로 인해 시민 질서가 붕괴될 위험도 간과할 수 없다. 하지만 동시에 이런 변혁 속에는 새로운 경제의 기적이 일어날 기회도 숨어 있다. 안정적인 기본 질서를 가진 사회가 만들어질 기회 또한 공존한다. 전 세계에서 다각적으로 이루어지고 있는 변혁의 흐름은 한마디로 새로운 세상이 태어나기 위한 '진통'으로 요약할 수 있을 것이다. 〈그림 1〉이 보여주는 것이 바로 대변혁의 기본 패턴이다.

역사를 돌이켜보면 이러한 변화는 주기적으로 나타났다. 하지만 그 주기가 매우 길었다. 지도자가 권력을 유지하는 기간이나, 경영자가 책임을 지는 기간보다 더 오랜 시간에 걸쳐 변화가 나타났기 때문에 미처 인식하지 못하는 경우가 대부분이었다.

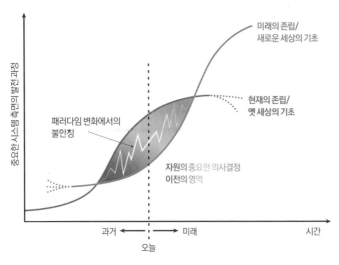

〈그림 1〉 대변혁의 시기에 나타나는 근본적인 변화

　이 과정에서는 기존의 것이 새로운 것에 밀려나고 교체되기 마련
이다. 이를 전문용어로는 '대체substitution'라고 한다. 역사적으로는 농
경사회에서 산업사회로 변화되던 200년 전이 그랬다.
　'대체'는 작은 규모로도 이루어진다. 1890년부터 1930년 사이에
짐마차는 점차 자동차로 대체되었고, 비교적 최근에는 유선전화가
스마트폰으로 대체되었으며, 아날로그 사진이 디지털 사진으로 대
체되었다. 이와 같은 변화는 시장을 지배하던 기존의 경제 구조를 빠
르게 무너뜨리고 다시는 회복할 수 없게 만든다. 대신 더 큰 규모의
새로운 경제 시스템이 탄생한다.

● 대변혁의 시대, 혁신적인 기업의 조건

이러한 과정은 사회의 근본적인 변화로도 이어진다. 혁신적인 기업가들이 존재한다는 것 자체가 경제에 무자비한 논리가 작용한다는 사례가 될 수 있다. 요제프 슘페터Joseph Schumpeter는 이와 같은 변화를 경제를 움직이는 근본적인 원동력으로 여기며, 새로운 것이 기존의 것을 밀어내는 현상을 '창조적인 파괴'라고 일컬었다. 하지만 오늘날 현대 경영의 최우선 목표가 시스템의 혁신이라는 것까지는 슘페터도 예측하지 못했을 것이다.

이 지점에 다리를 놓은 것이 피터 드러커다. 드러커는 슘페터의 이론을 (어쩌면 잘못 이해된 것일지도 모를) 엘리트주의적 오만으로부터 분리시켰다.[3] 성공하는 기업들의 전략에는 언제나 패턴이 있다. 바로 변혁을 선도하는 것이다. 성공하는 기업은 적극적으로 변혁을 주도한다. 일반적인 다른 기업들처럼 변혁이 일어날 때까지 기다리지 않는다. 성공하는 기업은 가차 없는 경제의 법칙에 저항하기보다 그것을 이용해 새로운 영역에서 성과를 이끌어낸다. 그 과정에서 그들은 주도권을 잡고서 직접 게임의 규칙을 정한다. 변혁이 의무가 아니라 의지로 변모하는 순간이다. 성공하는 기업은 결코 떠밀려 나가지 않으며, 스스로의 운명을 결정한다.

어떻게 보면 이 혼란은 '창조적인 파괴'를 통해 새로운 세상이 시작되는 과정에서 발생하는 진통이라고도 할 수도 있다. 이것은 지금까지 우리가 알던 '변화'와는 전혀 다른 것으로, 생물학에서 사용하는 근본적인 형태의 변화인 '변태變態'라고 할 수 있다. 애벌레가 나비로 변하는 과정이 바로 '변태'의 사례이다.

'대변혁의 시대'는 우리에게 단순한 '변화'가 아닌 '변태'를 요구한다. 따라서 사실상 사회의 거의 모든 조직에 새로운 매니지먼트 시스템과 새로운 형태의 조절과 자기 조절 능력 그리고 새로운 조직과 자기 조직 능력이 필요하다. 또한 새로운 기술과 창의성, 혁신의 도구 그리고 새로운 형태의 생물학적 지능과 인공적 지능이 필요하다. 지금까지 단 한 번도 존재하지 않았던 새로운 것에 적응하고, 스스로 새로운 것을 창조해내는 능력을 발휘해야 한다.

● **대변혁의 시대, 복잡성을 정복하기 위해**

전 세계적으로 나타나고 있는 변혁의 과정에서 가장 눈에 띄는 것이 있다면 단연 복잡성의 폭발적인 상승이다. 그렇다면 복잡성이란 무엇일까? 복잡성은 곧 다양성이다. 복잡성은 실제 자연이 가지고 있는 성질 중에 하나로, 고유의 법칙과 역동성을 가지고 있다.

우리가 마주하게 될 복잡성에는 두 개의 얼굴이 있다. 하나는 위험의 얼굴이고 하나는 기회의 얼굴이다. 이 사실을 이해하지 못하면 복잡성은 지나친 수요 팽창을 일으키고, 과도한 스트레스로 시스템이 붕괴에 이르는 원인이 될 수 있다. 하지만 활용 방법을 알고 있다면 복잡성은 정보와 지능, 창의성의 자원이 될 수도 있다.

오늘날의 조직은 복잡성이라는 공격에 전혀 무장되어 있지 않다. 이는 은행의 사례만 보더라도 잘 알 수 있다. 사실 이들 시스템의 붕괴는 결코 놀라운 것이 아니다. 이들의 구조와 기능은 지금보다 훨씬 단순했던 지난 세기에 맞추어 만들어졌기 때문이다. 복잡성이 형성

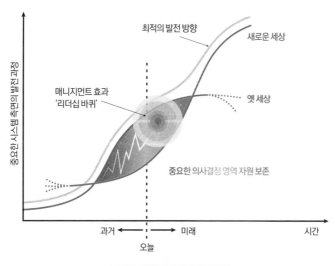

<그림 2> 대변혁의 이상적인 발전 과정

되는 과정을 인지하지 못했던 수많은 조직들은 오늘날의 상황을 예측하지 못했고, 그에 맞는 제어 및 매니지먼트 시스템을 구축하는 데 실패하고 말았다.

내가 이 책을 쓴 이유는 복잡성의 정복을 위해서다(이와 관련해서는 〈그림 2〉를 참고하라). 다시 말해, 대변혁이 가져올 근본적인 변화를 통과하도록 돕는 안내서로서 새로운 세상 앞에 놓인 거대한 기회를 활용할 수 있도록, 그리고 무엇보다 '경영의 효과성'을 이루기 위해서다.

● 효과적 경영, 올바른 경영

　시간이 지날수록 조직들은 목표를 달성하는 데 어려움을 겪을 것이고, 그 과정에서 더 많은 지출을 하게 될 것이다. 그렇기에 가속도가 붙은 변혁을 제어하고 전 세계적인 네트워크를 이해하기 위해서는 반드시 '올바른 경영'이 필요하다.

　'내변혁의 시대'에 성공으로 가는 가장 좋은 길은 오직 하나, 올바르고 좋은 경영을 통해 효과성을 실현해나가는 것이다. 올바르고 좋다는 것은 효과적이고 효율적이라는 것을 의미한다. 올바른 경영은 잠재력을 결과로 변화시키고 효과적인 실행을 이끌어낸다. 그렇기에 조직과 사회가 제대로 기능을 하기 위해서는 올바르고 좋은 경영이 필요하다.

　이처럼 당연한 이야기를 하는 이유는 분명하다. 계속되는 변화와 오해로 인해 뒤죽박죽이 되어버린 조직의 경영에 신뢰할 수 있는 이정표를 세우기 위해서다. 올바른 경영은 조직이 안정적으로 기능하게 만들며, 사람들 각자가 가진 강점과 능력을 성과와 성공을 위해 효과적으로 활용할 수 있도록 함으로써 갈수록 복잡해지는 세상에서 자신의 삶을 관리할 수 있도록 한다.

　올바른 경영이란 올바른 생각과 올바른 행동을 포괄하는 개념이다. 따라서 이 책에서 소개하는 경영 모델은 생각과 행동을 위한 경영 시스템이고 할 수 있다. 생각의 시스템은 지식의 올바른 조직을 위해 필요하고, 행동의 시스템은 올바른 실행을 위해 필요하다. 이 두 가지 시스템은 조직 내에서 올바르게 생각하고 행동하기 위한 기본 원칙과 과제, 도구를 포함하고 있으며, 동시에 올바름에 대한 책임이 포함되어 있다. '모범 경영'만으로는 부족하다. 우리에게 필요한 것은 '올바른 경영'이기 때문이다.

● 새로운 길이 아닌 옳은 길로

시스템 중심의 경영 분야에서 다년간 연구 활동을 하던 나는 1976년, 장크트 갈렌 매니지먼트센터의 책임자로서 대학교에서 강의를 하는 한편 매년 최대 100일 이상 매니지먼트 관련 강연과 세미나를 진행했다.[4] 세미나 참석자들은 조직에서 중간 이상의 직급을 가진 리더와 경영자들이었다. 그런데 세미나를 할 때마다 내가 늘 받는 질문이 있었다. 조직 경영과 관련해서 새로운 것은 없냐는 것이었다. 그때마다 나는 다음과 같이 대답하곤 했다.

"기꺼이 알려드릴 수는 있지만, 그것보다는 제가 옳다고 생각하는 것이 무엇인지를 설명해드리는 게 더 도움이 될 것 같습니다."

40년 이상 경영학을 가르친 교수이자 컨설턴트로서 나는 2~3년마다 한 번씩 바뀌는 새로운 경영 트렌드를 경험했던 것 같다. 새로운 구루가 등장하는가 하면 세미나의 트렌드가 바뀌고, 하룻밤 사이에 경영 신간들이 쏟아져 나왔다. 분명 사람들에게는 지나치기 쉽지 않은 주제였을 것이다. 새로운 콘텐츠를 찾는 사람들의 요구에 따라, 인쇄물의 권위를 바탕으로 공허한 트렌드가 빠르게 전파되었다. 몇 년이 지나 소동이 조금 잦아들었다 싶으면 어김없이 또 다른 소용돌이가 휘몰아쳤다. 그러는 사이 전국에서는 수많은 리더들이 최근 인기를 끄는 매니지먼트 트렌드를 주제로 세미나에 참석하고 교육을 받았다.

대학교에서 착실하게 교육을 받고 사회에 나온 다양한 전공 출신의 리더들은 끝도 없이 쏟아지는 경영 이론을 제대로 활용하지 못했다.[5] 조직 경영과 관련된 세미나들은 엉터리인 경우가 많았지만 사람들은 이를 제대로 구분하지 못했다. 무엇이 좋고 무엇이 나쁜지, 무엇이 옳고 무엇이 잘못되었는지의 기준은 물론이고, 그런 기준이 오랜 세월을 거쳐 서로 다른 분야와 실제 기업 현장에서 어떻게 정립되었으며, 왜 오늘날 당연하게 여겨지는지도 알지 못했다.

대학교에서 공부하는 학문들은 오랜 시간의 연구를 통해 힘겹게 깨달음을 얻고 발전한다. 이런 발전은 비판을 통해 기존의 이론에서 잘못된 것을 발견하여 수정하고 제거하는 과정을 통해서 이루어진다. 하지만 경영학이라는 학문에는 이와 같은 발전의 원동력, 즉 제도화되고 체계적인 비판이 존재하지 않는 것이나 다름없다. 다른 학문들은 과거의 깨달음을 발판으로 삼아 발전을 이어가는 데 비해, 경영학 전문가라고 하는 이들의 목적은 기존의 것과는 전혀 다른 '새로운 것'을 만들어내는 데 있는 것 같다. 문제는 오랜 시간에 걸쳐 검증되고 지켜온 것을 조금도 고려하지 않는다는 데 있다. 물리학자들은 여전히 1686년 아이작 뉴턴이 정리한 중력의 법칙을 중요하게 생각한다. 하지만 조직 경영과 관련 저서들은 3년만 지나도 쓸모없는 것이 되어버리는 것이 현실이다.

물론 미디어가 지배하는 세상에서 조직 경영에 새로운 트렌드가 나타나는 것을 외면하기 어려울지도 모른다. 대부분의 트렌드는 빠르고 쉬운 성공을 약속해주고 사람들은 여기에 마음을 빼앗긴다. 우리는 모두 성공을 원한다. 노력 없이도 성공할 수 있는 방법을 알려주는 책들은 나의 학창 시절인 1970년대에도 인기가 있었다. 그리고 이러한 현상은 오늘날까지도 변함없이 지속되고 있다.

'강의 다섯 번 만에 영어 정복하기', '5분 안에 마스터하는 리더의 모든 것', '쉽게 배우는 골프', '자면서 살 빼기' 등과 같은 책들이 건네는 약속은 예나 지금이나 뿌리치기 쉽지 않은 유혹이다. 물론 누구나 성공할 수 있다. 하지만 그때그때 유행하는 트렌드를 따라하기만 해서는 성공하기 쉽지 않다.

성공에 이르는 가장 확실한 길은 스스로 효과성을 실현하는 것이다. 이를 처음으로 언급한 것이 바로 피터 드러커가 1967년에 출간한 《자기 경영 노트The Effective Executive》이다. 이 책은 효과성을 주제로 한 최초의 책이었으며, 드러커는 효과성과 효율성을 분명하게 구분한 최초의 인물이었다. 드러커는 이렇게 말한다. "효과성이란 올바른 일을 하는 것이고, 효율성이란 일을 올바르게 하는 것이다."

하지만 명확한 메시지를 전달하는 드러커의 책 제목은 잘못된 번역으로 큰 혼란을 야기했다. 저자가 책을 통해 '이상적인' 리더란 없다고 분명하게 언급하고 있음에도 이 책은 독일에서 무려 몇 십 년 동안 '효과적인 리더' 혹은 '효율적인 리더'가 아닌 '이상적인 리더'라는 제목으로 소개되었기 때문이다. 그래서 2014년 이 책의 제목이 마침내 제대로 번역되어 출간되었을 때 나는 그 어느 때보다도 기뻤다.[6]

내가 드러커를 높이 평가하는 이유는 그가 현대 사회와 조직에서 매니지먼트의 중요성을 가장 먼저 깨닫고 그것을 많은 사람들이 이해할 수 있도록 정리했기 때문이다. 이를 위해 드러커는 명확하고 장기적으로 유효한 개념들을 만들었는데, 나는 이 책에서 드러커의 개념들을 인용하거나 그것을 토대로 한 개념들을 사용했다. 드러커와 나는 1980년대 말에 처음으로 만난 이후 정기적으로 의견을 나누었다. 우리가 가장 많이 나누는 질문은 예나 지금이나 같다. '어떻게 해야 조직에서, 조직을 통해 효과적인 사람이 될 수 있을까? 어떻게 해야 올바른 것을 올바르게 해낼 수 있을까?'[7]

효과적인 것과 효율적인 것

조직 경영의 기능이 대부분 그렇듯이, 효과성은 눈에 보이는 것이 아니다. 이 사실만 알아도 경영에 대한 수많은 오해에서 벗어날 수 있다. 올바른 경영을 통해 얻은 성과는 눈에 보이지만, 자원을 결과로 만들어내는 효과적인 방법으로서 경영의 기능은 결코 눈에 보이지 않는다.

올바른 경영의 특징이라 할 수 있는 효과성은 유기체의 신진대사에 비유할 수 있다. 촉매 작용을 하는 효소가 없다면 유기체가 모든 것을 가지고 있다 하더라도 어떤 기능도 할 수 없으며, 설혹 기능을 하더라도 제대로 이루어지지 않을 것이다. 마찬가지로 효과성이라는 '전달물질'이 없으면 사람이나 조직은 약해지고 비효율적으로 작동하며, 특정한 성과를 거둘 수 없게 된다. 그러므로 우리는 효과성을 촉진하는 전달물질을 이끌어내야 한다.

경영의 본질

어려운 일도 효과적으로 해내는 사람들이 있다. 이런 사람들은 무엇을 하든 옳은 행동을 올바른 방식으로 수행한다. 하지만 올바른 아이디어를 가진 사람이 모두 다 이렇게 할 수 있는 것은 아니다. 사람들은 제임스 와트가 증기기관차를 발명했다고 생각하지만 사실은 그렇지 않다. 제임스 와트는 증기기관차에 효과를 더했을 뿐이다. 제임스 와트를 통해 비로소 증기기관차는 산업에 필요한 요소가 되었다.

효과성만큼 중요한 또 하나의 요소는 실행이다. 우리에게 부족한 것은 아이디어가 아니라 실행이다. 결국 실현되지 못하는 아이디어를 가진 사람은 많다. 물론 위대하고 창의적인 아이디어들은 그 자체로 중요하다.

'위대한 인물'들도 그렇다. 나도 예전에는 이러한 사람들에게 관심이 많았지만, 창의적인 것과 효과적인 것의 차이를 알게 된 후로 나의 관심은 효과적인 사람들, 즉 결코 평범하지 않은 일을 이루어낸 지극히 평범한 사람들에게 집중되었다. 나는 그들이 일하는 방식에 주목했다. 그리고 그 내용을 바탕으로 '효과적인 사람이 되는 것'에 대해 말하기 위해 이 책을 썼다.

● 효과적인 경영 시스템을 구축하는 방법

효과적인 경영 시스템을 구축하기 위해 나는 논리적이고 실제적인 원칙들을 사용했다. 이 원칙들은 이 책의 근간을 이루고 있는 효과성의 기본 모델인 리더십 바퀴의 매우 중요한 요소들이자 이 책의 내용을 관통하는 핵심이다.

• 경영이라는 직업

나는 경영이란 하나의 직업이라고 생각한다. 따라서 다른 직업들에 필요한 원칙들이 경영에도 적용할 수 있어야 한다. 그럴 경우 전문성 그리고 이 직업을 위해 학습해야 할 것들이 핵심 요소가 된다.

• 경영 요소의 선정 기준

경영을 하나의 직업으로 여기게 하고, 효과성을 갖게 하는 기준은 다음과 같다. 경영이 어디서나 효과성을 유지하고 효과적으로 운영되기 위해 필요한 것은 과연 무엇일까? 경영 모델에는 이 기준에 부합하는 요소들만이 포함될 수 있다.

• 경제적 학습을 위한 최소한의 원리

나는 최소한의 구성 요소로 최대한 많은 조합을 이끌어내 적용하는 원리를 사용했다. 이 원리를 이용하면 경제적으로 학습할 수 있을 뿐만 아니라, 학습 과정도 짧아진다. 따라서 조직 경영 역시 한 번 학습하면 언제나 어디에서나 활용할 수 있다.

적용 과정에서 상황에 맞게 구성 요소들을 수정할 수도 있다. 내가 제시하는 모델은 언제 어디서나 적용될 수 있는 능력을 가지고 있기 때문이다.

경영의 본질

• 전문 과제와 경영의 과제

전문 과제와 경영의 과제는 엄격하게 구분해야 한다. 전문 과제란 인사나 마케팅, 연구처럼 하나의 조직 내에서 전문적인 목적을 가지고 진행되는 일들을 말한다. 반면 경영의 과제는 조직의 구성 그리고 운영과 관련된 과제를 말한다. 전문 과제들은 경영의 과제를 통해 관리된다. 전문 과제와 경영의 과제를 구분하면 조직 문화에 대한 정의도 새로워진다.

• 올바른 경영의 기본 원칙

현대 사회의 극심한 복잡성과 네트워크를 정복하기 위해서는 지금과는 다른 생각과 방법이 필요하다. 이 다른 생각과 방법의 기초가 되는 것이 바로 '복잡성의 학문', 그중에서도 사이버네틱스다. 사이버네틱스가 학문이라면, 올바른 경영은 효과적이고 올바른 방식으로 기업이나 조직을 훌륭하게 조정, 제어, 운영함으로써 고도로 복잡한 시스템을 확실하게 기능하게 만드는 것이라고 할 수 있다.

올바르고 좋은 경영, 즉 사이버네틱스 매니지먼트의 기본 원칙은 복잡한 시스템을 구성할 때는 가능하다면 스스로 조직하고, 스스로 조정하며, 스스로 새로워지고, 진화하도록 하는 것이다. 나의 경영 모델에서 제시하고 있는 '리더십 바퀴'를 통해 모든 조직은 스스로 조직할 수 있는 능력을 갖게 될 것이다.

● **올바른 경영이 가져오는 성과**

문제가 발생하면 사람들은 엉뚱한 곳에서 해결책을 찾곤 한다. 조직이나 기업 안에서도 효과성의 부족으로 문제가 생기면, 효과성의 문제를 고치려 하지 않고 리더십과 사회적 능력, 재능을 더 많이 요구하는 경우가 흔하다. 하지만 대부분의 조직이 가진 약점이 바로 효과성이다. 그리고 올바른 것을 올바르게 생각하고 올바르게 실행하는 '올바른 경영'이야말로 효과적인 실행을 위한 전제조건이라 할 수 있다. 올바른 경영의 역할과 의미에 대해서 간략히 설명하자면 아래와 같다.

- 자신의 삶을 경영하는 능력

올바른 경영은 모두에게 필요하다. 21세기를 살아가는 우리에게 기본적인 능력은 18세기 사람들에게 읽기와 쓰기가 가졌던 의미만큼이나 중요하다. 올바른 경영이란 자신의 삶을 통제하는 개인적인 노하우를 말한다. 그래서 모든 리더에게는 경영이 필요하고, 리더를 둔 모든 사람에게도 경영이 필요한 것이다. 다시 말해, 오늘날 경영지식과 능력은 일할 수 있는 사람이 되기 위한 전제조건이다. 그리고 이것의 기초는 효과적인 자기 경영이다. 이를 기반으로 리더로부터의 경영, 동료로부터의 경영, 직원들로부터 경영이 이루어진다.

- 생각과 행동을 위한 올바른 도구

올바른 경영은 올바른 생각과 효과적인 행동을 요구한다. 직업으로서의 경영은 전문성과 직접 조직이나 기업을 경영해본 경험을 필요로 한다. 정신노동자들은 행위와 행동을 무시하는 경향이 있다. 하지만 성과를 이루어내기 위해 사용되지 않는 지식은 큰 의미가 없다.

지식이 성과와 결과물로 변화하는 과정을 조정하는 것이 바로 경영
이다.

• 학습 가능성

올바른 경영은 누구나 이해하고 제대로 활용할 수 있다. 내가 자주
받는 질문 중에 하나가 바로 경영을 배울 수 있느냐는 것이다. 이에
대한 올바른 질문은 '경영과 관련해서 배울 수 있는 것은 무엇인가?'
일 것이다. 모든 사람이 모든 것을 동일한 수준으로 배울 수 있는 것
은 아니다. 하지만 분명한 것은 대부분의 사람들이 생각하는 것보다
경영에 대해서 훨씬 더 많은 것을 배울 수 있다는 사실이다. 어떤 사
람은 다른 사람보다 더 나은 조건을 가지고 있다. 또 어떤 사람은 좋
은 리더가 되기 위해 남들보다 더 많이 노력하고, 더 열심히 공부하
기도 한다. 리더라는 직업을 갖기에 적합하지 않은 사람도 분명 있을
것이다. 하지만 나는 이런 경우가 결코 많지 않다고 생각한다.

• 불확실성 속에서의 방향 설정

올바른 경영이란 불확실한 상황에서 방향을 알려준다. 올바른 경
영이 무엇인지를 아는 사람른 트렌드에 흔들리지 않는다. 올바른 경
영이 있어야 무엇이 잘못되었는지, 어떤 가르침이 틀렸는지를 알아
차리고 트렌드의 가면을 벗길 수 있다. 올바른 경영에 대한 확신을
가지고 있다면 쓸데없는 데 시간과 에너지를 낭비하지 않을 수 있다.

- 보편적으로 유효한 단 하나의 방법

올바르고 바람직한 경영은 보편적이어서 문화의 영향을 받지 않는다. 그렇다고 문화적인 차이가 중요하지 않은 것은 아니다. 오히려 그 반대로 경영에서 문화는 중요하다. 하지만 그 이유는 다르다. 문화가 기업이나 조직의 경영과 그 기능에 미치는 영향력은 생각보다 크지 않다. 제대로 기능하는 조직들은 전 세계적으로 거의 동일한 방식으로 운영되고 있기 때문이다.

반면 잘못된 경영은 수없이 많은 돌연변이를 낳는다. 이는 민츠베르크Mintzberg의 저서 《관리 업무의 본성The Nature of Managerial Work》을 비롯해서 다양한 경험적 연구들을 통해 여러 차례 증명된 사실이다.[8] 이것은 기업 경영에만 나타나는 현상이 아니다. 골프를 잘못 치는 방법은 수도 없이 많다. 영어를 틀리는 방식도 제각각이고, 운전을 잘못하는 방식도 저마다 다르다. 하지만 올바르게 하는 방법은 오직 하나뿐이다.

- 경험을 바탕으로 한 표준

올바르고 좋은 경영은 독단주의와는 거리가 멀다. 오히려 '올바르고 좋은'이라는 수식어 뒤에는 표준화된 경험주의 철학이 숨어 있다. 제대로 기능을 하는 것은 그것이 실제로 기능한다는 사실에 때문에 표준으로 제시될 수 있다는 것이 나의 생각이다.[9]

- 전체 조직에 대한 호환성

올바른 경영이란 조직의 '운영체제Operating System'와 같다. 조직이 기능하기 위한 기본 조건은 조직 전체를 관통하는 매니지먼트의 호환성이다. 매니지먼트의 호환성은 효과적인 경영 모델의 논리성과 통일된 개념을 바탕으로 형성된다. 이를 통해 통일된 공통의 언어가 탄생한다. 이것이 있어야 이해와 합의도 가능하다. 그래야만 소통이 이루어질 수 있고, 갈등을 최소할 수 있기 때문이다. 호환성만 제대로 갖추면 소통과 갈등 해결을 위한 교육의 반 이상은 불필요해질 것이다.

- 다양한 상황에서의 적용 가능성

올바르고 좋은 경영은 모든 조직과 모든 과제에 아무런 제약 없이 적용할 수 있다. 뿐만 아니라 알려진 모든 것과 새로운 모든 것, 운영과 혁신의 모든 부분에도 활용할 수 있다. 경영 모델과 그 구성 요소들은 변하지 않기 때문이다. 반면 활용 과정에서의 어려움은 저마다 다를 수 있다. 경영 모델을 적용하기 위해서 더 많은 경험과 더 나은 능력, 심지어 완벽성을 요구하는 경우도 있다.

- 올바른 경영을 위한 문화적 가치

올바르고 좋은 경영은 신뢰할 수 있는 기능의 조직 문화를 만든다. 효과적인 조직은 성과의 문화, 전문적인 효과성의 문화, 신뢰의 문화, 변화와 혁신의 문화, 책임의 문화 그리고 각자의 삶에서 의미를 찾을 수 있도록 기회를 주는 문화를 필요로 한다.[10]
이것이 바로 기업이나 조직의 경영에서 변하지 말아야 할 문화의 가치들이다. 전문 과제 영역에서는 다른 문화 가치들이 중요하다. 예를 들어 사업 목적을 중심으로 한 가치나 품질, 가격 경쟁력, 그리고 그 밖의 사업 목적을 실현하기 위한 수많은 가치들이 여기에 해당한다.

이 책은 전 세계적인 시스템 네트워크의 복잡성과 혁신적 기술에 내재된 무한한 기회를 활용할 수 있도록 돕는 안내서이다. 처음부터 핵심은 이 책에서 '경영의 효과성Managerial Effectiveness'이라고 일컫는 것에 있었다. 자동차에 운전자들을 돕는 어시스턴트 시스템이, 비행기에 파일럿 어시스턴트 시스템이 있다면, 조직의 효과성 그리고 그 조직에서 일하는 사람들을 돕는 어시스턴트 역할을 하는 것이 바로 이 책에서 소개하는 매니지먼트 시스템이다.

말하자면 이 시스템은 복잡성을 정복하기 위해 전 세계적으로 사용할 수 있는 '효과성을 실현하는 인간 방법론'이라고도 할 수 있다. 동시에 이것은 사회공학이기도 하다. 나는 사회적 의미에서 이 시스템이 큰 주목을 받고 있는 기술적 디지털화보다 더 혁신적인 것이라고 확신한다. 이 '효과성의 기술'이 있어야만 4차 산업혁명의 시대는 물론이고 우리 앞에 놓인 생물학과 뉴런 과학의 혁명, 더 나아가 앞으로 찾아올 어떤 종류의 변화에도 조직이 효과적으로 기능할 수 있기 때문이다.

이 책은 어떤 지식과 능력이 우리 사회의 수많은 조직에서 한 사람을 리더로서, 전문가로서, 기술자로서, 학자로서 성공하도록 이끄는지에 대한 나의 답이기도 하다.

이 책을 통해서 세상의 수많은 경영자와 리더들이 자신의 한계를 뛰어넘어 새로운 지평을 열고, 개인의 잠재력을 온전히 발휘하며 활용할 수 있게 하는 능력, 즉 효과성을 이뤄내기를 바란다. 그럼으로써 경영이라는 직업의 핵심에 다가가, 올바르고 좋은 경영을 실천할 수 있기를 바란다.

프레드문트 말리크
장크트갈렌에서

프로페셔널리즘

①

이상적인 리더?
잘못된 질문

강연이나 세미나에서 사람들이 나에게 하는 질문 중 하나는 "리더는 어떤 자질을 갖춰야 합니까?" 혹은 "이상적인 리더란 무엇일까요?" 이다.

이는 실제로 경영에 관한 모든 논의에서 등장하는 주제이기도 하다. 사람들이 이러한 질문을 하는 데에는 이유가 있다. 의식하든 의식하지 못하든, 이상적인 리더상이 있다고 생각하기 때문이다. '경영'이라는 단어를 생각하는 순간 대부분의 사람들은 반사적으로 이런 질문을 떠올린다. "이상적인 리더는 어떤 모습일까?" 이것은 조직경영과 관련된 수많은 책과 논문들이 다루고 있는 주제이자 리더십 교육의 대부분을 차지하는 주제다. 하지만 분명한 사실이 하나 있다. 이 질문 자체가 잘못되었다는 것이다.

● '이상적인 리더'라는 걸림돌

40년 이상 경험적 연구를 통해 우리는 '이상적인 리더는 어떤 사람일까?'라는 질문에 대한 명확한 답을 찾을 수 있었다. 그리고 이 주제는 그 어떤 것보다 중요한 관심사로 떠올랐다. 이 질문에 대해 우리는 가능한 모든 것들을 연구했고, 그 결과 어떤 경력을 가진 사람이 이상적인 리더인지 아주 정확하게 알아낼 수 있었다.

이런 까닭에 인사와 관련하여 컨설팅을 할 때는 직원 채용, 직무 자격 요건, 업무 평가, 모집 공고 작성은 물론이고 연수 프로그램까지 점검해야 할 항목들이 유독 많다. 이 항목에는 능력, 지식, 성격적 특성, 특색, 성향, 경험, 자질, 전문성 등 리더로서의 적합도를 평가하기 위해 일반적으로 고려해야 할 요소들이 포함되어 있다. 그리고 이 모든 것들이 수많은 연구 프로젝트들을 통해 확인된 리더의 자질인 만큼 이 항목에 의문을 제기하기는 힘들다.

여기 몇 가지 사례들을 소개하려고 한다. 한 연구에서 600개의 대기업을 대상으로 리더에게 어떤 자질을 요구하는지를 물었다. 결과는 무척 인상적이었다. 기업가로서의 사고를 가지고 있고, 팀을 이루어 협력하며, 원활하게 의사소통을 하고, 국제적인 시각을 가지고 있을 뿐만 아니라 생태적, 사회적 가치를 추구하고, 정직하고 카리스마 있으며, 다양한 문화를 포용하고, 직관을 가지고 과감하게 결정하는 리더. 이런 리더를 반대하는 사람이 과연 누가 있을까?

전 세계에 지점을 가진 스위스 대형 은행의 사보에 〈이상적인 프로필을 만드는 12개의 자질〉이라는 글이 실린 적이 있다. 이 글에는 "미래의 리더는 무엇보다 언제나 질문을 해야 하고interrogative-integral,

통합을 위한 중재자가 되어야 하며intergrative-intermediate, 상호소통을 통해 지시를 해야 하고intercommunicative-instruct …"라는 내용이 적혀 있다. 이런 내용은 교과서에서 배우는 것과 다를 바가 없다.

독일어권에서 가장 유명한 경영자 매거진에 실린 〈새 시대가 요구하는 모든 것〉이라는 글에서는 '미래를 위한 리더의 핵심 자질' 45가지를 '개인 성향', '경영 능력', '조직 특징'이라는 세 가지 카테고리로 분류하여 소개하고 있다. 그야말로 리더에게 필요한 능력을 집약해 놓은 요약본인 셈이다. 그리고 실용성을 더하기 위해 모든 항목들은 스스로 풀고 평가할 수 있는 테스트 형태로 구성되었다. 만약 이 테스트에서 1.0에서 2.5점 사이의 점수를 얻으면 "비즈니스 대가로서 충분한 자질이 있다"라는 평가를 받을 수 있다. 테스트 목록에 있는 소통 능력, 공감 능력, 미래 지향성 혹은 시스템 통합 등의 개념은 리더가 갖춰야 할 모든 자질을 의미하지만, 정반대로 그렇지 않을 수도 있다는 사실을 많은 사람들이 간과하고 있다.

이 사례들은 결코 예외적인 것이 아니다. 오히려 경제 분야뿐만 아니라 사회의 다른 영역에서도 나타나는 전형적인 사고방식이다. 이와 같은 조건들은 대부분의 채용공고에서 찾아볼 수 있을 뿐만 아니라, 실제 경영 현실에서 사용되는 능력 평가 시스템, 잠재력 분석, 직원 채용 과정, 임금 책정 시스템 등이 바로 이러한 기준을 토대로 만들어진다.

나 역시 대학교에서 이런 내용을 배웠고, 앞서 언급한 이유들로 인해 이 같은 사고방식을 '거의' 그대로 받아들였다. 내가 '거의'라는 표현을 사용한 데에는 이유가 있다. 다행히도 나는 대학 공부를 시작하기 전에 이미 직장생활을 하며 동료나 다른 직원들과 함께 일해볼 수 있는 기회가 있었다. 물론 리더의 역할을 하며 때로는 좋은 리더가 되기도 했고, 때로는 나쁜 리더가 되기도 했다. 그 과정에서 경영학 교과서 속 사람들이 아닌 '진짜' 사람들을 만나고 그들과 함께 많은 일을 했다. 이런 경험 덕분에 나는 회사라는 조직이 어떻게 굴러가는지도 알게 되었고, 지성의 전당에서 배운 지식을 맹목적으로 믿지 않게 되었다. 무엇보다 교수들은 실전 경험이 전혀 없는 경우가 많았다. 그럴듯해 보이는 피상적인 이론도, 대학에서 무언가를 배울 수 있다는 상황도, 특정 사고방식이 일반적으로 통용되고 있다는 사실도, 올바름을 보장해줄 수 없었다.

리더에게 요구되는 자질들이 줄줄이 이어지는 이런 리스트를 보면, 사람들은 과연 리더에 대해 어떤 생각을 갖게 될까? 사람들이 생각하는 리더의 기본적인 모습이란 과연 어떤 것일까? 바로 만능 천재의 모습이다. 어쩐지 우리가 사는 시대에서 리더, 그중에서도 인기 많은 리더란 고대의 최고 지휘관과 노벨상 수상자 그리고 TV쇼 진행자를 합쳐놓은 사람을 의미하는 것 같다. 물론 이와 같은 이상적인 리더상을 묘사할 수는 있다. 실제로 많은 사람들이 이상적인 리더의 모습을 이런저런 방식으로 이야기하기도 한다. 하지만 우리가 생각하는 이상적 리더는 현실 세계에 존재하지 않는다. 그리고 그런 착각이 합리적인 경영 방식을 가르치고 그것을 현실에 적용하는 데 방해가 되는 근본적인 걸림돌이다.

한편으로 이는 관련 학계에 대한 비판이기도 하다. 물론 학자들은 나름대로 자신들의 역할을 수행하고 있다. 이상적인 리더의 성향과 자질에 대한 질문에 답을 해주는 것 말이다. 그리고 '학문적' 기반에 근거한 학자들의 답은 결코 틀린 것이 아니다. 실제로 연구 결과가 보여주는 이상적인 리더가 그러한 모습이기 때문이다. 따라서 잘못된 것은 답이 아닌 질문이다. 그리고 잘못된 질문을 옳은 질문으로 바꾸는 것 또한 학문의 역할일 것이다.

● **효과적인 리더**

나는 이상적인 리더에 대한 질문을 완전히 지워버리라고 말하고 싶다. 이상적인 리더와 좋은 경영과는 아무런 관련이 없기 때문이다. 혹시 이상적인 리더가 존재한다고 해도 수많은 리더의 자리를 채우기에 통계학적으로 역부족일 것이다.

따라서 우리는 '이상적인 리더란 무엇일까?'라는 질문 대신 '효과적인 리더란 무엇일까?'라는 질문을 던져야 한다. 이 질문에 대한 답은 '이상적 리더'에 대한 답과는 완전히 다를 것이다. 질문의 출발점이 완벽한 자질을 갖춘 리더가 아닌 평범한 인간이기 때문이다. 이 세상에 팔방미인이 차고 넘치는 것은 아니지 않은가!

이렇게 질문을 바꾸면 경영의 근본 문제도 바뀐다. '천재들은 어떻게 천재적인 성과를 내는 걸까?'가 아니라 '어떻게 하면 (능력이 부족한) 평범한 사람들이 뛰어난 성과를 얻도록 할 수 있을까?'로 조직 사회의 근본 문제가 바뀌는 것이다. 여기서 말하는 성과란 많은 책에서 수없이 인용되는 최고의 성과를 의미하는 것이 아니다. 그 누구도, 하물며 최고로 손꼽히는 리더도 끊임없이 최고의 성과만을 낼 수는 없다. 끊임없이 최고의 성과를 낸다는 것은 비현실적일 뿐만 아니라 비인간적이기도 하다.

<blockquote>

"

평범한 사람들이 비범한 성과를 낼 수 있게
만드는 방법은 무엇일까?

</blockquote>

물론 복잡한 사회적 역학관계 속에서 평범한 성과를 내는 것만으로는 충분하지 않다. 결국 평범한 성과 그 이상이 필요한 것이다. 이것이 바로 최근의 경영 시스템이 안고 있는 모순이자 경영이 필요한 이유 중 하나다. 어쨌거나 조직을 구성하는 사람들은 대부분 평범한 사람들이다. 하지만 고객들이 요구하고 경쟁에서 승리하기 위해 필요한 것은 뛰어난 성과를 이루어내는 사람들이다.

그렇다면 뛰어난 성과를 만들어내는 사람, 심지어 평생 동안 탁월한 성과를 내는 사람은 과연 어떤 사람일까? 다시 말해, '효과적인 리더'란 과연 어떤 사람들일까? 이 질문을 염두에 두고 다양한 리더들을 관찰하다 보면, 하나의 결론에 이르게 된다. 바로 사람마다 다르다는 것이다.

● **뛰어난 경영자들의 유일한 공통점**

이와 같은 배경에서 나는 이미 수십 년 전부터 일생 동안 특별한 성취를 이루어낸 실행가performer라고 부를 수 있는 사람들을 이해하기 위해 많은 연구를 해왔다. 그렇다면 이런 사람들의 공통점은 무엇일까?

모든 인간이 그렇듯, 효과적인 사람 역시 저마다 다른 특징을 가지고 있다. 다시 말해, 우리가 찾고 있는 공통점이란 존재하지 않는다. 반면 각 개인들의 독특한 특성, 즉 다른 사람들로부터 구분되는 유일무이한 성향은 존재한다.

그 누구도 같은 사람은 없다. 높은 지위에 오른 사람일수록 다른 사람과는 다른 그 사람만의 특징이 더욱 두드러지게 나타난다. 사람이 높은 자리에, 더 나아가 조직의 최고 경영자의 자리에 오르는 것은 대체 가능한 복제품이어서가 아니다. 다른 사람들과 구별되는 자신만의 특성을 가지고 있기 때문이다.

나는 오랜 연구 과정에서 소위 뛰어난 '브레인'이라고 불리는 똑똑한 최고 경영자들을 만난 적이 있다. 그들은 학사학위를 두세 개씩 가지고 있었고, 그것은 그들이 커리어를 쌓는 데 도움이 되었을 것이다.

하지만 평범한 지적 능력을 가지고 있는 리더들 또한 뛰어난 두뇌를 가진 리더와 마찬가지로 자신의 역할을 잘 해내고 있다. 어떤 리더들은 오늘날 요구되는 훌륭한 소통의 리더십을 가지고 있었고 외향적인 성격에 다른 사람들과 원만한 관계를 형성하고 있었다. 아마도 이러한 성향 덕분에 많은 것을 수월하게 이룰 수 있었을 것이다. 하지만 더 많은 리더들이 내성적인 성격을 가지고 있었고, 그들 가운데 일부는 수줍음도 많았지만 그럼에도 리더 역할을 잘 해냈다. 물론 우리가 일반적으로 리더에게 요구되는 특성이라고 여기는 카리스마를 가진 이들도 있었다. 그들은 모습을 드러내는 순간부터 누구나 느낄 수 있을 만큼 강한 존재감을 내뿜기도 했다. 아마도 그런 특성이 그들의 성공에 결정적인 요인이 되었을 것이다. 반면 조직 외부에서는 전혀 존재감을 느낄 수 없고 눈에 띄지 않는 리더도 있었다. 하지만 그들 또한 리더로서의 역량이 남들에 비해 결코 뒤처지지는 않았다.

● 중요한 것은 '어떤 사람인가'가 아닌 '무엇을 하는가'이다

이러한 사례들은 셀 수도 없이 많다. 따라서 결론은 효과적인 사람들에게는 효과적이라는 사실 하나만을 제외하고는 그 어떤 공통점도 없다는 것이다. 따라서 '리더의 자질이 있다고 생각되는 사람의 특징은 무엇인가?'라는 질문으로는 그들이 발휘하는 성과의 '비밀'을 찾을 수 없다. 리더가 될 수 있는지 여부는 개인의 성향이나 특징에 의해 결정되지 않기 때문이다. 경우에 따라 교육의 정도나 사회적 태생이 중요한 요인이 될 수도 있지만, 그것이 리더의 자질을 결정하지는 않는다. 또한 많은 이들의 생각과 달리 도덕성이 효과적인 리더를 만들지도 않는다. 나는 다른 사람들만큼 인간에게 도덕적인 면을 기대하지 않는 편이다. 그런 까닭에 나는 기업이나 조직의 경영과 관련해서도 도덕적인 부분에 중점을 두지 않는다. 도덕성은 효율적 리더를 위한 결정적인 요소가 아니기 때문이다.

효과성을 얻기 위한 열쇠는 존재가 아니라 행위, 즉 행동하는 방식에 달려 있다. 그 사람이 누구인지가 아니라, 그 사람이 어떻게 행동하는지가 중요하다. 인간으로서의 효과적인 리더는 저마다 다르다. 이들은 요구사항을 충족시키는 경력을 가지고 있지도 않고, 학계에서 이야기하는 이상적인 리더상에 부합하지도 않는다. 반면 그들의 행위는 분명한 구조, 즉 하나의 패턴을 가지고 있다.

이상적인 리더가 되기 위해서 어떤 자질을 갖추어야 하는지 같은 질문에 집착하는 것은 오직 경영 분야에서만 나타나는 현상이다. 예를 들어 외과의사에 대해 어떤 사람이냐고 질문하는 사람은 없다. 사람들이 궁금해하는 것은 그 의사가 수술을 잘하는지 여부이다. 오케스트라에 속해 있는 연주자는 악기를 얼마나 잘 다루느냐에 따라 평가된다. 높이뛰기 선수는 높이 뛸 줄 알면 되고, 멀리뛰기 선수는 멀리 뛸 줄 알면 된다. 그 이상은 필요 없다.

"
효과적인 작업 방식은 특정한 규칙과 원리
그리고 원칙을 따른다.

마찬가지로 경영인에게 이런 질문을 할 이유는 없다. 물론 개인이 가진 어떤 특성이 특정 지위에 적합하지 않은 이유가 될 수는 있다. 하지만 그것은 그 지위나 개인의 특성 때문이며 일반적으로 생각하는 이상적 자질 때문이 아니다.

효과적인 사람들에게서 나타나는 공통점은 그들이 일하는 방식에 있다. 그들은 모두 특정한 규칙과 원리 혹은 원칙을 따른다는 것이다. 의식적으로든 무의식적으로든, 그들은 자신들이 따르는 원칙에 따라 일한다. 그들은 주어진 과제를 신중하게 처리하고, 자신만의 전문적인 원칙에 따라 일을 하며, 특정한 도구를 사용한다. 분야와 상관없이 이런 방식에는 변함이 없다.

이는 앞에서 언급한 리더에게 요구되는 기나긴 목록과는 전혀 다르게 보일 것이다. 사실 그런 목록은 비인간적이다. 우리는 그 어떤 사람에게도 그 사람이 감당할 수 없는 것들을 요구해서는 안 된다.

한편으로는 리더에게 요구되는 것이 무엇인지를 정리해야 하지만, 다른 한편으로는 최소한 이와 같은 요소들이 실현 가능한지 기본적으로라도 입증해야 한다. 이런 기준을 적용한다면 아마도 경영과 관련된 자료의 80퍼센트는 삭제해야 할 것이다.

● **잘못된 길로 이끄는 질문**

특이한 점은 효과적인 리더들 가운데 자신들이 왜 그렇게 행동하는지 설명할 수 있는 사람이 많지 않다는 사실이다. 심지어 대부분은 자신들이 어떤 행동을 하는지 전혀 인지하지 못하고 있다. 그 이유를 살펴보면 다음과 같다.

첫째로 그들은 그런 행동 양식을 공식적으로 학습한 적이 없으며, 두 번째로 대부분의 경우 일의 내용에 집중하느라 일하는 방식에 대해 크게 신경 쓰지 않기 때문이다. 이들에게 자신이 당연하게 여기며 해내는 일들, 더 나아가 완벽하게 해내고 있는 일들에 대해 설명해보라고 하면 결코 그렇게 하지 못할 것이다.

무엇보다 그들이 가장 설명하기 어려워하는 요소는 바로 내가 원칙이라고 표현하는 것들, 즉 그들의 행위를 조정하는 규칙들이다. 하지만 이것은 결코 이상한 일이 아니다. 자신이 가진 특정 능력에 대해 잘 설명할 수 있는 사람은 결코 많지 않다. 무언가를 할 수 있는 것과 무언가를 설명하는 일은 전혀 다른 문제이기 때문이다. 이는 경영 분야에만 해당하는 문제도 아니다. 이와 같은 현상은 예를 들어 미술이나 스포츠와 같은 수많은 분야에서도 동일하게 나타난다. 나는 지금껏 위대한 바이올리니스트가 자신이 어떻게 바이올린을 연주하는지 설명하는 것을 단 한 번도 본 적이 없다. 시범을 보여달라고 하면 당연히 능숙하게 보여줄 수 있겠지만, 설명을 하는 것은 불가능하다.

이런 이유에서 나는 리더들에게 그들이 효과적으로 일하는 방법에 대해 묻지 않기로 했다. 인터뷰는 물론이고 어떤 방식으로도 정말로 그들이 일하는 방법에 대한 이야기를 들을 수 없기 때문이다. 실제로 질문을 하면 그들은 내가 듣고 싶어 할 것 같은 답변을 내놓곤한다. 어떤 리더들은 나와의 약속 몇 주 전에 비서를 시켜 최근 경영 분야의 트렌드가 무엇인지 알아보라고 하기도 한다. 물론 그것이 우리가 알아내고자 하는 핵심일 리 없다.

이 분야에서의 경험적 연구가 대부분 질문 형태로 이루어지는 것이 더 도드라질 수밖에 없는 이유도 바로 여기에 있다. 이러한 맥락에서 나는 질의 형식의 경험적 연구는 부적절한 방법이라고 생각한다. 리더들의 설명은 전적으로 언론을 통해 공개되는 설문에 근거한다. 방법론적 기준을 전혀 충족시키지 못했어도 '연구'라는 이름으로 발표된 모든 것을 출간하기 좋아하는 바로 그 언론 말이다. 그럼에도 이와 같은 연구들은 언론을 통해 발표되면서 이상적인 매니지먼트와 리더상을 확산시키는 데 더 많이 기여한다.

그 무엇과도 비교할 수 없는 최고의 방법은 단연 관찰이다. 하지만 관찰은 본질적으로 가장 어렵고 까다로우며 가장 많은 시간을 필요로 하는 방법이다. 누군가의 행동과 효과성을 관찰할 수 있는 결정적인 상황에 적임자와 함께 있을 가능성도 매우 낮다.

이유는 이러하다. 중요한 것은 사람들이 하는 말이 아니라, 이들이 어떤 행동을, 어떻게 하느냐이기 때문이다. 그리고 후자는 실제 상황에서 자신이 관찰되고 있다는 사실을 인지하지 않을 때나 판단이 가능하다. 실무적인 직업적 특성상 나는 이와 같은 기회에 많이 노출되었고 심지어 의도적으로 이와 같은 상황을 만들어내기도 했다. 그렇게 나는 효과적인 행위의 기본적인 형태를 알아낼 수 있었다. 문화적 차이에도 동일하게 적용할 수 있는 기본 형태를 말이다.

컨설팅 일을 시작한 지 얼마 되지 않은 초창기의 일이다. 나는 대기업의 경영 대표로부터 아주 특별한 의뢰를 받는 행운을 얻었다. 당시 그 대표는 일주일 동안 자신을 따라다니며 어디에 가든 동행한 다음, 주말에 피드백을 해달라고 부탁했다. 정말로 멋진 기회였고, 이후로도 나는 방식을 조금씩 바꿔가며 다른 기업 경영인들에게도 이와 같은 관찰 실험을 계속 시도했다. 그러자 연구소 사무실에서 설문지를 전송할 때와는 전혀 다른 세상이 펼쳐졌다. 경영에 대한 나의 이해가 완전히 달라진 것이다.

게다가 나에게는 기업인들의 이력을 집중적으로 공부하는 것 또한 중요한 일이었다. 나는 앤드류 카네기Andrew Carnegie, 듀퐁 가문, 독일 철강 제국, 존 피어폰트 모건John Pierpont Morgan과 자동차의 아버지 헨리 포드Henry Ford, 알프레도 슬론, 카를 벤츠Carl Benz, 고틀리프 다임러Gottfried Daimler, 페르디난트 포르셰Ferdinand Porsche와 같은 유명 기업인과 기업 가문이 남긴 이력을 파헤쳤다. 자동차 부품 기업 보쉬의 한스 메르클레Hans Merkle나 독일 철강 기업 크루프의 베르톨트 바이즈Berthold Beiz, 도이체방크의 요제프 압스Josef Abs처럼 전쟁 이후 열악한 조건에서 독일 기업을 성공적으로 일으켜 세운 사람들의 일생도 공부했다. 그리고 이들 중 일부와는 개인적으로 만나기도 했다.

교황 율리우스 2세의 일생 또한 나에게 큰 가르침을 주었고, 정치인이나 군인들의 삶을 살펴보는 것 또한 도움이 되었다. 또한 벤저민 프랭클린 같은 미국 헌법 제정자들, 미국 남북전쟁이나 2차 세계대전 당시 장군들의 이력에서도 나는 가르침을 얻었다. 특히 1939년부터 1945년까지 미국 육군 참모총장을 맡다 이후 미국 국방부장관을 역임한 조지 마셜을 상세하게 연구했다. 조지 마셜의 앞에는 20세기 중 가장 어려운 세 가지 과제가 놓여 있었고, 그는 이 과제들을 모범적으로 수행했다. 뿐만 아니라 나는 독일군의 지휘관들 그리고 특히 윈스턴 처칠의 일대기를 아주 관심 있게 공부했다.

매니지먼트 참고 문헌의 대부분은 아무짝에도 쓸모가 없다. 예외의 경우가 있다 하더라도 한 번 훑어보는 것 이상으로 관심을 기울일 만한 가치는 없다. 물론 위대한 인물의 일대기를 연구하는 데도 분명한 문제점들이 있다. 첫째, 이것으로 교훈을 얻기 위해서는 엄청난 시간을 투자해야 한다. 분량이 500페이지 이하인 일대기란 존재하지 않기 때문이다. 둘째, 일대기에서는 해당 인물이 일하는 방식을 핵심 주제로 다루지 않는다. 하지만 우리는 훌륭한 인물의 일대기에서는 해당 인물의 일하는 방식에도 초점을 맞추고 있다는 것을 알아차릴 수 있다. 셋째, 일대기를 공부할 때는 언제나 너무 과대평가하여 이상화된 묘사를 정확하게 가려내야 한다. 하지만 나는 이 사람들

경영의 본질

이 이걸 어떻게 했는지 알아보고 싶었던 것 아닌가.

간단히 말해서, 어떤 사람의 행동에 대해 알고 싶다면 질문만 하지 말고 그 사람을 공부해야 한다. 함께 일하고 직접 경험할 수 있다면 더할 나위 없이 좋을 것이다. 특히 왜 이 사람이 효과적인지 그리고 무엇이 이 사람을 영향력 있게 만들었는지를 알아내고 싶다면 말이다.

인간이 가진 효과성과 전문성이 그 사람의 존재가 아니라 행동에서 비롯되는 것이라면 이 책이 관심을 기울이고 있는 것 또한 매우 긍정적으로 평가될 수 있을 것이다. 우리는 결코 다른 사람과 같은 사람이 되는 법을 배울 수 없다. 하지만 다른 사람과 같이 행동하는 법을 배우는 것은 어느 정도 가능하다. 효과적인 사람들의 행위에 담긴 공통적인 특성은 전수할 수 있다. 하지만 이들의 존재, 그들의 성향과 인격은 전수될 수 없다.

2

잘못된 이론, 오류, 오해

합리적인 경영에 대한 인식을 뒤흔들어놓는 것은 이상적인 리더에 대한 질문만이 아니다. 기업이나 조직의 경영과 관련된 많은 오해와 잘못된 가르침이 예기치 않은 혼란을 일으키고 바람직하지 않은 방향으로 사람들을 이끌기도 한다. 무엇보다 주기적으로 엉터리 트렌드를 주도할 가능성도 있다.

이를 위해 나는 많은 사람들이 잘못 알고 있는 경영에 대한 위험한 두 가지 사고방식을 살펴보려 한다. 이 사고방식에 담긴 핵심 요소들은 오늘날 교육 과정에서는 물론이고 기업 경영의 모든 영역에서 다양한 형태로 나타나고 있다. 첫 번째 사고방식은 일반적인 '행복 추구'의 접근법이며, 두 번째 사고방식은 위대한 리더에 대한 생각이다.

● '행복'을 위한 경영은 없다

이 접근법은 조직, 그중에서도 기업의 주목적이 조직을 위해 일하는 사람들을 만족시키고, 더 나아가 행복하게 만드는 것에 있다는 논리를 기반으로 한다. '행복 추구'의 접근법은 상대적으로 약하고 절제된 방식 덕분에 대부분의 매니지먼트 영역에 침투하여 상당한 영향을 미쳤다.

이 사고방식은 국가 혹은 사회가 우리의 안녕에 책임을 지고 있다는 생각에 가장 단단한 뿌리를 내리고 있다. 이는 20세기의 지배적인 사고방식이자 그 시대의 착각이다. 이 접근 방식은 밀교나 뉴에이지, 샤머니즘 같이 분명하지 않고 설명할 수 없는 다양한 형태의 '행복', '기분', 자아실현' 등의 트렌드와 관련이 있다.

최근 언론에서는 실제로 '행복한 매니지먼트Feel Good-Management'에 대한 기사들을 싣고 있고, 언론은 비판적인 논평 없이 이런 내용을 전한다. 그리고 뭔가 잘못된 방향으로 흘러가고 있다는 인식이 나타나기 시작했다.[11]

경영 분야에서 특히 인간관계론에서 '행복 추구'의 접근 방식이 나타나고 있다. 또한 이 접근 방식은 경영에 대한 참여와 민주화 요구의 형태는 물론이고 동기 부여와 리더십의 핵심 요소가 되었으며, 더 나아가 권한을 부여하고 위임할 것을 요구하는 등 다양한 형태로 나타나고 있다. '현대적인' 표현은 아니지만, 이런 흐름을 나타내는 가장 정확한 표현은 1950년대부터 인사 관리에 영향을 준 직무 만족 이론이다. 이 이론의 기본 개념을 한마디로 표현하면 다음과 같이 말할 수 있다. '사람들을 만족시켜라. 그러면 성과를 낼 것이다.' 이런 사고방식은 경영 분야에서 여전히 적용되고 있으며, 따라서 직원들을 대상으로 한 만족도 조사 역시 주기적으로 진행되고 있다.

이 이론에서 잘못된 것은 인간이 만족감을 느껴야 한다는 것이 아니다. 이 이론의 첫 번째 오류는 개인의 만족을 조직과 기업 그리고 결정적으로 국가와 사회가 책임져야 할 요소로 본다는 데 있다. 두 번째 오류는 먼저 직원들을 만족시켜야 하고, 그다음에야 성과를 기대할 수 있다는 생각이다. 하지만 이 이론은 세 가지 측면에서 오류를 범하고 있다.

첫째 이 이론은 만족 상태에서는 어떤 의미에서든 변화나 발전이 이루어질 수 없다는 사실을 놓치고 있다. 만일 역사 속 어느 시대의 사람들이 그 상태에 만족했다면, 아마도 그 시대에 변화나 발전은 없었을 것이다. 현재의 상태에 대한 불만족은 분명 변화의 동력이 될 수 있다. 그리고 불만족은 어떤 분야에서든 변화와 성과로 이어졌을 것이다.

둘째, 이 이론은 사람들을 만족스럽고 행복하게 만드는 것 자체가 조직으로서는 감당하기 힘든 일이라는 것을 간과하고 있다. 이것은 조직의 입장에서 불가능한 일이다. 모든 조직은 특정한 목적을 위해 구성되었고, 그 목적을 향해 나아간다. 이렇게 본다면, 기업의 목적은 자동차를 생산하거나, 치약이나 의류를 생산하는 것, 금융 서비스나 보험 서비스를 제공하는 데 있을 것이다. 병원의 목적은 사람들을 치료하는 것이고, 학교의 목적은 교육을 하는 것이다. 하지만 모든 조직이 주어진 각각의 목적을 합리적으로 잘 수행하는지는 분명하지 않다. 하물며 우리 사회의 조직들은 그 설립 목적 이외의 일에 무능력한 편이다. 여러 가지의 선한 목적을 가지고 있거나 모든 면에서 완벽한 조직이란 존재하지 않으며, 지금까지 그런 조직이 과연 있었는지도 의문이다. 이는 기업뿐 아니라 학교, 병원, 더 나아가 행정기관 역시 마찬가지다. 하나의 목적을 가진 조직을 다양한 목적을 가진 조직으로 바꾸려는 시도는 결과적으로 모두 실패했다.

셋째, 업무 만족도에만 중점을 둘 경우 또 다른 대안을 완전히 간과할 위험이 있다. 사람들에게 성과를 낼 기회를 주면 대부분의 사람들은 상당한 수준의 만족감을 얻을 것이다. 이것이 내가 이 책에서 말하고자 하는 최고의 방법이다. 즉, 조직의 목적과 사람들의 관심사를 일치시키는 것이다.

● **대변혁의 시대, 리더십**

또 다른 잘못된 주장은 조직이 정말로 필요로 하는 것은 매니지먼트가 아니라 리더십이며, 관리자가 아니라 리더라는 것이다. 하지만 이 주장에서도 가장 중요한 것은 리더가 효과적인 사람이 되어야 한다는 것이다. 리더가 효과적으로 일을 하고 효과적인 사람이 되려면 어떻게 해야 할까? 이 책에서 말하는 효과적인 경영 이외의 다른 방법은 없다. '리더'는 전형적으로 가장 복잡하고 어려운 문제들을 해결해야 하기에, 올바르고 훌륭한 경영 방법 중에서도 가장 효과적인 수준의 경영이 필요하다. 그리고 리더의 성공 여부는 전적으로 여기에 달려 있으며, 이때 리더가 조지 마셜처럼 개인적으로 효과성이 큰 사람인지 아닌지는 그리 중요하지 않다. 어떤 경우든 리더에게는 기능하는 조직이 필요하고, 최고의 경영 능력이 필요하다.

효과적인 매니지먼트를 배제한 채 리더십 이론에 기댈 경우 우리는 한편으로는 어리석지만 또 다른 한편으로는 위험한 오해에 빠지기 쉽다. 리더가 위대한 인물이어야 한다고 생각하는 경우, 이상적인 리더 유형에 대한 요구는 구분하기 어려울 정도로 비슷하다. 그들이 생각하는 이상적 리더에 대한 모습을 모두 합치면 결국 고대 영웅 서사시에나 등장할 법한 인물이 되어버린다.[12]

대변혁의 시대를 헤쳐나가기 위해서는 물론 평균 이상의 훌륭한 리더십이 필요하다. 하지만 이는 지난 몇 년 간 잘못된 이해를 기반으로 리더들에게 가르치고자 했던 '변화의 리더십'과는 아무런 관련이 없다. 우리 앞에 놓인 대변혁의 거대한 과제를 해결하고 그 이상의 도전을 해나가기 위해서는 지금 그 어느 때보다도 뛰어난 경영 능력이 필요한 시기다. 하지만 지금은 무책임한 선동과 전체주의적 사고방식으로 위험을 부추기는 것이 하나의 흐름으로 자리 잡은 듯하다.

❝
새로운 세상이 리더에게 요구하는 것은
고도의 효과성과 복잡성을 정복하는 것이다.

역사적으로 소위 위대한 리더상이라는 개인적 특성과 성향을 배우는 데 관심을 갖지 않은 시대는 없었다. 사람들은 역사적 인물의 특성을 통해 무언가를 배울 수 있을 것이라고 믿었다. 그리고 지금까지 이런 리더십을 필요로 하는 이들은 주로 정치나 군 조직의 간부들이었다. 하지만 이제는 역사에서 배우는 리더십이 일반화되기 시작하며 하찮은 것이 되어버렸고, 사람들도 역사 속 리더로 인해 일어난 재앙에 대해 눈을 감아버린 것 같다.[13]

이제 사람들은 아주 특별한 특성과 능력을 가진 '새로운 리더'를 요구하게 되었다. '승자를 위한 게임 규칙'이 만들어지면서 사람들을 매료시키고, 영감과 열정을 불러일으키며, 강력하고 역동적이며 선견지명을 가지고 있는 카리스마 있는 리더를 요구하는 목소리가 커졌다. 시대정신에 따라 '뉴로 리더십Neuro-Leadership'(뇌과학을 이용하여 리더십 개발과 인간의 성과 향상을 연구하는 분야로, 미국의 리더십 코치인 데이비드 락David Rock이 2006년 처음 창안했다-옮긴이)이라는 개념이 부상하는 것도 놀랄 일이 아니다.

하지만 이러한 리더를 요구하는 것 자체가 위험한 일이다. 결코 찾기 쉽지 않은 소수의 그리고 (위대하다는 것이 무엇인지는 모르겠지만) 위대하고 훌륭한 리더들은 개인적이고 예외적인 인물이었기 때문이다.[14]

리더십에 대한 오해와 혼란

'리더십'이라는 단어가 폭발적으로 많이 사용하게 된 것은 영어가 세계적인 비즈니스 언어로 사용되면서부터이다. 그와 함께 경영, 즉 매니지먼트와 관련된 수많은 오역들이 사용되기 시작했는데, 이는 모두 매니지먼트에 대한 이해가 부족한 탓이었다.

피터 드러커 뿐 아니라 앵글로색슨족에 뿌리를 둔 기업이나 조직 경영의 선구자들이 계속해서 사용해온 '매니지먼트management'라는 단어는 독일어로 '안내'라는 의미의 'Führung'으로 번역되며, '지도'라는 의미의 'Leitung'로 번역되는 경우는 극히 드물다. 사전을 찾아보면 '매니지먼트'에 대해 '리더십'이라는 표현을 사용하는 것도 가능해 보인다.

반면 영어에서는 '리더십'이라는 표현을 잘 사용하지 않는 듯하다. 그래서 영어에서는 기업의 우두머리를 'CEL Corporate Executive Leader'가 아니라 'CEO Corporate Executive Officer'라고 한다. 인사과의 우두머리는 'Head of HR' 혹은 'HR-Officer'라고 하며 '리더'라는 단어는 쓰지 않는다. 또한 여행 안내자는 '여행 리더 Tourist Leader'가 아니라 '여행 가이드 Tourist Guide'라고 한다.[15]

'리더십'에 대한 논의에서 혼란이 일어나는 것도 이 때문이다. 행동과 실행이 아니라 개인적인 성향과 특징, 다시 말해 그 사람이 어떤 사람인지에 집중하는 것이다. 위대한 인물을 선호하는 경향은 불필요하다. 아니, 불필요한 것을 넘어 무척이나 어리석다. 20세기에 리더로 인해 대참사가 일어났던 사실을 잊어서는 안 된다.

좋은 리더십과 나쁜 리더십

이론적으로 잘못되었음에도 불구하고 흔히 사용되는 비교가 있다. 매니지먼트와 리더십은 모든 논의를 무용지물로 만들고, 모든 발전을 불가능하게 만든다. 리더십 분야의 저자들은 관료적이고, 혁신적이지 못하며, 역동적이지 않고, 과거지향적인 것 등 나쁘고 피해야 하는 거의 모든 것들을 '매니지먼트'로 분류하고, 그 밖의 좋고 바람직한 것들은 '리더십'이라는 카테고리에 넣는다.

경영의 본질

그러니까 나쁜 매니지먼트를 좋은 리더십과 비교하는 것이다. 이것은 그야말로 비논리적이다.

나쁜 매니지먼트는 나쁜 리더십과 비교해야 한다. 이런 사례는 넘치도록 많다. 그리고 좋은 매니지먼트는 좋은 리더십과 비교해야 한다. 따라서 좋은 매니지먼트와 나쁜 매니지먼트의 차이를 가장 먼저 다뤄야 한다. 그래야만 우리는 좋은 매니지먼트와 좋은 리더십이 어느 지점에서 그리고 어떤 관계로 이어지는지를 의미 있게 논의할 수 있다. 만일 이러한 식으로 리더십이 좋고 올바르며 전문적인 매니지먼트보다 더 나은 것이라는 사실을 보여줄 수 있다면 우리는 마침내 큰 교훈을 얻을 수 있을 것이다.

"
강력하고 비전이 있으며 카리스마 있는
리더상을 선호하는 것은 매우 위험하다.

혼란이 발생하지 않도록 분명히 해둘 것이 있다. 나는 좋은 리더십과 같은 것이 있을 수 있으며, 역사적으로도 분명 존재했고, 어떤 상황에서는 그런 리더십이 필요하다는 사실을 부인하는 것이 아니다. 다만 이 책에서 비판하고 있는 사고방식을 통해서는 좋은 리더십에 이를 수 없으며, 오히려 미혹되고 계속해서 실제에 적용할 수 있는 리더십에서 멀어질 것이라는 사실을 말하고 싶다. 이렇게 해서는 진정한 리더십과 우리를 미혹하는 리더십 사이의 가장 중요한 차이를 전혀 인지할 수 없다.

● 경영에 대한 흔한 오해

이제 앞에서도 언급했듯이, 너무나 광범위하게 퍼져 있는 경영에 대한 혼란과 오해들을 살펴보자. 이런 혼란과 오해는 경영과 관련된 교육의 발전을 막을 뿐 아니라, 영향력 있는 현실의 경영 방식에 방해가 된다.

최고의 리더만이 리더는 아니다

최고의 리더만이 진정한 리더라는 오해는 매니지먼트를 바라보는 시야를 가장 높은 지위에 있는 리더들로 제한하는 결과를 낳는다. 예나 지금이나 언론을 지배하는 그림이지만 정작 매니지먼트의 현실에 대한 지식은 얕은 것이다. 현대 조직들은 많은 리더들을 필요로 한다. 조직을 이끌어야 하는 모든 사람은 책임을 가지고 있고, 그것만으로도 충분히 매니지먼트의 일부로 볼 수 있다.

직원이 없어도 리더의 역할을 할 수 있다

직원을 가진 사람만이 리더라는 생각은 매니지먼트를 곧 지도력과 같은 의미로 생각하는 셈이다. 이런 시각에서 본다면 직원들을 지도하지 않는 상태에서 조직의 성공에 기여하기에 중요한 사람들은 모두 리더에서 배제될 수밖에 없다. 수치적으로 증가하고 있는 정신노동자들, 우수한 전문 인력들이 여기에 해당한다. 이들은 누군가를 지도하거나 관리하지 않더라도 개인적으로 전문성과 특수한 지식으로 조직에 중요한 역할을 한다. 은행의 외환 거래 책임자나 세무 책임자들의 가치는 부하 직원들의 숫자가 아니라 그들이 가진 전문성에 따라 결정된다. 이러한 유형의 직원들이 없이 제대로 기능할 수 있는 기업은 많지 않으며, 기업의 성공에서 이들의 역할은 갈수록 중요해지고 있다.

자신의 리더와 동료도 관리해야 한다

경영에는 부하 직원을 관리하는 것이 포함되지만 그것이 전부는 아니다. 한때는 부하 직원을 관리하는 것이 경영의 전부로 여겨지기도 했다. 하지만 세상이 근본적으로 변화했음에도 이런 오래된 모델 때문에 생긴 오해는 오늘날까지도 집요하게 이어지고 있다. 더 눈에 띄는 것은 이 오래된 모델이 지금까지도 여전히 매니지먼트 분야를 지배하고 있는 거의 유일한 시각이라는 사실이다.

하지만 더 중요한 것은 리더와 동료들도 '매니지먼트'를 해주어야 한다는 사실이다. 이유는 명백하다. 그리고 그렇기 때문에 교육과 연구 과정에서 현실에 대한 고려가 잘 이루어지지 않는 것이 더 눈에 띄는 것이다. 소통, 협력, 설득 능력, 협상 능력과 같은 까다로운 매니지먼트 도구들은 일차적으로 이러한 도구들이 제안되고, 전달되는 곳, 다시 말해 직원들을 지도하는 데 필요한 것이 아니다. 이는 개인이 연결되어 있는 조직적 네트워크의 다른 부분을 지도하기 위해 필요하다.

경제 이외의 분야에도 경영은 필요하다

경영이란 일반적으로 '경제적인 것'이 아니다. 매니지먼트가 경제 분야에서 발달한 것도 아니다. 대기업 같은 것이 존재하기 이전의 과거의 조직들도 이미 경영 방법을 이용했다. 그래서 고대 이집트나 고대 중국의 관료들은 효율적으로 일을 할 수 있었다. 뿐만 아니라 다양한 종교의 수도원에도 '매니지먼트'는 있었다. 하지만 긍정적이든 부정적이든 매니지먼트의 효과를 가장 빠르고 분명하게 볼 수 있는 것이 경제 분야였다. 바로 이런 이유에서 매니지먼트는 병원이나 행정 당국 혹은 연구 기관과 같은 다른 조직들에게 훨씬 더 중요하다. 그리고 부분적으로는 더 어렵다. 왜냐하면 기업들과 다르게 이러한 조직들은 명확한 한계선이 없기 때문이다.

경영은 심리학이 아니다

경영을 심리학이라고 생각하는 잘못된 생각은 다양한 형태로 넓게 퍼져 있기 때문에 좀 더 자세하게 다룰 필요가 있다. 이와 관련해 나는 네 가지 형태를 다루고자 한다.

첫째. 올바르고 좋은 심리학은 올바르고 좋은 매니지먼트를 위해 중요하다. 하지만 경영을 심리학처럼 여기는 것은 위험하다.[16] 기업이나 조직의 경영을 단순한 인간을 관리하는 것으로 축소하기 때문이다. 이는 앞에서도 이미 언급한 바 있다. 물론 인간을 관리하는 것이 경영의 일부이긴 하지만, 기업의 경영에는 조직의 구성과 발전 그리고 통제 등도 모두 포함된다. 만일 이러한 맥락에서 지도라는 영역만을 분리해버리면, 이것은 전혀 이해할 수 없는 영역이 되어버린다. 조직은 언제나 사람을 이끌고, 조직은 사람이 이끌기 때문이다.

둘째, 경영을 심리학으로 여기는 것은 모든 갈등과 문제들이 오직 심리학적 원인에서 비롯된 것으로 생각하게 만든다. 그럴 경우 해결 방법도 심리학에서 찾게 된다. 하지만 갈등, 예를 들어 바람직하지 않은 소통의 경우는 심리학이 아니라 제대로 된 전문적이고 숙련된 매니지먼트가 결여된 것이 원인이다. 이 문제를 해결하기 위해 훌륭한 심리학적 해결책을 열심히 적용해봐야 아무 소용이 없다.

셋째, 실제 경영 현장에 적용하기 위해 많은 이들이 추천하는 심리학은 대부분 심리 치료 영역에 기반한 것들이다. 이것은 전문 심리학자들 사이에서조차 논쟁의 대상이 되고 있다. 약 600가지에 달하는 심리 치료과정은 치료의 질뿐만 아니라 실제 효과의 측면에서 의심을 받고 있다.[17]

하지만 경영에서 이와 같은 심리학 내부의 문제보다 더 중요한 사실은 조직에 병리학적 시각을 적용할 수 있다는 것이다.[18] 심리 치료사들은 일차적으로 건강한 사람이 아니라 아픈 사람들에게 집중한다. 심리 치료사의 시각에서는 옳은 일이지만, 장기적으로 봤을 때 기업 경영을 위해서는 잘못된 일이다.

하지만 대부분의 직원들은 평범하고 건강한 사람들이다. 매니지먼트 교육 과정에서 자주 관찰할 수 있는 어려움과 문제, 갈등, 관계와 소통의 문제 등에 매달리다 보면 실제로 중요한 심리학적 질문에 대해서는 둔감해지거나 노이로제로 이어질 수 있다. 만일 매니지먼트에 심리학이 필요하다면, 아픈 사람들이 아니라 건강한 사람들을 위한 심리학이어야 한다.

만일 진지하게 여겨야 할 심리학의 자리에 정신분석, 뉴에이지 형이상학, 가제트 점성술 등이 혼합된 것이 등장하는 경우에 네 번째 요인은 무엇보다 심각해진다. 이데올로기에 물든 생태학과 정치 트렌드 때문에 만연해졌던 68운동 시대에 이런 현상이 지배적으로 나타났다. 이러한 사고의 늪과 비합리성은 놀라울 정도로 많은 사람들을 끌어당기는 힘을 가지고 있다. 이러한 어설픈 이론은 비단 매니지먼트 문헌에서만 나타나지 않고 조직 내의 교육 프로그램에 만연해 있다. 내가 우려하는 것은 최고의 매니지먼트 지식을 통해서는 결코 조직 내에 들어올 수 없는 절반의 진실, 미신, 검증되지 않은 주장과 문구들이다. 이러한 것들은 세미나를 통해 불확실한 전문지식을 천진난만하게 신뢰한 결과 혹은 기업 경영에 대한 태평함과 무지의 결과로 조직 내에 숨어 들어온다. 분명한 기준이 없기에 이 모든 것은 그럴듯해 보이고, 신뢰할 수 있을 것 같아 보인다. 이렇게 되면 마비된 '정신적 오염'이 뒤따른다. 모르면 모든 것을 믿을 수밖에 없기 때문이다.[19]

바로 이것이 좋은 매니지먼트와 옳은 매니지먼트에 대한 요구를 중요하게 만드는 질문들이다. 절반의 지식, 형이상학, 미신 등의 혼합된 형태가 한 번 들어오면 더 이상은 손을 쓸 수 없다.[20]

경영은 문화와 관련이 없다

경영이 문화 의존적이라는 생각은 그럴듯해 보이지만 잘못되었다. 매니지먼트에서 '무엇'과 '어떻게'를 헷갈린 결과다. 효과적인 리더들이 하는 행동은 모든 문화에서 동일하거나 매우 유사하다. 조직이 기능하는 원리가 리더의 행동으로부터 직접적인 영향을 받기 때문이다. 하지만 그런 행동을 하는 방식은 문화에 따라 달라진다.

그래서 원활하게 기능하는 조직은 국가나 인종과 같은 문화적 배경과 상관없이 분명한 목적을 가지고 있으며 효과적인 관리되고 있음을 알 수 있다. 하지만 그 목적을 어떻게 달성하고 관리하는지는 각 문화별로 외적인 형태에서 차이가 나타날 수 있다.

이 사례에서처럼 문화를 인종적으로 존중해야 할 것으로 정의하지 않고 다른 기준으로 정의하더라도 변하지 않는 것이 있다. 하이테크 기업이든 로우 테크 기업이든, 지식 중심 혹은 노동 중심의 조직이든, 패션이나 기술, 소비재를 다루는 기업이든 좋은 경영이 '무엇'인지는 동일하다. 좋은 경영 방식을 적용하는 방법은 같은 국가 안에서도 매우 상이할 수 있으며, 그것이 일반적이다. 예를 들어 한 이탈리아 기계 기업의 경영 방식은 이탈리아 어느 패션 기업의 경영 방식과 크게 다를 수 있다.

> **"**
> 올바르고 좋은 매니지먼트란 효과적인 실행,
> 즉 올바른 것을 올바르게 생각하고,
> 올바르게 행하는 것을 의미한다.

그래서 많은 기업들은 문화 의존적인 형태의 경영을 전제로 하는 오류를 범한다. 각 나라에는 기본적인 반드시 알고 있어야 하고 존중해야 하는 특정 관습과 풍습이 있다는 명확한 사실을 간과하면 상호 문화적 경영을 지양할 이유도 줄어든다.[21] 하지만 이것은 경영의 문제가 아닌, 예의와 존중의 문제다.

이는 '국제적인' 경영에도 적용된다. 국제적인 경영도, 그 반대인 국내 경영도 존재하지 않는다. 존재하는 것은 국내적으로 혹은 국제적으로 존중해야 할 다국적 조직일 뿐이다. 전적으로 국내 지향적인 활동을 하는 조직들은 갑자기 국제적으로 활동을 하려 할 때 큰 문제에 직면하게 된다. 하지만 이것은 매니지먼트와는 별 관련이 없는 문제이며, 오히려 외국어 능력의 결핍처럼 다른 국가에 대한 지식의 결핍과 관련된 문제다.

기업이나 조직을 경영한다는 것은 옳거나 틀릴 수 있고, 좋거나 나쁠 수 있으며, 유능할 수 있고, 무능할 수 있다. 하지만 국내적이거나 국제적 혹은 단일 문화적이거나 다문화적일 수는 없다. 스포츠와 마찬가지다. 제대로 골프를 치는 것은 어디서나 똑같다. 테니스나 체스도 마찬가지다. 특정 종목이 특정 국가에서 인기가 없을 수는 있다. 이는 어쩌면 문화와 관련이 있을 것이다. 그래서 미국에서 스키는 스위스나 오스트리아처럼 국민 스포츠가 아니다. 하지만 미국에도 스키를 타는 곳이 있고, 특히 스키를 잘 타는 곳에서는 미국인들도 유럽인들과 같은 원리를 따른다.

효과적인 경영을 위한 규칙도 언어 규칙과 마찬가지로 어디에서나 동일하다. 올바르고 훌륭한 영어 실력은 전 세계 어디에서나 같지 않은가.

전문 과제와 경영 과제는 다르다

이는 가장 흔하면서도 치명적인 실수다. 경영에 대한 합리적인 접근을 막기 때문이다. 이러한 실수는 주로 경영학자들에게서 나타난다. 병원과 같은 조직에서는 그 어떤 경우에도 외과 수술을 경영과 혼동하지 않는다. 하지만 경영학자들은 내가 제시하는 효과적인 리더십 모델이 불완전하다고 이야기한다(이와 관련해 〈그림 4〉를 보라). 예를 들어 인사 문제나 시장 커뮤니케이션과 같은 내용이 빠져 있다고 지적한다. 하지만 이것들은 재무나 생산과 같은 전문 과제들이다. 이러한 과제들은 경영이 필요하지만, 그 자체가 경영은 아니다.

3

경영자라는 직업

우리가 사는 현대 사회와 현대 사회 속 다양한 조직들이 던지는 경영 관련 질문들에 만족스러운 답을 얻을 수 있는 유일한 방법은 법학과 국가학에서 '입헌주의적 접근법' 또는 '입헌주의'라고 불리는 것이다.[22] 조직이 기능하기 위해서는 국가와 마찬가지로 헌법과 같은 우선순위를 가진 규칙이 필요하다. 하지만 각각의 조직이 가진 목적이 저마다 다르기 때문에 헌법적인 규칙의 내용은 부분적으로만 동일하다. 이 책에서 제시하는 내용들은 기업 경영에서도 중요한 의미를 갖는 헌법적 접근의 기본 사상에 기초하고 있다. 이 책에서 나는 이를 헌법적 기반을 가진 이론, 사회와 조직의 가장 중요한 기능으로서의 올바르고 좋은 경영을 실현할 수 있는 이론으로 발전시켰다.[23] 이것이 바로 조직을 기능할 수 있게 만드는, 사회적 기능으로서의 경영이다.

● **헌법적 사고**

　　헌법적 사고의 첫 번째 원칙은 한 조직의 운명이 근본적으로 한 개인에게 의존해서는 안 된다는 것이다. 물론 역사를 돌이켜보면 조직마다 아주 중요하고 영향력이 큰 인물이 있었고, 앞으로도 있을 것이다. 하지만 최고의 리더에 대한 진정한 평가는 그 개인이 활약하는 동안의 성공에만 국한되어서는 안 된다. 그 개인이 조직을 떠난 후 그 조직이 어떤 상태에 이르는지가 핵심이기 때문이다. 리더가 조직을 떠난 후에도 그 조직이 계속 성공 가도를 달리고 있는가? 어떤 변화에도 끄떡없이 정상을 유지하고 있는가? 아니면 변화로 인해 무너졌는가? 이것이 리더를 평가하는 기준이 되어야 한다.

　　헌법적 사고의 두 번째 원칙은 조직의 모든 구성원, 즉 최고 임원들까지도 좌지우지할 수 없는 규칙을 따라야 한다는 것이다. 이것은 곧 '사람에 의한 지배Rule of Man'이 아닌 '법에 의한 지배Rule of Law'라고 할 수 있다.[24] 리더가 아무리 뛰어난 능력을 가지고 있고 지금까지 탁월한 성과를 이루어냈다고 해도 조직은 그 조직을 이끄는 사람의 독단으로 운영되어서는 안 된다.

　　세 번째 원칙은 장기적으로 중요한 것은 최고의 성과나 모든 것을 능가하는 개인의 위대한 성공이 아니라, 일반적인 사람들이 이룰 수 있는 다소 높은 수준의 성과가 지속되는 것이다. 이는 눈부신 한 번의 성공을 위해 노력하는 것보다 지속적인 개선이 더 중요하다는 것을 의미한다. 뿐만 아니라 지속성과 변화, 유지와 쇄신, 관리와 혁신, 안정성과 적응성의 통합 그리고 낡은 것을 체계적으로 바꿔나가며 새로운 것을 통해 더 나은 미래를 위한 공간 창출을 하는 것도 여기에 해당할 것이다.

이것이 글로벌 사회에서 사회적 생태계와 그 안에서 조직 구조의 근본적인 변화를 의미하는 '대변혁'에 해당하는 내용이다. 이것은 효과적인 경영과 미래지향적인 리더십 그리고 책임감 있는 매니지먼트를 위한 과제들을 의미한다. 그리고 이것은 현재에서 미래로 향하는, 한 세기의 전환 과정에서 세 가지 도전 과제이기도 하다.

헌법적 방식이 독단과 자유재량을 이기기까지는 천 년이 넘는 시간이 걸렸다. 국가와 정부 지도층의 문제에 대해서는 '누가 우리를 이끌어야 하는가?'라는 질문이 지배적이었다. 이에 대한 답은 가장 강한 사람, 최고인 사람, 하느님이 원하는 사람, 가장 똑똑한 사람, 민중, 다수 등 그 시대와 철학에 따라 달라졌다. 하지만 이런 답들은 모두 틀렸다. 그러나 무엇보다 중요한 것은 답만 틀린 것이 아니라, 질문 자체가 틀렸다는 사실이다. 우리는 다음과 같은 질문을 던져야 한다. '나쁜 리더가 권력을 잡더라도 최대한 피해를 줄일 수 있으려면 정치 기관을 어떻게 조직해야 할까? 그리고 희생 없이 최대한 수월하게 나쁜 리더로부터 벗어나려면 어떻게 해야 할까?'[25]

상대적으로 단순한 사회의 정치 기관에 유효했던 이 원리는 우리가 살아가는 복잡하고 더 복잡해지는 현대 사회의 훨씬 더 큰 규모의 조직에도 그대로 적용된다. 조직의 목적을 최대한 달성할 뿐 아니라, 나쁘고 능력 없는 리더들이 일으키는 피해를 최소화할 수 있고, 그들의 능력을 최대한 빨리 발견하여 신속하게 그 자리를 대체하려면 우리는 과연 어떻게 조직을 형성해야 하며, 매니지먼트는 어떻게 기능해야 할까? 이 질문들은 분명하다. 물론 이에 대한 대답은 결코 단순하지 않다. 누가 우리를 이끌어야 하는가? 이 질문은 물론 중요하다. 하지만 우리는 더 중요한 질문을 해야 한다. 올바른 이끈다는 것은 무엇일까?

일찍이 이렇게 이해하고 행동했던 20세기의 얼마 되지 않은 기업 경영자 중에는 알프레드 슬론Alfred P. Sloan이 있다. 슬론은 약 20년 간 제네럴 모터스라는 미국 기업을 이끌었고, 당시에 시장에서 우위를 차지하고 있던 포드를 상대로 전 세계에서 가장 큰 기업을 일구었다. 제네럴 모터스가 몇 년 전부터 경영난을 겪게 된 책임을 이미 1946년에 조직을 떠난 한 리더에게 물을 수는 없을 것이다.

헌법적 기초를 가진 기업 운영의 예를 보여주는 또 다른 인물로는 헬무트 마우허Helmut Maucher도 빼놓을 수 없다. 마우허는 스위스의 기업 네슬레를 전 세계에서 가장 크고 성공적인 식품 기업으로 만들었다. 마우허는 20년 이상 CEO로 회사를 이끌며 후임자인 피터 브라벡Peter Brabeck-Lethmate이 오늘날까지 성공을 이어갈 수 있는 글로벌 기업을 만들어냈다.[26]

기업의 헌법적 기초를 창시한 인물은 피터 드러커였다. 사회와 정치 이론을 철저하게 꿰뚫고 있던 드러커는 기업 경영이 효과적으로 기능하기 위해서는 헌법적으로 구성되어야 한다는 것을 알아차렸다.[27] 드러커가 제네럴 모터스를 성장시킨 전설적인 CEO 알프레드 슬론을 '진정한 전문가'라고 묘사한 데에는 그럴만한 이유가 있었다.[28] 알프레드 슬론은 아마도 제네럴 모터스의 CEO로서 법치주의에 기초해 매니지먼트를 직업으로서 이해하고 운영한 최초의 실행자였을 것이다. 슬론은 두 가지 문제를 해결하려고 했다. 첫째, 조직을 올바르게 그리고 잘 이끌고 목적에 맞게 성과와 성공을 이끌어내는 것. 그리고 두 번째, 매니지먼트를 사회적으로도 합법화하는 것이다. 미국과 유럽의 경제를 자본주의 거물들이 지배하던 당시에 이는 이례적인 일이었고, 선견지명이 있는 선택이었다. 그리고 드러커는 이것을 이해할 수 있도록 정리한 최초의 인물이었다.

● 전문성은 학습 가능하다

이러한 배경에서 나는 경영을 다른 직업과 동일한 하나의 직업으로서 볼 것을 제안한다. 이로써 나는 매니지먼트의 시작 단계에서부터 사명이나 모든 형태의 신비화, 영웅화, 이상화를 차단하고자 한다.

❝
매니지먼트는 직업이지
사명이 아니다.

뛰어난 인물이나 태어날 때부터 특별한 능력과 특성을 가진 사람들에 대한 신화는 무척이나 널리 퍼져 있고, 교육 과정은 물론이고 현실에서도 공공연하게 사람들을 현혹하고 있다. 하지만 이는 우리에게 조금도 도움이 되지 않는다. 도리어 현대 사회의 중요한 기능에 대한 필수적인 이해를 어렵게 만들 뿐이다. 무엇보다 이것은 합리적인 교육을 방해한다. 기업이나 조직을 경영하는 데 특별한 재능을 가진 사람들이 있는 것은 사실이다. 하지만 대부분의 사람들은 학습을 통해 경영을 배운다.

그래서 내가 조심스럽게 예측하건데, 만일 사람들이 경영을 직업으로 이해한다면, 무엇을 배울 수 있고, 무엇을 어느 정도 선까지 가르칠 수 있느냐의 문제가 전면에 대두될 것이다. 기술적인 측면, 즉, 전문성의 문제로 바뀌는 것이다. 이 책에서 앞으로 설명하겠지만, 이는 아주 큰 변화이다. 우리는 사람들이 생각하는 것보다 경영에 대해 많은 것을 배울 수 있다. 많은 리더들은 학습의 아주 작은 부분에도 쉽게 만족한다. 그래서 자신들이 도달할 수 있는 잠재 능력에 못 미치는 수준으로 일하고 있는 것이다.

다시 말해, 경영은 학습할 수 있으며, 동시에 학습해야 한다. 자신이 어떤 일을 할 줄 알아야 하는지를 스스로 깨닫는 리더는 없다. 이런 능력을 타고난 사람도 없다. 이로써 나는 경영이 소명이라는 인식에 선을 그을 뿐 아니라, 마찬가지로 널리 퍼져 있는 두 번째 시각, 즉 경영이 아마추어들의 활동이나 부차적인 취미 활동이라는 시각에도 선을 긋고자 한다.

경영이란 다른 직업들과 마찬가지로, 외국어처럼 혹은 스포츠처럼 배우는 과정이 필요하다. 기업을 경영한다는 것은 쉽지 않고, 그렇기에 끊임없이 연습하고 실습해봐야 한다. 하지만 그렇다고 그렇게 어려운 것도 아니다. 다시 말해 우리는 모두 아마추어의 수준을 뛰어넘는 최소한의 능력을 가질 수 있다. 그리고 이 가운데는 최고 전문가가 될 가능성을 가진 사람들도 많다. 이는 근본적인 변혁과 역동성을 극복하기 위해 반드시 필요한 것이기도 하다. 다른 사람보다 기업 경영에 뛰어난 재능을 보이는 사람들이 있다는 것은 기업 경영을 학습할 수 있는 가능성이나 학습해야만 하는 필요성에 어떤 영향도 미치지 않는다. 여기에는 이 직업을 어떤 기준과 수준으로 발전시켰는지에 대한 요구도 포함된다. 하지만 일반적인 경영 교육에서는 오늘날까지도 이러한 인식이 많이 부족한 상황이다.

하지만 원칙적으로 기업 경영을 학습 가능한 하나의 직업으로 이해하면 그만인 걸까? 최소한 특정 과제를 수행하고 높은 위치에 오르기 위해서는 그 이상, 즉 타고난 재능이 필요한 건 아닐까? 기업이나 조직의 경영을 통해 만족이란 것을 할 수 있는 걸까? 최소한 가끔씩이라도 리더십과 같은 또 다른 요소가 필요한 것은 아닐까? 나는 이 질문에 대한 답을 일단 미뤄두고자 한다. 이 질문들에 대한 답이 경영을 어떻게 이해하고자 하느냐에 따라 달라지기 때문이다. 나의 대답은 바로 이 책이다.

경영이란 직업일 뿐만 아니라, 모든 직업에는 경영이 필요한 영역이 존재한다. 이것은 과거와 달리 사실상 모든 직업의 실행이 한 조직 내에서 이루어지고, 해당 조직에 의해 결정되는 현대 사회의 결과물이다. 경영이란 현대 사회의 기관들을 효과적으로 만들고, 기능하게 만드는 직업이고, 조직에 속한 사람들을 효과적으로 만드는 것이 모든 직업의 일부분을 차지하고 있는 경영의 영역이다.

"
모든 직업에는
매니지먼트의 영역이 존재한다.

조직 외부에서 효과성의 문제를 가진 사람들은 극히 드물다. 어떻게 하면 일을 통해 성과를 만들어내고, 노력을 결과물로 만들어내며, 효율성에서 효과를 낳을 수 있을지의 문제를 만든 것은 조직이기 때문이다.

바로 이 부분이 대부분의 경영과 관련된 문헌과 교육에서 간과되거나 무시되고 있다. 사람에 대해 이야기하거나 조직에 대해서 이야기하기 때문이다. 정말로 우리가 이야기해야 할 것은 전혀 다른 것이다. 경영이란 조직 안에 있는 사람의 이야기이고, 사람과 함께하는 조직의 이야기다. 이 관련성을 무시하거나 간과해서는 안 된다.

● 현대 사회에서 가장 중요한 직업

경영이란 원칙적으로 다른 직업들과 다르지 않은 하나의 직업이다. 하지만 경영에는 다른 직업들과 차별화된 몇 가지 측면이 존재한다. 이는 경영을 특히 중요하게 여겨야 하는 이유이기도 하다.

오늘날 현대 사회에서 우리에게 중요한 의미가 있는 대부분의 것들이 경영, 즉 매니지먼트와 매니지먼트를 통해 수행되는 전문성과 그 수준에 의해 결정된다. 경제적인 가치 창출 그리고 그로 인한 부의 수준이 매니지먼트, 즉 창조하고, 조정하고, 안내하는 사회적 기능에 의해 결정되기 때문이다. 매니지먼트는 한 사회의 자원을 활성화하거나 침체시키고, 원료를 자원으로 만들며, 그것을 경제적 가치로 바꾸어낸다.

한 사회의 생산성과 혁신성은 매니지먼트에 달려 있다. 자원은 생산적, 비생산적 혹은 심지어 전혀 생산적이지 않은 방식으로 사용될 수도 있고, 오래되고 시대에 뒤떨어진 목적을 위해 혹은 새롭고 미래 지향적인 목적을 위해 사용될 수도 있다. 자원을 통해 어떤 일이 일어나는지는 매니지먼트, 즉 그것을 어떻게 경영하느냐에 따라 달라진다.

한 사회와 그 사회의 경제가 경쟁력을 갖추느냐의 여부도 매니지먼트가 결정한다. 일반적으로는 흥미로운 업계나 그렇지 않은 업계, 좋은 업계와 나쁜 업계 등에 대해 이야기한다. 하지만 이런 이야기는 아무런 의미가 없다. 모든 업계에는 잘 굴러가는 기업도 있고, 어려움을 가진 기업도 있기 때문이다. 물론 분야에 따라 조건은 다를 수 있다. 하지만 일반적으로 같은 한 업계 내에서의 조건은 상당히 유사하다. 만일 경쟁 조건은 비슷한데 결과가 매우 상이하다면 그 차이를 만들어내는 요소는 딱 하나다. 기업을 어떻게 이끌었느냐, 즉 경영 방식의 문제라고 할 수 있다. 이를 증명하는 것이 스위스와 일본이다. 이들 국가의 경쟁력과 경제적 성과는 전적으로 경영 능력에 의해 결정되었다고 보아도 무방하다. 두 국가 모두 모든 역사를 돌이켜봤을 때 지형적으로 유리한 점을 발견하기 어렵기 때문이다. 뿐만 아니라 일본의 경우에는 경영의 실패가 경쟁력의 상실로 이어졌음을 분명하게 확인할 수 있다.

하지만 이 생각의 범위를 조금 더 넓혀보아야 할 필요가 있다. 이 책에서 나는 주로 서방 세계의 선진국들의 사례를 들어 이야기하고 있다. 하지만 경영을 한다는 것은 결코 이들 국가만의 전유물이 아니며, 그 의미도 이들 국가에만 제한되어 있지 않다. 오히려 그 반대로 보는 것이 맞다. 경영이란 저개발 국가나 개발도상국에서 더 큰 의미를 갖는다. 저개발 국가의 발전 상태에 대한 이데올로기적, 사회주의적 설명을 차치하고 본다면 한 나라의 발전이 무엇보다 경영의 질과 관련이 있다는 결론에 이르게 된다. 피터 드러커도 "저개발 국가는 없다. 경영에 실패한 국가만이 있을 뿐이다"라고 말한 바 있다. 실제로 성공적으로 경영 방법을 도입한 모든 나라는 경제적, 사회적 수준이 빠르게 개선되었음을 수많은 사례를 통해 알 수 있다.

하지만 이는 선진 국가들에서도 나타나는 현상이다. 그리고 이들 나라에서 성공적인 경영의 효과는 경제 밖의 분야에서 가장 잘 나타난다. 좀 더 시야를 넓혀보면, 경영은 우리의 건강 그리고 교육 수준까지도 결정할 수 있다. 이 두 가지는 실질적으로 경영을 하는 사람들에 의해 결정되기 때문이다. 물론 이들은 스스로를 리더라고 부르지 않거나, 그렇게 불리고 싶지도 않을 것이다. 경제 분야에서와는 달리 이들은 병원장, 역장, 교장, 학장, 기관장 등으로 불린다. 하지만 이들이 하는 일은 대부분 경제 분야의 마케팅 책임자나 CFO, 공장장과 마찬가지로 매니지먼트, 경영의 역할에서 비롯된 것이다. 이는 일반화가 가능하다. 기본적으로 조직 없이, 즉 매니지먼트 없이 살아남을 수 있는 사회의 영역은 없기 때문이다.

그리고 결과적으로 리더들의 행동은 대부분의 사람들의 만족도를 결정한다. 어쩌면 더 나아가 행복한 삶을 살 수 있는지에 대한 문제 또한 이들 손에 달려 있는지도 모르겠다. 물론 사람들을 행복하게 만드는 것이 사회 조직의 과제는 아니며, 경제 조직의 과제는 더더욱 아니다. 이 부분에 대해서는 이미 앞에서 설명한 바 있다. 하지만 직업 세계에 들어가본 사람이라면 능력 있는 리더와 함께 일하는 것이 얼마나 큰 기쁨이 될 수 있는지, 반면 무능력한 실패자, 심지어 불확실한 캐릭터를 가진 사람을 리더로 두는 것이 얼마나 끔찍한 지옥인지를 경험했을 것이다. 사람들은 결코 근무 시간에 있었던 일들과 그 시간에 한 경험들을 저녁이 되었다고 해서 사무실에 쉽게 내던져버리지 못한다. 직장 안에서의 경험과 기분은 퇴근 후 집으로까지 고스란히 이어진다. 그리고 직업을 가진 한 사람을 통해 그 사람의 경험과 기분, 감정에 함께 노출되는 배우자, 자녀들, 그리고 이를 통해 간접적으로 경영의 영향을 받는 사람은 평균적으로 2.5명이라고 한다.

이 몇 가지 안 되는 생각만으로도 우리는 경영을 한다는 것의 의미를 알 수 있다. 그렇기에 기업이나 조직을 경영하는 행위에 대해서 가장 높은 수준을 요구하는 것은 당연하다. 경영이란 아마추어에게 맡겨서도 안 되고, 좋지 않은 경기 동향과 같은 쉽고 단순한 문제들을 그 평가의 기준으로 삼아서도 안 된다. 전문적인 경영의 수준을 측정하는 기준은 어려운 문제여야 한다.

> 현대 사회의 생산성과 혁신성은
> 매니지먼트에 의해 결정된다.

경영이란 '전천후' 직업이다. 아니, 오히려 '나쁜 날씨 직업'이라고 이해하는 편이 더 나을지도 모른다. 모든 것이 잘 돌아가고, 조직이 기능하고, 경제가 발전하면 기업을 경영하는 것도 쉬워진다. 하지만 어려운 상황이 찾아오면 경영이란 과제가 되고, 바로 이런 어려움을 해결하기 위해 경영을 위한 교육과 준비가 이루어져야 하는 것이다. 이는 모든 직업에도 당연히 해당하는 일이다. 파일럿은 날씨가 좋을 때 비행 교육을 받지 않는다. 오히려 까다롭고 어려운 비행과 상황에 대비한 교육을 받는다.

● 더 많은 경영자가 필요한 시대

오늘날 경영은 대중적인 직업이 되었다. 오늘날 역사 속 그 어느 때보다 가장 많은 사람들이 사실상 리더의 기능을 하고 있다. 과거에는 경영은 소수의 사람들에게 주어진 특권, 아니 어쩌면 무거운 짐이었다. 안내하고, 이끌고, 지시하고, 다스리는 사람들의 수는 매우 적었다. 또한 특정한 방법을 통해서만 얼마 되지 않는 리더의 자리에 오를 수 있었다. 귀족 출신인 경우에는 리더의 신분으로 태어났고, 교회에 속한 사람들에게 리더가 된다는 것은 곧 사명이었다.

그런 사회에서는 조직이나 기업을 경영한다는 것이 그리 중요하지 않았다. 조직이 없었기 때문이다. 아니, 정확히 말하자면 조직이 많지 않았고, 있다고 해도 무척 작고 단순한 조직에 불과했다. 정부, 교회, 군대 그 이상의 조직은 존재하지 않았다. 비교적 규모가 큰 조직도 오늘날의 조직과 비교하면 작고 단순했다. 따라서 경영이란 것 자체가 필요하지 않았다.

하지만 오늘날은 다르다. 오늘의 사회는 이미 1960년대에 피터 드러커가 인지했던 바와 같이 사람이 아니라 조직으로 구성되어 있다. 인간이 하는 거의 모든 것은 개인적으로 하는 일이 아니라 한 조직의 사용자로서, 조직의 고객으로서 혹은 조직의 직원으로서 하는 일이다. 모든 조직들은 매니지먼트, 즉 경영을 필요로 하며, 경제 분야는 물론이고 건강과 교육 분야, 공공 기관, 비정부 기관, 비영리 단체들에서도 마찬가지다. 그렇기에 오늘날 모든 국가에는 조직 내에서 리더의 역할을 수행해야 하는 수십만에서 수백만 명에 이르는 사람들이 필요한 것이다.

이러한 맥락 속에서 외부에 드러나는 사람 혹은 언론에 등장하는 사람만을 리더십이나 조직을 위해 행동하는 기관으로 이해하는 것으로는 불충분하다. 앞에서도 언급한 것처럼, 무엇이든 이끌어나가는 사람은 모두 리더다. 공장에서 일하는 명인도 리더의 역할을 수행하기 때문에 프로젝트 관리자, 팀장, 부서장과 같은 리더라고 할 수 있다.

가장 적게 보더라도 한 선진국에서 리더의 비율을 전체 노동 인구의 약 5퍼센트를 차지한다. 이는 전통적인 산업체와 전형적인 행정 기관에서 비롯된 수치다. 만일 컴퓨터, 정보 기술, 소프트웨어 엔지니어링, 바이오 업계, 컨설팅, 금융 업계, 서비스 기업 등 현대적인 영역 전체를 대상으로 하거나 과학, 예술, 문화 기관들까지 더하면 리더의 비율을 더 높아져서 20~25퍼센트에 이를 것이다. 그리고 이 수치는 갈수록 높아지고 있다.

기업 경영, 조직 경영이 대중 직업이 된 것이나 다름없는 것이다. 독일에서는 스스로를 어떻게 부르고 자신의 역할을 어떻게 이해하는지와 상관없이 사실상 리더의 역할을 하고 있는 사람이 수백만 명에 달한다.

대변혁과 함께 지식과 복잡성의 사회가 밀려오면서 경영의 의미는 훨씬 더 커졌다. 지금까지 전혀 알려지지 않은 상태로 다양한 호칭으로 불리는 실질적인 리더들은 훨씬 더 많을 것이고, 이들의 과제는 오늘날보다 더 어려워질 것이다. 결정적으로 이러한 유형의 사회에서는 거의 모든 사람들이 스스로를 이끌어야 하며, 갈수록 복잡해지는 사회 속에서 지금까지의 그 어떤 사회 형태에서보다 더 많은, 그리고 더 나은 경영을 필요로 할 것이다.

교육받지 못한 경영자들

이상한 것은 경영과 관련해서 체계적인 교육을 받는 리더들이 매우 적다는 사실이다. 물론 여기서 말하는 것은 전문적인 매니지먼트 분야의 교육, 즉 경영학이나 경영전문대학원(MBA)을 말한다.

경영은 현대 사회에서 가장 중요한 대중적 직업이지만, 제대로 교육되지 않은 직업이기도 하다. 하지만 사람들은 이 사실을 알지 못하는 것 같다. 리더들이 무능력하다고 이야기하는 것이 아니다. 오히려 그 반대다. 오늘날 우리는 그 어느 때보다 최고 수준으로 교육을 받은 인재들을 보유하고 있다. 이들은 그 어느 때보다도 뛰어난 전문교육을 받은 사람들이다.

나는 뛰어난 리더들과 개인적으로 친분을 가질 기회가 많았고, 이들과 함께 일을 했다. 그중에는 최고의 전문가들도 있었고, 그렇기에 배움을 기뻐하는 사람들도 있었다. 하지만 대부분은 경영 능력을 오늘날 일반적인 교육 과정에서 습득한 것이 아니라, 내가 이제부터 설명하게 될 과정을 통해 얻었다.

경영 분야처럼 미래에 다가올 과제에 대한 교육이 미비한 곳은 또

없는 것 같다. 비행기를 타야 하는데 만일 조종사가 평균적인 교육을 받지 못했다면 과연 그 비행기를 탈 수 있을까? 리더들의 숫자와 경영의 중요성과 잘못된 경영과 밀접한 관계에 있는 위험 요인들을 고려할 때, 이는 전 세계적으로 가장 큰 약점이자 가장 위험한 약점이 아닐까 싶다.

다수는 아니더라도 꽤 많은 리더들은 오늘날 대학 학위를 가지고 있다. 임원급으로 올라가면 사실상 모든 리더들이 경영과 관련된 학위를 가지고 있다. 하지만 대학에서 배우는 것은 리더가 되기 위한 교육이 아니라 학과목에 불과하다. 그것이 자연과학이든, 기술이든, 경제든, 사회든 혹은 정신과학 혹은 그 무엇이든간에 말이다. 하지만 그 결과로 훌륭한 전문가가 되기 때문에 조직에 고용이 되고, 커리어를 쌓는다. 그리고 어느 날 전문적인 능력과 더불어 경영 능력을 요구받는 자리에 오르게 되는 것이다. 하지만 대학에서 전문 분야의 교육을 받듯, 혹은 외국어를 공부하듯, 혹은 파일럿처럼 큰 항공기 운항을 훈련받듯 리더십에 대해 확실하게, 근본적으로, 체계적으로 준비한 사람은 한 명도 없다.

하물며 최고라고 하는 대기업의 교육 프로그램에도 대대적인 수정이 필요하다. 역사적으로 유례를 찾아보기 힘든 복잡성과 상호연결성, 역동성을 특징으로 하는 대변혁의 시대인 오늘날에는 더욱 그러하다.

경영학을 제외하면 그 어떤 학사 과정에도 이렇다 할 규모의 매니지먼트 교육은 없다. 그리고 경영학에서도 매니지먼트는 주요 과목들과 달리 중심에서 벗어나 있다. 대학 교육 과정에서 매니지먼트에

경영의 본질

대한 강의가 제공되더라도, 이 강의는 선택 혹은 자유 과목이고 오늘날에는 모든 전공의 주요 과목들에 모든 것을 쏟아 부어야 하기 때문에 학생들에게는 매니지먼트에 관심을 쏟을 시간이 전혀 남지 않는 것이 현실이다.

> 66
> 매니지먼트는 아직도
> 체계적인 교육이 없는 직업이다.

전공과 상관없이 대학교 졸업생들의 95퍼센트는 졸업 후 경영 지식 없이는 영향력을 발휘할 수 없는 조직에서 일을 하게 된다. 다시 말해, 자신이 학습한 능력과 지식들을 적용하고 결과물로 바꿔내야 하는 환경에서 일을 하는 것이다.

사적인 환경과 작은 기업에서는 그 누구도 영향력을 발휘하는 데 어려움이 없다. 혹여 있더라도 스스로 재빠르게 수정할 수 있다. 결과물은 물론이고 그 안에 있는 실수도 곧바로 볼 수 있기 때문이다. 하지만 현대 사회의 조직에서는 이 실수를 확인하기 어렵고, 그 실수를 스스로 해결하는 경우도 훨씬 드물다.

여기에 대해서는 이의를 제기할 수도 있을 것이다. 많은 리더들이 경력을 쌓아가는 동안 MBA 프로그램 같은 교육을 받고 있다면서 말이다. 물론 맞는 말이다. 하지만 이런 교육이 이 책에서 이야기하는 상황에 가져오는 변화는 미미하다. MBA는 정확히 말하면 '경영학'을 교육하는 과정이기 때문이다. 하지만 여기에 매니지먼트는 빠져 있다. 매니지먼트와 경영학은 결코 같지 않을 뿐만 아니라 공통되는 부분 역시 지극히 적다.

MBA 과정은 경영학 공부를 하지 않은 사람들이 상대적으로 빠르게 경영 지식을 습득하는 데 적합하며, 이미 경영학을 전공한 사람들에게는 심화와 보충 학습을 제공한다. 하지만 일반적으로 MBA 과정은 개념에서부터 시작하는 내용 분석이 보여주듯, 매니지먼트 교육은 아니다. '매니지먼트'라는 단어만이 자주 등장하고, 이 때문에 잘못된 인식을 심어줄 뿐이다.

조직 내에서, 특히 규모가 큰 조직 내에서 진행하는 내부 교육 프로그램을 통해서도 그리고 자유로운 세미나 시장에서도 매니지먼트에 대해 많은 것을 배울 수 있다는 이의를 제기하는 사람도 있을 것이다. 하지만 오늘날 우리 앞에 놓인 과제와 관련해 훌륭한 매니지먼트 교육 프로그램을 가진 기업들은 결코 많지 않다. 대부분은 전문 과제 대한 교육이 지배적이고, 매니지먼트 과제에 대한 교육은 소수에 불과하다. 세미나 시장 역시 지식의 여백을 채울 수 있는 기회들을 제공하지만, 대부분은 단편적이거나 맥락이 없다.

● **누구나 학습으로 경영자가 될 수 있다**

모든 직업은 네 개의 요소로 특정지을 수 있다. 만일 매니지먼트를 직업으로서 이해한다면, 다른 직업들처럼 요구, 즉 전문성에 대한 요구를 할 수 있어야 한다. 그렇다면 여기에서도 같은 요소들을 찾을 수 있어야 할 것이다. 하지만 이것이 함정이다.

〈그림 3〉은 효과적인 매니지먼트 모델을 단순화한 것이다. 그 형

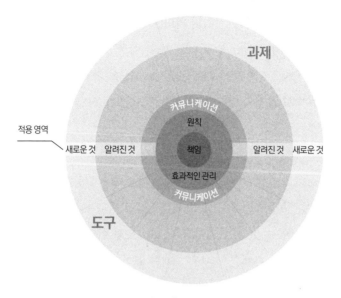

과제

커뮤니케이션

원칙

책임

효과적인 관리

커뮤니케이션

적용 영역

새로운 것   알려진 것   알려진 것   새로운 것

도구

〈그림 3〉 효과적인 관리 모델

태 때문에 이 모델에는 '리더십 바퀴'라는 이름을 붙였다. 조금 더 구체적인 모형은 모델의 의미와 기능, 형태, 그림을 설명해놓은 5부에서 확인할 수 있다.[29] 여기에서는 네 개의 기본요소에 커뮤니케이션과 실전 적용에 대한 설명을 더했다.

원칙

직업의 첫 번째 요소는 과제를 수행할 때 그리고 도구를 사용할 때 지키는 기본 원칙 또는 원리다. 이 원칙들은 과제 수행과 도구 투입의 질을 결정한다. 여기에서도 유효한 것이 있다. 원칙을 알고 지키는 데는 재능이 필요하지 않다는 사실이다. 우리에게 필요한 것은 두 가지 부분에 대한 통찰이다. 직업의 의미에 대한 통찰 그리고 실수와 연결되어 있는 위기에 대한 통찰. 이것 또한 배울 수 있고 가르칠 수 있다. 그리고 통찰을 넘어 원칙과 관련이 있는 동시에 원칙을 지키는 데 필요한 두 번째 요소가 있다. 바로 어느 정도의 규율이다.

과제

두 번째 요소는 직업별로 충족시켜야 할 과제들이다. 모든 직업의 과제는 묘사와 분석이 가능하며, 이 과제를 전문적으로 수행하는 방법을 배우고 가르칠 수 있다. 관리자라는 직업 또한 마찬가지다. 어떤 직업이 필요로 하는 과제들을 배우는 데는 뛰어나고 탁월한 재능이 필요하지 않다. 과제를 배우는 데 필요한 것은 몇 가지 지식을 습득하는 것뿐이다.

도구

모든 직업에 필요한 세 번째 요소는 과제를 수행하는데 투입되는 도구들이다. 도구들을 다루는 것 또한 학습이 가능하다. 마찬가지로 도구를 다루는 것뿐만 아니라 일반적인 전문성을 얻기 위해서도 특별한 재능이 필요하지 않다. 도구를 다루는 데 필요한 것은 단 한 가지, 바로 지치지 않는 끊임없는 연습이다. 여기에서도 과제와 마찬가지의 원칙이 적용된다. 재능을 가진 사람들도 도구를 다루기 위해서는 연습이 필요하다. 태어날 때부터 골절단기나 레이저를 다룰 능력을 가지고 태어난 외과의사는 하나도 없다. 뿐만 아니라 뛰어난 운동 감각을 타고난 사람들도 테니스 라켓이나 골프채를 사용하는 법을 훈련해야 한다. 하지만 매니지먼트와 관련해서는 이런 생각을 전혀 찾아볼 수 없다. 사실 누구나 인정하는 탁월한 재능이란 집중적인 훈련의 결과이다. 이는 스포츠 분야에서만이 아니라 모든 영역에서 마찬가지다. 특히 음악 분야에서 이 과정이 분명하게 드러난다.

책임

모든 직업이 가지고 있는 네 번째 요소는 결과적으로 자신의 직업 활동과 연결된 책임이다. 이 책임은 해당 직업이 중요해질수록 그리고 자신의 활동과 연결된 위험이 커질수록 더 커질 것이며, 커져야 한다. 책임 역시 재능이나 소질의 영역은 아니다. 책임을 위해 필요한 것이 하나 있는데, 나는 이를 위해 직업적인 '일상의 윤리'라는 표현을 사용한다. 이 일상의 윤리는 자신이 하는 일과 자신이 해야 하지만 하지 않은 일에 대한 보증이다. 이를 위해 무엇보다 중요한 것은, 자신이 살아가면서 어느 시점에 내린 지극히 개인적인 일에 대해서도 책임을 회피하지 않는 것이다.

커뮤니케이션

커뮤니케이션은 조직 안에서 두 가지 측면을 가지고 있다. 한편으로 이것은 시장 커뮤니케이션이나 기업 커뮤니케이션과 같은 전문 과제다. 대기업의 경우에는 이를 전담하는 부서와 전문가들이 있다. 하지만 기업이나 조직의 경영에서 나는 커뮤니케이션이 특별한 과제가 아니라고 생각한다. 경영에서 커뮤니케이션이란 리더들을 효과적으로 만들 수 있는 수단이고, 원칙을 적용할 수 있는 수단이자, 과제를 수행하고, 도구를 투입할 수 있는 수단이며 책임에 부응할 수 있는 수단이다.

알려진 것과 새로운 것에 적용

나의 매니지먼트 모델의 특별한 점은 별다른 수정 없이도 다양한 영역들에 적용할 수 있다는 점이다. 따라서 머리말에서 이미 설명했듯이, 특수한 혁신 매니지먼트가 필요하지 않다. 내가 제안하는 리더십 바퀴는 기존의 영역은 물론이고, 새로운 영역에도 적용할 수 있다. 한편으로는 운영의 매니지먼트에, 또 다른 한편으로는 혁신의 매니지먼트에 사용할 수 있는 것이다. 두 가지의 차이는 모두 같은 방식으로 운영되지만 새로운 영역에 대한 매니지먼트가 훨씬 어렵다는 것이다. 그렇기에 새로운 것을 매니지먼트하기 위해서는 자신의 직업인 효과적인 매니지먼트를 보다 더 잘 통제해야 하고, 완벽을 추구해야 한다.

● 탄탄한 교육은 모두에게 가능하다

처음 세 가지 요소, 즉 과제와 도구 그리고 원칙에 대해서는 현대 사회에서 가장 중요한 대중 직업인 경영을 위한 탄탄한 교육이 이루어지며 필요한 지식을 충분히 습득할 수 있다. 앞에서도 언급했지만 이것이 직업으로서의 경영의 질을 결정하기 때문이다.

하지만 이것은 경영에서 최고의 성과를 내기 위한 전제조건은 아니다. 가장 어려운 경영의 과제를 수행하기 위해서는 교육의 틀에서 배우는 것 이상의 것이 필요하다. 여기에 추가적으로 재능 그리고 무엇보다 경험이 필요하다. 경영의 직업적 요소들을 진지하게 이해하고, 자기 자신과 자신의 능력을 위해 노력하는 사람은 그렇지 않은 경우보다 근본적으로 더 나아질 것이다.

하지만 이보다 더 중요한 것은 직업적인 요소들을 다루지 못하면 모든 재능도 아무런 소용이 없다는 사실이다. 우리의 눈에 띄는 것은 공개적으로 부적합한 사람들이 성공을 거두지 못하는 경우가 아니다. 우리가 주목해야 할 것은 경영의 직업적 전문성이 가진 요소들과 직접적으로 연결되어 있는 두 개의 다른 경우들이다. 하나는 꾸준한 노력으로 자신도 놀랄 만한 성공에 이른 재능 없는 사람들이고, 또 다른 하나는 대부분 지능이 아주 높고, 모든 것을 투입해서 일했지만 실효성의 결핍으로 성공하지 못한, 재능있는 사람의 비극적인 사례다.

MANAGEMENT

2

원칙

XESSENCEX

2부에서는 전문적인 경영의 기본이 되는 원칙들을 살펴볼 것이다. 이 원칙을 바탕으로 경영 방식과 그를 위해 사용하는 도구가 결정된다. 그리고 이것이 바로 효율적인 경영의 핵심이다. 따라서 여기에서 소개하는 원칙들은 모든 조직에 필요한 근본적 요소라고 할 수 있다. 사실 나는 '기업 문화'라는 용어 자체는 별 쓸모가 없지만, 그 안에 담긴 의미는 유용하다고 생각한다. 조직에는 '조직의 영혼'이 필요하다. 가치, 그중에서도 효과성이라는 가치가 필요하다. 이것을 가장 분명하게 표현할 수 있는 것이 바로 원칙 혹은 원리이다. 사람들의 행동을 규정하는 것이 바로 원칙이기 때문이다.

● **간단하지만 쉽지 않은 일**

　　내가 원칙이라고 말한 행동 패턴들은 그것을 보는 법을 배우기 전까지는 인식하기도 쉽지 않고, 언어적으로 표현하기도 어렵다. 하지만 일단 이 원칙들을 정확하게 표현하고 설명할 수 있다면, 특별한 학위 같은 것이 없이도 누구나 쉽게 이해할 수 있다.

　이런 원칙들에 대한 교육이 이루어지지 않는 이유는 그것이 이론적으로 매우 단순하기 때문일 것이다. 이는 특히 대학에서 두드러지는 현상이다. 이 원칙들에 관심을 보이는 교수들도 없을 뿐만 아니라 학생들 중에는 실무 경험이 많은 경우에만 관심을 보인다. 이런 의미에서 보면 이 원칙들은 이해하기는 쉽지만, 이 원칙에 따라 행동하는 것은 어려운 셈이다. 과연 그 이유는 무엇일까? 세 가지 이유가 있다. 첫째, 원칙을 적용하는 데는 훈련, 즉 대부분의 사람들이 좋아하지 않는 무언가를 극복하는 과정이 필요하다. 둘째, 원칙을 지키려다 보면 유연성을 잃게 된다고 생각하는 사람들이 있다. 하지만 이는 대부분 유연성을 기회주의와 혼동하는 데에서 비롯된 착각이다. 그리고 마지막으로 가장 중요한 세 번째 이유는 이 원칙들이 모든 조직에서 유효하지만, 구체적인 개별 상황에 따라 적용해야 하기 때문이다. 따라서 이 원칙을 적용하는 것은 계속 새로운 형태로 변화해야 하며, 지금까지 한 번도 존재하지 않았거나 리더가 한 번도 경험하지 못한 방식으로 원칙을 적용해야 할 수도 있다.

66

효과성의 원칙은 매니지먼트를 어떻게 수행하고,
어떤 도구를 어떻게 사용해야 할지를 결정한다.

원칙을 이해하는 것은 쉽지만 개별 상황과 구체적인 환경 속에서 이를 적용하는 것은 매우 복잡한 일이다. 그래서 원칙을 이해하는 것과 그것을 적용하는 것은 다른 문제다. 원칙을 적용하려면 원칙에 대해 이해하는 것은 물론이고, 반드시 주어진 상황의 구체적인 부분까지 파악해야 한다. 이 원칙이 적용된 과거의 사례가 있었는지, 다양한 원칙들 가운데 무엇을 선택해야 할지에 대한 고민도 원칙의 적용을 더 어렵게 만든다.

어렵게 여겨질 수는 있겠지만, 핵심적인 내용은 대부분이 알고 있다. 이것을 가장 잘 이해하고 있는 이들이 바로 법조인들이다. 법을 이해하는 것과 적용하는 것은 전혀 다른 일이기 때문이다. 비슷한 상황을 경험한 사람들은 법조인들 이외에도 아주 많다. 이론적으로 도로교통법을 완벽하게 숙지하고 있다고 해서 초보 운전자가 도로 위에서 안전하고 능숙하게 운전을 할 수 있는 것은 아니다. 원칙을 능숙하게 적용할 수 있는 열쇠는 교육 그리고 경험이다.

● 단순한 원칙에서 복잡한 질서가 탄생한다

경영 분야는 물론이고 다른 어떤 분야에서도 쉽게 해결할 수 있는 문제에는 어떤 원칙도 필요하지 않다. 이 책에서 이야기하는 원칙들은 어려운 상황이나 복잡한 문제, 뚜렷한 해결책이 보이지 않는 상황에서 반드시 필요할 뿐 아니라 큰 도움이 된다. 가령 모두가 퇴근한 어느 금요일 밤 홀로 사무실에 앉아 난감한 업무를 처리하며 '이 상황에서 나는 무엇을 해야 하는가?'라는 질문을 던지는 상황이 바로 원칙이 필요한 순간이다.

복잡한 질서, 시스템, 조직의 발생과 기능 방식은 일차적으로 규칙으로 설명할 수 있다. 또한 그 안에서의 성공적인 태도 역시 규칙을 통해 나온다. 이에 대한 내용은 이후에 좀 더 상세하게 설명할 것이다.[30] 원칙 역시 규칙과 다르지 않다. 이것이 바로 내가 조직에서 복합적인 문제를 해결하기 위한 리더의 올바른 행동, 효과적인 매니지먼트의 원칙을 찾아야 한다고 주장하는 이유다. 원칙 자체는 매우 단순하다. 하지만 그것을 적용하고 준수하는 과정에서 발생하는 질서

경영의 본질

는 매우 복잡할 수 있다. 아니, 거꾸로 말해야 할지도 모르겠다. 매우 단순한 원칙에서도 극도로 복잡한 시스템이 만들어질 수 있다.[31]

● 타고난 리더는 없다

하지만 나는 이러한 원칙이나 이 원칙에 따른 태도를 가지고 태어난 사람을 단 한 명도 본 적이 없다. 이것은 학습을 통해서만 얻을 수 있는 능력이기 때문이다. 이런 사실을 인정하지 않는 사람들도 있지만, 그들 또한 이러한 재능을 타고난 것이 아니라, 다른 사람들과 마찬가지로 학습을 통해 조직이나 기업을 경영하는 능력을 얻었다는 사실을 나는 분명하게 확인했다. 그런데도 왜 그것이 타고난 재능이라고 생각하는지는 여전히 이해할 수 없다.

이들이 배움을 통해 이와 같은 경영 능력을 갖추게 되었다고 치자. 그렇다면 대체 어떻게 배운 것일까? 그들이 경영 능력을 배운 데에는 세 가지 학습 방법이 반복적으로 나타나는 것을 확인했다. 첫째, 대부분의 사람들은 시도와 실수, 즉 시행착오를 통해 매니지먼트를 배웠다. 하지만 이것은 지난하고 힘든 여정이다. 수많은 실수들을 통해 교훈을 얻을 때쯤이 되면 나이가 들어버리기 때문이다. 20세에 매니지먼트가 무엇인지를 아는 사람은 없다. 대부분은 30대 중반이나 되어서야 그리고 다수는 40대가 되어서야 매니지먼트의 본질을 대략적으로 짐작할 뿐이다.

그리고 이렇게 학습하는 사람들은 극히 소수에 불과하지만 첫 번째 혹은 두 번째 직장, 직책에서 유능한 리더를 만나는 행운을 가진 사람들도 있다. 단, 여기서 말하는 유능한 리더란 협조적이거나 편안하거나 세련된 리더가 아니라, 유능한 리더를 의미한다.

다시 말해 두 번째 유형은 직장 생활 초기부터 무언가를 배울 수 있는 리더가 있었다는 소리다. 반면 무능한 리더를 만나 큰 고통을 겪은 탓에 자신은 매니지먼트를 제대로 배워 더 나은 리더가 되고 싶다는 마음을 품게 된 사람들도 있다. 하지만 이런 경우는 극히 드물다. 더욱이 이 경우는 대부분 다짐에 그치기 때문에 결과적으로 학습은 첫 번째 혹은 두 번째 방식을 통해서만 이루어진다고 볼 수 있다.

그리고 세 번째 집단이 있다. 일찍부터, 대부분은 어린 시절부터 리더로서의 경험을 한 사람들이다. 어렸을 때부터 유소년 단체에서 활동한 이들을 대표적인 사례가 될 것이다. 특정 스포츠 종목을 배우거나, 학교에서 학급 친구들의 지지를 받아 학급 회장이 된 경험이 있는 사람들 말이다. 이 방법은 시행착오를 거듭하며 학습하는 첫 번째 방법과도 유사하다. 다만 이들은 다른 사람들보다 일찍 학습을 시작했기 때문에 조금 더 빠르게 마스터할 뿐이다.

하지만 매니지먼트를 학습하는 이 세 가지의 전형적인 방법에는 특별한 시스템이 없다.[32] 장기간에 걸쳐 경험을 통해 이루어지는 학습이기 때문이다. 물론 특정 시점이 지나면 주어진 임무를 올바르게 수행할 만큼의 경험이 쌓일 것이고, 그렇기 때문에 우리 조직에 나쁜 리더만 있는 것은 아니라고 주장할 수 있을 것이다. 하지만 정말 중요한 직책이 주어지거나 최고 경영자의 자리에 오르는 사람에게 이 방식들은 매우 위험할뿐더러 방해가 될 수도 있다. 특히 특정 직업군의 경우에는 매니지먼트를 이와 같은 학습 방식에 의존한다는 것은 상상조차 할 수 없다. 앞에서도 여러 번 언급했지만 비행기 조종사나 외과 의사의 경우가 그렇다. 위험이 따르는 직업이기 때문이다.

● **이상 그리고 타협**

무언가를 원칙이라고 공식화하면 가끔은 그것이 완벽하고 이상적인 것으로 여겨지는 경향이 있다. 물론 경험을 가진 사람이라면 기업이나 조직의 경영에서 이상이 실현될 수 있다고 순진하게 믿지는 않을 것이다. 이상의 실현은커녕 끊임없이 타협을 해야 하는 것이 경영의 현실 때문이다. 하지만 바로 그렇기 때문에 경영에는 이상이나 원칙이 있어야 한다. 그것을 실현하기 위해서가 아니라 두 가지 유형의 타협을 구분할 기회를 얻기 위해서다. 진부하게 들릴지는 모르지만 우리가 사는 세상에는 올바른 타협과 잘못된 타협이 있다. 잘못된 타협이 아니라 올바른 타협을 더 많이 하는 것, 이것이 바로 좋은 경영과 나쁜 경영 그리고 책임과 무책임을 구분하는 결정적인 요소 가운데 하나다.

모든 조직에는 기회주의와 현명한 태도를 구분할 수 있는 사람이 핵심 위치에 있어야 한다. 어려운 상황이 찾아왔을 때 위에서 언급한 것처럼 '무엇을 해야 할까?'가 아니라 이보다 더 중요하고 어려운 질문, 즉 '이 상황에서 옳은 것은 무엇일까?'라고 질문하는 리더가 필요한 것이다.

고정관념에 사로잡힌 사람들은 믿지 않겠지만 이런 리더들은 실제로 존재한다. 가장 쉽고 편한 길을 선택하거나 언론이나 노동조합이 기대하는 길을 선택하지도, 커리어에 가장 도움이 되는 길 혹은 수익을 선택하지 않고 진실하고 진지하게 올바른 것이 무엇인지를 고민하는 사람들이다.

물론 이들에게 늘 정답이 보장되는 것은 아니다. 이들도 잘못된 타협을 선택할 때가 있다. 하지만 어쩌다 한 번씩 잘못된 타협을 한다고 해서 장기적인 피해가 발생하는 것은 아니다. 하지만 잘못된 타협의 누적은 큰 피해나 위험한 상황으로 이어진다. 그리고 일반적으로 이와 같은 상황은 이상적인 것이 무엇인지 그 누구도 묻지 않을 때, 원칙을 잊어버리거나 무시할 때 나타난다.

● 본이 되는 경영자

그렇다면 내가 이야기하는 좋은 혹은 능력 있는 리더란 어떤 유형의 리더일까? 바로 이 질문에 대한 대답이 이 책의 메시지다. 그리고 이 책의 마지막으로 갈수록 답은 명확해질 것이다. 하지만 그전에 나는 먼저 좋은 리더에 부합하지 않는 유형에 대해 이야기를 하고자 한다. 일단 나는 '3년의 기적'이라고 부를 수 있는 유형을 인정하지 않는다. 3년이라는 짧은 시간 동안의 성공은 누구나 이룰 수 있다. 그것은 그리 어려운 일도 아니다. 하지만 이와 같은 단기적 성공은 아무런 의미도 없거니와, 성공의 증거라고 볼 수도 없다. 과거에는 나도 언론 몰이에 휩쓸려 이런 사람들을 대단하다고 여겼다. 하지만 단기적인 성공은 아무런 의미가 없다. 우리가 인정해야 할 진짜 리더는 엄청난 고난과 역경 속에서도 3년이 아니라 30년 이상 장기적으로 새로운 성공을 이어가고 있는 사람들이다.

이런 이유에서 나는 언론을 통해 유명세를 얻은 리더들을 더 이상 진지하게 여기지 않는다. 그들은 혜성처럼 등장해 빛의 속도로 사라지기 때문이다. 이보다 훨씬 더 위험한 것은 '3년의 기적'을 반복하는 사람들이다. 화려한 경력을 쌓아가는 것처럼 보이는 이들은 때로 경제적, 사회적으로 높은 지위에 앉기도 한다. 하지만 이들의 이력을 들여다보면 이들이 가진 능력은 단 하나라는 것을 알 수 있다. 그것은 바로 떠날 때가 언제인지를 아는 능력이다. 그리고 이들은 자신들이 싼 '똥' 냄새가 진동하기 전에 조직을 떠난다. 겉으로는 화려해 보이지만 실제로는 여기저기에 문제가 산재해 있다. 이들은 좋은 리더는 고사하고 리더라고 할 수도 없는 커리어 컬렉터일 뿐이다.

리더로서 기업을 경영하는 업무를 훌륭하게 처리하는 잠재력을 인정하기 전에 우리는 그 사람이 두 가지 기준을 충족하는지를 확인해야 한다. 첫째, 리더가 될 가능성이 있는 사람은 자신이 저지른 실수를 모니터링할 수 있을 만큼 오랜 시간 같은 직책에 머물러야 한다. 실수하지 않는 리더는 없다. 하지만 실수를 인정하지 않는 리더는 많다. 그리고 이것만으로는 충분하지 않다. 더 중요한 것은 두 번째 기준이다. 자신의 실수를 인정했는지 아니면 책임을 회피했는지, 더 나아가 자신이 저지른 실수를 어떻게 만회했는지를 확인해보아야 한다.

또한 조직을 떠나고 몇 년이 지난 후에도 직원과 동료들이 "우리는 그 분으로부터 많은 것을 배웠습니다"라고 말할 수 있는 리더들을 나는 중요하게 생각한다. "그 분과 함께 일하는 것은 어려웠고, 결코 쉽지 않았으며, 나쁜 놈이기도 했지만 말이에요"라는 평가가 나오는 것은 괜찮다. 중요한 것은 "그럼에도 불구하고 우리는 그 분에게서 많은 것을 배웠습니다"라는 말로 평가를 마쳐야 한다는 것이다. 이런 평가를 듣는 사람이라면 좋은 리더가 될 수 있을 것이라고 나는 생각한다.

마지막으로 나는 때때로 이해하는 데 어려움이 있을 수 있는 측면들에 대해 설명하고자 한다. 첫째, 다음의 원칙들은 전체적인 관점에서 봐야 하며 무엇보다 이 원칙들이 가진 광범위한 영향력을 고려해야 한다. 이 원칙들이 가져올 결과는 부분적으로 기업이나 조직 경영의 지배적인 이론에 정면으로 부딪칠 수도 있다. 즉 기존의 이론과 모순되는 것일 수 있다.

두 번째로 이것은 모순된 두 가지 견해 가운데 어느 쪽이 더 낫고, 올바르며, 유용한지에 대한 질문으로 이어질 것이다. 나는 이 질문을 하는 것이야말로 원칙을 통해 얻는 가장 큰 효과라고 생각한다. 잘못된 생각과 의견을 수정하거나 제거할 수 있는 비판적 분석의 기회를 주기 때문이다. 다른 분야에서와 달리 지금까지 경영 분야에서는 비판적인 논의 같은 것이 전무한 것이나 다름없었다. 경영 분야에 대한 새로운 이론들이 끊임없이 쏟아져 나오지만 큰 발전이 없는 이유도 바로 여기에 있다. 새로운 이론들이 대부분 일시적인 유행에 그치기 때문이다.

여기서 살펴볼 원칙들을 적용하면 엉터리 경영 이론들도 급격하게 줄어들 것이다. 옳음과 그름을 구별하고, 유용한 것과 유용하지 않은 것, 좋은 것과 나쁜 것, 받아들일 수 있는 것과 받아들일 수 없는 것을 구분할 수 있는 통제적 사고와 기준, 그리고 표준이 되어줄 것이기 때문이다.

원칙 1_결과 중심

> **❝**
> 경영에서 중요한 것은 결과밖에 없다.

유능한 리더의 생각과 행동에서 일관적으로 나타나는 패턴이 있다. 바로 결과 지향적이라는 것이다. 유능한 리더들은 대부분 결과에 관심을 갖는다. 경우에 따라서는 오직 결과에만 관심을 갖기도 한다. 결과 외의 것들은 부차적으로 여겨지거나 관심의 대상에서 아예 제외되기도 한다. 결과에 대한 이들의 집착이 거의 편집증 수준이라는 것은 공공연한 비밀이다. 하지만 나는 결과에 대한 집착을 옳다고 생각하지 않으며, 이런 태도를 지지하지도 않는다. 감당하기 어려울 수도 있기 때문이다. 하지만 리더들은 결과를 가장 중요하게 여긴다.

이 책에서 말하고자 하는 가장 핵심적인 메시지는 바로 기업이나 조직을 경영한다는 것은 하나의 직업이라는 사실이다. 따라서 첫 번째 원칙과 관련해 우리는 다음과 같은 결론을 내릴 수 있다. 경영이 란 결과를 달성하거나 결과에 영향을 주는 일이다. 경영 방식을 평가 하는 기본적인 방법은 그것이 목표 달성과 과제 수행에 어떤 영향을 미치는지 살펴보는 것이다.

결과를 가장 우선시하는 첫 번째 원칙이 언제나 동일한 정도로 중 요한 것은 아니다. 예컨대 경기가 좋아서 비교적 수월하게 성과를 달 성할 수 있을 때에는 특별한 경영 기법이 필요 없으며, 경우에 따라 서는 전혀 필요하지 않을 수도 있다. 사실 이런 상황에서는 결과를 중요하게 생각하는 원칙 역시 거의 필요하지 않다. 하지만 성과가 저 절로 나타나지 않는 경우라면 이야기가 다르다. 진정한 노력이 필요 할 때, 바로 그때 이 원칙이 필요하고 도움이 될 뿐만 아니라 성과에 큰 영향을 미친다.

물론 이 원칙을 따른다고 해서 모든 계획을 성공적으로 이뤄낼 수 있는 것은 아니다. 모든 계획을 이루어낼 수 있다고 생각하거나 그것 을 전제로 삼는 것은 어리석은 일이다. 무엇보다도 결과를 중요하게 여기는 리더들도 좌절을 겪고, 실패를 경험한다. 하지만 그렇다고 해 서 포기하지는 않는다. 가장 중요한 것은 실패를 정당화하거나 그에 대해 변명하지 않는 것이다.

● **실현 가능한 일**

결과를 우선시하는 것은 너무나 당연하다고 생각하는 사람 들도 있을 것이다. 너무나도 당연해서 모든 리더들이 이 원칙에 따 라 행동하기 때문에 굳이 언급할 필요가 없다고 생각하는 것이다. 하지만 그렇지 않다. 우선 관심을 갖고 유심히 지켜본다면 결과 지향의 원칙이 적용되는 것을 어디서든 쉽게 관찰할 수 있다. 노련한 리더라면 이 원칙의 중요성에 동의할 것이다. 하지만 사실 결과 중심의 사고방식이나 인식을 가지고 있는 리더는 많지 않다. 나는 이와 관련해 늘 작은 테스트를 해본다. 리더들과 함께 맥주 한 잔을 할 기회가 생길 때마다 나는 "회사에서 무슨 일을 하세요?"라고 묻곤 한다. 나의 질문에 리더들은 하나같이 자신의 업무에 대한 설명을 한다. 하지만 이내 흥미로운 일이 이어진다. 리더들 중 약 80퍼센트는 자신이 얼마나 일을 열심히 하고 있으며, 얼마나 많은 노력을 기울이고 있고, 얼마나 많은 스트레스를 받고 있는지를 털어놓는다. 반면 자신의 업무를 설명하고 그 업무를 통해 얻은 성과에 대해 이야기하는 리더는 20퍼센트에 불과하다.

매우 놀라운 일 아닌가. 어떤 리더들은 자신이 이룬 성과를 이야기하는 데 겸손한 태도를 보이기도 한다. 자칫하면 자화자찬이나 과시 혹은 허세처럼 보일 수 있다고 생각하기 때문이다. 물론 그런 걱정을 이해하지 못하는 것은 아니다. 하지만 이와 같은 대답을 내가 관찰한 다른 현상들과 종합해서 볼 때 대부분의 사람들이 '아웃풋output'이 아닌 '인풋input' 지향적인 사고와 인식을 가지고 있으며, 아마도 이로 인해 인풋 지향적인 행동을 하고 있다고 해석할 수 있다. 물론 열심히 일하고, 노력하고, 스트레스를 이겨내는 일도 중요하다. 그런 과정 없이 기업이나 조직을 경영할 수는 없다. 하지만 이 모든 것은 '인풋'에 해당한다. 그리고 '인풋'은 중요하지 않다. 중요한 것은 '아웃풋'이다.

이와 같은 인풋 중심적 사고와 행동은 또 다른 매우 전형적인 현상에서도 확인할 수 있다. 직원 채용 과정에서 제출된 이력서 열 개 중 여덟 개는 지원자가 그동안 맡았던 훌륭한 직무와 직책의 리스트가 길게 이어져 있다. 하지만 그 직책을 통해 무엇을 이루었으며, 어떤 성과를 냈고, 그를 통해 무엇을 달성했는지 설명하는 이력서는 열 개 중 한두 개에 불과하다.

따라서 사람들이 당연히 성과 지향적이라고 가정해서는 안 된다. 우리는 모두 태어날 때부터 어느 정도는 인풋 지향적인 성향을 가지고 있기 때문이다. 아기들은 이렇게 묻는다. '내가 태어난 이 세상은 내게 무엇을 빚지고 있을까?' 아기가 이런 질문을 하는 것은 당연하다. 우리가 아기를 태어나게 했으니, 우리는 아기에게 영양을 공급해주고 안전하게 양육을 하며 사랑을 주어야 할 의무가 있다. 아기가 이런 생각을 하는 것은 괜찮다. 하지만 15~25세 정도가 되면 이와 같은 질문에 근본적인 변화가 나타나야 한다. '세상은 나에게 무엇을 빚지고 있을까?'가 아니라 '25년 간 양육과 교육이라는 특권을 누리고 대학을 졸업한 내가 이 세상에 빚진 것은 무엇인가?'라는 질문을 던져야 한다.

너무 감성적인 질문이 아니냐고 반문하는 사람도 있을 것이다. 하지만 이와 같은 관점과 태도의 변화는 리더와 리더의 효과성에서 매우 중요한 역할을 한다. 또한 리더들의 성공의 비결 중 하나가 바로 이런 태도에 있다.

결국 중요한 것은 결과뿐이라는 원칙을 진지하게 받아들이고 이런 관점에서 세상을 바라보다 보면 안 되는 일과 불가능한 일, 기능하지 않는 일이 무엇이며, 그 이유는 무엇인지 정확하게 말할 수 있는 사람들이 얼마나 되는지 깨닫게 된다. 그리고 나는 불가능한 일에 너무 오래 집착하지 말라고 조언하고 싶다. 리더의 힘과 에너지는 실현 가능한 일에 집중되어야 하기 때문이다.

● 결과가 의미하는 것

기업 경영에서 결과를 우선시하는 원칙은 오해되어 잘못 사용되는 경우가 많다. 이 오해들은 대부분 상당히 감정적인 반응을 불러일으킨다. 무엇보다 이 원칙은 경영에 적용되는 원칙일 뿐이며, 삶의 전반에 해당하는 원칙이 아니라는 사실에 유의해야 한다. 하지만 조직 경영의 원칙과 삶의 원칙을 혼용하거나 혼동하여 동일시하는 경우가 많다. 경영의 원칙과 삶의 원칙은 전혀 다르다. 경영에 적합한 원칙이 인생에는 적합하지 않을 수 있으며, 그 반대도 마찬가지다.

만일 결과 지향의 원칙을 삶에 적용하는 사람이 있다면, 그것은 전적으로 개인의 결정이다. 나의 경우 내 인생의 많은 것들은 결과를 얻기 위한 것이 아니었다. 그보다는 기쁨과 재미를 얻고 아름다움을 느끼는 것과 같은 이유에서 한 행동이 더 많다. 가령 나는 스키를 매우 좋아하지만 대회에서 우승하기 위해 스키를 타지는 않는다. 그저 스키 타는 것을 좋아할 뿐이다. 하지만 기업이나 조직을 경영하는 것은 재미나 기쁨을 위한 것이 아니다. 어떤 조직이나 기업을 경영하든 결과에 초점을 맞춰야 하고, 그 결과의 효과를 평가해야 한다.

두 번째로, 결과 지향의 원칙을 포함해 그 밖의 다른 원칙들은 경영 스타일과는 아무런 관련이 없다. 많은 리더들이 이 사실을 이해하고 받아들이는 데 어려움을 겪는다는 사실을 나는 경험을 통해 잘 알고 있다. 지난 수십 년 간 리더십 관련 문헌과 교육 과정을 지배해온 리더십 스타일에 대한 논의는 본질과 현상, 내용과 형식 사이의 구분을 거의 불가능하게 만들어버렸다. 스타일이란 원칙을 적용하거나 표현하는 방식을 말한다. 어떤 리더는 딱딱하고 무례하며 막무가내다. 아마도 그리 편안한 스타일은 아닐 것이다. 반면 조용하고 친절하며 상대를 존중하는 스타일의 리더도 있다. 아마도 이것이 더 나은 리더십 스타일일 것이다. 하지만 리더십의 스타일 때문에 리더십의 원칙이나 내용, 관점, 효과가 달라지는 것은 아니다.

결과 지향성은 비인간성이나 폭력성 등과는 아무런 관련이 없다. 그래서 많은 사람들의 생각과는 달리 결과 지향의 원칙이 가혹하고 때로는 비인간적이라는 비난이 이어지는 기업의 경영에만 나타나는 것은 아니다. 결과 지향성은 성공적으로 운영되는 모든 조직과 성과를 이루어내는 모든 사람에게 적용되는 원칙이다. 성과의 내용은 다를지 몰라도 학교도 기업과 마찬가지로 성과를 내야 한다. 병원은 물론이고 구세군이나 군 조직, 세계평화를 위한 단체 또한 결과를 내야 한다. 그것이 조직이 만들어진 유일한 목적이기 때문이다.

'결과 지향'이라고 말할 때에는 정확하게 어떤 결과를 지향하는지에 대한 질문을 반드시 던져야 한다. 이 질문은 결과 지향이라는 원칙과 무관하게 그 자체로 매우 중요하다. 하지만 나는 목표를 달성하는 데 실패한 것 또한 하나의 결과라는 궤변 같은 주장에 대해서는 전혀 동의하지 않는다. 형식적인 관점에서 보면 이런 주장이 맞는 말일지 모른다. 하지만 이 책에서 말하고자 하는 바와는 맞지 않는다. 우리는 구체적인 조직에 대해 말할 때에만 실행 가능하고 긍정적인 대답을 할 수 있다. 이윤을 추구하는 경제 기업이 지향하는 결과와 행정이나 문화, 예술 기관이 지향하는 결과가 다르다는 것은 굳이 설명할 필요가 없을 것이다.

모든 조직에서 나타나는 결과는 두 가지 범주로 정리할 수 있다. 첫 번째는 사람과 관련된 결과로, 직원의 채용, 교육, 개발, 투입과 관련된 것들이 이 범주에 해당한다. 두 번째는 돈과 관련된 결과로, 자금 조달이나 사용과 관련된 문제가 여기에 속한다. 다시 말해, 모든 조직은 돈과 사람을 필요로 한다. 이 두 가지를 제외하고 모든 조직에 일반화할 수 있는 결과는 없다. 이 두 가지 범주에 해당하는 경우라도 조직의 성격에 따라 큰 차이가 존재한다. 돈은 어느 조직에서나 중요한 요소지만, 경제적 이윤을 추구하는 기업인지 비영리단체인지에 따라 그 의미는 완전히 달라진다.

많은 사람들이 조직의 결과라고 하면 경제적 성과를 의미한다고 성급한 판단을 내린다. 하지만 결코 그렇지 않다. 기업 경영이 반드시 물질주의적이고 경제적 시각으로 이루어지는 것은 아니다. 직접적으로 경제 분야에서 활동하지 않아 경제에 대한 지식이 부족한 사람들은 '결과'라고 하면 곧장 경제 분야에서 가장 두드러지는 특정한 형식의 결과를 떠올린다. 이런 잘못된 생각을 내려놓는다면 모든 조직은 결과를 필요로 한다는 것 또한 명확해질 것이다. 결과를 만들어 내기 위해 만들어진 것이 바로 조직이기 때문이다.

> **"**
> 효과적인 사람들은 인풋과 아웃풋,
> 즉 일과 성과를 구분한다.

오직 결과만이 중요하며 그 외의 다른 것은 중요하지 않다는 원칙은 모든 조직에 유효하다. 이 원칙은 경제적 혹은 물질적, 무엇보다 재정적인 결과가 중요하지 않은 조직에서 오히려 더 중요하며, 적용하는 것도 더 어렵다. 대부분의 사람들이 생각하는 것과는 정반대되는 것이다. 이 원칙은 경제적인 결과를 수치화할 수 없는 조직에서 특히 더 중요하다.

효과적인 사람들은 얼마나 많이, 얼마나 열심히 일하는지를 묻지 않는다. 이들이 묻는 것은 결과다. 이런 사람들은 동기 부여에는 별 관심을 두지 않거나, 아예 관심을 갖지 않는다. 그들이 주목하는 것은 결과다. 다른 사람들과 마찬가지로 그들 또한 열심히 일을 하고 나면 피곤하고 지친다. 하지만 이들은 결코 열심히 일한 것에서 만족하지 않는다. 열심히 일하는 것을 넘어서 무언가를 달성했는가를 확인하고 싶어 하기 때문이다.

● **사람들이 받아들이지 못한다면?**

이런 부가적인 설명에도 불구하고 이 원칙을 받아들일 수 없는 사람들은 어떻게 해야 할까? 이것은 중요한 질문이다. 그런 사람들은 "당신의 의견을 이해는 하지만, 저와는 맞지 않네요. 그런 원칙은 받아들일 수 없어요"라고 말할 것이다. 이렇게 말하는 사람들은 무능한 걸까? 나쁜 직원 혹은 쓸모없는 사람들일까? 물론 그 가능성도 완전히 배제할 수는 없다. 하지만 그런 경우는 극히 드물다. 이들 중 대부분은 현실의 냉혹한 면과 경영의 필요성을 인식하거나 인지하는 데 어려움이 있는 예민하고 교양 있는 사람들일 뿐이다.

하지만 결과적으로 볼 때 이러한 사람들에게는 다른 사람을 책임질 권한을 주어서는 안 되며, 더 나아가 조직과 부서에 대한 책임을 맡겨서도 안 된다. 이들에 대한 적절한 대응은 다음과 같을 것이다. "이 원칙을 받아들이실 수 없다고 하셨나요? 솔직하게 이야기해줘서 고맙습니다. 우리 사회에서는 이러한 사실을 고백하는 데에도 큰 용기가 필요하죠. 하지만 당신에게 리더의 자리를 맡길 수는 없을 것 같습니다. 이것은 당신의 상사로서 나의 임무입니다."

물론 이런 대응이 그 직원이 회사를 떠나게 하는 결과로 이어져서는 안 된다. 이는 매우 중요한 문제이다. 그 직원은 조직에 꼭 필요한 최고의 전문가일 수도 있기 때문이다. 하지만 이러한 유형의 직원을 리더의 자리에 앉히는 것은 가능한 한 피해야 한다. 이는 조직과 그들의 무능력한 리더십으로 인해 고통 받을 수 있는 직원들, 무엇보다 그들을 위한 결정이다. 억지로 리더의 자리에 올라 맡아야 할 과제 때문에 가장 고통을 받는 것은 그들 자신이기 때문이다.

이런 유형의 사람들이 리더가 되면 여러 가지 질병에 시달리는 경우가 많다. 제대로 잠을 자지 못하고, 리더의 자리를 스트레스로 여기며, 예민해지고, 전문가로서 자신이 가지고 있는 능력마저 제대로 발휘하지 못한다. 이러한 상황에서는 결코 성과를 낼 수 없다. 이런 유형의 사람들에게 리더의 자리라는 부담을 주어서는 안 된다. 만일 실수로 리더의 역할을 맡겼다면, 신속하게 시정해야 한다.

이와 같은 실수를 사전에 방지하기 위해서는 평소보다 자신에 대해 다음과 같은 질문을 던져봐야 한다. '당신은 정말로 리더가 되고 싶습니까? 진심으로 그것을 원합니까? 그리고 리더가 된다는 것이 무엇을 의미하는지 확실히 알고 있습니까? 무엇보다 상황에 따라 원칙을 준수해야 할 뿐만 아니라 힘들고 고통스러운 결정을 내려야 한다는 것을 알고 있습니까?'

하지만 대부분의 사람들은 이런 질문에 대해 거의 생각하지 않는다. 너무 많은 사람들이 그것이 어떤 의미인지도 모른 채 리더가 되기를 갈망한다. 이런 생각 없이 리더가 된다는 것은 깊이 고민하고 준비한 끝에 그 자리에 오르는 것이 아니라, 예상하지 못했던 현실이나 상황에 자신도 모르게 빠져드는 것과 다를 바 없다. 하지만 대부분의 사람들은 리더라는 지위가 갖는 상징성과 중요성, 더 나은 수입, 영향력에 대한 전망만을 보며 유혹에 넘어간다.

결과 지향의 원칙은 많은 사람들이 경영에 대해 가지고 있는 지배적인 믿음에 큰 영향을 미친다. 이런 믿음은 기업의 사명에서도 나타날 뿐만 아니라, 강의에도 자주 등장하며, 강한 신념으로 나타나기도 한다. 그리고 대부분은 감정적으로, 때로는 공격적으로 추앙을 받는다. 이런 확신이 의심을 받을 때 사람들은 모욕을 받았다고 느낀다.

● **즐거움 vs. 결과**

이와 같은 확신의 밑바탕에는 일은 즐거워야 하고 재미있어야 한다는 생각이 자리 잡고 있다. 현대 인사 관리의 규칙 중의 하나

경영의 본질

이기도 한 이런 생각은 경우에 따라 요구나 기대 등 다양한 형태로 나타난다. 물론 일이 즐거우면서 재미있으면 더할 나위 없이 좋을 것이다. 일이 즐거워야 한다는 것은 매우 그럴 듯하게 들린다. 더욱이 인간적이며 매력적으로 느껴지기 때문에 추구해야 할 바람직한 가치처럼 여겨지기도 한다. 하지만 이렇게 매력적이고, 인간적이며, 그럴 듯하게 들리는 말은 심각한 착각과 오해를 불러일으킬 수 있다. 이런 생각을 계속해서 따라가다 보면 대부분은 리더가 궁극적으로 원하는 것이나 원해야 하는 것과는 상반되는 결과에 이르기 때문이다. 그래서 나는 이런 주장을 너무 성급하게 받아들이지 말고, 비판적으로 바라보며, 끝까지 생각해보라고 리더들에게 말하고 싶다. 이것은 비단 이 주장에만 해당하는 것은 아니다. 바람직하고 인간적으로 보이는 모든 주장에 대해 나는 다음과 같이 심사숙고해볼 것을 제안하고 싶다.

우선 나는 일에서 즐거움을 느끼는 것만큼 멋진 일은 없으며, 이것이 직원들뿐만 아니라 조직 전체에 도움이 된다는 주장에 전적으로 동의한다. 자신의 일을 즐기고 있다면, 행복해해도 된다. 아니, 행복해야 한다. 이것은 좋은 일이다. 리더로서 가능한 한 많은 사람들이 자신의 일을 통해 즐거움을 느끼는 데 도움이 될 수 있다면 이 또한 좋은 일일 것이다. 하지만 일은 즐겁고 재미있어야 한다는 주장에 대한 합리적인 해석은 여기까지다.

일이 즐겁고 행복해야 한다는 바람직한 목표는 그것이 하나의 요구사항이 될 때, 즉 사람들이 그것을 하나의 '권리'라고 믿기 시작할 때 문제가 발생한다.

나는 다음의 측면을 고려해 어떤 직업도 즐거울 수만은 없다는 사실을 직원들에게 오해의 소지 없이 분명하게 설명하라고 제안하고 싶다. 어떤 사람들은 자신의 일이 하루 종일, 매일 그리고 1년 내내 즐거울 것이라고 믿고 그렇게 기대하는 것 같다. 하지만 그것은 순진한 착각일 뿐이다. 만일 이러한 기대를 하고 있다면 언젠가는 쓰디쓴 실망을 경험하게 될 것이다. 일하는 내부분의 시간 동안 즐거움과 행복을 느끼고, 어느 정도의 만족감을 가질 수 있다면 감사한 일이다. 하지만 자신의 일에 대해 이보다 더 큰 기대를 하는 것은 비현실적일 뿐만 아니라, 기대한 만큼 일에서 즐거움을 느끼지 못하는 시간을 견디기 어렵게 만든다. 마치 집행유예 기간과 같다고 해야 할까.

모든 직업에는 그 누구도 즐겁게 할 수 없는 요소들이 존재한다. 제아무리 흥미로운 과제나 활동이라도 필연적으로 결코 즐거워할 수 없는 작업과 상황들을 포함한다. 모든 일에는 지루하고 성가시고 상당히 불편한 측면들이 존재한다. 하지만 그 또한 업무의 일부이다. 신중한 업무 계획을 통해 어려움을 최소화하려고 노력해도 이따금 성가신 일을 처리해야 하거나 불편한 상황을 해결해야 하는 일은 피할 수 없다.

오케스트라 지휘자나 비행기 조종사 등 많은 사람들이 가장 흥미로운 직업 중 하나라고 생각하는 일에도 지루하고 영혼 없는 업무는 존재한다. 끊임없이 반복되는 오케스트라 리허설과 연주회 투어, 호텔 숙박 등을 즐거워하는 지휘자는 없다. 하지만 이와 같은 부수적인 활동 또한 업무의 일부분이다. 이보다 더 즐겁지 않은 일들도 많다. 똑같은 모짜르트 교향곡을 100번 넘게 연주해야 한다고 생각해보

경영의 본질

라. 하지만 이는 연주자나 지휘자에게 평범한 일상이다. 실제로 내가 아는 한 연주자는 모짜르트의 음악을 사랑지만 너무 많이 연주한 탓에 더 이상 모짜르트의 음악을 듣지 않는다고 한다. 담낭 수술만 800번 이상 시술한 외과의사도 환자에 대한 부담 하나만으로도 수술이 즐겁지만은 않을 것이다. 의사에게 수술이란 그 어떤 실수도 용납되지 않는 반복되는 일상에 불과하다. 조종사 역시 마찬가지다. 조종사에게 비행은 대부분 반복되는 업무일 뿐이다. 대기업의 임원들도 자신들이 하는 모든 일에서 즐거움을 느끼지는 못할 것이다. 무엇보다 매일 같이 즐거움을 느낀다는 것은 불가능하다.

누구도 즐겁게 여기지 못할 업무라고 해도 우리는 그것을 처리해야 한다. 업무 조건이 개선되고 여러 분야에서 자동화가 진행되면서 많은 진전이 있었지만 그럼에도 우리 사회 곳곳에는 이와 같은 발전과는 무관하게 그 누구도 즐거워하지 않는 업무들이 여전히 존재하며, 앞으로도 그런 업무는 계속 존재할 것이다.

폐기물 처리는 계속되어야 하고, 하수도와 하수 처리 시설의 기능 또한 지속되어야 한다. 형을 집행하기 위해서는 형 집행자가 있어야 하고, 해고를 통보할 수 있는 리더가 있어야 한다. 이 모든 것들이 즐거움을 기대하지 말고 수행해야 하는 과제들이다.

매일 이 세상의 불행과 마주하는 직업을 가진 이들에게도 '일은 즐거워야 한다'라는 말은 해당하지 않는다. 난민들에게 장기적인 도움을 주기 힘든 난민 활동가들은 어떨까? 마약, 매춘, 노숙자 문제를 해결할 수 없는 사회복지사는 또 어떨까? 대도시 빈민가에서 일하는 교사와 성직자, 하루도 빠짐없이 인간의 한계를 경험하는 의사의 경우는 말해 무엇 하겠는가?

　이처럼 타인을 돕는 직업을 가진 사람들은 기업 경영에서 끊임없이 '일은 즐겁거나 재미있어야 한다'는 쾌락주의적 요구가 나올 때마다 낯선 반응을 보일 것이다. 이들에게 일이란 재미가 아니다. 때로는 고통스럽지만 반드시 해야 하는 것이 그들이 생각하는 일의 의미다. 따라서 이들에게 일은 재미있어야 한다고 하면, 대부분은 다른 걱정거리는 없냐며 핀잔을 줄 것이다.

　이런 유형의 업무를 수행하는 이들에게는 그 일을 하는 다양한 동기가 있을 것이다. 물론 이들도 일터에서 느끼는 즐거움과 재미가 있겠지만, 즐거움과 재미를 느끼기 위해 일을 하지는 않을 것이다. 어떤 이유가 되었든, 이들은 타인을 돕는 직업을 선택했기 때문에 그 일을 하고 있는 것이고, 그래서 특히 기쁨이나 즐거움과는 거리가 먼 삶을 사는 이들에게 헌신하고 있다. 이들은 힘들고 지칠 때도, 심지어 자신이 하는 일의 의미를 잃어버린 순간에조차도 순수한 의무감과 책임감으로 그 일을 해나간다.

　의무 수행이라는 단어가 지난 20년 동안 꾸준히 사용 빈도가 줄어들어 기업 경영이나 동기 부여 관련 문헌에서도 거의 사라진 것 같다. 이 단어를 대신하고 있는 것이 바로 '자아실현'이나 '즐거움의 원칙' 같은 표현이다. 이처럼 '자아' 또는 '즐거움'이라는 단어가 '의무 수행'이라는 표현을 대체하게 된 것은 많은 사람들이 칭찬하는 '68세대'가 남긴 유산 중 하나이기도 하다. 나 역시 대학생 때에는 68세대들의 가치관에 동조했지만, 지금은 다른 생각을 가지고 있다. 이런 생각은 여전히 그 여파가 이어지고 있는 20세기 후반의 가장 큰 해악 중에 하나라고 평가하기 때문이다.

의무 실행과 의무감은 단순히 지식인들의 것으로 분류될 수 있는 개념이 아니다. 이것은 한 사회의 리더들에게 반드시 필요한 개념이다. 더 나아가 이러한 덕목들을 강조하는 용기 또한 이 사회의 리더들에게 반드시 필요할 것이다. 의무 실행, 의무감이라는 개념이 외면받는 사회이기에 더더욱 그렇다.

누군가가 하지 않으면 모두가 더 큰 피해를 입기 때문에 반드시 해야 하는 일들이 있다. 이러한 일들을 하는 데에는 다른 이유가 있을 수 없다. 일을 하며 재미있는지, 즐거운지와 상관없이 해야 하는 일인 것이다. 오히려 어떤 즐거움 없이도 해야 하는 일이 있다. 하지 않으면 다른 중요한 업무가 중단되거나 방해를 받을 수 있는 긴급하고 예측 불가능한 일, 귀찮지만 자신이 책임을 지고 있는 일, 자신이 아니면 누구도 할 수 없는 어려운 일, 불가능하고 위험해 보여도 사람의 생명이 걸려 있기에 반드시 해야 하는 일들이 여기에 해당한다.

이런 생각은 일이 재미있어야 한다는 주장을 일반화하는 데 주의해야 할 필요가 있음을 일깨워준다. 또한 마치 당연한 권리인 것처럼 '일의 즐거움'을 요구하는 것이 얼마나 역설적인 것인지도 깨닫게 해준다.

여기에 또 하나의 고민을 더할 필요가 있다. 만일 일이 즐겁다면 리더의 역할은 중요성을 잃게 된다. 아니, 아예 리더가 필요하지 않을 수도 있다. 리더라는 존재가 필요하지 않은 상황이 되는 것이다. 리더십이 시험대에 오르는 순간은 상황이 어려워졌을 때, 일하는 즐거움을 찾을 수 없을 때, 그럼에도 불구하고 일을 해야 할 때이다. 일의 즐거움과 재미에 대한 핵심 그리고 그것에 대한 합리적인 해석에 적극적으로 동의한다면, 일에 대한 즐거움을 무비판적으로 일반화하는 것은 위험하다는 사실을 인식해야 한다. 이와 같은 일반화는 그 누구도 충족시킬 수 없는 기대를 만들어낸다. 더욱이 일이 재미있어야 한다는 요구는 최소한 다음의 세 가지 측면에서 한계를 가지고 있다.

> **❝**
> 아무리 어려워도 일은 해야 한다.
> 이것은 결과 지향적인 태도가 있어야 가능한 일이다.

첫째, 일이 즐겁지 않으면 잘할 수 없다고 생각한다. 다시 말해, 뛰어난 성과의 전제조건은 일에 대한 즐거움 혹은 재미라는 것이다. 앞에서 언급한 다른 이들을 돕는 직업을 가진 이들에 대한 이야기가 이와 같은 주장에 대한 회의감을 갖게 하기에 충분할 것이다.

무엇보다 일에 대한 즐거움 혹은 재미를 느껴야만 그 일을 잘할 수 있다는 주장은 두 가지 측면에서 문제가 있다. 하나는 사실과 다르다는 점이고, 다른 하나는 원활하게 기능하는 조직에서는 이런 주장을 받아들일 수 없다는 점이다. 이런 생각이 왜 잘못되었는지는 네 번째 원칙을 언급할 때 더 자세히 살펴보기로 하자.

둘째, 일이 재미있어야 한다는 요구는 우리의 초점을 잘못된 방향으로 이끈다. 이렇게 되면 리더와 직원들의 관심이 작업의 결과나 성과 그리고 이 책에서 다루고 있는 결과 지향적 원칙과 같은 훨씬 중요한 요소들이 아닌 일 자체에 집중되는 현상이 나타나기 때문이다.

그래서 나는 다음과 같이 제안하는 바이다. 일이 언제나 즐겁고, 즐거울 수 있다면 그것은 좋은 일이다. 하지만 일이 항상 즐거울 수만은 없고, 즐거울 가능성이 아예 없는 곳이라도 즐거움을 찾을 방법은 있다. 일 자체가 아닌 결과에서 즐거움을 찾는 것이다. 우리의 생각과 동기의 방향을 결과의 즐거움 쪽으로 전환하는 것이다. 일 자체가 지루하거나 어렵고, 인간적인 한계를 시험하는 것이라 해도 결과에서 즐거움을 느끼고, 기능하는 것에서 재미를 느끼는 것은 가능하다. 그래서 리더의 어휘 사전에서는 '일은 즐거워야 한다'는 문장을 삭제해야 한다. 그리고 가능하다면 다음의 문장으로 바꾸기를 바란다. "결과는 즐거워야 한다."

어떤 리더들은 일이 즐거운 것과 일의 결과가 즐거운 것이 결국은 같은 것이라고 생각하는 것 같다. 하지만 비슷한 것 같아도 전자와 후자의 차이는 명확하다. 일하는 것이 즐거워야 한다는 첫 번째 요구는 우리가 살아가는 현대 사회에서는 실현하는 데 한계가 있다. 반면 두 번째 요구는 훨씬 더 광범위한 영역에서 실현할 수 있다. 첫 번째 주장은 결코 충족시킬 수 없는 기대를 만들어낸다. 하지만 두 번째 주장은 대부분의 경우에 실현 가능하다.

'일하는 것이 즐거워야 한다'는 요구의 세 번째 문제점은 이와 직접적인 관련이 있다. 결과에 집중해야만 효과성과 일의 효율성을 끌어낼 수 있기 때문이다. 즐거운 일 자체는 아무런 힘이 없다. 성과에도, 결과에도 아무런 영향을 끼치지 못하기 때문이다. 심지어 일은 훨씬 더 중요한 무언가를 이루기 위해 지나가야 하는, 유감스럽지만 피할 수 없고 피곤하며 성가신 우회로라고 해도 과언은 아닐 것이다. 더 중요한 것이란 일을 통해 얻고자 하는 성과이다. 성과는 효과성과 관련이 있는데, 효과성이란 정확히 인풋과 아웃풋 그 사이에 위치하며, 리더가 책임져야 하는 기업의 성과에 영향을 미친다.

리더는 일 자체보다 일의 효과성이 주는 즐거움에 집중해야 한다. 이것은 무척 중요하지만, 여전히 쉽게 긴과되고 있는 원칙인 것 같다. 직원들이 효과적으로 일할 수 있도록 격려하고 이를 위해 필요한 제반 요건들을 제공하는 것은 효과성에 기여했다는 자부심 그리고 자신이 이뤄낸 성과에 대한 즐거움과 같은 아주 특별한 즐거움을 느끼게 해준다. 더 큰 전체에 기여하며 얻는 즐거움은 다음 장에서 다루게 될 원칙과 연결되어 있다.

사실상 효과성에서 가장 흥미로운 부분은 효과성 자체가 즐거움과 매력 그리고 그로 인한 동기의 원천이 될 수 있다는 점이다. 나는 다음과 같은 현상을 계속해서 발견할 수 있었다.

- 일은 더 효과적으로, 더 근본적이고 더 진지하게 할수록 더 흥미로워진다. 일을 하면서 지루함과 좌절감을 느끼는 근본적인 원인 중에 하나는 그 일을 피상적으로 대하는 태도다.
- 효과성이 높아지면 모든 일이 쉬워진다. 전에는 노력과 수고가 필요했던 일도 효과성이 높아지면 쉽고 빠르게 진행된다. 무언가를 하기로 결정하면 끊임없이 그 일을 가지고 고생하고 괴로워하지 않고 결정한 대로 그 일을 할 수 있다. 그것도 전문적으로, 효과적으로. 효과성으로 무장한 사람은 더 이상 자기 자신과 싸우지 않아도 된다.

- 성공 자체에서 기쁨을 경험하며, 그것을 돌아볼 때마다 자부심을 느낀다. 일 자체는 바뀌지 않았지만 일 자체를 중요하게 여기거나 일에 초점을 맞추는 대신 일을 마칠 수 있게 한 효과성에 집중하기 때문에 만족감을 느끼는 것이다.
- 효과성이 높아질수록 책임질 수 있는 과제가 커진다. 그리고 이것이야말로 어려운 상황에서도 커리어를 쌓을 수 있는 기회가 될 수 있다.

요약하자면 이렇다. 무슨 일이든 즐거울 수 있다면 그것은 좋은 일이다. 하지만 그보다 더 중요한 것은 일 자체가 아니라 그 일의 결과와 효과성이 가져다주는 즐거움과 자부심이다. 평범한 리더들은 전자로서 만족하고 만다. 하지만 좋은 리더들은 후자에 주목한다. 그래서 결과와 효과성이 가져다주는 즐거움을 통해 자기 자신은 물론이고 직원들이 동기를 얻고, 성취감을 느낄 수 있도록 돕는다. 이로써 자신이 책임지고 있는 사람들이 삶에서 가장 중요한 것, 즉 의미를 찾는 데 기여하는 것이다. 그리고 빅터 프랭클Victor Frankl에 따르면 일 자체에서 의미를 얻을 수 있는 경우는 드물다.[33] 의미란 일의 결과 그리고 그것의 실현이 가진 효과성에 숨어 있으며 그렇기 때문에 아무리 노력해도 그 누구도 의미를 갖거나, 의미를 만들어내지 못하던 일에서도 찾을 수 있는 것이다.

효과적인 경영의 첫 번째 원칙에서부터 우리는 여기서 살펴보게 될 원칙들이 기업과 조직의 성과에 중요한 영향을 미칠 수 있음을 알 수 있다. 첫 번째 원칙의 영향 중 하나는 이 원칙을 통해 조직이 필요로 하는 방향에 맞춰 구성원과 그들의 태도, 사고, 행동을 바꿀 수 있다는 것이다. 또 다른 영향은 이 원칙을 제대로 이해하고 깊이 생각한다면 이것이 경영에 대한 일반적인 생각이나 믿음과 모순된다는 것을 알게 된다는 것이다. 이런 과정을 통해 경영에 대한 편견에서 벗어나 올바른 생각으로 한 걸음 더 나아가게 될 것이다. 이는 앞으로 소개할 원칙들 역시 마찬가지이다.

원칙 2_전체에 대한 기여

❝
중요한 것은 전체에 대한 기여이다.

아마도 강의와 세미나에서 사람들을 이해시키기 가장 어려운 원칙이 바로 경영이란 전체에 기여해야 한다는 두 번째 원칙이다. 모든 원칙 가운데 가장 추상적이기 때문이다. 하지만 이것은 가장 중요한 원칙이기도 하다. 이 원칙을 적용하는 순간 리더들의 태도에는 급격한 변화가 나타난다. 또한 조직의 성과를 방해하는 가장 큰 장애물을 최소화할 수 있는 열쇠이자, 기업 경영에서 가장 해결하기 힘든 문제들을 해결하기 위한 기초이기도 하다. 우리가 이 원칙을 중요하게 다루는 이유는 다음과 같다.

- 이 원칙은 전체론적 사고의 핵심이다.
- 이 원칙은 기업가적 행동의 전제조건 중 하나다.

- 이 원칙은 스페셜리스트를 올바른 유형의 제너럴리스트로 바꿀 수 있는 유일한 방법이다.
- 이 원칙은 수평적이고 위계질서 없는 조직을 만들거나, 최소한 기존의 위계질서가 조직에 방해 요소가 되지 않도록 할 수 있는 방법 중 하나다.
- 이 원칙은 지속적으로 유지되는 동기 부여의 열쇠 중 하나다.

동의하지 않는 사람들이 있을지 모르지만, 나는 다음의 세 벽돌공 이야기가 두 번째 원칙의 핵심을 가장 명확하게 보여준다고 생각한다. 어떤 남자가 공사장을 찾았다. 공사장에는 세 명의 벽돌공이 부지런히 일을 하고 있었고, 겉으로 보기에는 세 사람이 하는 일에는 큰 차이가 없는 것 같았다. 남자가 첫 번째 벽돌공에게 물었다. "지금 무슨 일을 하고 있습니까?" 첫 번째 벽돌공이 놀란 눈빛으로 대답했다. "생계를 위해 돈을 벌고 있소." 남자는 두 번째 벽돌공에게도 같은 질문을 했다. 그러자 두 번째 벽돌공이 눈을 반짝거리며 자신감 넘치는 모습으로 대답했다. "나는 이 나라 최고의 벽돌공이오." 남자는 세 번째 벽돌공에게도 물었다. 그러자 세 번째 벽돌공은 잠시 생각에 잠기는가 싶더니 이내 이렇게 대답했다. "여기서 대성당 공사를 돕고 있소." 세 벽돌공 가운데 진짜 리더는 누구일까? 경험을 통해 조직이 어떻게 기능하는지를 알고 있는 사람에게는 너무나도 쉬운 질문일 것이다.

어떤 직급이나 지위 혹은 특정한 권한을 가지고 있다고 해서 리더라고 할 수는 없다. 리더란 전체를 볼 줄 아는 사람, 전체를 보기 위해 노력하는 사람이다. 그리고 분야나 자신의 위치와 상관없이 전체에 기여를 하는 것이 자신에게 주어진 과제라고 여기는 사람이다. 따라서 세 벽돌공 중 리더는 자신의 일이 대성당의 건축을 돕는 것이라고 대답한 세 번째 사람이다.

강의나 세미나를 진행하다 보면 이 이야기를 이해하지 못해 어려움을 겪는 사람들을 만나기도 한다. 요즘은 성당을 지을 일이 없지 않느냐는 질문 정도에서 이해의 수준이 멈추는 것이다. 물론 이 이야기를 듣는 모든 사람들이 똑같은 수준으로 이해할 수 있으리라고는 생각하지 않았다.

● 벽돌을 나르는 것, 성당을 짓는 것

두 번째 원칙의 핵심은 효과적인 리더들은 자신에게 주어진 역할을 이해하는 것이 아니라 자신의 지식, 능력, 경험을 통해 자신의 자리에서 전체를 위해 어떤 기여를 할 수 있는지 생각한다는 것이다. 이들에게 직급이나 지위, 권한은 중요하지 않다. 그런 것은 자신이 조직에 기여를 하는 데 도움이 되는 중요한 요소 중 하나일 뿐이다. 지위 그리고 그에 따라오는 모든 것들은 조직을 움직이고 조직에 영향을 미치기 위한 전제조건에 불과하다.

조직의 위계질서를 만드는 것은 지위다. 하지만 본질적인 것은 위계질서 그 자체가 아니라 그 위계질서가 장애물이 되는지 여부다. 조직을 이끌고 조직에 기여하는 리더들은 사실상 위계질서를 무의미하게 만든다. 그렇다고 위계질서가 무너지는 것은 아니지만, 조직 안에서 어떤 영향도 미치지 않게 되는 것이다. 이런 생각이 너무 이상적이라며 의심을 품는 사람도 있을 것이다. 사실 리더들은 이 책에서 말하는 것보다 물질적인 것이나 특권, 지위에 훨씬 더 많이 집착하는 존재들이라고 생각하는 사람도 있을 것이다. 물론 그런 리더들이 아예 없다고 하면 거짓말이다. 특히 경제 기업에서는 이런 리더들의 수가 압도적으로 많을 것이다. 하지만 여기서 우리가 유의해야 할 두가지가 있다. 첫째, 언론을 통해 물질주의자처럼 묘사되는 모든 리더가 실제로 물질주의자인 것은 아니다. 대중들 사이에 존재하는, 적어도 언론을 통해 널리 알려진 리더의 이미지가 그 사람의 실제 모습과 일치하는 경우는 극히 드물다. 리더에 대해 이런 편견을 가지고 있는 것은 의심스러운 심리학적, 음모론적 해석의 요소 때문일 수도 있고, 단순한 무지가 원인일 수도 있다. 하지만 이보다 더 중요한 것은 둘째, 이 책에서 말하는 그냥 리더와 좋은 리더, 단순히 지위를 가지고 있는 리더와 효율성에 관심을 두는 리더의 차이를 인식하는 것이다.

물론 모든 리더들을 이상화하고 그들의 동기를 고귀한 것으로 여기는 것은 아니다. 그러기에는 나는 리더들의 면면을 너무나도 잘 알고 있다. 하지만 그렇다고 많은 사람들이 그러듯이 처음부터 리더에 대한 부정적인 인식을 갖는 실수를 저지르고 싶지도 않다. 실제로 조직에 기여하는 것을 유일한 혹은 일차적인 목적으로 하는 리더들이 존재하기 때문이다. 바로 이런 사람들이 우리가 배울 수 있고, 배워야 하는 리더들이다. 나는 이런 유형의 사람들에게 관심을 가지고 심도 있게 연구했다.

그렇다고 이런 사람들이 경제적 수입이나 권력과 같은 개인적인 이익을 전혀 고려하지 않을 것이라고 생각하는 사람은 없을 것이다. 물론 조직에 대한 기여와 개인적인 이익, 두 가지 모두를 달성할 수 있다면 더할 나위 없이 좋을 것이다. 하지만 분명한 것은 불확실한 상황에서 선택의 기로에 섰을 때, 전체에 대한 기여를 우선시하는 리더들이 분명히 존재한다는 사실이다. 앞에서도 말했듯이, 내 경험에 의하면 이런 리더들이 다수는 아니다. 하지만 시대정신으로 무장한 일부 평론가들이 주장하는 것처럼 그렇게 소수도 아니다. 이런 리더들의 수가 얼마나 되는지 결정하는 것은 사실 피상적인 기준일 뿐이다. 중요한 것은 전체에 대한 기여를 우선시하는 리더들이 실제로 무언가를 움직일 수 있는 최고의 성과를 낸다는 사실이다. 이런 리더들이 항상 눈에 띄며 조명을 받는 것은 아니다. 이들은 언론, 적어도 특정 언론에 대해서는 관심을 갖지 않는다. 그래서 이런 리더들에 대한 이야기를 많이 듣지 못하는 것이고, 따라서 사람들은 이런 리더들이 아예 존재하지 않는다고 생각하는 경향이 있다.

실제로 그 사람의 실력을 가늠하기 위해서는 겉으로 보이는 것이 진짜 리더의 실력인지, 아니면 단순히 홍보만 그럴 듯하게 꾸민 것인지 구분할 수 있어야 한다. 이를 통해 우리는 누가 진짜 리더인지 가려낼 수 있을 뿐 아니라 조직 경영을 제대로 이해하고 있는 컨설턴트와 교수가 누구인지도 알 수 있다. 그리고 이것은 다른 분야와 마찬가지로 기업 경영이 전문적인 수준으로 발전하기 위해 반드시 필요한 요소이기도 하다.

이런 의미에서 볼 때, 일개 벽돌공에 불과하고 어떤 권한도 없으며, 근사한 사무실이나 높은 수입을 기대할 수는 없을지 몰라도 세 번째 벽돌공은 진정한 리더라고 할 수 있다. 첫 번째 벽돌공은 문제가 되지 않는다. 이러한 유형의 리더는 주변에서 쉽게 찾아볼 수 있으며, 경우에 따라 이런 리더가 필요할 수도 있다. 이들은 임금을 많이 주면 열심히 일하고, 아니면 열심히 일하지 않는다는 원칙을 가지고 있다. 이런 생각을 가진 리더는 문제를 일으키는 경우가 거의 없으며, 그들이 생각하는 방식을 알면 관리하기도 쉽다. 아주 젊은 사람들이 아니라면 굳이 바꾸려고 할 필요도 없다. 하지만 젊은 사람들이라면 정말로 그런 삶을 살기를 원하는지 물어볼 필요가 있다. 이 질문에 그렇다고 답한다면 그 사람에게 변화를 기대할 여지는 없다.

● **스페셜리스트? 제너럴리스트?**

　　문제가 되는 것은 두 번째 벽돌공이다. 이런 유형이 대표적인 스페셜리스트이기 때문이다. 스페셜리스트는 단순히 특수한 지식을 가졌거나 특수한 교육을 받은 사람들에게 국한되지 않는다. 자신이 가진 지식을 바탕으로 한 자아상과 세계관을 가진 이들도 스페셜리스트에 해당한다. 그리고 바로 이 지점에서 문제가 발생한다. 이런 사람들은 자신이 전문 분야를 탐닉할 수 있도록 창조된 것이 바로 세상이라고 믿는다. 그래서 자신의 전문 분야에서 일어나는 모든 것에 열정적으로 몰두한다. 이런 점은 자신의 직업적 윤리라고 볼 수 있으니 문제라고 할 수 없다. 하지만 문제는 자신의 전문 분야 외에는 어떤 것에도 관심을 갖지 않는다는 데 있다. 이런 사람들은 자신의 전문성을 자랑스럽게 여기는 동시에 자신의 전문 분야 외의 것들을 전혀 이해하지 못하는 것에 자부심을 가지고 있다. 이것은 오만이다. 오만과 무관심은 스페셜리스트들이 가지고 있는 전형적인 결함이고, 이것은 어느 조직에서나 심각한 문제를 낳는다. 좋은 조직의 정신에 반하는 치명적인 한계를 가지고 있는 유형이라고 할 수 있다.

이처럼 스페셜리스트들이 가지고 있는 전문성에 대한 잘못된 관념은 많은 사람들이 제기하는 소통의 문제, 그리고 자주 언급되지는 않지만 이에 못지않게 중요한 현실 인식 부재라는 심각한 문제의 원인일 수 있다. 굳이 근본적인 원인이라고까지 볼 수는 없을 수도 있지만 말이다. 스페셜리스트들은 자신의 현실에 대해서 잘 알고 있다. 하지만 조직의 현실에는 관심이 없다. 그래서 무지에서 비롯된 확신을 가지고 자유롭게 업무를 진행한다.

그렇다고 해서 내가 스페셜리스트 혹은 전문성을 가진 이들에게 반감을 가지고 있는 것은 아니다. 오히려 그 반대다. 구성원의 전문성을 과소평가하는 것은 조직의 발전이나 성과에 방해가 되는 위험한 태도다. 그리고 제너럴리스트에 대한 일반적인 인식 역시 나는 너무 어리석고 낭만적이기 짝이 없다고 생각한다. 특히 한 분야를 전공하는 데서 머물지 않고 두 번째, 세 번째, 네 번째 전공 분야를 공부하면 스페셜리스트가 제너럴리스트가 될 수 있다는 생각은 그야말로 비현실적이다. 여러 개의 전공 분야를 갖기 위해 공부하는 것은 시간적인 측면에서는 물론이고 한 사람이 이룰 수 있는 성과의 한계라는 측면에서도 아무짝에도 쓸모없는 짓이다.

전문화는 중요하고 또 필요하다. 현대 사회에서는 사실상 모두가 스페셜리스트이다. 오늘날 대부분의 사람들은 모두 각자의 방식을 가진 스페셜리스트이며, 그렇지 않은 사람은 드물다. 또한 현대 사회는 모든 분야에서 뛰어난 교육을 받은 스페셜리스트를 필요로 한다. 스페셜리스트 없이는 현대 사회가 요구하는 성과를 결코 이루어낼 수 없다. 무엇보다 이들이 없으면 남들보다 뛰어난 성과를 이루거나, 경쟁력을 유지할 수 있는 기회도 사라지고 만다.

하지만 여기에서 말하는 스페셜리스트란 자신의 능력을 전체 안에 통합시킬 수 있는 사람을 의미한다. 다시 말해, 효과적인 경영의 두 번째 원칙인 전체에 기여할 수 있어야 한다. 다른 선택의 여지는 없다. 앞에서 말했듯, 현대 사회에는 모두가 스페셜리스트이므로, 우리는 스페셜리스트들을 생산적이고 효과적으로 변화시켜야 한다. 오직 한 가지에만 매몰되어 있는 스페셜리스트는 쓸모가 없으며, 오히려 조직의 위험성을 키울 수 있다. 반면 조직이라는 전체를 위해 기여할 수 있는 스페셜리스트는 현대 사회에서 가장 중요한 자원이라고 할 수 있다.

다시 한 번 세 벽돌공들의 이야기를 생각해보자. 세 번째 벽돌공은 다른 벽돌공 못지않은 전문성을 가지고 있다. 세 사람은 벽돌공으로서의 능력에서 결코 차이가 없었다. 이들의 차이는 전체를 대하는 태도, 그것을 바라보는 시각, 그런 시각을 통해 인식하는 것과 중요하다고 여기는 것에서 나타났다. 이들은 전혀 다른 원칙에 기반한 태도에서 결정적인 차이를 보인 것이다.

● 전체를 생각하는 시각

전체에 대한 기여를 우선시해야 한다는 원칙은 사실 전체적 사고의 핵심이다. 오늘날 대부분의 조직에서는 전체적이고 융합된 사고를 요구한다. 나 또한 이런 흐름에 일조한 바 있다. 하지만 이제는 더 이상 그렇게 생각하지 않는다. 대체 전체적 사고란 무엇일까?

전체적인 사고에서 우리가 요구하는 것은 도대체 무엇일까?

　사람은 자신이 생각하던 방식대로 생각한다. 다른 방식으로 생각하는 것은 쉽지 않다. 논리적으로 올바른 생각을 하고 있다면 그것만으로도 감사한 일이다. 따라서 전체적인 사고를 하라고 하는 것은 불가능한 요구를 하는 것과 같다. 하지만 조금 다른 방식으로 요구를 할 수는 있다. 바로 전체를 생각하라는 것이다. 이 또한 쉬운 일은 아니지만, 불가능한 것은 아니다. 이와 같은 방식으로 직원에게 전체를 생각하는 법을 가르칠 수 있다. 그리고 이런 생각을 직원들이 이해하기 쉽게 눈앞에 보여주는 것은 리더가 우선적으로 해야 할 과제 중 하나다.

　이를 가장 분명하게 보여주는 사례는 훌륭한 오케스트라 지휘자이다. 오케스트라에 속한 연주자들은 모두가 뛰어난 실력을 가지고 있다. 하지만 개인적으로 보면 자신의 악기만 다룰 수 있는, 시야가 좁은 스페셜리스트들이다. 그들은 평생 그렇게 살아왔다. 클라리넷 연주자가 바이올리니스트가 되는 경우는 없다. 호른 연주자가 오보에를 연주하는 경우도 찾아보기 힘들다. 같은 유형의 악기라고 해도 악기를 바꾸어 연주하는 경우는 많지 않다. 따라서 연주자들에게 관악기나 현악기라는 큰 틀의 이야기를 하는 것 또한 의미가 없다. 이들에게 이런 개념은 추상적인 분류에 불과하다. 트롬본 연주자는 트럼펫으로 필요한 소리를 만들어낼 수 없고, 트럼펫 연주자 역시 트롬본으로 원하는 소리를 만들지 못한다. 연습을 통해 마침내 가능해졌다고 하더라도, 그 사람은 트롬본 연주자로서의 실력이 예전만 못할 것이고, 트럼펫 연주 실력도 결코 좋지 않을 것이다. 바이올리니스트도 마찬가지다. 오케스트라의 일원으로서 좋은 연주를 하고자 한다면 첼로로 악기를 바꾸지 않을 것이며, 그럴 수도 없을 것이다.

하지만 지휘자의 경우에는 이야기가 달라진다. 지휘자는 절대로 제너럴리스트를 요구하지 않는다. 지휘자에게 필요한 것은 각각의 악기에 대한 전문성을 가지고 있는 스페셜리스트다. 따라서 지휘자는 바이올리니스트에게 트럼펫 연주를 부탁하지 않는다. 반면 연주자들이 하나의 작품을 전체로 이해할 수 있도록 끊임없이 노력하며, 모든 연주자가 오케스트라에 통합되어 하나의 교향곡을 연주할 것을 요구한다. 이는 솔로 협연자도 예외가 아니다. 오케스트라 안에서 솔로 연주 하나만으로는 아무런 의미가 없기 때문이다. 예술적 완벽성은 각각의 악기가 전체의 곡에 기여함으로써 완성되기 때문이다.

지금 이야기한 것은 전반적인 의미의 통합이 아니라, 연주해야 할 작품과 관련된 통합이라는 사실에 주목해야 한다. 통합을 위한 통합이란 것은 없다. 이를 끊임없이 요구하는 사람들은 결코 이해하지 못할 것이다. 물론 오케스트라 내에도 비즈니스에서 언급되는 '대인관계'의 어려움이라는 것이 존재한다. 일반적으로 대인관계라고 하면 사람들은 긍정적인 것을 떠올리지만, 모든 대인관계가 긍정적인 것은 아니다. 우정을 나누는 관계가 있으면 적대적인 관계도 있기 마련이고, 동료애를 느끼는 관계가 있으면 냉담한 관계도 있기 때문이다. 시기나 질투, 기쁨, 감동 등 함께 일하는 사람 사이에서 발생하는 거의 모든 관계가 오케스트라 안에도 존재한다. 하지만 이 모든 것은 음악을 완성하기 위해 필요한 통합의 요소가 아니다. 제1 트럼펫 연주자와 제2 트럼펫 연주자 사이의 개인적인 관계는 중요하지 않다.

브루크너 교향곡 7번을 연주하든 재즈를 연주하든, 중요한 것은 이들에게 공통의 과제가 주어졌다는 사실이다. 그리고 연주자들이 해야 할 일을 결정하는 것은 바로 주어진 작품을 연주하는 것이다.

● 기여와 동기 부여

더 큰 전체를 위해 기여하는 것은 조직에 필요한 동기 부여에도 영향을 준다. 이는 인센티브를 받기 위한 것이나 동기 부여를 위한 상사의 행동과는 아무런 관계가 없다. 전체에 대한 인식, 전체에 대한 기여, 무언가 중요한 일이 진행되고 유지되고 성공으로 이어지는 데 자신이 중요한 역할을 했다는 생각은 우리가 흔히 알고 있는 동기 부여의 기술로는 얻을 수 없는 것이다. 이것은 소위 동기 부여를 위한 기술로 얻는 동기와는 비교할 수 없을 정도로 훨씬 안정적이고 강력한 힘을 가지고 있다.

이 책에서 말하는 전체에 대한 인식을 모두에게 요구할 수는 없다. 전체를 위해 기여해야 한다는 원칙이 조직 구성원 모두가 전체를 볼 수 있는 시각을 가져야 한다는 것을 의미하지도 않는다. 물론 많은 사람들이 그런 잘못된 생각을 가지고 있다. 하지만 내가 말하고자 하는 것은 바로 훌륭하고 능력 있는 리더들의 생각과 원칙에서 바로 전체에 대한 기여를 우선시하는 원칙을 발견할 수 있다는 점이다. 또한 이 리더들을 효과적으로 만든 것이 바로 이 원칙을 기반으로 한 생각과 행동이다. 이러한 유형의 사람들에게 지식이나 능력, 지위나 권력은 그 자체로 목적이 아니다. 이들에게 지식이나 능력은 자신이 속한 조직이나 기업, 오케스트라, 병원, 학과, 부서를 위해 무언가를 성취하고자 할 때 필요한 수단이자 전제조건일 뿐이다.

스페셜리스트로서 전문용어를 능숙하게 구사할 수 있다고 하더라도, 리더라면 단순하고 이해하기 쉬운 언어를 사용해야 한다는 생각은 이 원칙에서 비롯된 것이다. 아니, 어쩌면 리더 스스로 정한 규칙이라고 하는 편이 더 나을지도 모르겠다. 효과적인 리더들은 다른 사람들 앞에서, 특히 직원들 앞에서 자신이 얼마나 똑똑한지를 증명하려고 하지 않는다. 이들은 오직 자신이 원하는 바를 이해시키고 그것을 통해 어떤 성과를 만들어내는 데 관심을 둔다. 필요하다면 학회의 프레젠테이션 등에서 스페셜리스트로서 자신의 역량을 보여주지만, 조직 안에서 그렇게 하지 않는다.

＂
전체를 위해 나는 정확히
어떤 기여를 해야 하는가?

능력 있는 리더 또는 효과적인 존재가 되기를 바라는 사람들은 이따금 서류에서 눈을 떼고 창밖을 바라보며 자신에게 이런 질문을 던진다. '나의 전문 분야는 이 세상과 조직에 어떤 의미를 갖는가? 내가 여기서 하는 일은 누구에게 유용한가? 나의 일을 유용하게 만들려면 무엇을 해야 하는가?' 이런 사람들은 유용성이란 결코 자신의 책상 앞에서 나오지 않으며, 조직 밖, 다시 말해 시장과 서비스를 받는 이들에게서 나온다는 사실을 알고 있다. 따라서 전체를 위해 기여해야 한다는 태도는 고객 지향의 기초이자 전문적인 마케팅의 출발점이다. 그리고 이것이 바로 기업가적 생각의 근본적인 요소이다.

전체를 위한 기여를 중요시하는 생각은 열린 태도, 학습 가능성, 그리고 혁신을 위한 전제조건이기도 하다. 반면 스페셜리스트로서의 능력만 가진 사람에게서 나타나는 맹목성은 실제로 눈이 머는 것보다 훨씬 위험할 수 있다. 자신이 볼 수 있다고 믿으며 자신의 전문 분야만을 맹목적으로 바라보는 것에서 자부심을 느끼기 때문이다. 스페셜리스트는 환자가 아니라 이상 증상을 보이는 환자의 간에만 집중하는 의사와 같다. 이는 기업 전체의 상태는 보지 못하고 오직 이익만을 좇으며, 변명거리만 찾고, 불평은 듣지 못하는 것과 같다. 이런 시각을 가진 스페셜리스트는 상품만 볼 뿐, 고객은 보지 못한다.

● 직급 대신 기여

물론 모든 사람에게 이러한 태도를 기대할 수는 없다. 하지만 리더에게는 이러한 태도를 요구해야 하며, 이러한 태도를 갖도록 교육하고 양성해야 한다. 대부분의 리더들은 이 원칙에 익숙하지 못하거나 정확하게 알지 못한다. 앞에서 언급했듯이, 나는 기회가 생길 때마다 리더들에게 회사에서 무슨 일을 하느냐고 물었고, 대부분의 리더들이 이 질문에 자신의 직무를 언급했다. 하지만 리더들은 그 직무를 어떻게 수행하고 있었을까?

첫 번째 리더는 자신이 회사의 시장조사 책임자라고 했고, 두 번째 리더는 자신이 은행의 지점장이라고 했다. 세 번째 리더는 품질 보증 책임자라고 했으며, 네 번째 리더는 기업의 공장장이라고 자신을 소개했다. 하지만 이것이 과연 '무슨 일을 하시나요?'라는 나의 질문에 대한 대답이라고 할 수 있을까? 그렇지 않다. 이것은 '당신은 누구십니까?'라는 질문에 대한 대답에 가깝다. 이들은 자신의 직무나 회사와의 고용계약서 제목과 같은 대답을 한 것이다. 하지만 중요한 것은 그들이 맡은 직무가 아니다. 물론 자신이 있는 자리의 이름을 언급할 수는 있다. 하지만 이것으로 리더가 그 분야에 중요한 것이 무엇이며, 무엇이 큰 전체이고, 자신이 전체를 위해 어떤 기여를 했는지 알고 있다고 할 수는 없다.

어떻게 효과적인 경영을 할 것인지에 관심을 가지고 있다면 '무슨 일을 하시나요?'라는 질문에 절대 자신의 직무로 대답해서는 안 된다. 리더는 물론이고 가능한 한 많은 직원들이 조직 전체와 조직의 목표를 볼 수 있어야 한다. 다시 말해 전체에 대해 분명히 이해하고, 조직의 목표와 자신에게 주어진 과제를 파악할 수 있도록 해야 한다.

그렇게 하기 위해서 필요한 것은 무엇일까? 답은 아주 간단하다. 정기적으로 직원들에게 '당신이 이 회사의 어떤 부분에 기여를 했나요?'라는 질문을 하는 것이다. 더 좋은 방법은 조금 불편하더라도 더 명확하고 효과적인 질문을 던지는 것이다. '당신이 회사에서 월급을 받는 이유는 뭐죠?' 이 질문에 대해 유용한 답을 하는 사람들은 극히 드물다. 이런 질문을 받으면 사람들은 일단 당황한다. 처음 받아보는 질문이기 때문이다. 그렇다면 여기에 대한 근본적인 논의가 필요하다. 이들이 아주 특정한 유형의 대답을 내놓을 수 있도록 도와줄 필요가 있다. 우선 그 어떤 경우에도 "저는…"이라는 말로 시작해서는 안 되며, "이 조직에서 제가 맡은 일은…"이라는 문장으로 시작해야 한다.

예컨대 시장조사 책임자가 성과를 통해 전체에 기여하고 기업의 성공을 이끌어내려 한다면, 그가 해야 할 핵심적인 과제는 무엇일까? 데이터를 수집해야 할까? 설문조사를 진행해야 할까? 시장조사 기관과 협업을 해야 할까? 물론 그것도 도움이 되겠지만, 그가 맡은 과제의 본질은 아니다. 시장조사 책임자의 경우라면 "저는 고객이 정말 원하는 게 무엇인지를 회사가 알 수 있게 하는 역할을 하고 있습니다"라고 답하는 것이 바람직한 대답일 것이다. 어쨌거나 이 정도라면 바람직한 시작이 될 수 있다. 이것을 알고 있는 시장조사 책임자에 대해서는 별도로 경영 방식에 대해 지도할 필요가 없다. 전체를 위해서 자기 자신과 자신이 기여할 수 있는 바를 스스로 통제할 수 있기 때문이다. 그렇다면 더 이상의 지도는 필요하지 않다. 이것이 위계질서를 없애지는 않더라도 사실상 중요하지 않은 것으로 만들 수 있는 또 하나의 방법이다. 위계질서가 사라지지는 않지만 존재 의미를 잃는 것이다.

어떤 경우에도 직원들이 이 원칙을 알고 있을 것이라고 가정해서는 안 된다. 리더들은 직원들이 분명히 이런 원칙을 알고 있을 것이라고 말하지만, 사실은 그렇지 않다. 리더는 직원들이 모르고 있는 상황을 전제로 해야 한다. 그리고 그에 따라 모든 것이 명확해질 수 있도록 조치를 취하는 것, 그것이 바로 경영자에게 주어진 과제다.

● **트럼펫 부는 기술자와 음악가의 차이**
과거에는 그 누구도 자신이 조직이나 기업에 기여한 바를 보여줄 필요가 없었다. 이유는 단순했다. 직업이 사람을 조직했기 때문이다. 100년 전에도 그랬지만 지금도 우리는 농부에게 무엇을 해야하는지, 언제 일어나야 하고, 어디에 기여를 해야 하는지 일일이 말해줄 필요가 없다. 만일 소들이 새벽 5시에 큰 소리를 내면 해야 할일이 있다는 의미였다.

세상은 구체적이었다. 감각기관을 통해 세상을 인지할 수 있었고, 세상의 움직임을 느낄 수 있었기 때문에 쉽게 세상을 이해할 수도 있었다. 세상은 느낄 수 있고, 들을 수 있으며, 볼 수 있는 것이었다. 하지만 오늘날 우리의 조직은 어떠한가? 굳이 규모가 큰 조직이 아니라도 우리의 감각만으로는 전체를 인지할 수 없는 추상적인 수준에 이르렀다. 현대 사회의 인간은 소위 '감각 박탈Sensory deprivation'이라는 것에 시달리고 있다. 이는 점차 감각 자극이 차단되는 현상을 말한다.[34]

이렇게 되면 마치 대성당의 전체 모습을 보지 못하고 자신에게 주어진 일만 바라보는 것처럼 조직 전체를 볼 수 없게 된다. 현대 사회의 냄새를 맡을 수 없고, 들을 수 없으며, 만질 수 없다. 머릿속으로만 전체의 모습을 그려볼 뿐이다. 하지만 이것은 매우 낯선 것이고, 이런 방법을 배운 사람은 극히 드물다. 그래서 이들은 자기가 알고 있고, 이해할 수 있는 좁은 전문 분야로 들어가버리는 것이다.

❝

사람이 직업을 만드는 것이며,
직업이 사람을 만드는 것은 아니다.

과거에는 직업이 사람을 만들었지만 오늘날은 그 반대가 되었다. 사람이 직업을 만들어야 하는 것이다. 하지만 이 또한 우리는 배우지 못했다. 그래서 사람들이 직업을 만들 수 있도록 이끄는 것이 바로 경영의 과제이다. 앞에서도 말했지만 핵심은 단순하다. 그들이 어떤 기여를 하고 있는지에 대해 이야기를 나누는 것이다. 이것만으로도 우리는 '대성당'을 가장 먼저 생각하게 될 것이고, 전체를 분명하게, 생생하게, 이해하기 쉽게 하려면 어떻게 해야 하는지, 생각하게 될 것이다. 그리고 거의 반사적으로 "여기서 제가 담당하고 있는 것은…"이라는 문장으로 답이 나올 수 있을 때까지 논의를 이어가는 것이다.

나는 1년에 한 번 하루 종일 이 주제 하나만을 가지고 이야기를 할 것을 제안하고 싶다. 우리가 흔히 그러는 것처럼 열 개도 넘는 주제에 대해 간단하게 이야기를 나누는 것이 아니라, 1년에 한 번은 시간을 내어 젊고, 새롭고, 경험이 없는 직원들과 이 질문을 가지고 대화를 나눠야 한다. 그리고 대략 3년에 한 번씩은 나이가 있고, 경험이 있는 직원들과 같은 질문을 가지고 대화를 해야 한다. 경험이 있는 직원들에 대해서는 너무 무리하게 진행을 할 필요는 없지만 그렇다고 완전히 포기해서도 안 된다. 이유는 단순하다. 3년이면 경제적 여건은 물론이고 세상에도 많은 변화가 일어나면서 대부분의 사람들이 맡은 직무도 바뀌기 때문이다. 오늘날 우리는 변화에 대해 많은 이야기를 나누고 깊이 생각한다. 하지만 실제적인 결과물이 나오는 경우는 드물다. 그 이유는 직업이라는 것이 너무나 천천히 변화하여 누구도 그 변화를 인식하지 못하기 때문일 것이다. 하지만 어느 정도 시간이 지나고 나면 점진적으로 너무 큰 변화가 이루어져서 완전히 새로운 상황을 다루어야 하는 시점이 온다.

마지막으로 나는 이것을 한마디로 요약하고 싶다. 콘서트를 마친 연주자에게 "오늘 무엇을 연주하셨나요?"라고 물어본다고 치자. 만일 연주자가 어깨를 들썩이며 "모르겠네요. 저는 트럼펫을 불어서…"라고 대답한다면 오케스트라에 무언가 문제가 생긴 것이라고 볼 수 있다. 우리는 이 트럼펫 연주자가 이렇게 대답할 수 있도록 해야 한다. "오늘요? 오늘 저희는 베토벤 3번 교향곡을 이전과는 다르게 연주했어요. 그리고 저는 제1트럼펫 연주자로 함께 했고요." 그리고 좋은 리더는 정확하게 이런 대답이 나오도록 오케스트라를 이끈다. 자신이 수석 트럼펫 연주자라는 것에 대해서는 당연히 자랑스러워할 수 있고, 자랑스러워해야 한다. 하지만 만일 수석 트럼펫 연주자라는 사실을 자랑스러워하는 것이 전부라면 그 사람은 '트럼펫을 부는 기술자'이며 음악인이라고 할 수는 없다. 이 사람은 1분 왈츠를 54초에 연주하는 것에 자부심을 갖는 유형의 사람이다. 속도 기록과 음악의 차이를 인생에서 단 한 번도 경험해보지 못했을 것이다.

한 가지 그리고 전체에 대한 기여의 원칙은 내가 처음에 이야기했던 것처럼 모든 원칙들 가운데 설명하기도 가장 어렵고, 이해하기도 가장 어려울지도 모른다. 하지만 이것은 경영 분야에서 끊임없이 이어지고 있는 문제들의 핵심이기도 하다. 이 원칙은 아주 중요한 갈림길에서 올바른 방향으로 들어설 수 있도록 도와줄 것이고, 가장 널리 퍼진 생각의 함정에 빠지지 않도록 우리를 지켜줄 것이다.

　　　　　　　　　　　　　　　　　　경영의 본질

원칙 3_소수의 일에 집중

> 66
> 핵심은 본질적인 소수에 집중하는 것이다.

수많은 리더들은 그리고 경영 관련 문헌들의 대부분은 여전히 기업 경영을 위한 비법이나 기적의 방법 같은 '성배'를 찾고 있는 듯하다. 하지만 이것은 아무짝에도 쓸모가 없는 행동이다. 하지만 만약 기업이나 조직을 경영하는 데 비법이 있다면, 아마도 가장 강력한 후보는 '집중'일 것이다.

● **결과를 만들어내는 열쇠**

집중의 원칙이 중요하지 않은 분야는 없다. 하지만 집중은 기업 경영에서 특히 중요하고 특별한 요소다. 다른 직종이나 직무에 비해 힘의 분산과 분열의 위험에 더 강하게 그리고 체계적으로 노출되어 있기 때문이다.

물론 다른 분야에도 이런 위험은 존재한다. 하지만 이와 같은 위험이 가장 제도적으로 나타나는 것이 바로 경영 분야이고, 이 분야에서는 특히 권한의 분산을 선호하며, 그것을 역동성과 역량의 신호로 오해하는 경우가 많다. 하지만 반대로 집중하는 능력이나 기술, 규율만큼 효율적인 것도 없다.

집중을 하는 것만으로는 충분하지 않다. 여전히 오해의 소지가 있기 때문이다. 효과성을 이루고 성공을 하는 데 관심이 있다면, 신중하게 선택한 소수의 몇 가지 요소에 초점을 맞추는 것이 무엇보다 중요하다. 많은 것들이 복잡하게 얽히고설켜 있는 상황에서는 이 원칙을 적용할 수 없다고 반박하는 사람들도 있다. 이는 조직 경영에 대한 낡은 인식에서 비롯된 것이다. 이들의 반박과 달리 현실은 정반대다. 많은 것들이 너무나도 복잡하고, 서로 연결되어 있으며, 상호작용을 하기 때문에 이 원칙이 더욱 중요한 것이다. 과거에는 그렇지 않았다. 모든 것이 단순한 상황에서는 소수에 집중할 필요가 전혀 없었다. 상황이 복잡하지 않았기에 자동적으로 소수에 집중할 수 있었기 때문이다.

물론 많은 일들을 한꺼번에 동시에 진행할 수는 있다. 하지만 서로 다른 여러 영역에서 동일한 성공을 거두기는 어렵다. 그래서 다시 강조하지만 인풋과 아웃풋, 일과 성과, 활동과 성공을 구분하는 것이 중요하다.

높은 효과성으로 성공을 이루고 결과를 얻어내는 조직을 보면 그 조직에서는 언제나 소수에 대한 집중이라는 원칙이 지켜지고 있다는 사실을 알 수 있다. 어떤 방식으로든 특정한 성과를 내며 이름이 알려지거나 유명해진 사람들 역시 대부분 한 가지 일, 한 가지 과제, 한 가지 문제에 집중했다. 지금도 마찬가지지만, 이런 경향은 더 나아가 집착으로까지 이어지고 심지어 병적인 수준으로까지 발전하기도 한다. 이는 물론 바람직한 것은 아니다. 하지만 집중이 곧 성과를 이루기 위한 열쇠라는 사실에는 변함이 없다.

이는 다양한 역사적 인물들이 증명하고 있는 사실이기도 하다. 앨버트 아인슈타인Albert Einstein, 마틴 루터Martin Luther, 베르톨트 브레히트Bertolt Brecht, 오귀스트 르누아르Pierre-Auguste Renoir, 요한 슈트라우스Johann Strauss, 루드비히 비트겐슈타인Ludwig Wittgenstein과 같은 인물을 생각해보자. 질병이나 장애, 큰 부담감을 극복하고 어려운 조건에서도 효과성과 성공을 이끌어낸 이들의 이야기는 훌륭한 참고 사례가 된다. 이들이 성공할 수 있었던 이유는 하나였다. 일에 집중할 수밖에 없었던 상황에 놓여 있었기 때문이다.

가장 주목할 만한 사례가 바로 해리 홉킨스Harry Hopkins의 이야기다.[35] 홉킨스는 2차 세계대전 당시 프랭클린 루스벨트 미국 대통령의 가장 가까운 정책자문관이자 특별보좌관으로, 미국 정부의 숨은 권력자였다. 홉킨스는 중병을 앓고 있어 이틀에 한 번 몇 시간씩밖에 일하지 못했다. 그는 결국 이 병으로 사망했는데, 이렇게 짧은 시간 동안 일을 하면서도 가장 중요한 문제에 철저히 집중하고, 부차적인 일들을 완전히 차단함으로서 그 누구보다도 많은 성과를 이루어냈다. 심지어 처칠이 그를 가리켜 '핵심의 제왕'이라고 표현할 정도였다.

특별한 재능 없이도 집중을 통해 위대한 성과를 이뤄낸 이들의 사

례들도 우리에게 큰 가르침을 준다. 여기에는 해리 트루먼_{Harry Truman}
미국 대통령의 사례를 빼놓을 수 없다. 아마도 해리 트루먼 대통령의
무능함을 비판할 때만큼 미국 언론이 의기투합한 적은 없었을 것이
다. 하지만 역사상 가장 어려웠던 그 시기에 트루먼 대통령은 언론의
질타를 받는 불리한 상황 속에서도 상당한 업적을 남겼다. 저명한 지
휘자 헤르베르트 폰 카라얀도 생전에는 그의 재능에 대해 당시 전문
가들의 입방아에 오르곤 했다. 카라얀을 시기하는 이들과 적대시하
는 이들 이외에도 그에게 음악적 재능이 다소 부족한 것 아니냐는 비
판의 의견이 있었기 때문이다.

그럼에도 카라얀은 음악계를 크게 뒤바꿔놓은 인물이 되었다. 그
럴 수 있었던 것은 그가 체계적으로 한 가지 일에 집중하는 사람이었
기 때문이다. 카라얀은 상황에 따라 주어진 한 가지 목표에 모든 것
을 쏟아 부었다. 그래서일까. 카라얀을 '자기 제어의 대가'로 평가하
는 사람들도 있다.[36]

서로 다른 여러 분야를 다루면서도 뛰어난 재능을 보인 인물로는
레오나르도 다빈치와 괴테를 들 수 있다. 하지만 이들에 대해서도 역
시 기본적으로 너무 많은 일에 에너지를 분산했으며, 만일 몇 가지
활동에만 집중했다면 더 많은 업적, 더 위대한 일을 이룰 수 있었을
것이라는 사실을 보여주는 자료들이 많다.

● 근거 없는 거부

핵심적인 소수, 그중에서도 가능하다면 하나의 핵심에만 집
중하라는 주장은 주기적으로 반박에 부딪히곤 한다. 그리고 이러한

반박은 감정적이거나 공격적일 때가 많다. 집중의 원칙에 대해서는 객관적으로 반박하기가 어렵다. 하지만 반대 입장을 가진 사람들은 대부분 다음과 같은 근거를 제시한다. 첫째, 오늘날의 직장 및 환경에서는 집중이 불가능하다. 둘째, 집중은 편향성 혹은 편협한 전문성으로 이어질 수 있다. 셋째, 집중은 동기 부여를 방해한다. 넷째, 집중은 창의성을 방해한다. 이 가운데 우리가 진지하게 여겨야 할 근거는 첫 번째뿐이다. 나머지는 핑계에 불과하거나 경영에 대한 오해 혹은 착각의 증거일 뿐이지만, 이 네 가지 반론에 대해 하나씩 살펴보는 것도 의미가 있을 것이다.

첫째, 실제로 오늘날의 직장 및 조직 환경에서 한 가지 일에 집중하는 것이 어려워졌다. 앞에서 말했듯이 기업을 경영하는 것만큼 분산의 위험에 노출된 직업도 없다. 하지만 바로 이것이 집중의 원칙이 중요한 이유다.

아무리 숙련된 사람이라고 해도 주변 환경으로 인해 합리적으로, 다시 말해 집중해서 일하지 못하는 경우가 있다는 것은 인정한다. 그 첫 번째 이유는 아마도 사람일 것이다. 특히 10분에 한 번씩 매번 다른 문제로 직원들에게 연락을 하고, 전화를 걸고, 사무실로 오라고 호출하며 업무의 흐름을 끊는 상사들이 그렇다. 이런 상사 밑에서는 아무리 열심히 일을 해도 성과를 내지 못하는 경우가 대부분이다. 때로는 좋은 경영을 분주함이나 부지런함과 혼동하는 경우도 있다. 이렇게 되면 직원은 실질적으로 성과를 방해하는 리더의 행동으로 인해 피해를 보게 되고, 이를 견딜 수밖에 없다. 가능하다면 직장을 그만두기도 할 것이다. 자제력이 없는 리더야말로 일에 집중하는 것을 방해하는 가장 중요하고 명백한 원인이며, 주변에서 가장 흔하게 접하는 사례이기도 하다.

하지만 집중의 원칙은 여전히 유효하다. 그리고 바로 이 지점에서 앞서 이야기한 공격적인 반론의 이유가 드러난다. 만일 매니지먼트 세미나에서 이와 같은 반론을 하는 사람이 있다면, 그 사람은 분명 자제력이 없는 리더 유형에 속하는 사람이다. 자신의 자기 이해를 공격당했기 때문에 감정적인 반응을 보이는 것은 이해할 수 있다. 물론 이 사람은 자기 자신이 자제력이 없다고 여기지 않을 것이다. 오히려 자신은 매우 역동적이며, 시대정신에 부합하고, 자신만의 방식으로 다른 이들의 모범이 되고 있다고 생각할 것이다. 하지만 유감스럽게도 현실은 전혀 다르다. 이러한 사람에게는 반드시 변화가 필요하다.

일에 집중하지 못하는 두 번째 원인은 일반적으로 조직에 있다. 직원들이 집중할 수 있게 하는 조직의 형태가 있는가 하면, 집중하는 것이 거의 불가능한 조직 형태도 있다. 후자에 속하는 것이 바로 매트릭스 조직(프로젝트 조직과 기능식 조직을 결합한 조직 형태. 매트릭스 조직에 속한 개인은 기능 부서의 관리자와 프로젝트 관리자 모두에게 지시를 받고 모두에게 보고를 하게 된다-옮긴이)이다. 매트릭스 구조에서 무언가에 집중한다는 것은 상상조차 할 수 없고, 결국 생산성에 위협이 된다. 실제로 매트릭스 조직은 사람들이 생각하는 것과는 반대되는 효과를 가져오는 경우가 많다. 현대적인 형태의 조직일 수는 있을지 몰라도 진보와는 거리가 멀다.

　　　　　　　　　　　　❝
기업 경영은 끊임없이 분산의 위험에 노출된다.
하지만 성과를 얻기 위한 열쇠는 집중하는 데 있다.

　일시적으로 다른 대안이 없어서 매트릭스 구조를 선택할 수밖에 없는 시장 구조나 사업들이 있기는 하다. 하지만 매트릭스 조직은 절대 첫 번째 선택지가 되어서는 안 되며, 최후의 선택이어야 한다. 매트릭스 조직은 효과적인 사람이 되는 것을 어렵게 만든다. 반면 좋은 경영은 일을 효율적으로 진행할 수 있도록 만든다.

　집중이 편협한 전문성으로 이어질 수 있다는 두 번째 반론은 근거가 빈약하다. 이 반론은 앞에서 다룬 스페셜리스트와 제너럴리스트의 차이에서 비롯된 것인데, 기본적으로 제너럴리스트에 대한 인식이 잘못되었다는 데 문제가 있다. 더욱이 전문화를 근거 없이 거부하고 있다. 현대 사회에서는 스페셜리스트가 필요하고, 사실상 우리 사회에는 스페셜리스트 밖에 없으며, 그럼에도 불구하고 이들이 전체에 통합되지 않으면 문제가 된다는 것을 확실하게 알고 있으면, 이와 같은 반박은 무의미해질 수밖에 없다.

　세 번째 반론은 집중이 동기 부여를 방해한다는 것이다. 이 역시 동기 부여에 대한 잘못된 인식 그리고 조직의 목적에 대한 오해에서 비롯된 생각이다. 조직은 설립 목적에 따라 해당 분야에서 성과를 만들어내고, 결과를 만들어내야 할 과제를 가지고 있다. 사람에게 동기를 부여할 목적으로 만들어진 조직은 없다. 있다고 하더라도 극히 소수에 불과할 것이다. 어떤 조직은 아픈 사람을 치료해야 하고, 어떤 조직은 친환경 세제를 생산해야 하며, 또 어떤 조직은 여자 교도소의 형 집행을 인도적으로 개선하려는 목적을 가지고 있을 것이다. 조직은 조직 자체를 위해서뿐만 아니라 그 안에서 일을 하는 사람들을 위해서도 반드시 주어진 과제와 목적에 집중해야 한다. 따라서 조직의 일차적 과제는 '집중'이 되어야 한다. 그리고 이것이 동기 부여와 완전히 대치되는 것인지는 전혀 다른 문제이다.

많은 사람들의 생각과 달리, 동기와 성과 사이의 관련성에 대해서는 지금까지 밝혀진 바가 전혀 없기 때문에 나는 가장 먼저 '집중'하는 데 주목하라고 제안하고 싶다.

마지막으로 네 번째 반론은 집중이 창의력을 방해한다는 것이다. 만일 다듬어지지 않은 창의력을 이야기하는 것이라면 이 반론은 의미가 있다. 하지만 다듬어지지 않은 상상력은 대부분의 경우 어차피 유용하지 않으며 오히려 위협적일 수 있다. 내가 언제나 강조하는 것처럼, 이 세상에 부족한 것은 아이디어가 아니다. 세상에 아이디어는 넘쳐난다. 하지만 궁극적으로 필요한 것은 아이디어를 실현하는 것이다. 머릿속에 있는 아이디어와 실현된 아이디어는 전혀 다른 것이며, 아이디어를 현실에서 구현하기 위해 필요한 것이 바로 '집중'이다.

저명한 음악인, 화가, 작가, 조각가, 학자들처럼 창의력이 뛰어나다고 평가받는 사람들의 삶과 그들이 일하는 방식은 이 반론이 잘못되었음을 수많은 사례와 증거를 통해 입증하고 있다. 몇몇 예외의 경우를 제외하면 이들은 모두 한 가지 일에만 철저하게 집중했다. 그리고 앞에서 언급한 것처럼 이들에게서 심지어 신경쇠약에까지 이를 정도로 병적인 집중, 그 무엇도 개입할 수 없을 정도로 체계화된 작

경영의 본질

업 방식을 쉽게 찾아볼 수 있다. 그들에게 중요한 것은 작품과 일, 그리고 자신에게 주어진 과제뿐이다. 그리고 그런 집중이 바로 성공을 만들어낸다. 가끔은 수많은 좌절과 실패 끝에 찾아오기도 하지만 말이다.

가장 눈에 띄는 것이 토마스 만Thomas Mann의 사례다. 활동기에 토마스 만은 하루도 빠짐없이 매일 9시부터 12시까지 집필에 몰두했다. 그렇게 토마스 만은 놀랍게도 하루 한 페이지에서 한 페이지 반 분량으로 조금씩 글을 써서 기념비적인 저서들을 완성해갔다. 미켈란젤로Michelangelo도 프란츠 슈베르트Franz Schubert도 마찬가지다. 그리고 아름다운 의도나 숭고한 결의, 장엄한 계획뿐 아니라 다양한 업적과 작품을 남긴 많은 이들도 여기에서 언급을 해야 할 것이다. 효과성에 관심이 있지만 그것이 단순히 그들의 '천재성' 덕분이라는 설명에 만족할 수 없다면, 이들의 작업 방식을 공부하는 것은 충분한 가치가 있다.[37]

● **응용 사례**

집중의 원칙이 가진 효과를 가장 분명하게 보여주는 몇 가지 사례들을 살펴보자.

시간관리

어떤 유형의 조직에서 일하는가와는 상관없이 대부분의 리더들이 동일하게 겪는 문제가 있다. 바로 시간 문제다. 이 문제에 대해서는 4부의 경영자의 업무 방법론에서 좀 더 구체적으로 살펴보기로 하고 여기에서는 한 가지 측면만 짚어보려 한다. 얼마나 오래, 얼마나 열심히 일하는가와는 상관없이 리더들이 가장 많이 갖는 불만은 시간이 부족하다는 것이다. 더 많이, 더 열심히 일하는 것은 당연히 이 문제의 해결책이 될 수 없다. 이를 해결할 수 있는 유일한 방법은 집중의 원칙을 적용하는 것뿐이다.

이유는 아주 단순히지만 그만큼 쉽게 간과되기도 한다. 리더들이 말하는 시간은 명백하게 '자신의' 시간이다. 리더들의 시간 사용은 대체적으로 타인에 의해 결정된다. 리더들에게 주어진 시간의 70~80퍼센트는 리더들 자신이 아니라 타인의 시간이다. 고객, 상사, 직원, 동료, 비서, 재무분석가 그리고 꾸준히 비중이 늘고 있는 미디어가 리더의 시간을 갉아먹고 있다. 그렇다 보니 리더가 자신을 위해 사용할 수 있는 시간은 20~30퍼센트밖에 남지 않는다. 그리고 리더들은 자신에게 주어진 과제와 관련해서 그렇게 시간을 사용하는 것이 옳다고 생각한다.

하지만 하루에 18시간씩 일을 한다고 해도 20~30퍼센트만으로는 할 수 있는 일이 많지 않다. 따라서 자신의 시간을 그렇게 사용하는 것은 바람직하지 않다. 몇 가지 핵심에만 집중해야 하는 이유도 바로 여기에 있다. 하지만 이 원칙을 실제로 적용하는 것은 쉬운 일이 아니다. 핵심에 집중하기 위해서는 무엇이 핵심인지를 판단하는 어렵고 위험한 결정을 내려야 하기 때문이다. 무엇에 집중해야 하는지의 문제와 관련해서는 계속해서 시행착오를 거칠 것이다. 하지만 성과를 내고 싶다면, 어려워도 핵심을 선택하는 결정을 해야 한다. 다른 많은 일에 손조차 대지 못하는 대신 몇 가지 영역에서 중요한 성과를 낼 것인지, 아니면 그 어떤 곳에서도 성과를 내지 못할 것인지, 우리는 이 두 가지 중에서 선택해야 한다.

심리학자 조지 밀러George A. Miller는 리더 한 사람의 '통솔 범위'가 얼마나 되는지 파악하고 싶었다.[38] 이를 위해 밀러는 연구를 진행했고, 〈마법의 숫자 7±2The Magical Number Seven Plus/Minus Two〉라는 논문을 통해 오늘날까지도 유의미하게 적용되고 있는 연구 결과를 발표했다. 그의 연구에 따르면, 한 사람이 통제할 수 있고 어느 정도 관리할 수 있다고 볼 수 있는 업무의 기준이 시간당 7개에서 플러스, 마이너스 2개라는 것이다. 밀러는 이보다 개수가 더 많아지면 그 일은 순차적으로 해결해야 하며, 첫 번째 일을 마치고 나서 두 번째 일을 해야 한다고 했다.

나는 7개에서 2개를 더하기보다는 2개를 빼는 것을 추천하며, 상황에 따라 가능하다면 더 일을 줄이라고 제안하고 싶다. 내가 만나본 리더 중에는 1시간에 한 가지 일에만 몰두하는 이들도 많았는데, 그들은 상당히 성공적으로 자신의 업무를 처리하고 있었다. 물론 이들 역시 사실상 자신이 책임져야 할 뿐 아니라, 기꺼이 할 수도 있는 다른 일들을 처리하지 않고 남겨두는 것을 매우 안타까워했다. 때로는 훗날 우선순위를 잘못 선택했다는 것을 깨닫기도 한다. 하지만 그들은 혼잡하고, 의존적이며, 정신없는 상황에서 변화를 이끌어내고, 무엇인가를 이룰 수 있는 방법은 단 한 가지, 바로 소수의 업무에 집중하는 것밖에 없다는 사실을 알고 있다.

하지만 이상하게도 많은 리더들은 이를 쉽게 받아들이지 못한다. 끊임없이 '동시에 여러 전쟁을 치르는 것'에서 자부심을 느끼는 리더들도 있다. 물론 결과를 보면 그들의 '업무 내역'은 훌륭하다. 하지만 '성과 내역'은 보잘것없다. '동시에 여러 전쟁'을 치를 수는 있다. 하지만 그 모든 전쟁에서 승리하기는 어렵다.

집중의 원칙은 모든 분야에서 유효하다. 누군가에게 무슨 운동을 하느냐고 묻는다고 생각해보자. 만일 그 사람이 열다섯 가지 종목의 운동을 나열한다면 우리가 분명하게 알 수 있는 사실은 한 가지다. 그 사람은 모든 종목에서 전반적으로 서툴거나 기껏해야 중간 정도의 실력을 가지고 있을 것이라는 사실이다. 하지만 일을 하느라 운동할 시간이 많이 없어서 테니스만 조금 치고 있다고 답을 한다면, 세계 정상급 선수의 실력은 아닐지라도 그 사람과 테니스를 쳐서 이기기는 결코 쉽지 않을 것이다.

목표 관리

집중의 원칙을 적용해야 하는 두 번째 사례는 목표를 통한 관리 Management by Objectives, MBO다. 이는 피터 드러커가 1954년 자신의 저서에서 제안한 경영 기법으로, 적용하는 방법은 저마다 다를 수 있지만 이 매니지먼트 방식을 모르는 조직은 없을 것이다. 하지만 목표 관리라는 경영 기법을 통해 성공을 거둔 조직은 결코 많지 않다. 그 이유는 무엇일까? 여기에 대해서는 뒤에서 더 자세히 설명하겠지만, 일단 가장 중요한 이유는 너무 많고, 너무 다양한 일을 하려고 했기 때문이라고 할 수 있다.

어느 조직에 목표 관리 기법을 적용하려고 할 때 나는 먼저 간단한 시험을 해본다. 우선 내년에 이루고 싶은 일을 모두 적으라고 한 다음 1시간 정도 기다린다. 결과는 언제나 같다. 1시간이 지나면 10명 가운데 8명은 빽빽하게 채운 종이를 두 장, 세 장 혹은 네 장씩 가져온다. 부지런하게 모든 것을 적어온 것이다. 반면 10명 중 2명은 두세 가지 정도만 적어서 반 페이지 정도 채운 종이를 가지고 온다. 전자와 후자 중 어느 쪽이 진정한 전문가일까? 당연히 후자다. 그리고 그들이 적어온 것은 실제로 그들이 달성하고자 하는 아주 중요한 일일 것이다.

물론 전자에 속한 이들이 가져온 빽빽한 종이에도 중요한 것은 적혀 있었다. 다만 종이를 가득 채우고 있는 부차적인 것들 사이에 묻혀 있을 뿐이다. 그러다 한 해 중 바쁜 시기가 오면 어떻게 될까? 이들은 우선순위를 놓치게 될 것이다. 중요한 것들이 관심의 대상에서 사라지는 것이다. 두 집단 모두 열심히 일했다는 결과는 같다. 여기에는 아무런 문제가 없다. 다만 두 번째 집단이 성과를 만들어내는 사이에 첫 번째 집단은 단순히 일을 할 뿐이다. 목표 관리 경영 기법의 성공 여부는 소수에 대한 집중의 원칙에 달려 있다.

정신노동의 생산성

집중의 원칙이 적용되는 세 번째 사례는 생산성의 증가다. 어쩌면 이것이 가장 중요한 부분이라고 할 수 있다. 이 원칙을 이해하기 위해서는 먼저 육체노동을 통한 생산성과 정신노동을 통한 생산성을 구분해야 한다. 육체노동 혹은 산업노동의 생산성은 지난 10년 동안 해마다 2~3퍼센트씩 크게 증가했다. 처음에는 이 정도로 생산성이 증가하리라고는 그 누구도 예측하지 못했다. 이 같은 성공의 열쇠는 바로 '한 업무에 투입할 수 있는 최대의 시간은 얼마인가?'라는 질문이었다. 이것은 산업 분야에서 생산성을 높이기 위해 던지는 핵심 질문이다. 여기서 포인트는 '최대'라는 단어다.

오늘날 육체노동의 생산성은 더 이상 문제가 되지 않는다. 이미 성공을 거두었기 때문이다. 이 '전쟁'은 지나갔다. 그리고 이는 생산성 증가가 임금 인상의 전제조건이라는 것을 오랫동안 이해하지 못했던 노동조합이 일부 거센 저항 속에도 일궈낸 승리였다. 이제 새로운 '전쟁터'는 정신노동자들의 영역으로 옮겨갔다. 정신노동자들은 숙련된 기술이 아닌 지식을 자본으로 가지고 있는 이들로, 오늘날 가장 빠른 속도로 성장하고 있는 집단이라 할 수 있다. 선진국에서는 바로 이 정신노동자들이 과반을 차지하거나, 그 정도는 아니더라도 단일 집단으로서는 가장 큰 규모를 갖게 될 것이다. 이들은 일반적으로 매니지먼트에 대해 회의적인 태도를 가지고 있는 경우가 많다. 하지만 하지만 이들의 생산성을 몇 배로 높이기 위해 반드시 필요한 것이 바로 매니지먼트이다.

"

**정신노동자가 효과성을 갖기 위해서는
큰 규모의 시간 단위가 필요하다.**

하지만 정신노동의 생산성을 높이기 위해서는 더 이상 기존의 질문을 활용하기가 어렵다. 이전과는 전혀 다른 새로운 질문이 필요해진 것이다. 새로운 질문은 '이 업무를 끝내는 데 방해를 받지 않으려

경영의 본질

면 최소한 얼마의 시간이 필요할까?'이다. 여기서 핵심은 '최소'다.

우리는 정신노동의 생산성에 대해 아직 많은 것을 알지는 못한다. 이제야 그 중요성을 인식하기 시작했기 때문이다. 하지만 한 가지 분명한 사실이 있다. 정신노동이 효과성을 갖기 위해서는 방해받지 않고 일할 수 있는 큰 단위의 시간이 필요하다는 것이다. 이것은 산업노동자들에게 문제가 되지 않았다. 조직 전체가 이를 허용하지 않았기 때문이다. 컨베이어벨트에서 일을 하든, 자율생산팀에서 일을 하든, 산업노동자들은 업무 중에 방해를 받지 않았다. 회의에 참석하기 위해 수술을 중단하는 심장외과 의사가 없는 것과 마찬가지다. 하지만 많은 조직에서 정신노동자들이 끊임없이 업무의 흐름에 방해를 받는 현상이 일반적으로 나타나고 있다.

예를 들어보자. 실무 경험이 있는 마케터라면, 특정 시장에 대한 마케팅 계획을 세우는 데 시간이 얼마나 필요한지는 상당히 정확하게 예측할 수 있다. 시장 규모가 작고, 충분한 데이터와 자료, 경험들을 보유하고 있어서 백지에서 시작할 필요가 없으므로 소요 시간을 약 5시간으로 잡았다고 가정하자. 5시간은 정확히 300분이다. 물론 이 계산법은 언제나 정확하다. 다만 한 번에 5시간을 방해받지 않고 집중해서 일을 하는 것과 한 달 동안 매일 10분씩 집중하는 것은 차원이 다르다. 두 경우 모두 300분을 사용한 것은 같다. 하지만 첫 번째 방법이 성공으로 이어진다면 두 번째 방법의 끝에는 재앙이 있다. 소요 시간은 같지만 결과는 완전히 달라지는 것이다.

지금까지 전혀 다른 세 가지 적용 사례를 통해 소수의 대상에 집중하라는 원칙의 실무적 의미를 살펴보았다. 이 방법들은 원칙을 적용할 수 있는 분야가 얼마나 다양하고 중요한지를 보여준다. 집중은 성과와 성공을 이끌어낼 수 있는 가장 중요한 열쇠 중 하나다. 그리고 과부하와 계속해서 증가하고 있는 요구에 대처하기 위해 반드시 필요한 원칙이기도 하다. 또한 이 원칙은 대부분의 리더들이 안고 있는 문제 중 가장 높은 순위를 차지하고 있는 스트레스와 우울감, 빈아웃과 같은 후유증에 장기적으로 대처할 수 있는 유일한 수단이기도 하다.

집중이란 '끊임없이 일하는 것'이나 '오직 일만 하는 것'과는 다르다. 집중이란 주의의 전환이나 방해 없이 한 가지 일만 효율적으로 하는 것을 의미한다. 효과적인 사람들은 기나긴 비활동기나 무기력한 시기, 성과를 내지 못하는 단계를 잘 견뎌낸다. 모짜르트나 리차드 바그너, 프란츠 슈베르트의 경우가 그랬다. 이들은 집중력이 분산되지 않도록 한 가지 일에만 몰두했다. 그렇게 모짜르트와 슈베르트는 오랜 침체기를 겪고 일찍이 죽음을 맞이했음에도 불구하고 기념비적인 작품을 남길 수 있었다.

집중의 원칙은 일반화가 가능하다. 성과가 나온 곳에서는 어김없이 집중의 원칙이 적용되었다는 것을 확인할 수 있기 때문이다. 병원의 경우는 어떨까? 시간이 짧을 수는 있어도 치료하는 동안만큼은 한 명의 환자에게 모든 것을 집중한다. 대형 오케스트라의 레퍼토리도 결코 거대하지 않다. 전체 음악 문헌에 비하면 아주 제한적인 작품들만을 연주할 뿐이다. 수십 명에 달하는 서로 다른 작곡가들의 작품을 연주할 수는 있다. 하지만 최고의 공연을 위해 요구되는 수준 그리고 오늘날 박식한 관중이 기대하는 수준에는 결코 이르지 못할 것이다.

대학교 때만 해도 나는 전공서를 공부하면서 동시에 음악을 들을 수 있다는 착각에 빠져 있었다. 그래서 공부를 할 때는 반드시 음악을 들었다. 하지만 이는 말 그대로 착각에 불과했다. 책 내용을 읽고 이해하면 음악에는 전혀 신경을 쓰지 못하거나 반대로 음악을 제대로 들으면 책 내용은 대충 훑고 넘어가곤 했기 때문이다. 우리 아이들도 같은 연령대에 나와 같은 착각에 빠져 있었다. 이 세상에 효과적으로 일할 수 있는 원칙을 완벽하게 익히고 태어나는 사람은 없다. 오히려 그 반대다. 대부분의 사람들은 본능적으로 그 반대의 성향을 가지고 있다. 만일 15가지 일도 효과적으로 할 수 있다고 우리를 설득하려는 사람이 있다면, 그 사람은 초보이거나 무능력한 사람일 것이다. 전자라면 우리가 도울 수 있는 기회가 아직 남아 있다. 하지만 후자라면 불가능하다. 집중의 원칙은 개인에게만 유효한 것이 아니며, 조직에게도 적용된다.

효과적인 조직, 좋은 기관은 이미 말한 바와 같이 단일 목적 시스템을 가지고 있다. 다른 유용한 도구들이 모두 그렇듯, 단일한 목적을 위한 도구인 것이다. 그 외의 모든 것은 게으른 타협에 불과하며 잘해 봐야 중간 정도 수준에 머무르거나, 결과적으로는 실패로 이어질 것이다. 그리고 아무리 초인적인 노력을 기울여도 이러한 결과에 이르는 경우가 대부분이다. 실패의 원인은 노력이나 헌신의 부족이 아니라 집중력과 에너지가 분산된 것이다. 최선의 노력을 다했음에도 결국 실패하고 마는 것, 이는 비극이 아닐 수 없다.

7

원칙 4_강점 활용

66
기존에 있던 강점을 활용하는 것이 관건이다.

먼저 이 장에서 말하는 '강점'이란 아직 개발되지 않아 발휘할 수 없는 강점이 아닌 '기존에 충분히 활용하고 있는' 강점이라는 사실을 분명하게 해두고 싶다. 그리고 중요한 것은 '강점의 활용'이지 '약점의 제거'가 아니다. 하지만 대부분의 리더들, 특히 인사 전문가들은 이 원칙과 상반되는 것을 중요하게 여긴다. 다시 말해, 기존의 강점을 활용하는 대신 무언가를 개발하고자 하고, 강점을 활용하기보다 약점을 제거하려고 한다. 이것이 내가 이 원칙을 특별히 강조하는 이유이다.

이 책에서 다루는 원칙들은 중요성의 측면에서 보면 모두 동일하다. 하지만 이 가운데 단 하나의 원칙만을 선택해야 한다면, 나는 주저 없이 강점 활용의 원칙을 고를 것이다. 이 원칙이 지켜지지 않는

경영의 본질

경우가 가장 많고, 지키지 않았을 때의 여파가 크기 때문이다. 강점 활용의 원칙은 사람과 관련이 있는 모든 것에 가장 큰 영향을 미친다. 직원 채용이나 이들에 대한 교육, 직무 교육, 직무 매치, 성과 평가, 잠재력 분석 등 모든 것과 관련이 있다. 강점 활용의 원칙을 지킬 경우 매우 긍정적인 결과를 얻을 수 있지만, 반대로 이 원칙을 지키지 않거나 심지어 이와 상반되는 행동을 한다면, 그 조직은 재난에 가까운 결과에 이르고 말 것이다. 실존적인 의미에서 '비극'이라고 말하는 것들의 대부분은 이 원칙에 대한 부주의 혹은 무지와 관련이 있다.

이 원칙을 무시하여 입은 피해는 어떤 방식으로도 만회할 수 없다. 그런데도 경영 현장에서는 이 원칙이 무시되는 경우가 많다. 더 눈에 띄는 것은 대부분의 사람들이 이 원칙에 동의하고 있다는 사실이다. 이 원칙에 동의한다는 것은 그들의 진심이 담긴 진정성의 표현이지만, 실제 업무 과정에서는 그 반대의 현상이 나타난다. 따라서 결국 우리는 이 원칙과 관련하여 진실의 역설에 직면하게 된다.

강점에 집중하는 원칙을 일관성 있게 따르다 보면 인사 관리에서 반드시 필요하다고 여겨지며 일반적으로 사용되고 있는 도구들은 대부분 필요가 없게 된다. 더 단순하고, 군더더기 없으며, 경제적이면서 효과적인 인사 관리가 가능해지기 때문이다. 반면 이 원칙을 따르지 않는다면 효과적인 인적자원의 관리는 불가능하다.

● **약점에 집중하는 전략이 가져온 재앙**
리더들을 만날 때마다 나는 앞에서 언급한 질문들 이외에 "회사 직원들에 대한 이야기 좀 해주세요. 어떤 사람들이 있죠? 당신의 동료들은 어떻고, 당신의 상사는 어떻습니까?"라는 질문을 던진다. 그러면 이 질문을 받은 리더는 마치 기다렸다는 듯 자신의 동료나 상사의 부족한 점이나 약점을 쏟아낸다. 예를 들어 동료들이 얼마나 부족한 점이 많으며 바보 같이 일을 처리하는지, 또한 상사는 매번 어떻게 실패를 거듭하는지와 같은 이야기를 해댄다.

인간의 뇌 그리고 무엇보다 인간의 감각은 본래 부정적 또는 파괴적인 방식으로 기능하는 것 같다. 우리는 제대로 작동하지 않는 것을 쉽게 인식한다. 제대로 기능하지 않고 그 때문에 문제가 발생하기 때문에 주목을 받는 것이다. 결함은 문제를 만들어내고, 대책을 필요로 하고, 그를 위해서는 노력을 해야 하기 때문에 우리의 뇌리에 깊이 각인된다. 인간의 인지가 선택적으로 이루어진다는 것은 오래전부터 알려진 사실이다. 다만 우리가 선택적으로 인지하는 것이 무엇인지는 여전히 불분명하다. 나는 이 책에서 사람들이 다른 이들의 약점이나 결함을 선택적으로 인지하는 경향이 있다는 점을 전제로 하고 있다. 하지만 한 가지 분명한 사실은 직원이나 동료, 상사, 고객 또는 자기 자신에 대한 불평이나 불만이 지속된다면 그것은 무엇이 중요한지를 알지 못하는 초보 리더 혹은 무능한 리더에게 원인이 있을 가능성이 높다는 점이다. 앞에서도 언급했지만, 초보 리더에게는 방향을 다시 설정할 수 있도록 도움을 줄 수 있다. 하지만 무능한 리더에 대해서는 손쓸 방법이 없다. 인간관계와 관련된 문제에서 무능한 리더는 조직의 큰 위험 요소가 된다.

조금 진부한 말일지 몰라도 강점 지향적인 시각에서 보면 아무리 무능한 사람이도 나름의 강점이 있음을 알 수 있다. 물론 이 경우에 강점은 몇 개 되지 않거나 대부분은 한 가지 정도에 불과할 것이다. 동시에 우리는 아무리 유능한 사람이라도 여러 가지 약점이 있다는 것을 알 수 있다. 가장 먼저 약점을 알아내서 약점을 없애는 데 온 힘을 쏟아 붓는 것은 진부하다기보다 비극적인 일이다.

약점에 집중하는 것은 성공적인 전략이다. 다만 잘못된 방식의 성공이다. 만일 직원 중 한 사람이 오늘날 조직에서 요구되는 능력 중 하나인 의사소통 능력이나 팀플레이 능력에서 부족함이 있다고 가정하자. 그렇다면 조직은 지원 및 개발 프로그램을 계획해 해당 직원을 세미나에 참석시키거나, 코칭을 받게 할 것이다. 물론 효과는 있을 것이다. 이런 조치를 취하고 나면 그 사람은 부족했던 부분에서 발전할 것이고, 이전보다 약점은 줄어들고 문제도 완화될 것이다. 결과적으로 이 사람은 개선되었다. 하지만 어떤 의미에서의 개선일까? '약점이 덜한' 상태로의 개선이다. 물론 그 사람은 눈에 띄는 발전을 했다. 하지만 평균 이하에서 평균 수준으로 발전한 것에 불과하다. 이제 직원으로서 '관리하기 수월한' 사람이 된 것이다. 당연하다. 예전에는 하루 세 번씩 문제를 야기하던 사람이 이제 사흘에 한 번으로 그 횟수가 줄었으니 말이다. 그 결과 약점에 집중하는 전략을 통해 조직에 발전이 있었으며, 그 전략이 효과가 있다고 평가한다.

● 업무와 강점을 연결시키기

더 심각한 문제는 직원들의 약점과 그 약점을 제거하는 데 너무 집중한 나머지 해당 직원의 강점이 무엇인지, 즉 그 직원이 무엇을 할 수 있는지는 인지하지 못할 가능성이 크다는 사실이다. 직원이 무엇을 할 수 있는지 그의 강점을 파악하는 것은 조직의 첫 번째 의무다. 두 번째 의무는 해당 직원이 할 수 있는 것과 해야 하는 것을 최적화될 수 있도록 해당 직원의 업무를 구성하는 일이다.

이것이 바로 강점 활용의 원칙이 가진 의미이다. 그리고 이 원칙을 적용하기 위해서는 기존에 능력을 발휘하던 분야에 직원을 배치해야 한다. 이것은 효과적이고 성공적이며 유능한 모든 리더에게서 발견할 수 있는 특징이기도 하다. 효과적인 리더들은 사람의 약점에 주목하지 않는다. 아니, 아예 사람들의 약점을 보지 않는 경우도 있다. 약점에는 발전시키거나 성과를 이뤄낼 수 있는 요소가 없기 때문이다. 또한 나는 한 사람의 약점을 바꿀 수 있다는 것에 대해 큰 의구심을 갖고 있기 때문에 다른 사람들의 약점에는 관심을 갖지 않는다. 유능한 리더들은 기존의 강점을 찾아 그것을 활용할 수 있도록 지위와 업무, 직무를 구성할 뿐이다.

경영 이론이나 실무에서는 적응 능력과 유연성에 대한 이야기를 많이 하지만, 사실 이러한 부담은 대부분 사람에게 주어진다. 다시 말해, 변화를 기대하고 요구하는 대상은 조직이 아니라 사람이다. 만일 여기에서 다루는 내용에 따라 조직을 변화시키려고 한다면, 그 실현 가능성은 훨씬 더 낮아질 것이다. 이렇게 되면 오히려 사람과 관계없이 조직을 구성해야 한다는 조직 이론의 원칙이 작동할 것이다.

솔직히 말하자면, 강점 지향의 원칙이 요구하는 바를 실현하는 것은 쉽지 않다. 하지만 매우 효과적이다. 이 원칙을 100퍼센트 적용하지는 못하겠지만 개인의 강점과 그 개인에게 주어지는 업무를 얼마나 일치시킬 수 있느냐에 따라 우리는 두 가지 성과를 얻을 수 있다. 첫째, 짧은 시간 안에 최고의 능률을 이끌어낼 수 있다. 나는 최고의 능률을 올리는 것이 중요하다고 생각하지는 않지만, 그 중요성을 인정한다면, 최고의 능률은 강점이 있는 곳에서만 얻을 수 있다. 약점이 있는 분야에서 최고의 능률을 기대하기는 어렵다.

그리고 첫 번째보다 더욱 중요한 두 번째 성과는 이 원칙을 통해 동기 부여와 관련된 문제가 더 이상 발생하지 않게 할 수 있다는 점이다. 말 그대로 동기 부여의 문제가 사라지는 것이다. 강점이 있고 잘하는 영역에 대해서는 잘해야 한다는 동기 부여가 필요하지 않다. 반면 약점이 있고 부족한 영역에서 성과를 낼 수 있도록 동기를 부여할 방법은 없다는 것이 나의 생각이다. 또한 이로써 직원에 대한 '학대'와 비난의 문제도 해결할 수 있다. 강점을 가지고 있는 분야에서 큰 성과를 요구하는 것은 아무런 문제가 없다. 하지만 약점이 있는 분야에서 성과를 내라고 하는 것은 비인간적인 요구일 뿐만 아니라 '학대'로 여겨질 수도 있다.

사실 비인간성은 누군가에게 약점을 극복하거나 제거하라고 요구하는 것에서부터 시작된다. 약점을 없애는 것 자체가 엄청난 노력이 필요한 과정이기 때문이다. 하지만 이것이 결정적인 문제는 아니다. 문제는 이 같은 노력을 통해 보상을 받을 수 있으리라는 희망을 품게 되지만, 결국 그런 희망이 헛된 것이라는 사실이 드러난다는 데 있다. 약점의 제거를 통해 약점이 사라지는 것은 강점을 갖는 것과 전혀 다른 문제다. 사람들은 약점을 제거함으로써 강점이 생긴다고 생각한다. 하지만 이는 사실이 아니다. 약점의 제거는 말 그대로 약점을 없애는 것일 뿐이다. 교육학적 기준으로 볼 때 외국어에 약점이 없는 사람이 있다고 치자. 그렇다고 그 사람이 문필가로서 혹은 탁월한 번역가로서의 강점을 가지고 있다고 할 수는 없다.

> 66
> 약점이 있는 영역에서
> 큰 성과를 요구하는 것은 비인간적이다.

사실 나는 누군가의 약점에 특별한 강점이 숨어 있을 수도 있지 않느냐는 질문을 자주 받는다. 아마도 그러기를 바라는 마음에서 하는 말일 것이다. 물론 그런 가능성을 완전히 배제할 수는 없다. 하지만 경험적으로 보면 약점 속에서 강점을 발견한다는 것은 지극히 예외적인 경우라고 할 수 있다. 성경에는 사울이 예수를 만나 회개함으로써 바울로 변하는 이야기가 나온다. 하지만 이것은 약점이 강점으로 변할 수 있다는 가능성에 대한 이야기가 아니라, 기적에 대한 이야기다. 물론 이에 대한 의견은 각자 다를 수 있다. 나 또한 기적이 일어날 가능성을 완전히 배제하고 싶지는 않다. 만일 기적이 일어난다면, 그 기적을 활용해야 할 것이다. 하지만 기적에만 의존하는 것은 문제가 있다.

자신의 약점에 대해 잘못된 생각을 가지고 있는 사람도 있다. 즉, 자신이 특정 부분에 약점이 있다고 착각을 하는 것이다. 특히 젊은 시절에는 자신의 강점과 약점이 무엇인지 파악할 수 있는 경험이 많지 않기 때문에 올바른 추측조차 할 수 없고, 희망이나 바람, 환상만으로 자신의 강점이나 약점을 파악하곤 한다. 자신의 실제 능력과 비교할 때 인간의 자기 평가 능력은 의심스러운 수준을 넘어 처참할 지경이다. 많은 교육기관에서 소위 교육적인 진보가 이루어지며 성과를 평가하거나 목표에 대한 성취도를 측정할 수 있는 뚜렷한 기준이 상당 부분 사라져버렸다. 그 결과 사람들의 현실적인 자기 평가 능력이 떨어지는 것은 예상된 일이었다. 그로 인해 사람들은 어쩌면 인생에서 개인의 성공에 가장 중요할지 모르는 개인의 강점과 약점을 평가할 수 있는 능력을 갖추지 못하게 되었고, 때로는 그 중요성조차 깨닫지 못하게 되었다. 그렇기 때문에 자신의 약점이라 생각하는 것이 실은 추측에 불과할 뿐이며, 그 이면에 강점이 존재할 가능성도 배제할 수 없다. 하지만 이것은 약점으로 추정되는 것에 대한 이야기이며, 실제 약점에 해당하는 것은 아니다.

반대의 상황을 가정해보자. 약점을 제거하기 위한 노력의 성과가 대부분 미미한 데 비해 기존의 강점을 강화하는 데 집중하면 훨씬 더 적은 노력으로도 큰 성과를 이루어낼 수 있다. 우리는 이와 같은 사례들을 주기적으로 목격한다. 이미 강점을 가지고 있는 영역에서 성과를 이루는 것이 잘 못하는 영역에서 중간 정도 수준의 성과를 얻는 것보다 수월하다.

기업을 경영하면서 활용해야 할 것이 바로 이런 일반적인 불균형 현상이다. 여기서 잊지 말아야 할 것은 우리가 기업 경영과 조직의 구성원에 대해 이야기하고 있다는 사실이다. 한 개인이 자신의 강점을 활용하기보다는 약점을 제거하는 데 집중하기로 했다면, 그것은 개인의 결정이니 어쩔 수 없다. 하지만 기업이나 조직 경영의 시각에서는 약점보다는 강점에 집중하고, 강점을 관리하고 활용할 것을 제안하고 싶다. 우리가 주목해야 할 약점은 단 하나, 우리의 강점을 온전히 활용하는 데 방해가 되는 약점뿐이다.

● 약점을 무시해야 하는가

그렇다면 강점 지향의 원칙은 약점을 무시하라는 의미일까? 그렇지 않다. 그렇게 생각하는 사람이 있다면 너무 순진한 것이다. 우리는 자신의 약점을 알아야 한다. 하지만 많은 사람들이 생각하는 것처럼 약점을 제거하기 위해서는 아니다. 우리가 약점을 알아야 하는 이유는 특정 분야에 약점을 가진 사람을 그 영역에 투입하는 실수를 범하지 않기 위해서다. 강점에 집중한다는 것은 결코 비현실적이거나 이상적인 것을 의미하지 않는다.

훌륭한 인사 관리, 인적자원과 관련된 모든 것은 원칙적으로 운동선수가 훈련하는 방식과 동일하게 설정하고 구성해야 한다. 어린이나 청소년들을 가르치는 체육교사는 학생들에게 한동안 모든 종목을 테스트해보며 그 과정을 지켜본다. 이와 같은 시범단계를 거치고 나면 교사는 학생들과 개별 상담을 진행한다. 첫 번째 학생에게 "너는 단거리 선수야"라고 말했다면 교사는 앞으로 첫 번째 학생을 단거리 육상선수로 지도할 것이다. 단거리 육상에서는 스타트가 관건이므로, 훈련 프로그램에도 스타트 연습이 꼭 포함될 것이다. 두 번째 학생에게 "너는 단거리 선수보다는 장거리에 적합해. 몇 미터 장거리가 가장 좋을지는 아직 모르지만, 단거리 선수는 아닌 것 같구나"라고 말했다면 이 학생의 훈련 프로그램에는 스타트 연습이 포함되지 않을 것이다. 장거리 육상선수에게 그다지 중요하지 않은 스타트보다는 장거리 달리기에 중요한 요소인 지구력을 기르는 방법과 전략적으로 달리기의 완급을 조절하는 방법을 가르칠 것이다.

그런데 이 과정에서 특정한 형태의 약점 제거 원칙이 적용된다. 이 부분에서 사람들이 오해를 하는 경우가 많다. 훈련을 통해 얻고자 하는 것은 강점을 온전히 발휘하고 활용하는 데 방해가 되는 약점을 제거하는 것일 뿐이며, 결코 그밖에 다른 약점들에 집중하는 것이 아니다. 그래서 단거리 선수의 경우에는 끊임없이 스타트 기술의 약점을 다듬고, 최적화한다. 높이뛰기 선수에게 달리기 연습을 시키거나 수영선수에게 투포환을 던지게 하지 않는다. 운동선수들은 개인이 가진 강점에 따라 선발되며, 자신이 가진 강점을 종목과 일치시킨다. 그렇다고 세부적으로 기술을 완성시키고, 최고의 능률을 끌어내는 과정을 배제하지 않는다.

● 사람을 변화시킬 수 있다는 착각

지금까지 이야기한 것들은 모두 사람의 변화, 무엇보다 개인의 변화에 대한 반대의 의견이었다. 많은 리더들은 사람을 변화시키려고 한다. 물론 그것을 구체적으로 언급하지는 않으며, '자기 계발'이라는 명목으로 추진할 뿐이다. 하지만 결과적으로 이 과정은 개인성을 바꾸려는 시도로 이어지기 마련이다.

이런 시도가 잘못된 데에는 여러 가지 이유가 있지만, 우선 우리에게 개인을 바꿀 자격이 있는지에 대한 윤리적인 문제를 생각해보자. 우리에게는 그럴 자격이 없다. 물론 이것이 그리 중요한 문제가 아니라고 생각하는 사람도 있을 것이다. 하지만 '어느 정도 합리적인 기간 안에 사람이 변한다는 것이 과연 가능한 일일까?'라는 현실적인 문제로 들어가면 관심을 갖지 않을 수 없다.

한 사람이 조직에 직원으로 들어왔다고 가정해보자. 그것도 스무 살이 넘어 서서히 관리자로서의 업무도 책임질 수 있는 30대에 접어들면 인성이나 성격 등은 대부분 이미 고정되어 있다고 볼 수 있다. 어린 시절에는 인격과 성격이 변화될 수 있다는 수많은 심리학자들의 주장은 여전히 의심스럽기는 하지만 받아들인다고 해도, 나이가 들면서 이런 변화는 점점 더 어려워진다. 그리고 30대가 되면 인격이나 성격의 변화는 불가능한 일이나 다름 없다.

> ❝
> 사람을 변화시키는 것은
> 기업 경영에서 다룰 수 있는 문제가 아니다.

물론 사람이 어떤 경우에도 변할 수 없다고 말하는 것은 아니다. 인간은 진정으로 원하면 자신을 변화시킬 수 있다. 하지만 그것은 극히 드문 일이며, 특정한 조건 하에서만 가능하다. 운명이나 압박 그리고 드물긴 해도 깨달음을 통해 변화가 일어날 수 있다. 그러나 평소와 다름없이 생활하고 일하는 한 스스로 변해야 할 이유를 찾는 사람은 소수에 불과하며, 이유를 찾더라도 실제로 자신을 변화시킨다는 것은 매우 어려운 일이다. 물론 어떤 어려움 속에서도 사람을 변화시키는 것을 목표로 하는 직업도 있기는 하지만, 그 성과는 미미한

듯하다.

정치 역시 사람을 변화시키려고 한다. 하지만 역사를 돌아보면 유혈사태로까지 이어진 대형 재난들이 사실상 사람을 변화시키려는 시도에서 시작된 비극이었음을 알 수 있다. 예컨대 과거 중국은 '문화혁명'을 통해 '새로운 인간'을 창조하려 했고, 이는 공산주의 사회였던 구소련도 마찬가지였다. 가톨릭교회 역시 라틴아메리카의 역사에서 이와 같은 시도를 했다. 다시 말해, 사람을 변화시킬 자격이 있다고 여기는 직업군과 기관들이 존재했다. 여기에 대해서는 더 이상의 의견을 덧붙이지 않겠다.

하지만 분명한 사실은 사람을 변화시키는 것은 기업 경영에서 다룰 수 있는 문제가 아니라는 것이다. 원칙적으로 가능하다고 하더라도, 경험적으로 보면 그 효과가 나타나기까지는 너무 오랜 시간이 걸린다. 조직 경영에 주어진 과제는 사람을 있는 그대로 받아들이고, 각자의 강점을 발견하여 그에 맞는 업무를 부여함으로써 성과를 만들어내고 결과를 도출할 수 있게 해주는 것이다. 그 밖에 다른 것들은 윤리적으로도, 경제적으로도 결코 정당화될 수 없다.

● 왜 약점에 집중하는가

그렇다면 대부분의 사람들은 왜 강점이 아닌 약점에 집중할까? 아마도 다음과 같은 몇 가지 이유 때문일 것이다. 첫째, 사람의 강점은 발견하기 어렵지만 약점을 발견하는 것은 비교적 쉽다. 특히 약점은 업무가 진행되는 것을 방해하기 때문에 더 쉽게 눈에 띈다. 누군가의 약점을 발견하는 데에는 특별한 능력이나 경험이 필요하지 않다. 무엇보다 굳이 집중해서 관리하지 않아도 약점은 금세 드러나는 반면, 강점을 발견하는 데에는 고도의 경험과 능력이 필요하다. 무엇보다 강점을 발견하기 위해서는 한 사람을 오랜 시간에 걸쳐 지켜봐야 한다.

두 번째, 학창 시절의 영향 때문이다. 비판하고자 하는 의도는 없지만 학교는 약점을 극복하고 보완하는 데 중점을 두는 기관이다. 학생들이 성인이 되었을 때, 어디에서 일하게 될지 그 누구도 알 수 없다. 따라서 어떤 종류의 직장에서 일하게 되더라도 그곳에서 필요한 최소한의 능력을 갖추게 하는 것이 학교의 목표다. 더 쉽게 설명하자면 오늘날 사회의 구성원이 될 수 있도록 기본적인 읽기와 쓰기, 계산 능력을 갖추도록 하는 것이다.

가령 숫자를 다루는 데 어려움이 있는 학생이 있다면 선생님은 계산 연습을 더 많이 할 수 있도록 격려하여 그 학생의 숫자에 대한 약점을 고쳐주기 위해 노력할 것이다. 여기에는 아무런 문제가 없다.

하지만 학교 교육을 통해 유용한 사람이 될 수는 있어도 유능한 사람이 될 수는 없다. 교과과정에 따라 읽고, 쓰고, 계산을 할 수 있다고 해서 모두가 성공할 수 있는 것은 아니다. 한 사람의 성공, 그리고 그 사람이 가진 효과성은 약점의 부재가 아니라 자신의 강점을 인식하고 그것을 활용하는 데에서 비롯되기 때문이다. 그렇기 때문에 진짜 훌륭한 선생님이라면 학생이 원하든 원하지 않든 그 학생의 약점을 고쳐주기 위해 노력할 것이다. 하지만 일차적으로는 학생들의 강점에 주목할 것이다. 예를 들어 수학을 잘하지는 못하지만 언어에 재능을 보이는 이들에 대해서는 다음과 같이 말할 것이다. "안타깝게도 그 아이는 계산에 재능이 뛰어나지 않아서 교육 목표를 달성하려면 조금 더 공부를 해야 할 것 같습니다. 위대한 수학자가 되기는 힘들겠지만 언어 능력은 탁월합니다. 여기에 주목해서 앞으로 언어 영역에서 재능을 키울 수 있도록 도와주세요."

● 다 빈치와 미켈란젤로에게서 배우는 강점 활용법

'위대하다'라는 단어는 쉽게 남용되고, 그로 인해 진부하고 결과적으로는 아무런 의미 없는 말이 되어버렸다. 소위 위대한 인물이라고 하는 사람들도 원래는 각자의 한계를 지닌 사람들이었다. 이들에게는 눈에 띄는 약점이 많았고, 대부분은 할 줄 아는 게 하나밖에 없었다. 단, 그 하나의 능력이 매우 우수했을 뿐이다.

토마스 만의 경우도 마찬가지다. 글은 잘 썼지만 그 외에는 딱히 잘하는 게 없었다. 다른 작가들의 경우도 별반 다르지 않았다. 파블로 피카소도 그림은 잘 그렸지만, 그 외의 것은 잘하지 못했다. 이것은 거의 대부분의 화가들이 가진 '운명'이기도 했다. 모짜르트 또한 작곡은 잘 했지만 그 외에 강점이라고 알려진 것은 없다. 다른 작곡가들도 대부분 상황은 비슷하다. 특히 모짜르트는 일상생활을 하기에 부적합한 사람이었다. 하지만 모짜르트에게 음악 외에 다른 것을 기대하는 사람은 없었다. 그래서 아무런 문제가 되지 않았던 것이다. 중요한 것은 모짜르트의 강점 덕분에 사람들은 모짜르트의 무능력함에 대해서는 관심을 갖지 않았다는 점이다.

음악, 회화, 조각, 문학, 정치, 학문, 스포츠 등 거의 모든 분야에서 탁월한 성과를 이뤄낸 사람들은 아주 제한된 영역에서 활동하는 경우가 대부분이었고, 주로 한 가지 영역에만 몰두했다. 우리가 아는 저명한 물리학자들은 최고의 실력을 가졌고, 수학자들은 수학에 뛰어났으며, 화학자들은 화학을 잘했다.

물론 다방면에 재능을 가진 팔방미인들도 전혀 없는 것은 아니다. 하지만 그런 사람들은 극히 드물며, 여러 영역에서 탁월한 성과를 만들어낼 만큼 강점이 많은 사람은 소수에 불과하다. 역사적으로 볼 때 여러 분야에서 강점을 발휘한 이들을 30명 정도로 떠올릴 수 있다. 여기에는 율리우스 카이사르Gaius Julius Caesar, 벤저민 프랭클린Benjamin Franklin, 에른스트 호프만Ernst T. A. Wilhelm Hoffmann, 프리드리히 2세Friedrich II, 괴테와 레오나르도 다 빈치 등이 포함된다. 하지만 이들 역시 다양한 분야에서 강점을 가졌던 만큼 자신의 능력에 상응하는 성공을 거뒀다고 말할 수는 없다.

이들에 대해 평가하려는 시도는 대부분 다소 문제가 있는 것으로, 그 내용을 자세하게 다루는 것은 이 장의 목적에 맞지 않는다. 하지만 그 인물들에 대해 간단히만 살펴보자. 카이사르는 실제로 여러 분야에서 위대한 업적을 남긴 인물이었다. 슈타우퍼 왕조의 황제였던 프리드리히 2세를 위대한 인물로 '묘사'했던 모든 문서의 내용이 사실이라면, 그는 정말 위대한 인물이었다. 벤저민 프랭클린은 물론이고 괴테와 레오나르도 다 빈치가 작품을 위해 조금 더 자제를 했다면 더 훌륭한 인물이 되었을 것이라고 나는 확신한다. 괴테는 자신의 '색채론'을 매우 자랑스럽게 여겼고, 이 이론을 통해 아이작 뉴턴과 논쟁을 벌이기도 했다. 하지만 색채론이 그의 업적 중 부끄러운 것임은 변함이 없다. 전기 작가 조지오 바사리Georgio Vasari는 레오나르도다 빈치에 대해 많은 것을 시작했지만 마무리한 것은 거의 없었다고 말했다. 수백 년이 지났지만 나는 바사리의 평가가 여전히 적절하다고 생각한다.

효과성과 관련해서 모범이 될 만한 위대한 인물로는 미켈란젤로를 언급하지 않을 수 없다. 미켈란젤로는 다재재능한 인물이었다. 하지만 자신의 진정한 강점이 조각에 있다는 것을 분명하게 알고 있었던 미켈란젤로는 조각 외의 활동을 최대한 자제했다. 이런 이유에서 그는 1508년 시스티나 예배당의 벽화를 완성한 후 '미켈라니올로, 조각가'라는 이름으로 서명했다. 아마 이 서명은 그 어떤 자료보다 미켈란젤로를 잘 설명해주는 증거일 것이다.

많은 위인들에게도 적용될 수 있는 강점 활용의 원칙은 그들만큼 뛰어나지 않은 사람들에게는 그만큼 더 중요해진다. 성과를 만들고 싶거나 만들어야 하는 사람이라면 자신이 강점을 보이는 분야와 자신이 할 수 있는 것으로 분야를 제한해야 한다. 그렇게 해도 성과를 이뤄내고 성공을 하는 것은 쉽지 않은 일이다.

약점을 축소하거나 극복하기 위해 노력하는 것은 앞으로 살펴볼 몇 가지 예외 사항을 제외하고는 시간 낭비에 불과하다. 약점을 제거하는 데 성공했다 하더라도 그를 위해 기울인 노력이 주관적인 의미에서의 큰 성과라고 여겨질 수는 있을지언정 그것을 객관적인 성과나 능률의 달성이라고 볼 수는 없다.

다시 한 번 말하지만 우리는 지금 기업이나 조직의 경영과 조직 안에 있는 사람들에 대한 이야기를 하고 있다. 이 부분을 지속적으로 언급하는 이유는 이 원칙들이 기업 경영과 관련된 것임을 잊어버린 채 쉽게 개인의 영역에 적용하는 사례들을 계속해서 목격하기 때문이다. 누군가가 '원만한 사람'이 되고자 하는 목표를 정하고 자신의 약점을 극복하기 노력한다면, 그것은 개인이 결정할 몫이다.

● **좋아하는 일이 강점은 아니다**

앞에서 언급한 내용들에 비하면 그리 놀랍지 않지만 그래서 더 비극적인 사실이 하나 있다. 기업 경영에는 사람들이 자신의 강점을 찾을 수 있도록 돕고 장려하는 지원 부서가 많지 않다는 사실이다. 강점 발견을 목표로 운영되는 부서가 있다 하더라도, 방향이 잘못된 경우가 대부분이다.

❝

내가 좋아하는 일이
강점일 것이라는 생각은 착각이다.

이 문제의 원인은 무엇이든 즐거운 마음으로 하면 잘할 수 있다는 일반적인 인식에 있다. 심지어 직업 컨설턴트들이 던지는 기본 질문도 '어떤 일을 하고 싶으신가요?'이다. 아이들에게는 직업 선택에 대한 답을 얻을 수 있을 거라 생각하며 이 질문을 하기도 한다. 사람들도 대부분 이 질문을 너무나도 당연하게 여겨서 의심할 생각조차 하지 않는다. 하지만 이 질문은 잘못된 것이다. 사실 좋아하는 것과 잘하는 것은 아무런 관련이 없기 때문이다.

그렇다면 우리는 왜 이런 생각을 하게 된 것일까? 좋아하지 않는 일과 잘하지 못하는 일 사이에는 분명한 상관관계가 있다. 좋아하지 않는 일을 해서 큰 성과를 내는 경우는 드물기 때문이다. 그 이유는 매우 단순하다. 무언가를 마지못해서 하는 경우 일을 미루게 되고, 깊이 있게 파고들지 않기 때문에 전문 지식이나 경험을 얻을 수 없다. 따라서 즉흥적으로 최소한의 노력을 들여 일정에 맞춰 급히 해치워버리고 만다. 그리고 바로 이 좋아하지 않는 것과 잘하지 못하는 것 사이의 분명한 상관관계 때문에 사람들은 반대로 좋아하는 것과 잘하는 것 사이에도 상관관계가 있을 것이라고 생각한다.

하지만 반대의 상황에서 우리는 전혀 다른 것에 주목하고 전혀 다른 질문을 던져야 한다. 간혹 인과관계가 뒤집힐 때도 있기 때문이다. 다시 말해, 무언가를 잘하기 때문에 좋아할 수도 있다. 이것만으로도 소득이라고 할 수 있다. 하지만 이 또한 결정적인 것은 아니다. 대부분의 사람들의 운명 그리고 성공을 결정짓는 올바른 질문은 다음과 같아야 한다. '어떤 일이 가장 쉽습니까?' 정말로 중요한 상관관계는 쉬운 것과 잘하는 것 사이에 존재한다.

아마도 이를 가장 잘 보여주는 대표적인 인물이 알베르트 아인슈타인일 것이다. 아인슈타인에 대해서는 공부를 못하는 학생이었다고 잘못 알고 있는 이들이 많지만, 그것은 사실이 아니다. 아인슈타인은 물리와 수학에 뛰어난 재능을 보였다. 까다로운 학생이었기 때문에 일부 선생님들과는 갈등을 겪기도 했지만 그것은 공부를 못해서가 아니었다. 아인슈타인에게 물리와 수학은 쉬운 과목이었다. 그래서 별다른 노력 없이도 물리와 수학에서 좋은 점수를 받을 수 있었다. 하지만 아인슈타인이 하고 싶었던 일은 따로 있었다. 아인슈타인의 가슴을 뛰게 하고 열정을 쏟아 부었던 것은 바로 음악, 그중에서도 바이올린이었다. 아인슈타인은 위대한 바이올리니스트가 되기 위해 많은 노력을 기울였다. 하지만 아인슈타인의 바이올린 실력은 평균에도 미치지 못했다. 바이올린 연주에 필요한 조화로운 섬세함이 아인슈타인에게는 없었기 때문이다.

아인슈타인의 사례는 쉬운 일과 잘하는 일 사이의 관계를 잘 보여주고 있다. 어떤 사람이 무엇을 쉬운 일로 여기는지를 보기 위해서는 별다른 노력이 필요하지 않다. 그저 그 사람을 관찰하기만 하면 된다. 하지만 많은 인사 전문가들이 이를 간과하고 있다. 바이올린에 대한 아인슈타인만큼의 열정을 가지고 테니스를 치거나 골프를 치고, 그 밖의 다른 취미를 즐기는 수많은 사람들이 있다. 하지만 대부분은 평균 이상의 주목할 만한 성과를 이루지는 못한다. 그런 활동을 좋아하지만 그 성과는 안쓰러울 정도로 보잘것없다. 다른 한편으로, 자신이 하는 일에서 즐거움을 느끼는 전문가들도 매일 그 일을 반복해서 하다 보면 재미를 느끼는 것에도 한계가 있기 마련이지만, 그들의 실력에는 변함이 없다. 다르게 설명하자면 이들에게는 자신의 일이 쉽기 때문에 잘하기 위해서, 성공하기 위해서 굳이 그 일을 즐겁게 할 필요가 없다. 비행기 조종사나 의사에게는 일의 즐거움이 중요하지 않다. 전문가이기 때문이다. 승객이나 환자들이 이를 궁금해하지도 않는다. 그래서 이런 질문을 던지지도 않는다.

어떤 것이 가장 쉽냐는 질문이 중요한 이유는 첫째, 성공 가능성과의 관계 때문이기도 하지만, 둘째, 상관관계를 잘못 파악하고 있기 때문이기도 하다. 안타깝게도 한 사람이 무엇을 쉽게 할 수 있는지는 잘 드러나지 않는다. 말 그대로 너무 쉬워서 눈에 띄지 않는다. 눈에 띄지 않으니 주목할 필요도 못 느끼고, 활용하려고 하지도 않는다. 그러면서 가장 중요한 것을 간과하고 만다. 한 사람의 강점이기 때문에 상대적으로 쉽고 빠르게 성과를 이룰 수 있을 뿐만 아니라 효과성과 성공을 가능하게 하고, 그 성공을 토대로 충만함과 행복과 의미를 찾을 수 있게 해줄 바로 그 능력을 간과하고 마는 것이다.

> **"**
> 개인의 강점을 활용하면 효과성을 실현하며
> 성공에 이를 수 있다. 그리고 이를 통해
> 행복을 느끼고 의미를 찾게 된다.

강점 지향의 원칙을 간과하거나 무시하는 것은 실제로 비극으로 이어지기도 한다. 때로는 번아웃 증후군으로까지 이어지는 정신적인 스트레스트, 좌절과 공허의 원인이 나는 자신의 강점을 무시하고 간과하기 때문이라고 생각한다. 사람은 쉬운 것과 잘하는 것의 상관관계를 알지 못한 채 바로 그 쉽게 느껴진다는 이유로 자신이 가진 강점을 간과하거나 낮게 평가한다. 동시에 자신이 가진 약점 때문에 고통스러워하고 그것을 고치기 위해 안간힘을 쓴다. 이는 비극이 아닐 수 없다. 더 쉽게 성공할 수 있는 방법이 눈앞에 있는데도 시도조차 하지 않는다. 그리고 정작 애를 쓴 부분에서는 실패를 거둔다.

앞에서 살펴본 첫 번째 원칙을 떠올려보자. 기업이나 조직을 경영하는 데 중요한 것은 결과다. 이 원칙을 설명하면서 나는 일은 즐거위야 한다는 주장에 대해 다시 생각해봐야 할 것들에 대해 이야기했다. 사실 일은 즐거워야 한다는 요구와 개인의 강점을 찾기 위한 질문은 직접적인 관계가 있다. 한쪽에는 '재미가 있고', '즐겁게 하는 일'이 있다면, 다른 한쪽에는 무언가를 잘 다루고, 쉽게 극복하는 능력이 있다. 이러한 관계를 혼동하거나, 절대로 있어서는 안 될 결론을 내리는 실수를 저지르면 결국 모든 것은 비극으로 끝날 것이다. 더욱이 이것이 경영서나 세미나의 주제가 되어버린다면, 모든 것을 파괴하는 잘못된 가르침으로 이어질 것이 분명하다.

● 극복할 수 있는 약점, 극복할 수 없는 약점

강점 지향 원칙의 중요성을 보다 정확하게 알 수 있도록 몇 가지 내용을 좀 더 살펴보자. 특히 우리가 구분해야 할 것들이 있다. 약점으로 보이는 모든 것이 여기에서 이야기하는 의미의 약점이 아닐 수 있기 때문이다. 개인의 약점 중에는 극복할 수 있고 반드시 극복해야만 하는 것이 있다. 우리가 약점이라고 여기는 결함의 유형은 일반적으로 5가지로 분류할 수 있는데, 이 가운데 최소 4가지는 완벽하게 극복할 수 있거나 최소한 개선할 수 있다.

첫 번째는 지식과 학식의 결함이다. 이 결함의 경우 상당 부분은 교육과 학습을 통해 해결할 수 있다. 업무에 영어 회화가 필요하다면 교육을 받으면 된다. 언어적 재능이 전혀 없는 경우라면 뛰어나게 잘하지는 못할 것이다. 발음도 엉망이고, 셰익스피어의 작품을 원서로 읽을 수도 없을 것이다. 하지만 대부분의 경우에는 그럴 필요도 없다. 언어적 재능이 없는 사람도 실용적인 목적으로 얼마든지 외국어

경영의 본질

를 배울 수 있다. 경영학을 전공하지 않았더라도 최소한 조직학, 전략 지식, 회계 사무는 배울 수 있는 것과 같다. 이것을 모르면 기업을 비롯한 여러 조직에서 어려움을 겪을 수 있기 때문이다.

두 번째는 숙련도, 즉 스킬이다. 컴퓨터 키보드를 다루고, 의사일정을 짜고, 보고서를 작성하고, 프레젠테이션을 하는 것은 배울 수 있다. 위대한 연설가까지는 아니더라도 최소한의 수사학적 능력은 얻을 수 있다. 이 또한 오늘날의 조직에서 일반적으로 요구하는 것들이다. 현대 사회에서 살고 있다면 자동차경주 선수가 되지는 못할지언정 최소한 운전 정도는 배워두어야 하는 것과 같다.

세 번째, 다른 과제와 다른 전문 영역에 대한 이해와 통찰은 어느 정도 수준까지는 도달할 수 있다. 제약 업계에 종사하는 생화학자들은 광고나 홍보와는 관련이 없는 삶을 살아왔다고 하더라도 마케팅 전문가가 필요하다는 사실을 받아들여야 한다. 결과적으로 제약 산업에도 마케팅은 필요하기 때문이다. 인적자원 관리 전문가들 역시 기업에는 특정한 목표를 위해 수치가 필요하다는 것을 깨달아야 한다. 내키지 않을 수도 있고 회계 담당자가 의심의 눈초리로 바라볼 수도 있겠지만, 결산 내역도 살펴봐야 한다. 하지만 이를 통해 우리는 상호 인정과 존중의 기점이 될 수 있는 최소한의 이해를 얻게 될 것이다.

그리고 마지막으로 네 번째, 약점인 것처럼 보이는 대부분의 특징들은 약점이기라보다는 안 좋은 습관에 불과할 때가 많다. 이런 경우에도 어느 정도 극복할 수 있다. 만성적인 지각 습관, 허점이 많은 일처리, 부주의, 일을 끝내지 못하는 버릇 등이 여기에 속한다.

이제 극복할 수 없거나 극복하기 어려운 약점을 살펴보자. 예를 들어 다른 사람들과 지속적으로 갈등을 겪는 사람들이 있다. 사람들과 원만히 지내지 못하는 유형의 사람들이다. 이런 특성은 아무리 훈련을 시켜도 큰 변화를 기대하기가 힘든 약점이기도 하다. 전형적인 외톨이를 훌륭한 팀 플레이어로 만들 수 있는 방법은 없다. 다만 이러한 사람에게 주로 혼자 처리해야 할 일이 많은 업무를 맡긴다면 문제는 없다. 요즘 같은 시대에는 팀 플레이를 해야 하며, 이제 혼자 할 수 있는 일이 없다는 주장은 세련되어 보일 수 있고, 시대정신에 부합할지는 모르겠지만 잘못된 생각이다. 오히려 이것은 특정 주장을 심사숙고하지 않고, 무비판적으로 수용한 간접적인 증거일 뿐이다.

> **❝**
> 그 어떤 사람도 똑같지 않으며,
> 그 어떤 사람도 똑같이 일하지 않는다.

또한 이것은 실무를 잘 알지 못해서 나오는 이야기일 때가 많다. 팀에서 일할 때의 능력이 탁월해서, 또 그렇기 때문에 팀을 필요로 하지만 혼자서 일할 때는 무력한 사람들도 있기 때문이다. 반면 팀워크를 최고의 능률과 생산성을 이끌어낼 수 있는 가장 좋은 방법으로 여기지 않는 사람들도 있다. 이들은 팀을 이루어 일을 진행하는 것을 번거롭고, 진행이 더디며, 비생산적이고, 답답하다고 생각한다. 이들의 경우 필요할 때는 팀의 규칙을 따르긴 하지만 팀으로 작업할 때 좋은 성과를 내지는 못한다. 반면, 혼자 집중해서 다른 사람의 눈치를 보지 않고 문제를 처리할 때는 탁월한 성과를 낸다.

머릿속에서 문제를 이겨내고, 해법을 구상하는 데 강점을 가진 사람, 즉 분석적이고 계획적인 유형의 사람들은 결코 실천에 강점을 가진 효과적인 창조자 유형의 사람으로 변할 수 없다. 조직에는 두 가지 유형이 모두 필요하다. 하지만 한 사람에게 이 두 가지 특징을 기대하긴 어렵다. 그런 경우가 드물기 때문이다. 어떤 사람은 인간관계에는 전혀 문제가 없지만, 평생 숫자와 관련된 업무에서 어려움을 겪는다. 반면 숫자와는 친한데 그 외에는 다른 어떤 대상, 특히 사람과는 관계를 잘 맺지 못하는 사람도 있다. 효과적으로 일하기 위해 알고리즘에 가까운 체계적인 작업 방식을 필요로 하는 사람이 있는가 하면, 이를 숨막히는 일이라 느끼는 사람도 있을 것이다.

성경에는 신이 인간을 창조했다고 적혀 있다. 하지만 그렇지 않다. 다윈이나 진화론이 옳다는 것이 아니다. 이것은 또 다른 주제다. 다만, 창조론이든 진화론이든, 이를 통해 생겨난 것은 개인이다. 같은 사람은 하나도 없고, 같은 방식으로 일하는 사람 역시 하나도 없다. 같은 방식으로 성과를 내는 사람도 없다. 여기에서 말하는 가장 중요한 유형의 약점 즉, 절대로 극복할 수 없는 약점은 인격, 성격, 성향과 관련된 것이다. 모두 다 모호하고, 생각보다 많은 연구가 이루어지지 않은 영역이기도 하다. 다행인 것인 이것이 조직이나 기업에서 결정적인 영향을 미치지는 않는다는 사실이다.

● **최고 능률의 두 가지 원천**

리더가 바로 이 네 번째 원칙을 받아들이고, 적용하면 고질적인 것으로 여겨졌던 많은 문제들이 해결될 수 있다. 하지만 이 원칙을 따르지 않는다면 아무리 노력해도 그 문제들은 해결되지 않을 것이다.

하지만 이 원칙을 따르면 그 이상의 효과가 나타난다. 이전에는 달성하지 못할 것이라고 여겼던 수준의 성과들이 갑자기 가능해지는 것이다. 무엇보다 어떻게 해야 목표했던 성과를 달성할 수 있는지가 눈에 보이기 시작할 것이다. 실제로 큰 성과를 달성하게 된 과정을 따라가다 보면 두 가지 특징을 발견할 수 있다. 첫째는 각 개인의 강점을 명확하게 파악하고 있다는 것이고, 두 번째는 각자가 강점을 가지고 있는 부분에 타협 없는 집중을 한 것이다. 다시 말해, 최고의 성과는 세 번째 원칙과 네 번째 원칙의 조합으로 탄생하는 것이다.

> 66
> 최고 성과는 개인의 강점이 타협 없이
> 활용되었을 때 이룰 수 있다.

결과를 만들어내고 싶은가? 그렇다면 강점을 활용해야 한다. 그리고 강점을 활용하려면 수많은 큰 약점들을 감수해야 한다. 약점을 극복하는 것과는 다른 의미에서 약점을 상쇄할 수 있도록 노력해야 한다. 말하자면 약점을 무의미하게 만들어야 한다. 이것이 조직 구조의 목적이다. 조직을 통해 달성할 수 있는 성과가 무엇이든, 조직의 첫번째 기능은 강점을 투입하고, 약점을 무의미하게 만드는 것에 있다. 이것은 모든 조직의 가장 하위 단위인 팀에도 적용된다.

이해를 돕기 위해 조금 더 설명을 해보자. 만일 어떤 조직이 "밀러 씨는 뛰어난 변속기 설계자지. 하지만 협조적이지 않아서 팀 작업이 불가능해. 동기도 없고…. 우리는 밀러 씨와 같이 일하고 싶지 않아"라고 말할 수 있는 문화적 특징을 가지고 있다고 생각해보자. 만약 조직 내에 이런 생각이 지배적이라면 문제가 있다. 좋은 기업 경영에 반하는 근본적인 오류를 범한 것이기 때문이다. 이런 경우 다음과 같이 말할 수 있어야 한다. "밀러 씨는 어려운 사람이고 협조적이지도 않지. 팀 작업 능력도 없고, 동기도 없어. 하지만 밀러 씨는 뛰어난 변속기 설계자잖아. 리더로서 나는 밀러 씨가 밤낮없이 변속기를 설계할 수 있도록 조치할 책임이 있어. 밀러 씨가 주변 사람들과 어울리지 못한다면 내가 대신 해결해야지. 밀러 씨가 유쾌한 사람이라서 월급을 받는 건 아니잖아. 밀러 씨가 월급을 받는 이유는 하나야. 밀러 씨의 변속기 설계로 우리가 경쟁사보다 3년 정도 더 앞서가게 하겠어."

강점을 활용해야 한다는 원칙에는 중요한 예외가 하나 있다. 이 부분에 대해서는 효과적인 경영을 위한 다섯 번째 원칙과 관련해서 자세히 살펴보기로 하자.

8

원칙 5_신뢰

"
중요한 것은 상호 신뢰다.

다섯 번째 원칙인 신뢰는 동기 부여 그리고 조직 문화와 직접적인 관련이 있다. 하지만 이 원칙은 동기 부여와 조직 문화에 대한 기존의 인식을 반박하는 것에 가깝다. 아니, 오히려 그 이상이다. 상호 신뢰의 원칙을 통해 그동안 얼마나 많은 사람들이 동기 부여에 집중하느라 이와는 비교할 수도 없을 만큼 중요한 신뢰의 문제를 간과하는 오류를 범하고 있었는지 드러날 것이기 때문이다.[39]

나는 1980년대 초반부터 신뢰라는 주제에 주목했다. 다음과 같은 의문 때문이었다. 많은 사람들에게 알려진 경영 이론을 기준으로 봤을 때, 어떤 리더가 대부분의 일을 제대로 처리하지 못하면서도 부서 안에서는 좋은 상황과 문화, 분위기를 조성한다면, 이것을 어떻게 설명해야 할까? 이와 반대로 모든 것을 잘하고, 모든 동기 부여 이론들을 숙지하고 따르는데도 부서나 주변 분위기는 좋지 않고 형편없는 문화를 조성하는 리더에 대해서는 또 어떻게 설명해야 할까?

이 질문에 대한 답을 깊이 파헤칠 때마다 나는 언제나 같은 지점에 이르렀다. 이 수수께끼의 해답은 언제나 '신뢰'였다. 리더가 주변 환경으로부터, 직원으로부터, 동료들로부터 신뢰를 얻고 유지하는 한 기업 문화도 근본적으로 문제가 없었다. 반면 신뢰의 기반이 없으면 기업 문화와 동기 부여를 위한 모든 노력은 수포로 돌아갔다. 심지어 기대하는 것과는 정반대되는 상황이 나타나는 경우도 적지 않았다. 신뢰가 없으면 직원들은 이러한 대책들이 진정성이 없으며, 조작이라고 여기거나, 특히 정교한 형태의 경멸적 언행으로 받아들이는 경우가 많기 때문이다.

이런 깨달음을 통해 나는 조직에서 궁극적으로 중요한 것은 상호 신뢰라는 다섯 번째 원칙을 도출했다. 무엇보다 중요한 것은 신뢰이며, 조직에서 자주 언급되고 또 요구되는 동기 부여나 관리 방식, 일반적인 형태의 기업 문화가 결코 아니다.

이상한 점은 조직 내 신뢰에 대해서만큼은 관련 연구나 저서를 찾아보기가 쉽지 않다는 것이다.[40] 신뢰에 비하면 상대적으로 중요성이 떨어지는 조직 문화의 여러 측면들에 대한 연구만 해도 그보다 몇 배는 많다. 아무래도 인문학이 이 문제를 간과한 것 같은 모양새다. 지금까지 이 분야에서 출간된 전통적인 동기 부여 및 기업 문화 관련 저서들은 이 주제를 잘 다루지 않고 있고, 아예 누락되어 있는 경우가 대부분이다.[41] 신뢰의 중요성을 언급하는 일부 저서들도 이를 아주 소심하게 다루고 있어서, 내용이 부실하고 결국 실무에는 적용할 수 없는 형이상학적 영역에 그치는 것이 현실이다.

조직 내 신뢰라는 주제는 1990년대 중반이 되어서야 주로 미국에서 집중적으로 다뤄지기 시작했는데, 흔히 그렇듯 급격한 유행으로 번지며 그 내용과 질이 형편없게 되어버렸다. 그다음 단계는 불 보듯 뻔했다. 이러한 저서들은 전 세계적으로 모호하게 번역되어 무비판적으로 채택되어버린 것이다. '조직 내 신뢰'를 주제로 글을 쓰는 사람은 갈수록 많아졌지만, 기업 내 신뢰의 문제를 해결하거나 신뢰를 구축하는 데 도움을 주기보다는 유행의 중심에 있는 경영 분야의 주제를 선점하려는 의도가 먼저였다.

이러한 책들의 대부분은 1부에서 다룬 심리학의 범주를 벗어나지 못하고 오해를 낳기 시작했다. 하지만 사실 신뢰는 심리학은 물론이고 신뢰나 불신에 따른 감정 상태와도 아무런 관련이 없다(감정이란 것은 사실상 모든 것에 당연히 따라오는 것이 아닌가).

여기서 짚고 넘어가야 할 것이 있다. 나는 신뢰가 동기 부여의 자리를 차지해야 한다거나, 그럴 수 있다고 주장하는 것이 아니다. 신뢰는 동기 부여를 대체하는 것이 아니다. 상호 신뢰가 있는 곳에서는 대부분 특별한 조치 없이도 자연스럽게 동기를 부여할 수 있다. 하지만 신뢰가 없으면 동기 부여를 위해 많은 노력을 해야 한다. 물론 그렇게 해도 동기 부여를 이끌어내기는 쉽지 않다.

나의 주장은 단순하다. 신뢰가 없으면 동기 부여도 없으며, 불신은 동기 부여의 장애물이라는 것이다. 다시 말해, 신뢰는 동기 부여의 전제조건, 다시 말해 일종의 촉매제라고 할 수 있다.

● 견고한 리더십

만일 주변의 신뢰를 얻고 유지하는 리더가 있다면, 그 리더는 견고한 리더십이라는 아주 중요한 성과를 거두었다고 할 수 있다. 여기서 의미하는 것은 연약한 것의 반대 개념으로서의 견고한 것 그리고 민감한 것의 반대 개념으로서의 감당 가능한 것이라고 할 수 있다. 무엇으로부터 견고하다는 것일까? 최선의 노력을 다하고, 모든 훈련을 거치고, 모든 능력을 투입했는데도 계속해서 발생하는 수많은 리더십의 오류들에 대해 견고하다는 뜻이다. 안타깝지만 실제 현장에서의 리더들은 인간관계에 그리 민감하지 않다. 특히 인간관계 학교에서 교육을 받은 전문가들의 기대와 다른 현상이 나타나고 있다. 그리고 사실 이는 모든 유형의 조직에 해당되는 문제라고 이야기해도 과언이 아니다. 그리고 나는 이것이 리더가 남자냐, 여자냐와는 상관없이 나타나는 현상이라고 생각한다. 리더 또한 다른 모든 사람과 마찬가지로 오류를 범하는 사람일 뿐이다. 그런데 이 사실을 인정하기 어려워하는 사람들이 많은 것 같다. 앞으로도 큰 변화는 없을 것이라는 사실에 대해서는 더더욱 그러하다.

그래서 리더가 오류를 범하느냐 아니냐는 그리 중요한 문제가 아니다. 그런 오류는 분주한 일상 가운데 정신없이 일을 하면서 어쩌다 발생하는 것일 뿐이다. 이보다 더 중요한 것은 그 오류가 얼마나 심각하고 중요하며, 얼마나 막대한 영향을 미치는지의 문제다.

신뢰를 바탕으로 한 리더십은 이와 같은 리더십의 오류를 견디고 감당할 수 있을 만큼 견고하다. 직원들이 간혹 투덜거릴 수는 있지만 어려운 상황에서 리더를 믿어도 된다는 확신을 갖고 있기 때문이다.

신뢰가 있다고 해서 그 조직이 매일 같이 환희와 기쁨으로 넘치는 것은 아니다. 이러한 조직에도 불화는 있고, 불만족과 갈등이 존재한다. 하지만 신뢰가 바탕에 깔려 있는 한, 갈등이나 마찰이 발생하는 것 자체는 문제가 되지 않는다.

한편, 나는 신뢰가 중요한 또 다른 형태의 인간 상호작용이 있다고 생각한다. 가령 결혼과 우정 같은 상호작용도 있다. 원만한 결혼생활에도, 원만한 우정 관계에도 갈등과 어려움이 있다. 하지만 부부나 친구 간에 얼마나 신뢰가 형성되어 있는지에 따라 그런 갈등을 해결하고 견딜 수 있는지가 결정된다. 결혼과 우정의 바탕이 되는 신뢰는 모든 것을 견딜 수 있을 정도로 견고한 것이다.

● 신뢰는 어떻게 형성되는가?

경영학에서는 오랜 기간동안 신뢰라는 요소를 간과해왔고, 그런 까닭에 신뢰를 형성하는 방법에 대해서는 알려진 것이 많지 않다. 그래서 이 책에서 다룰 수 있는 것도 몇 가지밖에 되지 않는다. 이장에서 소개할 방법들 가운데 일부는 지속적으로 신뢰를 무너뜨릴수 있기 때문에 반드시 피해야 할 오류에 대한 참고 사항이기도 하다. 사실 이것만으로도 큰 의미가 있다. 대부분의 리더들은 처음부터 어느 정도는 직원들의 신뢰를 받고 시작하기 때문이다.

실수를 인정하는 리더가 신뢰를 얻는다

평생 실수를 인정하는 법을 모르는 사람들이 있다. 이런 사람들이 리더십을 갖게 되면, 안타깝게도 이들은 자신에게 주어진 권력과 수단을 이용해 자신의 실수를 직원에게 떠넘기거나 은폐하고, 어떻게 해서든 정교한 웅변술로 넘기며 직원 탓을 한다. 물론 직원들이 이를 모를 리 없다.

리더가 자신의 실수를 인정하지 않으면 이 사실이 즉각 드러나지는 않는다. 그러다 리더가 계속해서 이 방법을 사용하면 언젠가는 제일 둔한 직원이라도 상황이 어떻게 돌아가는지를 파악하기 마련이다. 사람들은 일반적으로 실패를 감추려는 성향을 가지고 있다. 그런 마당에 이따금 리더의 잘못을 뒤집어쓰는 데서 그치지 않고 체계적으로 이길 수 없는 원칙까지 부당하게 적용된다면 이를 누가 받아들이겠는가. 이는 정의와 관련된 문제이기도 하다. 물론 조직에서는 정의보다는 신뢰가 더 중요하다고 생각하기 때문에 이 부분에 대해서는 별도로 다루지 않을 것이다.

리더가 매번 자신에게 유리한 쪽으로 규칙을 바꾸는 바람에 누군가가 언제나 예외 없이 부당함을 겪어야 한다면 결과는 뻔할 것이다. 좋은 직원들 그리고 선택지가 있는 직원들은 조직을 떠날 것이다. 나이가 많아서 이직조차 하지 못하고 다른 대안이 없는 직원들이라면, 실제로 회사를 떠나지는 못하겠지만 마음으로는 퇴사를 하고 말 것이다. 물리적으로는 회사에 존재하지만 과제를 위해서가 아니라 그저 월급을 받기 위해서 일을 하는 것이다. 이렇게 되면 조직에는 함께 경기를 뛸 '동료 선수'는 없고, '관중'만 가득할 것이다. 조직 내 신뢰가 회복 불가능할 정도로 손상되는 것이다. 이를 통해 우리는 몇 가지 단순한 규칙들을 도출할 수 있다.

- 직원의 실수는 리더의 실수이기도 하다. 최소한 대외적으로는, 상급자들에게 보고할 때는 그러하다. 직원을 보호해주지 않는 리더는 직원들에게서 신뢰를 받을 수 없다. 한 번 더 강조하지만, 대외적으로 상급자들에게 보고할 때에만 직원의 실수는 곧 리더의 실수가 된다. 하지만 내부적으로는 그렇지 않다. 직원이 실수를 했다면 내부적으로는 해당 직원에게 그것을 알려주고, 해당 직원은 그 실수를 시정해야 한다. 그 과정에서는 거친 비판이 있을 수도 있고, 경우에 따라서는 제재가 이루어질 수도 있다. 하지만 대외적으로나 상급자들 앞에서는 리더의 대의와 보호를 신뢰할 수 있어야 한다.
- 리더의 실수는 리더의 실수다. 그리고 여기에는 예외란 없다. 리더는 실수를 인정할 수 있어야 하고, 이러한 용기가 없다면 배워야 한다. 자신의 실수를 시정하는 과정에서 직원들에게 도움을 요청할 수는 있다. 하지만 자신의 실수를 직원들의 탓으로 돌려서는 안 된다. 그것은 신뢰의 기초를 무너뜨리는 일이다.

이 규칙은 다음과 같이 확장할 수 있다.

- 직원의 성공은 직원의 '소유'다. 리더는 '다른 사람의 공'을 자신에게로 가져와서는 안 된다.
- 자신이 혼자 이뤄낸 성공은 자신의 것으로 주장할 수 있다. 하지만 좋은 관리자, 특히 리더는 이때도 "우리가 함께 이루어냈습니다"라고 말한다.

이러한 규칙들이 다소 이상적으로 들릴지 모르겠다. 하지만 좋은 리더들은 이러한 규칙에 따라 행동한다. 직원들에게 받는 신뢰가 자신의 이미지보다 더 중요하다는 것을 알기 때문이다. 물론 정확하게 이와 반대되는 행동을 하면서 더 높은 자리에까지 오른 사람들도 있다는 것은 나도 잘 알고 있다. 이를 통해 얄팍한 커리어를 쌓았을 수는 있다. 하지만 이런 리더들은 결코 주변의 신뢰를 얻지 못할 것이다. 이들은 신뢰가 형성된 환경에만 존재하는 정보에는 접근조차 하지 못할 것이다. 그리고 장기적인 관점에서 재난에 가까운 피해를 야기할 것이다.

직원들의 이야기를 경청하라

일반적으로 리더는 시간이 많지 않다. 하지만 직원들을 위해 10분이라도 시간을 낼 수 있다면 그 10분 동안 직원들의 이야기를 주의 깊게 듣는 데 집중해야 한다. 하지만 리더라고 해서 특별히 인내심이 강한 것은 아니다. 직원의 말을 경청하는 것이 매우 어려울 수도 있다. 그래서 좋은 리더들은 경청을 하기 위해 노력한다. 직원들에게 요약해서 말하라고 할 수는 있다. 하지만 직원들이 하고 싶은 말, 특히 리더에게 하고 싶은 말을 무시하면서 신뢰를 잃지 않는 방법이란 없다.

리더의 역할을 하지 말고, 리더의 업무를 해라

좋은 리더들은 직원들 앞에서 U를 X인 척하지 않는다. 어차피 오래 지속되지 못할 '역할'을 연기하려고 하지 않는 것이다. 그래서 자신의 리더십 스타일에도 크게 신경 쓰지 않는다. 또한 이들은 진실하며, 모든 '측면'에서 신뢰할 만하다. 자신의 실수를 인정할 뿐만 아니라 자신의 인격 또한 받아들인다. 이는 발전을 할 수 없고, 이를 위해 노력하지 않는다는 의미가 아니다. 이것이 바로 내가 리더의 '역할'이 중요하다고 주장하는 기업 경영과 관련 문헌들을 지지하지 않는 이유다. 사회학에는 역할이라는 개념이 있고, 해당 분야에서는 이것이 유용하다는 사실을 인정한다. 하지만 역할이라는 표현은 기업 경영이라는 목적에는 부합하지 않는다. 역할이란 연극이나 영화에서 배우들이 연기를 통해 표현하는 것이다. 우리는 사회학자가 아니기 때문에 일상에서 역할이라는 말을 들으면 사회학적 개념으로서의 역할이 아니라 배우들의 연기를 떠올린다. 배우의 역할은 진짜가 아닌 것을 대표하는 사례이다. 연기를 하는 것일 뿐, 실제가 아니다. 어린아이들도 연기와 실제는 다르다는 것을 미세하게 인지한다. TV에서 상영하는 영화에 푹 빠져 있다가도 영화가 끝나고 나면 그것이 단지 영화일 뿐이고, 배우들이 연기를 한 것이라는 사실을 분명하게 인식한다. 사회학자인 나의 동료들은 나에게 이런 말을 할 때가 있다. "하지만 너도 집에서는 아빠 역할을 하잖아!" 여기에 대한 나의 대답은 이러하다. "아니, 바로 그게 아니라는 거야! 나는 아빠라는 과제를 수행하지. 최선을 다해서 말이야. 그리고 그건 역할을 하는 것보다 훨씬 더 진솔한 거야." 리더들은 역할을 할 것이 아니라 과제를 수행해야 한다.

리더십 스타일보다는 성과를 내는 것이 중요하다

'역할'과 관련해 앞에서 언급한 내용은 리더십 스타일과도 관련이 있다. 제목만 봐도 이것이 기존의 지배적인 생각과 정반대되는 주장이

경영의 본질

라는 것을 알 수 있다. 리더들 그리고 특히 매니지먼트 트레이너들의 대부분은 리더십 스타일은 매우 중요하며, 특정한 리더십 스타일, 즉 협조적인 태도만을 정답이라고 여긴다.

나 또한 10년 정도는 어떤 리더십 스타일을 가졌느냐가 매우 중요하다고 생각했다. 하지만 이제는 그렇지 않다. 리더십 스타일이 어떤지는 현실적으로 결코 중요하지 않다. 중요하다고 해도 이렇게나 많은 저서와 연구들을 통해 강조할 만큼은 아니다. 그 이유는 다음과 같다.

첫째, 인위적인 게임 혹은 실험의 상황을 제외하면 리더십 스타일과 결과 사이에는 아무런 관련이 없다. 만일 한편으로는 권위주의적인 리더십과 협조적인 리더십을 구분하고, 또 다른 한편으로는 좋은 결과와 나쁜 결과를 구분한다고 생각해보자. 이 경우 다음과 같은 현상이 나타난다.

- 협조적인 리더십을 가지고 뛰어난 결과까지 만들어내는 리더들이 있다. 멋진 일이다. 그리고 조직이라면 이러한 리더를 최대한 많이 갖고 싶어 할 것이다.
- 반면 아주 협조적인 리더십을 가졌지만 성과는 없는 리더들이 있다. 친절하고, 편하고, 더 나아가 호의적인 사람인 것은 맞지만 효과성이 없다.
- 물론 성과를 내지 못하는 권위적인 리더들도 있다. 그야말로 조직에 재난을 불러일으키는 존재다. 이런 리더와는 하루빨리 이별해야 한다.
- 지시적이고, 권위적이지만 뛰어난 성과를 만들어내는 리더들도 있다.

첫 번째와 세 번째의 경우에는 정답이 확실하다. 첫 번째에 해당하는 리더라면 감사한 마음으로 함께 일해야 하고, 세 번째 유형의 리더라면 얼른 벗어나야 한다. 문제는 두 번째와 네 번째 유형이다. 리더십 스타일을 우선으로 할지, 성과를 우선으로 할지를 결정해야 하기 때문이다. 불편할 수 있고 이따금 가혹한 상황이 발생할 수는 있겠지만, 그래도 나는 성과를 우선으로 여겨야 한다고 생각한다. 앞에서도 말했지만 경영이란 결과 지향적 직업이기 때문이다. 하지만 단순히 특정 리더십 스타일에 대한 선호만으로 성과를 만들어낼 수 있는 사람을 포기하는 것은 유감스러운 일이다. 성과를 만들어낼 수 있는 사람은 결코 많지 않기 때문이다.

이와 관련해 나는 특정 매니지먼트 세미나에서 진행하는 역할극이나 연습 상황에 넘어가지 말라고 말하고 싶다. 리더들을 '교육'하기 위한 목적의 세미나에는 협조적인 태도가 언제나 좋은 결과를 가져오고, 지시적인 태도는 결과와 아무런 관계가 없음을 증명하려고 노력한다. 정확한 설정과 명확하게 정의된 조건에서는 이러한 훈련이 인상적이고 설득력이 있을 수 있다. 하지만 유감스럽게도 이것과 반대되는 상황을 증명할 수 있는 다른 훈련들을 진행하는 경우는 없다. 그 이유는 협조적인 리더십 스타일 이론에 심취한 나머지 그 이론에 의문을 갖지 않는 매니지먼트 강사들이 많기 때문이고, 또 다른 이유는 효과적인 매니지먼트에 대한 교육이 아니라 특정 이데올로기에 대한 설득이 중심에 있기 때문이다.

오해를 막기 위해 덧붙이자면, 협조적인 리더가 편하고 이들에게 호감이 가는 것은 나 역시 마찬가지다. 더 나아가 나도 그런 사람들과 일하고 싶다. 하지만 기업이나 조직의 경영에서 중요한 것은 편안함이나 호감이 아니라 효과성과 정확성이다.

물론 권위주의적 리더십을 가진 이들이 잘못을 저지를 수 있다는 것은 인정한다. 하지만 협조적인 리더십을 가진 이들 또한 잘못을 저지를 수 있는 것은 마찬가지다. 권위주의적이더라도 결과가 좋은 편이 협조적이지만 결과가 나쁜 것보다 낫다. 물론 이런 주장을 기꺼이 인정하는 사람은 거의 없고, 따라서 거센 비난의 대상이 될 때도 많다. 하지만 이것은 내가 수 천 명의 리더들을 경험한 끝에 배운 내용이다.

리더십 스타일이 그리 중요하지 않다고 주장하는 두 번째 이유는 사실상 '리더십 스타일'이라고 이해할 수 있는 것 가운데 90퍼센트는 매니지먼트 관련 저서나 세미나에서 교육하는 '리더십 스타일'과는 완전히 다른 것이기 때문이다(나는 아직까지도 '리더십 스타일'이라는 개념은 상당히 불명확하다고 생각한다). 중요한 것은 학습을 통해 다듬어진 '스타일'이 아니다. 정말로 중요한 것은 이보다 훨씬 단순하다. 최소한의 기본적인 예의이기 때문이다. 내가 여기서 말하고자 하는 것은 훈련된 예의상의 관습이 아니라, 좋은 태도의 기본적인 전제가 되는 예의, 함께 살고 함께 일하는 것을 수월하게 만들어줄 수 있는 기본적인 예의를 의미한다.

하지만 오늘날 모든 사람들이 이 정도 수준의 예의를 갖춘 것 같지는 않다. 따라서 예의가 없는 사람에게는 이를 가르쳐주어야 한다. 이런 예의를 가르치기 위해 세미나까지 열 필요는 없다. 그냥 요구하면 되는 일이다. 버릇없는 태도 역시 눈감아주어서는 안 된다. 조직에서의 예의는 연료도, 에너지도 아니지만 공생과 협력을 가능하게 하는 '윤활유'이기 때문이다.

물리학의 법칙에 따르면 고체가 고체와 만나면 자연스럽게 마찰이 발생한다. 그렇다면 조직이란 은유적인 의미에서 고체와 고체, 즉 사람과 사람이 만나는 장소라고 할 수 있다. 마찰 혹은 갈등은 바로 사람들 사이의 접촉 그리고 조화를 이루기 불가능한 것처럼 보이는 개인의 차이에서 발생한다. 아무리 잘 설계된 모터라고 해도, 매끄럽게 작동하기 위해서는 윤활유가 필요하다. 하물며 모터처럼 잘 '설계되어' 있지도 않은 조직에서 더 많은 '윤활유'가 필요한 것은 당연한 일이다. 예의 없는 사람을 이따금 참아주는 것은 필요하다. 하지만 절대로 존중해서는 안 된다.

이 책에서 말하는 의미의 예의는 에티켓이나 의전과는 아무런 상관이 없다. 이것은 조직에서도 중요한 요소다. 그러므로 높은 자리에 오르기를 원한다면, 사람들 사이에서 지켜야 할 기본적인 예의를 배울 필요가 있다. 내가 이야기하는 예의란 사람을 대할 때의 문명화된 태도의 기본 요소로(심지어 나는 '교양 있는'이라는 표현도 쓰지 않았다), 자신의 감정을 주변 사람들에게 풀지 않고, 누군가에게 말할 때는 상대가 말을 마칠 때까지 기다리며, 사람들의 약점을 비판하며 괴롭히지 않고, 다른 사람을 조롱하거나 '비난'하지 않는 것과 같은 말 그대로 기본적인 것이다.

정직은 신뢰를 얻는 지름길이다

정직함에 대한 이야기는 어쩌면 지금까지 언급한 내용보다 더 중요한 것일지도 모른다. 이 역시 매니지먼트 교육 과정의 핵심 주제에서는 벗어나는 것이지만, 그럼에도 정직함이 중요하다는 것에는 모두가 동의할 것이다. 그런데 과연 정직함이란 무엇일까? 이와 관련한 저서들도 있지만, 정직성을 주제로 한 글들은 대부분 두리뭉실하거나 어둡고 은유적인 경우가 대부분이다. 게다가 복잡하기까지하다. 하지만 정직성에 대한 모든 철학을 속속들이 파헤치다 보면 우리는 아주 단순한 핵심을 만나게 된다. 바로 정직하게 말하고, 정직하게 행동해야 한다는 것이다.

이때 결정적인 것은 일관성과 예측 가능성이다. 신뢰라고 하면 대부분의 사람들은 일반적이고, 다소 불분명한 감정 또는 두려워할 필요가 없는 감정을 떠올린다. 물론 신뢰와 불신은 감정과도 관련이 있다. 하지만 기업 경영에서는 감정으로서의 신뢰를 기준점으로 삼아서는 안 된다. 경영에서의 신뢰란 리더에 대한 예측 가능성과 믿음이 중심이 되어야 한다. 상사와 동료, 직원들은 리더와 동료들을 어떻게 대해야 하는지를 알고 있어야 하며, 그런 지식을 신뢰할 수 있어야 한다. 따라서 조직에는 신뢰할 수 있는 행동 규칙이 있어야 하고, 조직에서의 말과 표현 역시 유효하고 신뢰할 수 있어야 한다.

바로 이 지점에서 많은 사람들이 오해를 하는 것 같다. 여기에서 '정직하게 말한다'라는 것은 자신의 진심을 있는 그대로 다 말하라는 의미가 아니다. 그런 생각을 가지고 있다면 너무 어리석은 것이다. 리더에게는 상황에 따라 특정 사안을 지금 이 순간 말하지 않아야 할 적절한 이유가 있다. 하지만 무언가를 말해야 한다면, 정직해야 한다.

한번 말을 했으면 무슨 일이 있어도 생각을 바꿔서는 안 된다는 뜻이 아니다. 말은 당연히 바꿀 수 있다. 이는 자주 있을 수 있는 일이다. 다만, 자신의 생각이 바뀌었다는 것을 있는 그대로 말해야 한다. 직원과 동료들에게 "어제까지는 X가 맞다고 생각했는데, 지금은 Y가 낫다는 결론에 이르렀습니다"라고 말하지 못할 이유는 없다. 따라서 '언젠가는 사람들도 알겠지'라는 생각을 하거나 사람들을 불확실한 상태에 두지 말고 지금의 상황에 대해 정직하게 말해야 한다. 또한 좋은 리더가 되고 싶다면 왜 자신의 생각이 바뀌었는지에 대해서도 설명하고 근거를 제시해야 한다. 과거에는 그럴 필요가 없었다. 하지만 오늘날 사람들이 리더에게 기대하는 바는 다르다.

주변 사람들의 전적인 신뢰를 받는 사람들을 보면, 그들의 삶이 일관성과 정직성으로 가득 차 있다는 것을 알 수 있다. 단순한 상황에서는 누구나 정직할 수 있지만, 상하관계나 예컨대 정치처럼 복잡한 상황에서는 언제나 정직함을 유지하는 것은 불가능하다고 주장하는 이들도 있다. 실제로 이는 지배적인 의견이지만, 나는 이 주장이 틀렸다고 생각한다.

> **❝**
> 리더가 정직하게 말을 하고 그렇게 행동한다는 것을
> 다른 사람들이 신뢰할 수 있어야 한다.

어쩌면 20세기 최고의 리더로 손꼽히는 인물의 사례가 내 의견을 뒷받침해줄 수 있을 것이다. 조지 마셜은 1939년부터 1945년까지

미 육군 참모총장을 거쳐 트루먼 내각에서 외교부 장관과 국방장관을 역임한 장군이다. 조지 마셜은 2차 세계대전 당시 미 육군 참모총장으로서 역사상 최대 규모의 군 병력 동원을 훌륭하게 계획하고 이끌었다. 역사상 가장 어려웠던 군사적 임무를 성공적으로 수행했을 뿐만 아니라, 외교부 장관으로서는 유럽의 재건과 전후 시기의 부흥에 큰 기여를 한 마셜 플랜을 제안하기도 했다.

조지 마셜은 정치적 상황이 어려운 시기에 자신의 역할을 수행해야 했고, 극심한 반대에 부딪혔으며, (맥카시 시절에는) 자신을 증오하는 적대 세력을 상대해야 할 때도 있었다. 마셜의 삶과 일하는 방식 정직함 그 자체였다. 그가 부하직원이나 동료, 상관, 정치인, 연합군의 장군들뿐 아니라 처칠, 드골과 같은 까다로운 인물들 그리고 이들보다 더 까다로운 상대인 장개석, 주은래, 마오쩌둥을 다루는 방식은 성실성이라고 표현할 수 있을 정도로 매우 진솔하고 정직했다. 조지 마셜은 그 누구도 속인 적이 없었으며, 공작을 한 적도 없었다. 그리고 다른 사람들과 달리 모든 사람의 존경을 받았다. 반대자나 적이 없는 것은 아니었지만, 그들마저도 조지 마셜에 대한 존경을 표했다. 훌륭한 리더의 표본을 볼 수 있다는 점에서 나는 조지 마셜의 전기를 읽어볼 것은 많은 경영자들에게 권하고 싶다.[42]

음모가를 곁에 두고는 신뢰를 얻을 수 없다

이것이 바로 내가 이전 챕터의 마지막 부분에서 언급한 강점 활용 원칙의 예외에 해당한다. 리더는 아무리 큰 강점을 가지고 있다고 해도 음모가를 곁에 두어서는 안 된다. 리더는 최대한 빨리 음모가를 배제하거나 멀리해야 한다.

음모가와는 어떤 경우에도 함께 일할 수 없다. 모든 우물에 독을 타고, 분위기를 흐리는가 하면 신뢰를 얻기 위한 모든 노력을 물거품으로 만들어버리기 때문이다. 그러나 음모가에 대한 학문적 연구는 하나도 없다. 이 또한 매니지먼트에서 간과한 부분이다.

하지만 음모가에 대한 참고자료는 우리의 일상에서도 쉽게 찾아볼 수 있다. 이러한 현상을 공부하고 싶다면 세계 문학 작품이나 셰익스피어를 원작으로 한 공연을 보면 된다. 하지만 한 사람이 언제, 왜 음모가로 변하게 되는지에 대한 연구는 찾아보기 힘들다. 분명한 사실은 자신이 원하는 것을 손에 넣기에는 노력보다 음모를 꾸미는 것이 더 쉽다는 것을 한 번이라도 경험한 사람은 계속해서 음모를 꾸미게 된다는 것이다. 이들과 함께 일하는 불행이 있어서는 안 된다. 음모가를 옆에 두고 시간을 허비하거나 이들에 의해 간섭을 당하거나 심지어 파괴당하기에는 우리의 인생이 너무 짧다. 물론 우리가 함께 일할 수 있는 사람들 중에는 품위 있고, 솔직하며, 정직한 사람들이 훨씬 많다.

신뢰가 남용되는 것을 막는 방법

'대규모 조직을 신뢰를 기반으로 운영하는 것이 가능한가요?' 이는 내가 자주 받는 질문 중의 하나다.

물론 모든 조직은 신뢰를 기반을 운영할 수 있다. 신뢰를 쌓고, 얻고, 유지할 수 있으며, 무너뜨릴 수도 있다. 신뢰 구축이 가능하다는 것은 조지 마셜의 사례에서도 잘 드러난다. 이를 위해 나는 의도적으로 가장 어렵고, 그렇기 때문에 수많은 타협이 있을 것으로 예측되는 '마키아벨리즘'이라고 이해될 가능성이 있는 상황을 선택했다.

신뢰를 구축하고 유지하는 것은 결코 쉽지 않다. 대기업의 일반적인 조건 속에서는 진실하고 정직하게 행동하는 것이 어려울 수 있다는 사실 또한 인정한다. 수많은 장애물과 어려움들이 존재하기 때문이다. 무엇보다 진실하고 정직하기보다는 조금 더 쉬워 보이는 길을 택하라는 유혹들이 끊임없이 이어진다. 하지만 환경이 아무리 어렵다고 해도 리더의 영향력이 직접적으로 닿는 영역에서 신뢰를 기반으로 조직을 운영하지 않을 이유는 전혀 없다는 것이 나의 생각이다.

중요한 것은 쉬운지 어려운지가 아니라 옳은지 그른지의 문제다. 물론 규모와는 상관없이 정직과 개방성을 원하지 않는 기업과 조직들은 상당히 많다. 어떤 조직도 스스로 정직하지 않다고 인정하지는 않겠지만, 현실은 곧 드러날 것이다. 하지만 그런 조직들이 존재한다고 해서 잘못된 것이 분명한 운영 방식을 계속해서 이어갈 명분이 주어지는 것은 아니다.

첫째, 이따금 실제로 바꿀 수 있는 일도 존재한다. 실패한 개혁과 개혁가들도 있지만 성공한 개혁과 개혁가들도 있다. 지금 당장 세상을 변화시키거나 개선하려 들 필요는 없다. 앞에서도 말했지만, 리더의 영향력이 직접적으로 미칠 수 있는 영역 안에서 신뢰를 구축하거나, 조금 더 이상적으로는 신뢰가 자연스럽게 싹틀 수 있게 하는 것만으로도 충분하다. 그리고 이처럼 신뢰를 기반으로 하는 리더의 태도를 원하지 않는 기업이라면 떠나도 좋다. 특히 젊고 다른 선택지가 있는 경우에는 더욱 그렇다.

둘째, 신뢰를 '맹목적인 믿음'으로 이해하는 사람들이 있다. 하지만 내가 이야기하는 신뢰는 그런 것이 아니다. 맹목적인 믿음 같은 것은 조직 내에 설 자리가 없다. 맹목적인 믿음은 그야말로 어리석은 것이다. 우리의 인생에도 그런 경우가 있다. 다른 선택지가 없어서 누군가를 맹목적으로 믿을 수밖에 없는 상황이 찾아올 때가 있다. 하지만 이는 일반적인 경우가 아니다. 맹목적인 믿음 위에는 좋은 조직이 세워질 수 없다. 내가 강조하는 것은 정당성을 가진 신뢰, 근거가 있는 신뢰다.

여러 종류의 토론이나 세미나를 통해 나는 신뢰와 관련해 수많은 오해가 존재한다는 사실을 끊임없이 경험했다. 신뢰를 맹목적인 믿음으로 이해하는 사람들은 실망할 수밖에 없다. 세상은 그렇게 단순하지도 않고 도덕적으로 선하지도 않다. 그런가 하면 "신뢰도 훌륭하지만 그보다 더 훌륭한 것은 통제다!"라는 레닌의 주장을 바탕으로 신뢰를 이해하는 사람도 있다. 물론 내가 이야기하는 신뢰는 이런 것이 아니다. 이것은 냉소적인 유형의 신뢰다. 이러한 신뢰는 곧장 파괴적인 불신으로 이어지기 때문에 조직에서도 최악의 재앙을 가져온다. 불신으로 가득 찬 조직에서는 협력도, 좋은 성과도 기대할 수 없다. 불신이야말로 조직에 가장 위험한 '암적 요소'이며, 이는 초기 단계가 아닌 이상 치료가 불가능하다.

그렇다면 어떻게 해야 할까? 조금 더 까다롭고 복잡하지만 제3의 방법이 있기는 하다. 그리고 이것은 좋은 리더를 판가름하는 요소이기도 하다. 좋은 리더들은 일반적인 오해의 함정에 쉽게 빠지는 법이 없다. 이들은 다른 사람들보다 더 철저하게 고민한다. '건강한 상식'

경영의 본질

만이 좋은 경영의 전부가 아닌 이유도 바로 여기에 있다. 상식은 중요하다. 그리고 상식이 있는 조직은 발전할 수 있다. 그리고 교육을 통해 상식을 잃지 않는다면 그것은 다행이다. 문제는 그것만으로는 부족하다는 것이다.

나는 여기에 놓인 문제의 해결책을 다음과 같이 제시한다. '가능하면 모두를 믿어라. 그것도 아주 깊이, 경계에 이를 때까지.' 이것이 내가 제시하는 해결책의 기초이자 전제이다. 단, 여기에는 다음과 같은 네 가지의 보충 설명이 필요하다.

- 당신의 신뢰가 남용되고 있다면 언제부터 당신의 신뢰가 남용되었는지 알아차릴 수 있도록 조치를 취해야 한다.
- 신뢰가 남용될 경우, 당신이 그것을 알아차릴 수 있다는 사실을 직원과 동료들이 사전에 알 수 있도록 해야 한다.
- 더 나아가 신뢰를 남용할 경우 중대하고 불가피한 대가를 치르게 될 것이라는 사실을 명확하게 해두어야 한다.
- 또한 직원들 역시 이 사실을 분명하게 알 수 있도록 조치를 취해야 한다.

이것은 실제로 무엇을 의미할까? 이번에도 쉽게 이해할 수 있도록 개인적인 일상의 사례를 들어보자. 아마도 이성적인 사람이라면 자녀를 전적으로 신뢰하기 위해 모든 노력을 다할 것이다. 부모의 전적인 신뢰를 받는 것이 자녀들에게 얼마나 중요한지, 아주 어린아이들조차도 신뢰받지 못한다고 느낄 때 얼마나 민감하게 반응하는지, 이것으로 순식간에 분위기가 달라질 수 있다는 것을 너무나도 잘 알고 있기 때문이다.

하지만 그 과정에 맹목적인 믿음이라는 함정이 도사리고 있다는 것도 잘 알고 있다. 그래서 부모들은 자녀의 나이에 맞게 다음과 같이 말하라는 조언을 받는다. "(네가 늦은 저녁에 친구를 만나러 나갈 때 술이나 마약 혹은 학교와 관련된 일들에 있어서) 나는 너를 믿어. 실수를 할수도 있고, 사고도 일어날 수 있겠지. 그래도 괜찮아. 우리는 함께 그문제를 해결할 테니까. 하지만 무슨 일이 있어도 절대 하지 말아야할 일이 있어. 엄마, 아빠의 신뢰를 이용해서는 안 돼. 어차피 언젠가는 우리도 알게 될 거고, 피할 수 없는 결과로 이어질 거야. 엄마, 아빠에게 그 무엇도 숨겨서는 안 돼. 만일 무슨 일이 일어나면 곧장 와서 알려. 그러면 우리가 너를 도와줄 거야. 그리고 판단이 서지 않을때는 우리에게 와서 물어봐. 우리가 함께 길을 찾으면 돼."

이것이 실제 현실에서 나타나야 할 태도이며, 게임의 규칙이다. 그다음으로는 일관된 행동이 필요하다. 자녀를 관찰하며 징후와 단서에 주의를 기울이는 것이다. 만약 집에 돌아오는 시간을 11시 30분으로 정해놓았다면, 11시 30분에 집에 도착해야 하며 12시 30분에 와서는 안 된다. 술을 마시지 않기로 약속했다면 "맥주 두 캔밖에 안 마셨어요"라는 말은 통하지 않는다. "술은 안 마셨어요"라고 대답할수 있어야 한다.

자녀와 어떤 약속을 할지는 직접 결정해야 한다. 이와 관련해서는 아마도 연령이나 자녀의 학업 성적, 인격 등에 따라 다양한 의견들을 가지고 있을 것이다. 어떤 부분에 대해서는 왜 이것은 허용이 되고, 저것은 허용이 되지 않는지 계속해서 자녀와 논의를 하고, 설명을 해야 할 때도 있을 것이다.

직원들에게도 마찬가지다. 오늘날에는 높은 정보의 밀도와 지식 의존도로 인해 직원들에게 설명하고, 근거를 제시해야 할 것들이 많아졌다. 이것은 민주화를 위한 노력의 결과이자, 개방적이고 다원주의적인 사회로 나아가기 위한 노력의 결실이기도 하다. 그리고 나는 이러한 발전을 진심으로 환영한다. 하지만 무언가를 약속했다면, 그 약속은 지켜야 한다. 때때로 자신이 약속한 것을 다시 살펴보고, 확인하는 과정을 통해 신뢰가 남용되지 않는지를 체크하는 것도 좋을 것이다.

내가 전하고자 하는 메시지를 보다 명확하게 하기 위해 마지막으로 우리의 일상생활에서 신뢰의 논리를 보여주는 한 가지 사례를 더 살펴보자. 내가 아들에게 이렇게 물었다고 치자. "요즘 학교에서는 어떻게 지내?" 아들은 이렇게 대답할 수 있을 것이다. "너무 좋아요, 아빠. 모든 게 다 잘 되고 있어요." 그렇다면 나는 아들의 말을 믿을 것이다. 그렇게 믿고 싶어 할 것이고, 그 말을 듣고 기뻐할 것이다. 그리고 어떤 경우에도 아들이 나를 속였다고 생각하지는 않을 것이다. 하지만 열두 살짜리 아들이 모든 상황에서 정확한 판단을 할 수 있다고 생각할 수는 없다. 그렇기에 나는 이따금 선생님에게 전화를 걸어 이렇게 물어볼 것이다. "저희 아들은 요즘 학교에서 어떻게 지내고 있나요?" 학기 말이 되어 좋지 않은 성적표가 책상 위에 놓일 때까지, 즉 해결이 어렵거나 불가능한 문제가 발생할 때까지 기다리지 않는 것이다. 이는 아버지로서의 의무이자 권리이고, 아들 또한 내가 그렇게 하리라고 예상하고 있을 것이다.

그 결과 우리는 서로에 대한 신뢰를 가지고 아주 잘 지낼 것이다. 시간이 지날수록 서로의 견해와 해석을 더 잘 알게 될 것이고, ("나는 네가 그렇게 생각한다고 생각해서 그런 거야"라며) 서로를 오해하는 횟수도 점차 줄어들 것이다. 아들은 갈수록 활동 영역이 넓어질 것이고, 자유를 얻을 것이며, 이를 합리적이고 성숙하게 이용하는 법을 배울 것이다. 그리고 나는 아들에 대한 신뢰를 갖게 될 것이다. 어느 날 아들이 와서 이런 말을 할 것이다. "아빠, 문제가 생겼어요. 제가 실수를 한 것 같아요." 아들은 아빠를 전적으로 믿을 수 있다는 사실을 알고 이 말을 꺼냈을 것이다. 비난이나 싸움으로 이어지는 것이 아니라 아버지가 해법을 찾는 데 도움을 줄 것이라는 사실을 믿고 있는 것이다.

이는 부부관계나 우정에도 동일하게 적용된다. 형태를 조금만 변형하면 조직 내 직원과 상사, 동료 간에도 마찬가지다. 물론 신뢰를 형성한다는 것이 언제나 쉽지만은 않을 것이다. 여기에는 이 챕터에서 언급한 개방성과 정직성, 훈련 등이 모두 요구되기 때문이다. 그리고 모두가 이렇게 할 수는 없다는 것 또한 인정한다.

여기서 내가 이야기하는 것도 '모두'가 아니라 리더에게 해당하는 것이다. 리더에게는 보다 높은 기준을 적용해야 한다. 그렇다고 이 기준이 책이나 잡지에서 읽을 법한, 성자와 초인들만 달성할 수 있는 과도한 기준은 아니다. 하지만 '일반인'보다는 더 높은 기준이 필요하다는 것만큼은 분명하다.

하지만 정작 이렇게 생각하지 않는 기업과 리더들이 많다는 것도 잘 알고 있다. 여기에 대해서 생각조차 해보지 않는다면 그 조직은 잘못 운영되고 있으며, 그 리더는 비전문적이라고밖에 볼 수 없다. 이런 생각을 가진 기업이나 리더가 존재한다고 해서 이 규칙을 지키지 않을 이유는 없다.

이 문제에 대해 그 누구보다 철저하게 고민하고, 명확한 태도와 입장을 취하려고 하지 않는 사람이라면 리더의 자리에 적합하지 않으며, 그 자리에 올라가서도 안 된다. 이렇게 되면 조직 구성원들이나 조직 자체가 피해를 입기 때문이다. 하지만 더 나아가, 이 문제를 철저하게 고민하는 것은 리더 자신에게도 큰 이익이 될 것이다. 쉽지는 않지만 좋은 리더로서 존중받고, 인정받게 될 테니 말이다.

9

원칙 6_긍정적 사고

❝

긍정적이고 건설적인 사고가 중요하다.

여섯 번째 원칙인 긍정적인 사고는 가장 많이 오해를 받기도 한다. 유독 이 원칙과 관련해서 잘못된 이야기들이 많이 퍼져 있기 때문이다. 하지만 '빈대를 잡는답시고 초가삼간을 태울 수'는 없는 일이다. 긍정적인 사고의 원칙을 제대로 이해하기만 한다면, 긍정적인 사고를 갖도록 훈련을 하는 것은 큰 가치가 있기 때문이다. 반대로 부정적인 생각과 이에 따른 행동은 조직 내에 허용해서는 안 될 정도로 파괴적이다.

효과적인 리더들에게게서는 언제나 이 원칙에 부합하는 유형의 태도가 나타난다. 그래서 이것을 다소 과장하여 철학으로 만드는 사람들도 있기는 하지만, 나는 그런 태도는 바람직하지 않다고 생각한다. 다른 사람들을 불쾌하게 만들어 결과적으로 정반대되는 효과가 나타날 수 있기 때문이다. 하지만 이 원칙을 따르는 사람들은 대부분 누군가가 질문을 하지 않는 이상 여기에 대해 언급하지 않는다. 그들은 그저 실천할 뿐이다.

● 문제 대신 기회

경영 관련 저서들을 보면 리더는 일종의 문제 해결사로 간주되는 것 같다. 그렇다 보니 소위 리더들의 핵심 기능, 즉 문제 해결에 도움이 된다는 여러 유형의 방식들이 개발되었고, 지금도 여전히 개발되고 있다. 나 또한 오랜 시간 같은 생각을 가지고 있었고, 문제 해결 방법을 구상하는 데 참여하기도 했다.[43]

물론 나는 여전히 문제를 해결하는 것이 아주 중요한 능력 중에 하나라고 생각한다. 하지만 그 사이에 바뀐 것이 있다면, 이제는 더 이상 문제 해결을 리더의 최우선이자 가장 중요한 과제로 보지 않는다는 사실이다. 문제를 해결하는 것보다 더 중요한 것은 기회를 인지하고 활용하는 능력이다. 조직 내에 있는 모든 문제가 해결되었다고 해서 기회를 활용할 수 있는 것은 아니기 때문이다. 그렇기 때문에 이와 관련해 기회의 활용이 곧 문제의 해결과 다를 바 없다는 유명한 주장을 따르는 것은 큰 도움이 되지 않는다. 특히 실용적인 측면에서 봤을 때는 더욱더 그러하다. 이것은 궤변일 뿐, 실용성이 없기 때문이다.

긍정적 사고의 원칙은 리더의 관심을 기회로 향하게 하는 역할을 한다. 그렇다고 문제를 무시해도 된다는 뜻은 아니다. 문제를 철학화하거나, 속이거나, 밀어내서도 안 된다. 이것이 바로 잘못된 이론에서 비롯된 잘못된 형태의 긍정적 사고다. 문제를 앞에 두고 눈을 감아버리게 만드는 것이다. 내가 말하는 긍정적 사고란 이런 것이 아니다.

> **"**
> 기회를 인지하고 활용하는 것이
> 문제를 해결하는 것보다 더 중요하다.

효과적인 사람들은 건설적으로 사고하는 방식을 배운 후에도 여전히 냉철한 현실주의자다. 문제나 어려움을 볼 줄 알고, 이를 미화하거나 밀어내지 않기 때문이다. 하지만 이들은 우선 가능성과 기회를 찾는다. 아무리 큰 문제가 닥쳐오더라도 이렇게 묻는 것이다. "이 문제 안에는 어떤 기회가 존재하는가?" 이것이 바로 효과적인 사람의 태도다. 이들이라고 이런 태도를 갖는 것이 쉬운 것은 아니다. 이들 역시 달리 방법이 없을 때는 강제로라도 노력한다. 물론 항상 성공하는 것은 아니다. 하지만 까다롭고, 아무런 희망이 없는 것 같은 상황 속에 기회가 숨어 있다면 기회를 찾는 사람이 가장 먼저 이를 발견하지 않겠는가. 만일 그 안에 해법이 존재한다면, 가능성을 찾으려는 사람의 눈에 가장 먼저 띌 것이다. 이것만으로도 무게감 있는 경쟁의 우위를 점할 수 있다.

● **10퍼센트의 성공, 90퍼센트의 실패**
　　엄청난 어려움 속에서도 기회를 찾으려는 노력은 제3자 또는 외부를 통한 동기 부여를 기다리지 않고 스스로 동기를 찾으려는 마음가짐과 밀접한 관계가 있다. 지금까지 그랬듯, 여기에서 나는 능력에 대해 이야기하는 것이 아니다. 타고난 능력에 대한 이야기는 더욱 아니다. 내가 이야기하고자 하는 것은 자기 동기 부여를 수월하게 해줄 수 있는 원칙에 대한 것이다. 이 원칙을 인지하고 적용하더라도 자기 동기 부여까지는 극복과 노력을 위한 시간이 필요하다. 하지만 어느 정도 시간이 지나면 어느새 이는 습관이 되어 있을 것이다. 자기 동기 부여라는 재능을 타고난 사람이 있는지는 알 수 없다. 하지만 그런 사실은 중요하지 않다. 자기 동기 부여를 위해 노력하는 것은 재능이라기보다는 실행과 훈련의 문제다. 자기 동기 부여는 자기 자신에 대한 자발적인 강요일 때가 많다. 이것이 통찰과 이성, 그리고 이해를 가져오기 때문이다.

그렇다고 자기 동기 부여를 위해 노력하는 사람들이 좌절과 실망, 그에 따른 우울함을 겪지 않는다는 의미는 아니다. 이들이라고 패배와 실망을 남들보다 쉽게 극복하는 것도 아니다. 이들 역시 분노하고, 대부분의 사람들과 마찬가지로 고통을 받으며, '상처를 보듬기' 위해 한 발 물러서기도 한다. 하지만 이들은 결코 고통 속에 머물러 있지 않는다. 무엇보다 자기연민에 빠지지 않는다. 이러한 상황에서 다시 일어날 수 있을 만큼의 회복력을 가지고 있는 것이다.

이것이 실제 상황에서 어떻게 나타나는지는 보여주는 유명한 CEO의 사례를 살펴보자. 이 CEO는 한 기업을 오랫동안 이끌었다. 이 사람은 저녁식사 자리에서 이런 말을 했다고 한다. "그런데 말이죠. 저는 살아가는 내내 하루 최대 10퍼센트밖에 되지 않는 성공의 경험을 통해 매일 같이 발생하는 90퍼센트의 '실패'를 견딜 수 있는 내적 힘을 만들어내는 법을 배워야 했답니다."

문제에서 기회를 엿보는 것 그리고 가능한 곳에서 그리고 무엇보다 필요한 곳에서 자기 자신에게 동기를 부여하는 것, 이 두 가지 측면은 결론적으로 이러한 유형의 리더들이 무엇보다 상황을 변화시키기를 원하며, 무언가를 하고자 한다는 것을 암시하고 있다. 이들은 단순히 무언가를 인지하고, 분석하며, 이해하고, 수동적으로 받아들이는 데서 그치지 않는다. 이들의 행동은 때로 행동주의로 이어지거나 심지어 맹목적인 형태로 변질되기도 한다. 하지만 이것은 지금 우리가 다루고 있는 원칙의 지향점도 아닐뿐더러 반드시 이러한 결과가 나타나는 것도 아니다.

여섯 번째 원칙인 긍정적인 사고가 적용되는 일반적인 사례는 상당히 단순하다. 한 번 더 강조하지만 단순하다고 해서 쉽게 실천할 수 있는 것은 아니다. 여지없이 곤경에 처할 것이고, 어려움을 겪을 것이며, 이것을 무시하는 사치를 부릴 수도 없을 것이다. 하지만 긍정적인 사고를 가진 이들은 어려움을 단순히 견디는 것에서 끝나지 않고 상황을 바꾸기 위해 어떤 일이든 할 것이다.

바로 이러한 행동이 타인에게 성숙한 인격을 가진 사람으로 보이게 한다는 증거는 매우 많다. 사람들은 현실성을 가지고 특히 더 예리한 감각으로 남들보다 더 빨리 문제를 인식하며, 이 문제를 외면하지 않고 '이 상황을 변화시키려면 지금 나는 무엇을 해야 할까?'라는 질문을 던지는 사람을 성숙한 인격이라고 생각한다. 참고로 덧붙이자면, 이런 성숙한 인격은 진정한 리더십의 시작이자 기초이기도 하다.

● 긍정적 사고, 타고 나는가 습득하는 것인가

긍정적 사고는 타고난 것일까? 세상에 태어날 때부터 긍정적인 태도를 가지고 태어난 사람이 있는 걸까? 어쩌면 그럴 수도 있다. 하지만 여기에 대해서는 자기 동기 부여와 마찬가지로 밝혀진 바가 없다.

내가 만난 사람들 가운데 건설적인 사고를 가진 이들은 대부분 긍정적인 사고를 하기 위한 훈련을 했고, 그것을 유지하려 노력한다. 긍정적인 사고가 특히나 어려운 상황에서 얼마나 중요한지를 깨달은 사람들은 대부분 이런 사고방식을 스스로에게 강요하고 있었다. 이와 같은 자기 지도의 방법은 매우 다양하게 나타날 수 있다. 어떤 사람들은 재킷 주머니에 "바보 같은 놈, 긍정적으로 생각해"라고 적힌 쪽지를 가지고 다닌다. 쪽지를 굳이 꺼내지도 않는다. 주머니에 손을 넣었을 때 쪽지가 손에 닿는 것만으로도 위태롭게 흔들리는 마음을 다잡을 수 있기 때문이다. 하지만 이렇게 기억을 상기시키는 방식이 모두에게 도움이 되는 것은 아니다. 대부분은 여러 가지 멘탈 트레이닝 기법 중 하나를 저마다의 상황에 따라 체계적이고, 주기적으로 사용하고 있다.

이 책에서는 멘탈 트레이닝 기법에 대해 구체적으로 다루지 않을 생각이다. 이러한 기법은 매우 많기도 하고, 정작 어떤 기법을 사용하느냐는 그리 중요하지 않기 때문이다. 하지만 멘탈 트레이닝은 반드시 필요하고, 자신에게 맞는 기법을 사용해야 한다는 것만큼은 분명하다. 나의 경우에는 '자기 암시Autogenous Training' 기법을 꽤 유용하게 활용했다. 20대 초반, 나는 9미터 길이의 접이식 보트로 대서양을 건넌 한네스 린데만Hannes Lindemann의 책을 접하게 되었다.**44** 이 책에서 린데만은 몇 달간 이어진 외로운 항해의 고난을 어떻게 견뎠는지를 설명했다. 그 누구와도 접촉하지 못하고, 제대로 잠을 자지도 못하는 상태에서 종일 바다 위에서 배고픔과 갈등, 피로, 외로움, 여러 번의 허리케인을 이겨낼 수 있었던 방법, 과연 이 항해가 성공할 수 있을지에 대한 불확실성을 견뎌낼 수 있었던 방법에 대해서 말이다.

한네스 린데만이 언급한 방법 중 하나가 바로 독일의 한 의사가 제시한 자기 암시 기법이었다.**45** 이것이 의식적으로 신체 기능에 영향을 줌으로써 놀라운 성과를 거두는 데 도움을 주는 방법이다. 린데만의 보고서에 따르면 린데만은 자기 암시 기법을 통해 체온을 의지대로 조절할 수 있었고, 같은 방법으로 추위와 습도를 견뎠다고 한다. 또한 이를 통해 일종의 선잠을 통해서도 몸이 회복되어 온전히 기능할 수 있게 만들었다고 한다.

나는 린데만의 이와 같은 성과에 매료되었고, 이 트레이닝 기법에 흥미를 갖고 공부를 시작했다. 실제로 이 기법은 긴장 완화나 집중, 재생, 회복, 자기 영향력에 현재까지도 큰 도움이 되고 있다. 자기 암시 기법을 몰랐다면 나는 육체적, 정신적 도전들을 결코 극복하지 못했을 것이다. 이 기법과 함께하고 있다는 사실만으로도 나는 위기를 극복할 힘을 얻었고, 나의 한계를 극복할 수 있었다.**46**

이 기법을 다른 사람들에게 권장하려는 것은 아니다. 물론 자기 암시 기법은 지금까지도 나에게 도움이 되고 있고, 다른 사람들에게도 그러하다는 보고서들이 있다. 하지만 이 기법이 맞지 않거나, 이를 통해 효과를 얻지 못하는 사람들도 있다. 멘탈 강화를 위한 훈련 기법은 단순한 체조부터 시작해서 호흡법, 요가, 초월명상까지 그 방법과 기술이 매우 다양하다. 이 방법들은 저마다 다른 특징을 가지고 있고, 요구하는 바도, 효과도 다르지만, 자기 자신에게 영향을 주는데 도움이 된다는 점에서는 공통점을 가지고 있다.[47]

이러한 기법들의 초월적인 부분에 대해서는 각자 의견이 다를 것이다. 이것을 매우 중요하게 여기는 사람들이 있는가 하면, 나의 경우에는 그렇게 중요한 요소는 아니다. 그래서 나는 가장 확실하고, 위험 요소가 없는 멘탈 트레이닝 기법만을 활용한다. 멘탈 트레이닝이 필요한 이유는 개인적으로 최고의 성과를 달성하고 싶거나, 반드시 달성해야 한다고 생각하기 때문이다. 멘탈 트레이닝이 어떻게 효과를 발휘하는지에 대해서는 아직 그 원인이 명확하게 증명된 바가 없지만, 효과가 있다는 사실 자체를 뒷받침해줄 근거들은 충분하다. 오늘날 멘탈 트레이닝을 등한시하는 코치나 운동선수는 없지 않은가.[48]

운동선수, 미술인 그리고 아티스트 등을 비롯해 최고의 성과를 내야 하고 또 그러기를 바라는 이들은 저마다의 방식으로 자신의 능력을 훈련하고 개발하는 데 도움이 되는 방법을 찾고 있다. 그리고 바로 이 방법을 통해 결정적인 순간에 확실한 성과를 내고, 집중하며, 무대공포증과 긴장감을 다스리고, 마지막 에너지까지 끌어 모아 하나의 목표, 즉 최고의 능률 달성하는 데 도움을 얻는다.

세부적으로 보면 이들이 사용하는 방법은 저마다 다르고, 각자의 개성이 강하게 반영되어 있다는 것을 알 수 있다. 하지만 멘탈 트레이닝 기법에는 공통적인 요소가 하나 있는데, 그것이 바로 시각화, 즉 그림을 통한 상상이다. 스포츠에는 예측되는 움직임의 재현이라는 말이 있다. 예컨대 내적 테니스 게임, 내적 골프 게임, 내적 클라이밍 게임과 같은 내적 게임Inner Game과 관련된 모든 훈련 방식은 이를 기반으로 한 것이다. 상상을 통해 움직임의 과정이 완성되는 것을 머릿속으로 그려보면, 실제로 그 행동을 하는 것이 더 쉬워진다는 생각을 기초로 하는 훈련이다. 지금까지 알려진 바에 따르면 인간의 뇌는 소위 행위의 내면화라는 것을 통해 계획과 개념 등의 정신적 혹은 심적 단위를 형성한다고 한다. 이 과정에 대한 연구의 기초를 놓은 인물이 바로 아주 간단하면서도 상상력이 풍부한 실험과 관찰을 했던 제네바 출신의 발달심리학자 장 피아제Jean Piaget다.[49]

앞에서 언급한 것처럼, 멘탈 트레이닝을 통한 신체적 협응력의 개선은 주로 운동과 예술 분야에서 관찰할 수 있다. 하지만 원칙적으로 신체적 협응력을 넘어 입장과 태도, 의견에도 확장될 수 있다. 그리고 사람들은 인식하지 못할 뿐 의도적인 행동의 형태로 이 기능의 일부를 지속적으로 사용하고 있다. 예를 들어 유리잔을 잡기 위해 팔을 뻗고 싶다고 가정해보자. 상상과 명령의 정신적 요소는 성공적인 실행의 전제이자 어떤 의미에서는 원인 혹은 근거라고 할 수 있다. 우리는 같은 원칙을 특정 한계 내에서 예컨대 맥박 수나 체온을 바꾸는 데도 활용할 수 있다.

뿐만 아니라 우리는 특정한 요소들을 '설득'할 수 있다는 것도 잘 알고 있다. 예컨대 두려움이나 기쁨, 좋은 기분이나 나쁜 기분, 동정 혹은 반감과 같은 감정이 그러하다. 그러니 자신에게 동기를 부여하거나, 인내심을 더하거나, 두려움을 극복하고, 무엇을 이룰 수 있다는 확신을 주기 위해 이를 사용하지 않을 이유가 없다.

이와 같은 멘탈 관리를 통해 극한의 상황을 이겨냈다는 사례들은 수도 없이 보고되고 있다. 알프스를 정복한 산악가들인 발터 보나티Walter Bonatti나 헤르만 불Hermann Buhl, 라인홀트 메스너Reinhold Messner, 한스 캄머란더Hans Kammerlander 등은 물론이고, 무엇보다 지구력이 중요한 마라톤 선수나 트라이애슬론 선수, 아이언맨 경주 참가자들의 이야기는 어떠한가. 우리는 한계를 이겨낸 이들의 이야기를 통해 깊은 감명을 받곤 한다. 실존적 상황에서의 사례들도 있다. 독방에 감금되거나 전쟁포로로 끌려갔던 이들의 이야기, 큰 사고와 질병, 그 밖의 다른 위기와 운명의 공격을 극복한 사람들의 이야기는 또 어떠한가.[50] 물론 구체적인 삶의 내용으로 들어가면 일부 회의론이 있을 수도 있겠지만, 이들에게는 동일한 패턴이 있다. 신체적 그리고 정신적으로 최고의 능률을 끌어낼 수 있었던 전제가 멘탈 관리였다는 사실이다.

하지만 이를 활용하기 위해 반드시 익스트림 스포츠 선수가 될 필요는 없다. 평범한 사람들 또한 최고의 능률을 스스로 시험해볼 수 있기 때문이다. 첫 번째 '고비'가 찾아왔을 때 자신을 내려놓고, 자신의 감정과 연민에 굴복해 지배당하느냐, 아니면 아직 힘이 남아 있다고 자신을 설득하며 상황을 극복하고 앞으로 계속 나아가느냐를 선택할 수 있다. 이것은 결코 지칠 때까지 자기 자신을 채찍질하는 방법이 아니다. 자신에게 능력을 더하고, 스스로를 돕는 방법이다.

● 의존에서 벗어나기

분야에 상관없이 최고 및 최대 성능을 끌어올리는 사람들, 즉 자신의 한계를 극복하는 사람들은 한계란 것이 자신의 머릿속에 존재하는 것이므로 그 한계를 깨고 앞으로 더 나아갈 수 있다는 것을 알고 있다.

마찬가지로 이들은 감정이나 기분, 느낌, 분위기 그리고 동기의 노예가 될 필요가 전혀 없으며, 오히려 자신의 감정이나 기분에 영향을 주는 것들로부터 독립할 수 있다는 것 또한 알고 있다. 이와 관련해 빅터 프랭클Viktor Frankl은 요한 네스트로이Johann Nestroy의 질문을 자주 인용하곤 했다. "이제 누가 더 센 건지 궁금해지는군. 나일까, 나일까?"[51]

무엇보다 바로 내가 매니지먼트에서 심리학을 활용해서는 안 된다고 주장하는 부분, 바로 1부에서 심리학화라고 묘사한 것이 바로 이것이다. 이는 성과를 내기 위해서는 동기 부여가 필요하다거나 혹은 성과를 내기 전에 동기 부여를 해야 한다거나, 동기 부여가 없으면 성과도 없다는 등 사이비 학문을 통해 확산된 인식이다. 이러한 견해에는 여러 가지 형태가 있지만, 결과적으로는 같은 결론으로 이어진다. 바로 기분에 대한 의존성이다. 이들의 주장과 달리 심리적 측면을 강조하는 문헌들과 이를 대표하는 트레이너들 그리고 인사과 직원들은 정반대의 상황에 대해 언급하며 특별한 환경에 대한 의존성을 더욱 확대한다.

물론 대부분의 사람들, 아니 모든 사람들은 기분의 영향을 받는다. 이것은 모두가 경험을 통해 분명하게 알고 있는 사실이다. 하지만 기업 경영의 시각에서는 자신의 기분을 극복하기 위해 스스로 무언가를 할 수 있다는 메시지를 전달하는 것이 무엇보다 중요하다.

흔히 긍정적인 사고를 하면 산도 옮길 수 있다고 이야기하지만, 나는 결코 그런 말을 하는 것이 아니다. 그리고 바로 이 지점에서 타당하고 유용한 원칙과 사이비 원칙 사이의 경계가 무너진 것 같다. 산을 옮기려면 불도저를 이용해야 한다. 하지만 우리의 사고는 산에 대한 생각을 바꿀 수가 있다. 우리가 어떻게 사고하느냐에 따라 우리는 그 안에서 위험만을 볼 수도, 기회를 함께 볼 수도 있다. 그리고 이것은 근본적으로 우리의 태도와 행동을 결정짓는 근본적인 요인이 된다.

이러한 효과가 일종의 플라시보 효과와 같은 것이라고 해도 상관없다. 그 원리가 아직 밝혀지지 않았을 뿐, 이러한 사고의 변화가 도움이 된다는 사실 자체가 더 중요하기 때문이다. 하지만 일부의 주장과 달리 나는 이것이 전적으로 혹은 대부분 플라시보 효과나 마찬가지라고 생각하지는 않는다.

정신적인 상상이 신체적 반응을 불러일으킨다는 것은 사실 진부한 이야기다. 레몬을 깨무는 상상만으로도 우리의 신체는 반응을 한다. 이것만으로도 증거는 충분하며, 이는 우리가 살면서 대부분 직접 경험을 통해 익숙하게 알고 있는 것이기도 하다. 하지만 이러한 현상의 생화학적, 신경생리학적 작용 메커니즘은 여전히 불분명하다. 아마도 정신과 뇌의 상호작용이라는, 가장 복잡하고 파악하기 어려운 문제 중 하나이기 때문일 것이다.

하지만 앞서 언급한 피아제의 연구 외에도 과학, 철학, 뇌과학, 심리학 분야에는 우리가 진지하게 받아들여야 할 흥미로운 관련 연구들이 많이 있다. 컴퓨터과학이나 생물학, 사이버네틱스, 시스템 과학 등의 현대적 학문 분야에서의 연구 결과 또한 주목할 만하다. 정신적인 상상과 신체적 반응의 작용 메커니즘, 이것은 여러 학문 분야가 협력해서 알아내야 할 매력적인 연구 분야다. 어쩌면 이를 위해 기존의 경계를 뛰어넘는 새로운 학문이 탄생할 수도 있을 것이다.[52]

바로 그 매력 때문에 이 분야에 사이비 학문이 가장 많이 번성하고 있다. 말도 안 되는 헛소리와 단순히 돈을 목적으로 한 사업화도 사이비 학문에 포함된다. 그렇기 때문에 리더는 의미 있는 것과 의미 없는 것을 구분할 줄 알아야 한다. 종파적인 사이비 이론이 기업 안에, 특히 리더들을 대상으로 한 교육 영역에 확산되지 않게 할 책임이 있는 것이다. 안타깝지만 창의성이나 직관과 관련된 주제 등에서 이러한 현상은 계속 증가하고 있고, 지금도 이어지고 있다.

1990년대 중반 이후부터 소위 감성지능이라는 EQ의 변형된 형태가 유행한 적이 있었다.[53] 많은 리더들이 이런 개념에 매료되었고, 이로 인해 인사 담당자들은 이를 주제로 광범위한 사내 교육 프로그램을 진행했다. 물론 얼마 가지 않아 언제 유행을 했냐는 듯 소리 소문 없이 사라졌지만 말이다.[54] 감성지능이 필요하지 않다는 말을 하려는 것이 아니다. 오히려 그 반대다. 나는 대부분의 사람들이 조직의 일원이 되는 순간부터 이미 충분한 감성지능을 가지고 있다고 생각한다. 기본적으로 감성지능이란 두 가지 목표를 가지고 있기 때문이다. 감성지능은 타인에 대한 최소한의 감정 이입 능력이자, 누구도 고의적으로 다치게 하지 않으려는 기본적인 예의다. 이러한 능력을 갖지 못한 사람은 아예 고용을 하지 않는 편이 낫다. 만약 그런 사람을 고용했다면, 거리를 두는 것이 좋다.

경영의 본질

지적 진정성과 소크라테스적인 겸손은 우리의 무지마저 존중하라 하지만, 이 영역에 있어서만큼은 거짓과 밀교를 확산시키는 사람들이 상상하는 것보다 우리가 훨씬 더 많은 것을 알고 있다는 사실을 이따금 언급할 필요가 있다. 직관이나 감정, 창의성이 조직 내에서 아무런 역할을 해서는 안 된다는 의미가 아니다. 하지만 이 가운데 어떤 유형이 어떤 상황에서 좋은 결과를 달성하는 데 믿을 만하고 도움이 되는지, 그리고 또 어떤 유형이 방해가 되고 더 나아가 위험한지를 신중하게 구분하는 것은 리더의 책임이다.

최소한 수박 겉핥기식의 지식이나 미신이 조직을 지배하지 못하도록 지성과 이성에 대한 높은 기준을 설정해놓아야 한다. 우리에게는 어리석음의 가면을 벗길 만한 충분한 지식이 있다. 잘못된 지식이 확산하는 동안 손을 놓고 있다면 최소한 도덕적인 책임이라도 물어야 한다.

● **최선의 의미**

대변혁 시대의 도전에 맞서기 위해 특히 중요한 것이 바로 리더의 긍정적인 사고다. '창조적 파괴'의 복잡성에서 방향을 찾고, 명확한 관점을 유지하며, 이를 통해 새로운 세상에서의 기회를 파악하는 데 도움을 주기 때문이다. 긍정적 사고는 불쾌감이나 두려움처럼 압박감을 느끼게 하는 즉흥적인 기분에 의해 통제를 당하는 것 또한 막아주는 역할을 한다. 이성과 긍정적인 태도를 통해서는 열정적으로 과제에 접근할 수 있지만 직관적인 소리에 귀를 기울이면 등을 돌리거나, 후퇴하며, 포기하려는 충동이 자주 찾아올 것이다.

자신이 처한 상황에서 최선의 노력을 다하는 것 역시 전적으로 긍정적인 태도가 가져오는 결과다. 그것이 우연이든, 자신의 결정에 의한 것이든, 운명이든 상관없이 말이다.

이것이 중요한 이유는 실무에서 발생하는 제한적인 상황, 구체적인 한계 상황을 이유로 제한적인 성과를 내거나, 이를 통해 성과를 낼 수 없는 정당성을 찾으려는 사람이 너무 많기 때문이다. 상황을 제한하는 요소를 제거해야만 성과를 창출할 수 있다는 지배적인 견해 또한 이와 밀접한 관계가 있다. 하지만 이러한 주장을 하는 사람들은 정작 이 방해 요소를 제거하는 데 자신은 책임이 없다고 생각한다. 다른 사람이 제거해주기를 기다리는 것이다.

안타깝게도 이러한 태도를 가진 사람들은 아직도 많다. 그래서 이들은 긍정적 사고라는 마지막 원칙에 기댄다. 이 상황에서 불가능한 것, 할 수 없는 것, 달성할 수 없는 것이 무엇인지를 확인하는 것이다. 이들은 자신들의 눈에 보이는 여러 어려움들 혹은 (예산과 같은) 도구의 부족을 원인으로 지목하며 무언가를 할 수 있는 기본조건이 마련되지 않았다고 주장한다. 여기서는 안 되고, 지금은 안 되며, 저기 저것 때문에 안 된다는 게 이들의 변명이다.

중요한 사안에 있어서는 이들의 의견이 틀린 것은 아니다. 하지만 리더라면 이들과는 반대되는 태도를 가져야 한다. 눈앞에 놓인 어려움에 대해 논쟁하는 대신 이를 솔직하게 받아들이며 인정하는 동시에 다음과 같이 말할 수 있어야 한다. "맞습니다. 많은 것이 불가능하죠. 하지만 이것을 가능하게 하기 위해 지금 우리가 무엇을 할 수 있는지를 고민해봅시다."

경영의 본질

올바르고 훌륭하며 효과적인 경영의 원칙은 다음과 같이 말할 수 있다. '할 수 있는 일을 하라. 네가 가진 것으로, 네가 지금 있는 그곳에서.' 할 수 없는 일이 많다는 것과 무엇을 하고 싶고, 무엇을 해야 하는지는 대부분 분명하며, 이는 수많은 상황에 적용되는 현실이다.[55] 이런 사고방식이 올바른 리더십과 다른 점은 바로 이러한 '인식'을 아무것도 하지 않는 기회로 삼는다는 점이다.

원하는 모든 것을 하기에는 언제나 도구가 부족한 것도 사실이다. 이는 모든 사람, 모든 조직에 해당하는 것이며, 언제 어디서나 적용되는 현실이기도 하다. 규모가 큰 조직이라도 언제나 도구의 제한으로 압박을 받기는 마찬가지다. 하지만 여기에 대해 리더는 이렇게 반박해야 한다. "있는 것으로 최선을 다하십시오. 그리고 어떻게 해도 부족할 수밖에 없는 것에 대해 불평하지 마십시오."

기꺼이 하고 싶지만 늘 나중에 하겠다고 말하는 사람들도 있다. "나중에 기회가 되면, 지금 말고 승진을 하면, 현재의 직책이 아니라 다른 직책에서, 이 회사에서 말고, 다른 회사에서…"라며 핑계를 대는 경우가 대부분이다. 하고 싶은 것처럼 행동하지만 실제로는 그렇지 않은 것이다.

이런 사람들과 함께하느라 시간을 허비해서는 안 된다. 이들이 태도를 바꿔 긍정적인 사고를 가질 수 있도록 한두 번의 기회를 줄 수는 있다. 젊은 사람들이라면 조금 더 노력할 수도 있다. 하지만 오래 설명하지 않아도, 긍정적으로 생각하라고 가르치지 않아도 이미 긍정적인 사고를 가지고 있기 때문에 성과를 내고자 하는 사람들은 지금도 충분하다. 조직의 효과성을 위해서는 이들을 중심으로 움직여야 한다. 이들과 함께 일하고, 이들에게 성과를 창출할 기회를 주어야 한다. 이들을 모범 사례로 내세워야 하고, 기준으로 설정해야 한다.

> 66
> 자신이 스스로 정한 의존성에서 해방되는 것은
> 원칙적으로 개인의 선택이다.

어떠한 유형의 기업이든 무언가를 하고 움직이는 데 언제나 '동기 부여'를 해야 하고 항상 '이유'가 필요하다면, 그 기업은 결코 제대로 기능할 수 없다. '좋은 조건' 속에서는 가능할지 모른다. 하지만 그 밖의 상황에서는 불가능하다.

경영의 수준

나는 모든 직업이 원칙, 과제, 도구 그리고 책임이라는 네 가지 요소를 통해 정의된다는 것을 기억하고 있다. 원칙은 특정 직업이 과제를 수행하는 과정과 그 과정에 사용되는 도구의 품질을 결정한다. 이렇게 본다면 효과적인 경영 원칙은 기업 경영의 질을 결정할 것이다. 이 원칙들을 우리는 당연히 조직 및 기업 문화로 이해할 수 있을 것이고, 우리는 이것을 만들어내야 한다.

개별적으로 보면 이 원칙들 외에도 상황에 따라 경제 분야의 특성에서 비롯된 요소들이 추가될 수 있을 것이다. 또 상황에 따라 조직의 구조적 조건이나 역사, 목적에서 비롯된 요소들이 추가될 수도 있다. 나는 우리가 추가적으로 고려해야 할 측면들이 그렇게 많지는 않을 것이라고 생각한다. 그러므로 나는 모든 유형의 조직과 모든 유형의 상황에서 일반화할 수 있는 것들을 2부에서 여섯 가지 원칙으로 정리해놓았다.

이 원칙들은 제대로 기능하는 모든 조직 문화의 핵심이다. 이것은 영향력과 실효성의 문화이자 올바르고 좋은 행동의 문화이기도 하다. 이 문화의 기초는 당연히 여섯 가지의 원칙들에서 비롯된다. 이것은 성과의 문화이자, 직업적 전문성의 문화이고, 신뢰와 책임의 문화다. 이것은 사람들로 하여금 자신의 행위가 가진 의미를 깨닫게 하는 문화이기도 하다. 영향력의 문화는 혁신과 변화의 기초가 되며 이를 통해 대변혁의 복잡성을 극복할 수도 있다.

이 원칙들은 곧 좋은 매니지먼트, 능력 있고 효과적인 매니지먼트, 다시 말해, 올바른 매니지먼트를 의미한다. 두 가지 측면에서 그러하다. 첫째, 올바른 매니지먼트에는 이 여섯 가지 원칙 이상의 것이 필요하지 않다. 이 원칙들이 없으면 좋은 매니지먼트는 존재할 수 없다. 이 원칙들이 없으면 장기적으로 활용할 수 있고 어려운 시기를 견딜 수 있는 기업 문화는 만들어질 수 없다.

둘째, 사실 이것은 첫 번째보다 더 중요하다. 성공을 위해 추가로 어떤 요소들이 필요하다고 생각하는지와 상관없이 이 원칙들이 없으면 그 어떤 조직도 장기적으로 성공적으로 이끌어갈 수 없다.

두 가지 측면에서 공통적으로 중요한 것은 장기적인 관점이다. 나는 단기적으로, 다시 말해 특정한 기간 동안이나 상황이 좋을 때 이 원칙들을 개별적으로 내려놓거나, 소홀하게 여길 수 있다고 생각한다. 이로 인해 직접적으로 큰 타격을 받지는 않을 것이다. 하지만 장기적인 관점에서 보자면 그 결과에 대해서는 회의적이다.

여섯 개의 원칙들은 상호적이다. 그러니까 관련성과 상호 영향력을 가진 집단으로 보고 따라야 한다. 이 원칙들은 교체될 수도 없으며, 조직의 기능을 위해 영향력 있고 전문적인 매니지먼트를 수립하려는 목적으로 행동을 조정하고, 행위를 이끄는 규칙들로 이루어진 시스템을 형성한다.

더 나아가 이 원칙들은 불필요하게 차고 넘치는 가짜 매니지먼트 이론들을 무시한다. 그렇기 때문에 이 원칙들은 경제적으로 올바른 매니지먼트를 이해하기 위한 기초이기도 하다. 왜냐하면 우리는 매니지먼트에 대한 이야기들과 글들을 모두 읽을 수도, 공부할 수도 없거니와 그럴 필요도 없기 때문이다. 어떤 것을 주의하고, 어떤 것을 주의하지 말아야 하는지를 결정하는 데는 기준이 필요하다. 영향력 있는 매니지먼트의 원칙들은 매니지먼트 이론들에 대한 비판적인 검증을 위한 기본이다.

곧 알게 되겠지만, 이 원칙들은 학습이 가능하다. 앞에서 언급한 것처럼 편하게 적용하기는 어렵지만 이해하기는 쉽다. 하지만 우리는 이 원칙들을 내 것으로 만들 수 있으며, 이들을 체계적으로 적용하는 방법을 배울 수 있다. 이 원칙들은 근본적으로 부족한 재능을 제대로 된 실행으로 바꾸어줄 수 있다. 하지만 재능을 가진 사람들은 이것을 온전히 활용해 결과물로 바꾸어버린다.

경영 과제

효과적인 경영의 첫 번째 요소는 2부에서 살펴본 원칙이다. 그리고 두 번째 요소는 리더들이 해결해야 할 과제다. 이것이 바로 3부에서 다룰 주제다. 여기서 우리는 단순히 리더가 수행해야 할 모든 업무에 대해 논하는 데서 그치지 않을 것이다. 이것이 캐나다 출신의 매니지먼트 전략 전문가인 헨리 민츠버그Henry Mintzberg가 말한 지향점과의 차이다. 민츠버그는 몇 년 전 실제 리더의 업무는 피터 드러커의 저서에 언급된 일부 내용과는 거의 혹은 전혀 관련이 없다는 발언으로 주목을 받은 바 있다. 한편으로는 일리 있는 주장일 수 있지만, 나는 민츠버그가 매우 중요한 문제들을 간과하고 있다고 생각한다.

여기서 우리가 다루고자 하는 것은 하루라는 긴 시간 동안 리더가 실제로 어떤 업무를 하느냐가 아니다. 우리가 다루려는 것은 효과적인 리더가 되려는 사람이 하면 좋은 일 혹은 해야 하는 일이다. 물론 리더의 일과에는 기업 경영이나 그 효과성과 관련이 없는 일들도 많다. 이 점에 있어서는 민츠버그의 주장이 옳다. 특히 전문 과제와 관련된 리더의 다른 업무, 예컨대 회식, 대표 업무, 신문 읽기 등과 같은 활동 등이 여기에 해당한다.

앞에서도 여러 번 언급했듯이, 실무와 경영 업무는 엄격하게 구분되어야 한다. 앞으로 살펴볼 3부의 각 장에서 나는 효과적으로 기업이나 조직을 경영하는 데 결정적인 영향을 미치며, 경영의 효과성에 대한 논의의 중심에 두어야 하는 과제들을 소개할 것이다. 이 과제들은 바로 목표 설정, 조직 구조, 의사결정, 관리 그리고 인적자원의 개발이다. 이와 같은 핵심 과제들을 기술적인 전문성을 가지고 수행하지 못하면 그 어떤 조직도 성과를 내지 못할 것이다.

2부의 경영 원칙과 관련하여 언급했던 내용들은 3부의 효과적인 경영을 위한 과제와 4부의 효과적인 경영의 도구에도 똑같이 적용된다. 기업의 경영에서 '무엇'은 어디서나 동일하다. 하지만 '어떻게'는 상황에 따라 달라질 수 있고, 달라져야 한다. 이를 간과하면 이론적으로나 내용적으로 혼선이 생길 수밖에 없다.

주기적으로 혼란을 야기하는 요소는 다음과 같다. 기업 경영의 과제를 수행하는 데는 충분한 경영 관련 지식은 물론이고 고도로 숙련된 실무 및 전문 지식이 필요하다는 사실이다. 매니지먼트라는 업무 자체는 어디서나 동일하다. 하지만 이를 수행하는 데 필요한 실무 지식은 매우 다양하다. 실무 지식은 조직의 목표나 활동과 같은 여러 가지 상황에 따라 달라지기 때문이다. 경제 기업의 경우에는 업계에 따라 차이가 있을 것이고, 어떤 지역에서 활동하느냐에 따라서도 차이를 보일 것이다. 어떤 것들은 기관의 규모에 따라 달라질 수도 있고, 리더가 속한 조직의 영역별 전문 지식 수준과 관련이 있는 경우도 적지 않다. 이것은 자명한 사실이다. 하지만 이에 대한 중요성은 경영 관련 문헌은 물론이고 일반적인 이해도에 있어서도 간과되는 경우가 많다.

이를 설명하기 위한 몇 가지 사례를 살펴보자. 우리가 가장 먼저 다루게 될 경영 관련 업무는 '목표 설정'이다. 이는 모든 조직에서 수행해야 할 업무를 의미한다. 하지만 목표의 내용은 제약 회사냐, 알루미늄 회사냐에 따라 달라진다. 같은 행정기관이라도 내무부와 외무부의 목표가 다를 것이고, 마약 중독자를 돕는 기관과 간병이 필요한 노인들을 돌보는 기관의 목표 역시 다를 수밖에 없다.

이는 기업의 각 영역에서도 마찬가지다. 같은 기업이라고 해도 기업의 최상위 영역에서는 전략적 문제와 그에 따른 전략적 목표를 다루겠지만, 공장장에게는 실무에 대한 고민 그리고 그에 따른 전문 지식이 필요할 것이다. 직책에 따라 서로 다른 목표 설정이 요구되는 것이다.

또 한 가지 문제는 이 책에서 제안하고 다루고 있는 다섯 가지 경영 관련 업무만으로 올바르고 훌륭한 관리가 이루어질 수 있느냐는 것이다. 리스트가 길어진다고 예술이 되는 것은 아니다. 앞에서도 이미 언급했지만 나는 최소한의 요소를 최대로 적용을 할 수 있는 최소대 원리라는 방법론을 사용했다. 이 책에서 소개하고 있는 효과적인 경영을 위한 과제들은 처음부터 이 최소대 원리에 근거해 복잡성과 네트워크화, 대변혁을 정복할 수 있도록 설계되었다. 더 나아가 내가 설계한 사고 및 경영 시스템은 상황에 적응하고 변화하는 진화 능력을 가지고 있어서 언제든지 수정할 수 있다.

사실 효과적인 경영을 위한 필요충분 과제가 무엇인지는 이미 잘 알려져 있다. 피터 드러커와 울리히 학교가 효과적인 경영에 필요한 사전 작업을 미리 해놓은 덕분이다. 그래서 설득력 있는 근거도 없이 끊임없이 새로운 경영 이론들을 양산해내는 작가들의 노력은 리더들이 경영이라는 직업에서 전문성을 발휘하는 데 방해만 될 뿐이다. 중요한 것은 각각의 경영 업무에 대한 명확하고 정확한 이해이며, 공허한 문장을 창조해내는 것이 아니란 소리다.

특히 이것은 정보와 지식을 핵심 자원으로 사용하는 기업들이 갈수록 많아지고 있는 상황에서 더욱더 중요하다. 전통적인 산업과 비교했을 때 직원들이 다른 유형의 새로운 실무 과제들을 수행해야 하고, 이를 위해 또 다른 새로운 지식을 갖춰야 하는 시대가 되었는데도 매니지먼트의 내용은 변한 것이 없기 때문이다. 변한 것이 한 가지 있기는 하다. 전반적으로 과소평가될 뿐만 아니라 심지어 무시되고 있기지만, 새로운 지식 조직에서는 매니지먼트를 완벽에 가깝게 훨씬 더 잘 다루어야 한다는 것이다. 우리에게 필요한 것은 새로운 경영 기법이나 기술이 아니다. 우리에게 필요한 것은 올바른, 하지만 더 정확하고 완벽에 가까운 매니지먼트이다. 전통적인 조직들은 잘못된 경영 방식에도 견고하게 살아남을 수 있었지만, 현대의 조직들은 경영 방식의 옳고 그름에 매우 취약하다. 그래서 잘못된 매니지먼트를 결코 눈감아주지 않는다.

나는 독자들이 기업 경영이 안고 있는 과제에 대한 기본 지식과 특정 수준의 경험을 갖추고 있을 것이라는 전제하에 이 책을 썼다. 모든 과제에는 해당 과제의 효과성에 지대한 영향을 미치는 요소들이 있다. 이것을 효과성의 '비밀'이라고까지 말하고 싶지는 않다. 사실 '비밀'이라고 할 것까지도 없다. 하지만 이 요소들이 일반적으로 알려진 것이 아니라는 사실은 분명하다. 3부는 지속적으로 효과성을 실현해나가는 사람들, 다시 말해 다른 사람들과 같은 과제를 수행하

지만 다른 방식으로 수행하는 효과적인 사람들 통해 배울 수 있는 특
별한 실습이 될 것이다.

10

목표 설정

효과적인 경영을 위한 첫 번째 과제는 목표 설정이다. 앞으로 자세히 이야기하겠지만, 목표 설정에서는 일반적으로 세계관에 가까운 문제가 제기된다. 바로 목표는 제시해야 하는 것인지, 아니면 합의해야 하는 것인지에 대한 문제가 그것이다. 하지만 이는 부차적인 문제이며, 전반적인 논의의 대상이 될 만큼 중요한 것도 아니다. 어떤 목표든, 목표가 존재할 수 있게 만드는 것이 경영, 즉 매니지먼트의 과제다. 따라서 목표를 어떻게 설정하느냐는 매니지먼트 과제에 속한 업무가 될 것이다.

목표를 통한 기업 경영은 매니지먼트 과제 중에서도 가장 먼저 개발되고 설명되었다. '목표를 통한 관리Management by Objectives, MBO'는 1954년 협의의 의미에서의 매니지먼트를 주제로 한 드러커의 초기 저서에서도 언급되고 있다.[56] 심지어 군사 지휘 문서에서는 이보다 이전에 등장하기도 한다. '목표를 통한 관리'의 기본 원칙에 대해서는 전반적으로 이론의 여지가 없다. 이것은 수많은 기업들, 특히 고도로 분산된 기업들의 유일한 관리 방식이기도 하다. 그럼에도 목표를 통한 관리는 현실에서 제대로 작동하지 않는 경우가 더 많은 것 같다. 그 이유는 무엇일까?

여기에 대해서는 몇 가지 이유가 있다. 첫 번째 이유는, '목표를 통한 관리'를 리더 개인의 업무가 아닌, 기업 또는 기업 전체를 관리하는 방법으로 인식하는 경향이 많기 때문이다(물론 실제로 그렇기도 하다). 기업 전체를 관장하는 보편적인 목표는 당연히 필요하다. 하지만 조직의 리더들, 경우에 따라서는 직원들까지 동일한 원칙에 따라 일하지 않는 한 이러한 목표는 무용지물이 될 수밖에 없다.

뻔할 수는 있지만 더 중요한 두 번째 이유는 '목표를 통한 관리'가 실제로 유용하게 사용될 수 있고, 제 기능을 다할 수 있도록 깊이 고민하고, 토론하고, 정교화하는 과정은 결코 쉬운 일이 아니기 때문이다. 이런 현실을 진지하게 받아들이면 이 과제의 수행은 또 다른 유형의 업무로 변질된다. 목표를 통한 관리의 원리를 이해하는 것은 그리 어렵지 않다. 합리적인 목표를 설정하는 것은 크게 어려울 것이 없다. 하지만 그것을 적용하는 것은 쉽지 않다.

이해를 돕기 위해 음악을 통해 설명해보자. 기업의 사명과 전략을 교향곡의 모티브에 비유한다면, 목표 설정은 악보를 쓰는 것에 비유할 수 있을 것이다. 모티브를 찾는 데에는 천재성이 필요할 수도 있다. 반면 악보를 쓰는 것은 지난하고, 무엇보다 괴로운 과정이다. 하지만 위대한 천재 작곡가들도 이와 같은 고통을 견뎌야 했고, 직접,

혼자서 이를 해내야 했다. 자신의 눈앞에 떠오르는 것들을 대충 그려 놓은 것을 다른 사람에게 악보로 만들라고 할 수는 없기 때문이다. 리더도 마찬가지다. 자신이 직접 해야 한다. 어떤 업무들은 위임하는 것이 불가능하다.

'목표를 통한 관리'가 대부분 제대로 기능하지 못하는 세 번째 이유가 바로 이 장의 주제이다. 일반적으로 잘 알려지지는 않았지만, 목표를 통한 관리의 효과성을 좌우하는 것으로는 몇 가지 실무들을 꼽을 수 있다.

● 목표 vs. 시스템

'목표를 통한 관리'가 효과를 발휘하지 못하는 상황들을 관찰해보면 가장 많이 보이는 실수가 있다. 합리적이고 단순한 원칙을 가지고 복잡하고 관료적인 프로그램이나 시스템을 만드는 것이다. 이를 위해서 리더는 엄청난 시간을 투자하고, 골치 아픈 서류 작업을 해야 한다. 설상가상으로 이는 형식이 내용을 대체하는 결과로 이어진다. 시스템 자체가 내용보다 중요해지는 것이다. 명심해야 할 것은 우리에게 필요한 것은 올바른 목표일 뿐이며, 목표 관리 프로그램이나 시스템이 반드시 있어야 하는 것은 아니라는 사실이다.

그렇기 때문에 리더들, 특히 일선 관리자들에게는 '목표를 통한 관리'라는 원칙을 적용할 것을 요구해야 한다. 내가 '요구'라는 단어를 사용한 데에는 이유가 있다. 논의하거나 타협할 수 없는 것들이 존재하기 때문이다. 뿐만 아니라 좋은 의도를 가지 조직 내 전문가들과 시스템 전문가들이 조직에 해를 끼치는 관료주의를 만들지 않게 하는 것도 중요하다.

● 개인적인 연간 목표

조직, 특히 영리 기업에는 다양한 유형의 목표들이 존재한다. 이 목표들은 시간에 따른 영향력(장기, 중기, 단기)이나 내용(전략적 목표, 운영 목표), 해당 범위(조직 전체, 부서, 개인) 그리고 구체성의 정도(일반적인 목표, 구체적인 목표) 등에 따라 달라진다. 영어권에서는 'aim', 'objective', 'target', 'goal' 등의 단어를 통해 대략적으로라도 목표의 유형을 구별할 수 있다. 하지만 현실에서는 이런 언어적 구분이 불가능하거나 매우 제한적이다.

그래서 모든 조직은 '목표를 통한 관리'가 무엇을 의미하는지를 분명하게 해야 한다. 나는 '목표를 통한 관리'를 '개인적인 연간 목표를 통한 관리'로 이해할 것을 제안한다. 즉, 'MBO'라는 개념을 특정 유형의 목표에만 제한해서 사용하겠다는 뜻이다. 의미를 확실하게 하기 위해서다. 따라서 이 장에서는 일차적으로 개인적인 연간 목표를 통한 관리에 대해 설명할 것이다. 하지만 조금 더 확장하면 이것이 다른 유형의 목표에도 유효하다는 것을 알 수 있을 것이다.

● 일반적인 방향

목표를 통해 관리해야 할 직원들에게 다음 분기에 대한 기본적인 계획을 전달하는 것조차도 제대로 이루어지지 않는 경우가 많다. 정보가 없는 직원들이 훌륭하게 목표를 설정하고, 이를 달성하는 데 참여해줄 것을 기대한다는 것은 말도 안 되는 일이다.

핵심 직원들에게는 기업과 조직, 사업부, 수익 부서가 추구해야 할 기본 방향에 대해 간결하고 정확하게 설명해주는 과정이 필요하다. 구두로 설명하는 것도 장점이 있기는 하지만, 대기업의 경우에는 서면으로 설명하는 것도 방법이 될 수 있다. 만약 구두로 설명을 했다면, 서면으로 내용을 정리해서 전달하는 것이 좋다. 구두로 설명할 경우 효과가 더 크고, 동기 부여가 된다는 장점이 있다면, 서면 전달은 명확하다는 장점이 있다. 필요할 때마다 내용을 확인할 수 있기 때문에 자의적인 해석을 차단할 수도 있다.

● '목표 설정'의 기본 원칙

다음은 목표를 통한 관리에서 특별히 유의해야 할 것들이다.[57] 이는 세부적으로 목표를 설정하는 방법과는 무관하게 적용되는 기본 규칙들이다.

목표는 적게 설정하라

대부분의 경우 우리가 설정하는 목표는 늘 너무 많고, 너무 다양하다. 목표를 정하는 것은 집중의 원칙이 반드시 적용되어야 하는 실무 중 하나다. 집중의 원칙에 대해서는 2부에서 구체적인 사례를 통해 언급했다.

목표, 특히 이 장에서 이야기하는 개인적인 연간 목표는 일반적인 업무들과 함께 자기 자신을 비롯해 조직 안의 구성원들을 집중하게 하고 관리하기 위한 가장 중요한 수단이다.

효과성에 관심이 있는가? 연말에 성과를 내고 싶은가? 그렇다면 대부분의 리더들이 목표와 관련해 하고 있는 일과 정반대되는 일을 하면 된다. '차에 더 많은 짐을 싣지만' 말고 목표를 줄이라는 뜻이다. 리더는 언제나 질문해야 한다. '이것이 정말로 중요한 목표일까? 이 목표를 달성하지 않으면 어떻게 될까?'

이와 관련해 중요한 것이 우선순위다. 많은 사람이 알고 있는 것과는 달리 초보자가 아니라면 우선순위를 정하는 것은 그리 어렵지 않다. 기업을 알고 어느 정도 실무 경험이 있으면 실제로 무엇이 중요한지 어렵지 않게 말할 수 있다. 하지만 어려운 것이 있다. 대부분의 사람들이 신경 쓰지 않는 것들, 즉 우선순위의 반대되는 업무들이다. 이를 '하위 업무' 또는 '후순위 업무'라고 부를 수 있을 것이다. 중요한 것은 이러한 하위 업무들이 우선순위에 있는 업무에 집중하는 것을 방해하고, 우선순위 업무에 대한 '추진력'을 차단하는 경향이 있다는 사실이다. 여기서 이야기하는 '하위 업무'란 중요한 것처럼 보여서 우리의 책상이나 컴퓨터 화면에서 차지하는 영역이 점점 커지면서 정작 근본적인 것을 바라보는 시야를 차단하는 모든 것을 뜻한다. 이러한 유형의 하위 업무들은 반드시 관리하고 통제해야 한다.

바로 이 지점에서 우리는 이 분야의 대가인 피터 드러커의 말을 다시 한 번 상기할 필요가 있다. 나는 수많은 사람들에게 드러커가 말한 다음의 문장을 말해주고는 그가 나머지 문장을 어떻게 완성했을지 물어보았다. "효과적인 리더는 중요한 일을 먼저 하고, 중요하지 않은 일은 … ." 대부분의 사람들은 이렇게 대답했다. "… 나중에 한다." 하지만 이는 잘못된 답이다. 정답은 "… 하지 않는다"이다.

이 주제에 대해 나는 수많은 리더들과 수백 번도 넘게 대화를 나누었다. 그리고 이를 통해 리더들에게 이 문제가 얼마나 어려운 것인지를 잘 알게 되었다. 하지만 목표를 줄여야 한다는 것을 인정하지 않으면 결과적으로 스스로 초래한 비효율성의 덫에 걸린 자신을 발견하게 될 것이다. 너무 다양한 것들을 너무 많이 한꺼번에 시작한 탓에 실제로 마무리한 것은 하나도 없는, 타협과 어중간한 결과들만이 난무하는 상황을 연말마다 반복적으로 마주하게 될 것이다.

가장 중요한 목표에 집중하는 것이 왜 이렇게도 어려울까? 어쩌면 일부 국가에서는 목표에 집중하는 것이 직업윤리에 어긋나는 일일 수도 있다. 사람들은 여전히 목표는 많으면 많을수록 좋다고 생각하기 때문이다. 하지만 그렇지 않다. 중요한 것은 올바른 것을 올바르게 하는 것이다. 그보다 더 중요한 이유는 우리의 일상에서 찾을 수 있다. 우리는 정신없이 돌아가는 조직의 일상을 역동성으로, 분주함을 효과성으로, 관습을 본질로 착각하고 있다.

가장 중요한 목표에 집중하기 어려운 세 번째 이유는 중요한 목표와는 실제로 별 관련이 없거나 방해가 되는 일들도 처리는 해야 하기 때문이다. 자질구레하고 일상적인 후순위 업무들이라도 어떻게든 처리하고 해결해야 한다. 효과적인 사람들도 그런 일들을 처리하는 것은 피할 수 없다. 하지만 효과적인 사람들은 실제로 중요한 우선순위에 집중하기 위해 부수적인 일들은 최대한 신속하게 최소한의 시간과 노력을 들여 처리한다. 출퇴근 전후의 2시간 혹은 점심시간을 이용하는 식이다. 어떻게 해서든 효과적인 사람들은 이와 같은 부수적인 일들을 처리해낸다. 하지만 그들은 자신이 수행하고 있는 일이 아니라 자신들이 만들어낸 성과를 측정한다(첫 번째 원칙을 떠올려보자). 그리고 그 성과는 자질구레한 업무들이 아니라 한 개 혹은 두세 개 정도의 결정적인 목표와 관련된 성과이다.

작지만 원대한 목표를 세워라

사람들은 목표를 줄이면 직원들이 일을 덜 하고 게을러지고 빈둥거리게 된다고 생각한다. 하지만 그렇지 않다. 우리의 원칙은 '목표는 적게, 하지만 원대하게, 즉 달성했을 때 의미가 있고 중요한 것으로 정하라'이다.

앞으로 설명하겠지만 직원들이 각자의 능력을 개발하고, 개인의 한계를 뛰어넘을 수 있도록 동기를 부여하는 것은 리더의 원대한 과제다. 이것은 추상적인 단어에만 머물러서는 안 되며, 매년 목표에 반영되어야 한다.

일반적으로 직원들은 너무 소소한 업무들을 너무 많이 할당받는다. 그래서 직원들은 초심을 잃고, 발전하지 못하며, 능력을 소비하게 되고, 많은 일을 하면서도 성과는 내지 못해 성취감을 느끼지 못하는 악순환을 겪는다. 그 결과 '동기 부여'를 필요로 하게 된다. 이와 같은 시스템의 악순환은 정교한 '자기계발 프로그램'을 통해 끊을 것이 아니라, 원대한 목표 설정을 통해 해결해야 한다. 직원을 이끄는 것은 리더가 아니라 직원들에게 부여된 과제나 직무, 목표여야 한다. 권위와 지시, 관리는 리더가 아니라 목표에서 비롯되어야 한다.

불필요한 것을 비워내라

세 번째 요소 역시 앞의 두 가지 요소들과 마찬가지로 기존의 통념과 모순되는 주장이다. 사람들은 일반적으로 다음과 같은 질문을 통해 목표를 정한다. '무엇을 하는 게 좋은가? 무엇을 해야 하는가? 무엇을 하고 싶은가?' 하지만 효과적인 사람들은 이와 반대되는 질문에서 시작한다. '더 이상 하지 말아야 할 것, 하고 싶지 않은 것은 무엇인가?'

그 출발점은 비워내는 것이다. 다시 말해, 지금까지의 습관과 업무, 과제들을 체계적으로 포기해야 한다. 연간 목표 설정은 집중을 위한 방법일 뿐만 아니라 기업을 체계적으로 정화하고 정리하여 내부에서부터 독소를 제거하고, 쌓인 쓰레기들을 처리해 새로운 것을 위한 공간을 만들 수 있는 최고의 기회이다. 이를 실현할 수 있는 방법에 대한 조언들은 도구에 대한 장에서 상세하게 설명할 것이다.

그래서 나는 직원들에게 이 가운데 중요한 것들을 기록하라고 조언한다. 무언가를 하지 않는 것은 무언가를 추가로 하는 것만큼이나 중요한 목표가 될 수 있다. 기존에 하던 일을 포기하면 대부분은 조직 내부 깊숙한 곳까지 그 영향이 미치기 때문에 상황에 따라 보호 대책을 마련해야 할 수도 있다. 최소한 이 사실을 다른 직원들에게 알려야 할 필요도 있을 것이다. 하지만 중요한 것은 따로 있다. 기록해두지 않으면 실행으로 옮기지 못하고, 막연한 결심과 좋은 의도에서 머물기 때문이다.

목표 달성의 기준을 정하라

리더는 가능하다면 목표를 정량화해야 할 의무가 있다. 이 과정에서 리더는 끊임없이 수정을 하고 지시를 해야 한다. 세상에는 사람들이 생각하는 것보다 정량화할 수 있는 것이 훨씬 많다. 물론 우수한 과학 교육이나 기술 교육을 받은 사람이 아니라면 정량화 방법을 체계적으로 배우지 못했을 것이다. 그래서 대부분의 사람들은 정량화를 너무 빨리 포기하고, 그 방법에 대해 오래 고민하려고도 하지 않는다. 이를 위해 상상력을 동원하지도 않는다. 창의성과 정량화는 자연법칙에 따라 충돌한다는 생각을 가지고 있기 때문이나. 하지만 실제로는 그렇지 않다. 과거에는 불가능했던 정량화를 성공시키는 것이야말로 창의적인 성과의 대표적인 사례이다. 정량화의 가장 기본은 시간의 정량화다. 기한 없는 목표는 있을 수 없기 때문이다.

내가 측정이 아니라 정량화에 대해 이야기하는 데에는 분명한 의도가 있다. 영국의 인공지능학자 스태포드 비어Stafford Beer는 이를 이렇게 표현했다. "정량화에는 숫자보다 더 많은 것이 있다." 즉, 일반적으로 단념하는 지점을 넘어 최대한 많은 것을 정량화해야 한다는 것이다. 다만 중요한 사실은 그것을 하나의 교리처럼 받아들여서는 안 된다는 것이다.

우리를 굴복시키려 하는 교리는 '정량화할 수 없는 것은 중요하지 않으므로 신경 쓸 필요가 없다'라는 것이다.[58] 이것은 영리 기업은 물론이고 모든 유형의 조직에서 위험한 생각이다. 이것이야말로 정량화에 대한 잘못된 인식이며, 인식론에서 '과학만능주의'라는 이름으로 잘못 알려진 학문화의 결과이다.

모든 경험들이 이를 증명하고 있다. 기업에 중요한 목표일수록, 협의의 의미에서 그것을 정량화할 수 있는 가능성이 줄어들고 있다. 매출, 시장 점유율, 생산성, 현금 흐름 등과 같은 많은 것들은 오늘날 정량화가 가능해졌다(역사를 돌이켜보면 과거에는 이를 정량화하는 것이 불가능하다고 여겼다.) 하지만 품질, 고객 혜택, 고객 만족도, 혁신력은 어떨까? 정량화할 수 없는 것이 정량화할 수 있는 것보다 훨씬 더 중요하다는 것은 특히 비영리 조직에 유효한 사실일 것이다.

그러므로 균형을 유지하는 것이 중요하다. 가능한 것들은 최대한 정량화해야 하지만, 정량화가 불가능할 뿐 결코 중요하지 않다고 할 수 없는 많은 것들을 놓쳐서는 안 된다. 누군가를 도울 수 있는 일반적인 공식이란 존재하지 않는다. 어디까지 정량화를 할 수 있고, 해야 하는지에 대해서는 환경과 상황, 제품, 시장, 기술, 그리고 무엇보다 사람을 아는 개별적인 상황에서만 정확하게 말할 수 있기 때문이다.

하지만 분명한 것은 정량화를 할 때에는 최대한 정확성을 추구해야 한다는 점이다. 이것은 협의의 의미에서 정량화가 불가능한 경우에도 할 수 있는 일이다. 따라서 우리는 '다음 분기가 끝나는 시점에 목표에 가까워졌는지 아닌지를 무엇으로 판단할 것인가?'라는 질문을 던져야 한다. 약간의 트릭을 이용해 문장을 살짝 바꿀 수도 있다. '우리는 무엇을 달성하고자 하는가?'가 아니라 '무엇을 달성해야 하는가?'로 질문을 약간 바꾸는 것이다.

능력에 맞는 목표를 설정하라

경영학 교과서를 보면 '모순이 없는 목표 시스템을 만들어라!'라는 말이 나온다. 그럴듯한 말이지만 현실적이라고 하기에는 너무 아름다운 문장이다. 안타깝지만 현실에서는 중요한 목표일수록 모순적이기 때문이다. 하지만 사실이 그러하니 어쩌겠는가.

좋은 목표 설정에는 언제나 신중한 고민과 균형의 기술이 요구된다. 이에 대해 피터 드러커는 이렇게 말했다. "능력과 목표 설정을 신중하게 고려하는 것만큼 유능한 리더들과 무능한 리더들을 명확하게 구분할 수 있는 기준은 많지 않다. 레시피 같은 것은 없다. 분명하게 말할 수 있는 것은 이러한 고민이 기계적, 계산적으로는 이루어질 수 없다는 것뿐이다."[59]

공식이 존재하지 않기 때문에 부하 직원들이나 컴퓨터에게 위임할 수 없다는 뜻이다. 이것은 가장 중요한 매니지먼트 업무 가운데 하나로, 이를 훌륭하게 수행하기 위해서는 지식뿐 아니라 경험이 있어야 한다.

때로는 목표가 아닌 대책이 필요하다

경영학 교과서에는 '대책 말고 목표를 세워라!'라는 내용도 있을 것이다. 이 규칙 자체만으로는 아무런 문제가 없다. 문제는 이것은 항상 지킬 수 있는 규칙이 아니라는 것이다. 따라서 이를 교리처럼 받아들여서는 안 된다. 정확한 목표를 설정하기는 어려워도 일반적인 삶의 경험을 바탕으로 우리를 원하는 방향으로 이끌어줄 것이라고 생각되는 대책을 세우는 것은 가능한 상황들이 있다. 즉, 이러한 상황에서는 목표 대신 대책을 세워야 한다. 중요한 것은 이론적 원칙이 아니라 실제 효과이다. 목표에 다가갈 수 있도록 도와주는 것이라면 유용할 수 있고, 허용되어야 한다.

대책과 관련해 중요한 역할을 하는 또 다른 측면이 존재한다. 목표가 정당해도 대책은 정당하지 않거나, 도덕적으로나 사회적으로 논란의 여지가 있거나, 조직의 이미지와 상반되는 경우가 있을 수 있다. 따라서 목표를 결정하는 과정에서 대책을 무작정 배제해서는 안된다.

목표 달성을 위해 가장 필요한 자원

경영학 교과서의 순수함은 자원이라는 주제 또한 장악하고 있는 것 같다. 물론 목표와 수단 그리고 대책을 개념적으로 엄격하게 구분할 필요가 있다. 하지만 그렇다고 이 개념들을 같이 다룰 수 없는 것은 아니다. 오히려 나는 이들을 함께 다뤄야 한다고 생각한다. 그렇다고 계획 과정에서 특정한 문제를 해결할 가능성을 배제하는 것은 아니다.

나는 직원들에게 목표만 요구할 것이 아니라, 목표 달성에 가장 중요한 자원이 무엇인지에 대한 정보를 요청하라고 말하고 싶다. 첫째, 이것은 조직의 영업이나 활동에 대한 직원들의 이해도를 높이고 내부적인 필요성을 향상시킬 수 있다. 둘째, 이것이 바로 전체론적이고 기업가적인 사고다. 목표와 수단, 대책을 동시에 생각하지 않는 리더는 살아남을 수 없다. 셋째, 이것은 목표를 달성할 뿐 아니라 정말로 필요로 하는 것, 즉 현실적인 목표를 달성할 수 있는 유일한 방법이다.

어떻게 그리고 무엇으로 목표를 달성할 것인지를 고민하지 않는 한, 목표 설정은 기술이 될 수 없다. 바로 이것이 목표를 두고 이루어지는 과격한 토론의 위험성이자, 내가 이런 토론을 반대하는 이유이기도 하다.[60] 이런 토론에서는 대부분 현실과 동떨어진 이야기만 오고 가기 때문이다.

나폴레옹은 자원 계획의 대가였다. 장군들이 훌륭한 공격 전략을 제안할 때면 나폴레옹은 의자에 앉아서는 말이 몇 마리 필요하겠느냐고 되물었다. 그리고 대부분의 경우 장군들은 이 부분에 대해서 충분히 생각하지 못하고 있었다. 나폴레옹에게 자원의 문제는 '전쟁의 승패에 결정적인' 요소이기 때문에 하급 장교들에게 맡길 수 없었다.

목표에 대한 책임은 개인이 져야 한다

모든 목표 뒤에는 개인의 이름을 넣을 수 있어야 한다. 다시 말해, 효과적인 목표는 개인적인 목표라고 할 수 있다. 목표 달성의 책임자가 목표 실현을 위해 그룹이나 팀 혹은 그와 유사한 형태의 지원을 필요로 하는지 여부는 또 다른 문제다. 책임자가 유능하다면, 대부분은 책임자에게 이에 대한 결정을 맡길 수 있다. 하지만 책임자는 그룹이 아니라 한 개인이어야 한다. 조직에서 목표가 가진 중요한 기능 중 하나는 책임의 개인화다. 무엇보다 조직은 집단이기 때문에 어떻게 해서든 책임을 개인화해야 한다.

만일 특정한 이유로 그렇게 할 수 없다면(이런 경우가 있을 수 있다는 것까지 배제하고 싶지는 않다), 즉 진지하게 시도했음에도 개인이 아니라 그룹에 책임을 맡기는 데에서 벗어나지 못한다면 회의적인 태도를 가지고 목표의 실현 가능성에 대한 기대치 역시 낮추는 것이 좋다. 이러한 경우, 제대로 된 통제가 특히 중요하며, 이를 주시하고 있다가 문제가 통제 불능 상태에 이르면 아주 작은 신호에도 민첩하게 반응해야 한다.

모든 직원에게 목표가 필요한 것은 아니다

유감스럽게도 사람들은 경영의 문제에서 동등한 대우를 잘못 이해하는 경우가 많은 것 같다. 법 앞에 모두가 평등하다는 것은 법치주의의 중요한 원칙이자 진보다. 하지만 그렇다고 모든 직원이 상사 앞에서 평등해야 하거나, 평등할 수 있는 것은 아니다. 게다가 나는 목표를 갖는 것이 업무의 성과에서 매우 중요한 몇몇 직원들이 있다는 이유만으로 모든 직원이 그럴 것이라고 간주하는 현상을 수없이 목격했다. 이렇게 되면 건물 관리인과 보조직원들에게 부여할 목표까지 찾아 나서야 한다. 대부분의 경우 이것은 목표를 통한 관리라는 원칙 자체를 우스꽝스럽고 신뢰할 수 없는 것으로 만드는 결과로 이어진다.

물론 건물 관리인이 의미 있는 목표를 가질 수 있는 상황도 있을 것이다. 예컨대 새로운 보안 시스템이 도입되어 사용법을 새로 배워야 하는 경우가 그럴 것이다. 하지만 평소와 다름 없는 상황에서는 건물 관리인이 자신의 업무를 제대로 수행하기 위해 굳이 목표를 필요로 하지는 않을 것이다. 그렇기 때문에 목표를 부여해야 할 직원과 그렇지 않은 직원을 잘 구분해야 한다. 그리고 이것이야말로 리더가 매년 수정해야 하는 의사결정이다.

목표는 개인의 상황에 따라 달라진다

하지만 그보다 더 중요한 것은 개인화의 두 번째 유형, 즉 목표를 통한 관리의 개별적인 적용에 유의하는 것이다. 이는 사실상 경영의 전반적인 부분에 모두 적용할 수 있다.

경험이 많은 직원을 그렇지 않은 직원과 같은 방식으로 관리할 수는 없다. 물론 그래서도 안 된다. 너무 어리든 조직에 들어온 지 얼마 되지 않았든, 경험이 없는 직원의 경우라면 목표가 무엇인지, 우선순위와 후순위는 무엇인지를 주의 깊게 살펴보아야 한다. 이 경우에는 정확성과 정량화도 중요하게 여겨야 한다. 경험이 없는 직원들과는 목표에 대해 구체적으로 논의하고, 자원 분배에 대해서도 신중히 검토하는 과정이 필요하다. 조직도 이들을 잘 모르고, 이들 역시 상사와 조직에 대해 잘 알지 못하기 때문이다. 이 경우 목표는 서로의 기대와 고민을 알아갈 수 있는 가치 있는 도구이자, 어쩌면 최고의 수단이 될 수 있다.

한편, 8년 혹은 10년 전부터 알고 지내고 있는 직원들, 그래서 어떻게 일을 하고 반응하는지 잘 알고 있는 경험이 많은 직원들에 대해서는 리더가 많은 에너지나 시간을 소비할 필요는 없을 것이다. 경험이 많은 직원들에 대해서는 엄격한 관리나 끊임없는 소통을 잠시 미뤄둘 수도 있다. 다시 말해, 잘못된 평등주의 같은 것을 적용하려 해서는 안 된다. 경험이 많은 직원에게 경험이 없는 직원을 대할 때와 같은 잣대를 들이대는 것은 직원들에게 엄청난 의욕 상실을 가져올 수 있으며, 더 나아가 모욕이 될 수도 있다. 어쨌거나 경험이 있는 직원은 이미 자신의 능력과 그에 대한 신뢰성을 충분히 입증한 사람이기 때문이다.

힘든 상황일수록 단기 목표를 세워라

앞에서도 언급했지만 이 장에서는 일차적으로 연간 목표를 통한 관리에 대해 이야기하고 있다. 연간 목표를 통한 관리는 간접적으로만 조직의 방향, 진로를 결정할 수 있다. 조직의 방향을 이끄는 것은 연간 목표가 아니라 장기적인 목표이다. 하지만 연간 목표는 장기적인 목표의 실현 효과성을 결정한다. 예컨대 턴어라운드(적자에 허덕이던 부실기업이 조직 개혁과 경영 혁신을 통해 급격히 흑자로 돌아서는 것-옮긴이), 구조조정, 인수합병, 경영 위기와 같은 어려운 상황에서는 부분적으로 단기적인 목표를 통해 기업을 운영해야 한다. 일반적으로 기업은, 기업이 처한 상황이 어려울수록 단기적으로 목표를 세워야 한다. 극단적인 경우에는 주간 목표가 될 수도 있고, 일일 목표가 될 수도 있으며, 이보다 더 짧은 기간의 목표를 세워야 할 수도 있다.

이러한 상황은 극한으로 신체적 성과를 끌어올리는 것과 비교할 수 있다. 사고나 재앙 혹은 그 밖의 실존적인 상황 등 생존과 관련된 문제가 생기면 인간은 장기적인 관점에서 사고하지 않는다. 지금 눈앞에 놓인 문제를 해결하고, 몇 시간 후나 당장 내일을 살아남을 방법을 찾는 데 집중한다. 조금은 덜 극적이긴 하지만 이를 잘 설명해주는 것이 스포츠이다. 아마도 우리 모두는 개인의 신체적 한계에 부딪혀본 경험이 있을 것이다. 예컨대 달리기나 장거리 스키, 사이클링과 같은 지구력 스포츠에서 한계에 도달했다고 가정해보자. 이런 상황에서 프로 선수들은 "20킬로미터만 더 가면 돼"라는 생각은 하지 않는다. 그보다는 "다음 커브까지만…"이라고 생각한다. 그리고 다음으로는 "… 저 나무 있는 데까지만 …"이라는 생각이 이어진다. 이렇게 지금 당장 극복할 수 있는 가장 작은 단위들을 생각하며 해결해 가다 보면 어느새 큰 목표를 이룰 수 있다.

목표는 문서로 작성하라

이상하게도 관리자들 중에는 서류를 작성하는 것을 싫어하는 사람들이 많다. 서류를 작성하는 것을 관료주의에서 비롯된 안 좋은 관습으로 여기는 것이다. 어떤 경우에는 실제로 그럴 수 있지만, 여기에서는 아니다. 개인의 목표는 모두 문서로 기록되어야 하며, 그것도 가능한 구체적으로 기록해야 한다. 이렇게 말하면, 사람들은 일이 너무 많아질 거라고 반박하지만 결코 그렇지 않다. 오히려 나중에 오해나 오류, 소통의 문제를 해결하는 데 필요한 추가 업무를 줄여주기 때문이다. 뿐만 아니라 목표를 문서로 작성하는 것은 추후 성과를 평가하는 데 반드시 필요한 전제조건이기도 하다.

목표를 작성하는 데 엄청난 공을 들일 필요는 없다. 이 책에서 제안하는 방법들을 따른다면, 보통 한 페이지면 충분하다. 만일 그보다 훨씬 많은 페이지가 필요하다면 그것은 목표를 제대로 심사숙고하고 결정하지 않았다는 증거다. 그리고 이는 목표를 성공적으로 실현하는 데 대한 회의로 이어질 것이다.

목표를 지시할 것인가, 합의할 것인가?

이제 처음에 생략했던 질문에 대한 답을 다룰 차례다. 목표를 지시할 것인가, 합의할 것인가? 이 주제에 대한 문헌은 도서관 하나를 가득 채우고도 남을 정도로 많다. 하지만 이처럼 방대한 문헌의 양에 비해

　　　　　　　　　　　경영의 본질

이것은 사실 그렇게 중요한 주제는 아니다. 중요한 것은 목표를 세울 수 있도록 관리하는 것이기 때문이다. 바로 이것이 리더의 과제다.

사실 목표는 합의되어야 한다는 주장을 뒷받침하는 근거들은 매우 많다. 우리는 동기 부여의 효과는 물론이고, 사람은 무언가를 함께 이뤄갈 수 있을 때 그 일에 더 전념하는 경향이 있다는 사실을 잘 알고 있다.

하지만 합리적으로 목표를 합의하기 위해서는 누적을 통해 충족해야 하는 두 가지 전제조건이 있어야 한다. 바로 좋은 직원과 많은 시간이다. 두 가지 중 하나라도 없으면 가짜 합의 이상의 결과를 내기가 어렵다. 그리고 무엇보다 중요한 것은 목표의 합의를 교리화하지 않는 것이다. 분명 어느 주말, 이런 말을 하게 되는 상황이 계속 발생할 것이다. "6주 내내 이 목표에 대해서 논의를 했는데도 합의점을 찾지 못했어. 내가 할 수 있는 모든 걸 했는데도 말이야." 이제 어떻게 해야 할까? 이 경우 합의보다는 목표 자체가 중요한 상황이 되었다고 볼 수 있다. 그렇다면 직원들의 반응이 좋지 않더라도 목표를 제시해야 한다. 합의할 수 없다는 이유로 목표가 부재하는 상황은 그 어떤 경우에도 발생해서는 안 되기 때문이다.

대부분의 상황에서 협력적인 리더십은 지시적인 리더십보다 낫다. 하지만 2부에서도 지적했듯이, 협력 중에는 결과를 만들어내지 못하는 것들도 있다. 중요한 것은 리더십이며, 참여 그 자체가 목표가 될 수는 없다. 여기에 대해서는 잘못 이해하는 사람들이 많다. 참여는 목표를 뒷받침하는 것에 불과하다. 많은 사람들은 '참여하는 느낌'을 중요하게 여긴다. 하지만 목표는 책임을 과제의 일부로 만드는 것이 되어야 한다.

물론 참여가 중요한 이유도 많다. 다시 한 번 강조하지만 참여는 그 자체로 목표가 될 수 없다. 참여도가 너무 낮은 경우도 있을 것이고, 반면 너무 높은 경우도 있을 것이다. 낮은 참여도는 일반적으로 책임감 부족으로 이어지고, 높은 참여도는 성과의 부족으로 이어지는 경우가 많다. 모든 것에 대해서 끊임없이 토론하고 이야기를 나눠야 하기 때문이다. 유감스럽지만 이와 관련해서도 어느 정도까지가 '너무 높고', 어디까지가 '너무 낮은' 참여도인지를 결정할 수 있는 일반적인 공식은 없다. 반면 개별적인 상황에서는 이 두 가지 극단적인 상황의 양극화가 어느 정도 수준인지는 잘 알 수 있다.

기업은 민주주의를 통해 기능하지 않는다. 우리 사회를 구성하는 대부분의 조직 또한 마찬가지다. 심지어 이는 정치적으로 민주주의를 지향하기 때문에 더 민주적이어야 한다고 생각하는 정당이나 노동조합에도 해당한다. 우리가 살아가는 사회, 즉 국가가 민주적인 규칙에 의해 형성된다고 해서 민주주의가 모든 조직이 가져야 할 이상적인 형태라고 규정할 수는 없다. 이러한 생각들은 언제나 혼동되거나 뒤섞여서 국가나 사회는 물론이고 조직에도 해로운 결과를 가져온다. 참여의 문제는 의사결정의 영역에서 더 큰 의미가 있으므로 이후에 의사결정과 관련해 다시 살펴보기로 하자.

❝

노동과 노력은 목표가 있어야만
방향성과 의미를 갖는다.

경영의 본질

목표는 모든 조직에 반드시 필요하다. 목표를 설정하고 목표를 통해 관리하는 경영의 과제는 조직의 효과성에 결정적이고 돌이킬 수 없는 영향을 미치기 때문이다. 이것은 직원들의 효과성 또한 결정하는데, 이는 비단 경제 기업에만 국한되지 않는다. 목표는 무엇보다 노동이 성과가 되는 시점을 결정한다. 기본적으로 목표 없이는 성과를 말할 수 없다. 인간의 노력에 방향성과 의미를 부여하는 것이 바로 목표다.

조직의 목적과 일치하는 목표를 세워라.

목표가 있어야 한다는 것은 매니지먼트에 해당하는 문제다. 다만, 어떤 목표를 세울 것인지는 각 조직의 구체적인 상황과 관련이 있으며, 매니지먼트 자체와는 직접적인 관련이 없다. 이에 대해서는 2부의 결과 중심의 원칙과 관련해 이미 설명을 했지만, 다시 한 번 살펴보자.

목표가 있어야 한다고 해서 아무 목표나 세워도 되는 것은 아니다. 이는 당연한 사실이다. 우리에게 필요한 것은 조직의 특성에 맞는 목표다. 영리 기업의 목표는 비영리 기업의 목표와 다르다. 국제기관의 목표 역시 국내 혹은 지역에서 활동하는 기관의 목표와 같을 수 없다. 한 기관의 리더로서 목표를 선택할 때는 그것이 작든 크든, 추상적이든 구체적이든, 현실적이든 비현실적이든, 경영 이론이 아닌 해당 조직이 처한 상황, 해당 조직의 목적과 그간의 목표, 결과, 역사, 경쟁업체, 협력업체, 고객, 성과의 수혜자 그리고 행위자들의 자기 이해와 그 상황 등을 고려해야 한다.

이러한 이유 때문에 조직의 목표에 대한 논의는 제한적일 수밖에 없다. 어떤 유형의 조직이든 반드시 두 가지 목표를 가지고 있어야 한다. 사람과 관련된 목표, 즉 조직에 인적자원을 갖추는 목표와 돈과 관련된 목표다. 어쨌거나 모든 조직은 사람과 돈을 필요로 하기 때문이다.

경제 기업은 물론이고 조금 더 확장되고 수정된 의미에서 많은 조직에 해당하는 전형적인 목표 영역에는 마켓 포지션, 혁신성, 생산성, 좋은 인재의 영입을 위한 매력도, 유동성, 캐시플로우, 영업이익, 투자수익률 등이 있을 것이다. 이것은 기업이 필요로 하는 최소한의 목표 영역 또는 범위다. 그 밖에도 환경, 사회, 정치 관련 목표 영역들이 추가될 수 있다.

11

조직 구조

효과적인 경영의 두 번째 과제는 조직 구조다. 효과적인 사람들은 조직화되기를 기다리지 않고 스스로를 위해 자신의 직접적인 업무와 자신이 속한 팀 그리고 책임 영역을 스스로 조직한다.

여기에서 나는 그간의 경험을 바탕으로 특정 상황과는 상관없이 조직 구조라는 과제의 효과성을 결정하는 중요한 요소들만 언급하고자 한다. 현재 나타나고 있는 신호들이 맞다면, 기업과 사회 대부분의 기관의 조직화는 향후 몇 년 동안 가장 중요한 주제 중 하나가 될 것이다. 그리고 이는 기존의 사고방식으로는 해결할 수 없는 장기적인 문제가 될 것이다.

많은 조직들은 실험을 거듭하고 있다. 그리고 대부분의 조직들은 불확실성을 겪고 있다. 사업 규모나 업무가 아주 단순한 기업이나 기관들을 제외하면 사실상 모든 조직은 '어떤 식으로든' 조직 구조에 관심을 가지고 있다. 대변혁의 결과로 우리 경제와 사회에 일어난 변화는 조직의 구조에 대해 근본적으로 새롭게 고찰할 것을 요구하고 있다. 우리에게 주어진 핵심 과제는 자체적인 조직 구조와 자기 규제를 통해 복잡성에 적응해나가고, 예측 능력과 신속성을 향상시키는 것이다. 많은 조직이 새롭게 태어나야 하고, 근본적인 변화가 필요한 조직들도 있을 것이다. 조직 구조라는 과제는 동일하게 주어지지만, 그 해결책에서는 극단적인 차이가 나타날 수도 있다.[61]

> ❝
> 복잡한 시스템은 가능한 한 스스로 조직하고, 규제하며,
> 진화할 수 있도록 조직하라.

따라서 이 장에서는 앞으로 하나의 기관이 갖춰야 할 거시적 구조가 아니라, 조직의 현재 발전 단계와 상관없이 구조적으로 항상 고려해야 할 내용을 다룰 것이다.

● **조직화를 위한 조직화의 부작용**

지속적으로 조직을 개편하고 구조조정을 하는 전략을 취하는 리더들이 갈수록 많아지고 있다. 그런 사람들은 그 이유를 '모든 것을 계속 움직이게' 하기 위해서라고 한다. 하지만 나로서는 도저히 이해할 수 없는 일이다. 이것은 합리적 조직 구조와는 아무런 관련이 없는 하나의 질병, 한마디로 '조직 구조 병'이라고 할 수 있다. 무슨 일이 있어도 조직의 '역동성'을 유지해야 한다고 믿는 사람들이나 구

조조정을 통해 언론에 이름이 오르내리고 싶어 하는 사람들에게서 이런 경향이 나타난다. 이것은 기업과 경영진 모두의 잘못이다.

인간에게는 변화와 변혁을 극복할 수 있는 힘이 있다. 그리고 인간은 대격변의 과정을 통해 이러한 능력을 학습한다. 하지만 인간이 생산적인 성과를 내기 위해서는 휴식과 안정기도 있어야 한다. 특히 휴식기는 빠르게 증가하고 있는 정신노동자 혹은 지식노동자들에게 더더욱 중요하다. 집중의 원칙에 대해 설명하면서도 이미 언급했지만, 지식 노동자들에게는 생산성을 위한 휴식기가 필요하다. 변화를 위해 끊임없이 조직을 개편하는 것은 오히려 결과를 악화시킬 위험이 있으며, 관망적인 태도와 무기력, 불안의 원인이 될 수 있다.

조직의 개편은 살아 있는 유기체에 대해 마취 없이 외과 수술을 진행하는 것과 같다. 이 점에서 외과 전문의는 기본적으로 리더보다 더 편안한 상황에서 일을 한다고 볼 수 있다. 최소한 수술이 진행되는 동안은 마취를 통해 환자를 움직이지 않게 할 수 있기 때문이다. 하지만 관리자는 그럴 수 없다. 관리자의 '환자'들은 수술이 진행되는 과정에서 자신에게 일어나는 모든 일을 보고, 느끼고, 경험하며, 반응하기 때문이다. 훌륭한 외과 전문의는 불필요하게 조직을 제거하지 말아야 한다는 사실은 알고 있다. 그래서 다른 방법이 없다고 판단될 때만 메스를 댄다. 훌륭한 관리자도 위기 없이 조직을 개편하지 않는다. 조직 개편이 필요한 경우에는 최선을 다해 준비하고 진행과정에서 신중하게 고민하며, 그에 따르는 모든 대책을 마련하는 것을 우선으로 해야 한다.

● '좋은 조직' 같은 것은 없다

대부분의 사람들, 그중에서도 경험이 없는 사람들은 마찰 없는 조직의 형태가 존재한다고 생각하는 것 같다. 경영학에서 그런 조직을 찾아낼 수 있을지는 모르지만, 지금까지 내가 알고 있는 한 마찰이나 갈등이 없는 조직은 존재하지 않는다.

모든 조직은 불완전하다. 모든 조직에서는 살능이 일어나고, 조정을 위한 노력이 필요하며, 정보의 문제를 겪고, 사람들 사이의 마찰이 생겨나며, 불확실성과 인터페이스 등 모든 유형의 어려움이 발생한다. 좋은 조직과 나쁜 조직이 아니라 더 나쁜 조직과 덜 나쁜 조직 중에서 선택하는 것이라고 조언하는 것도 이 때문이다. 모든 조직에는 타협이 필요하다. 또한 '온전한' 하나의 조직 형태만을 선택할 수 있는 경우도 극히 드물다. 이는 말 그대로 경영학 교과서에서나 가능한 이야기이다. 실제 조직은 여러 가지 '온전한' 형태의 조합으로 이루어져 있다. 말하자면, 하이브리드라고 할 수 있다. 하지만 이것은 결코 부정적인 것이 아니다. 이를 부정적으로 생각하는 것은 원칙주의자들뿐이다. 조직이 겪는 문제들을 생각해보면 하이브리드 형태를 가지고 있어야만 제대로 운영될 수 있다는 결론에 이를 수밖에 없다. 그런데도 대부분의 사람들은 이론을 따라야 한다는 착각으로 한 가지 조직 형태만을 추구한다. 그러다 보면 실제 현실에서 유용하게 적용할 수 있는 조직 구조에서 점점 멀어질 수밖에 없다.

한편으로는 조직적으로 해결해야 할 것 같은 문제에 다른 해결 방법이 있다는 사실도 쉽게 간과하는 것 같다. 조직의 구조에 변화를 주는 것보다는 이 책에서 제시하는 더 나은 매니지먼트 방법을 통해 더 수월하고 빨리 대부분의 문제를 해결하거나 최소한 완화할 수 있다는 사실 또한 간과되고 있다.

이러한 맥락에서 나는 다음과 같은 규칙을 제안하고자 한다. '좋은' 조직이 좋은 매니지먼트를 만날 때 최고의 결과를 만든다는 것이다('좋은'의 의미에 대해서는 앞에서도 의문을 제기했지만, 그럼에도 여기에서 사용했음을 밝혀둔다). 하지만 그런 경우는 찾아보기 힘들다. 두 요소가 모두 부정적일 때, 즉 나쁜 조직과 나쁜 매니지먼트가 만날 때는 희망을 이야기하기 힘들다. 이는 분명한 사실이다.

하지만 두 가지 요소 가운데 하나는 좋고, 하나는 그렇지 않을 때는 어떨까? 이 책의 주제이기도 한 매니지먼트, 즉 기술적인 전문성이 부족한 경우 '좋은 조직'만으로는 결코 문제를 극복하거나 개선할 수 없다는 사실을 나는 다양한 조직들을 관찰하면서 깨달았다. 하지만 반대의 경우, 즉 조직은 바람직하지 않아도 좋은 매니지먼트가 있다면 놀라운 결과를 만들어낼 수 있다. 좋지 않은 구조에서도 훌륭한 성과를 만들어내는 좋은 관리자들을 수없이 보아왔기 때문이다.

비참한 조직 환경 속에서도 어김없이 최선을 다하고, 모든 역경을 이기고 좋은 결과를 만들어내는 리더들은 분명 존재한다. 이들 또한 서툰 일 처리와 관료주의, 느린 속도 등 조직이 안고 있는 다양한 문제에 격분한다(대부분은 동시에 여러 가지 문제들을 안고 있다). 하지만 이들은 끝까지 투쟁하거나 원하는 바를 관철시킨다.

● **조직 구조의 세 가지 근본 질문**

나무 때문에 숲을 보지 못하는 위험은 어디에나 도사리고 있다. 특히 조직 구조의 경우가 그렇다. 조직이 수행해야 할 목표와 기준의 덤불 속에서 길을 잃을 수 있기 때문이다. 이런 상황에서 할 수 있는 최악의 행동은 온갖 요구들로 조직에 지나치게 많은 짐을 부과하는 것이다. 요구사항이 많을수록 조직이 감당할 수 있는 것은 줄어들기 마련이다.

앞에서도 언급했듯이, 효과적인 조직은 단일 목적을 가진 조직이다. 물론 조직이 단순한 목적만을 추구할 수 있는지는 또 다른 문제다. 그럴 수 있다면 조직의 큰 장점이 될 것이다. 하지만 하나의 목적을 위해 작동하는 장치나 기계도 극도로 복잡할 수 있다. '단순함'과 '단일 목적'을 혼동하는 경우가 많은 이유도 바로 여기에 있다. 전투기를 예로 들어보자. 전투기는 단일 목적 시스템을 가지고 있지만 결코 단순하지 않다. 또한 전투기의 용도는 매우 제한적이지만, 그 성능만큼은 다른 기기들이 쉽게 능가할 수 없다.

결국 해답이 필요한 문제는 다음의 세 가지로 정리할 수 있다. 이것은 조직의 과부하를 예방하기 위한 근본적인 질문이기도 하다. 아래의 질문들은 경제적 기업의 관점에서 정리한 것이지만 적절히 수정하여 일반 조직에도 적용할 수 있다.

- 고객이나 서비스의 대상이 우리에게 비용을 지불하는 이유에 꾸준히 관심을 집중하기 위해서 어떻게 조직을 구성해야 할까?
- 직원들이 임금을 받는 이유를 위해 일하게 하려면 어떻게 조직을 구성해야 할까?
- 최고 경영진이 제대로 기능하도록 하기 위해 어떻게 조직을 구성해야 할까?

경영의 본질

조직이란 이 세 가지 질문의 다리 역할을 한다. 이에 대해 몇 가지 힌트를 더하겠다. 오늘날 모든 기업에는 고객 중심 경영과 관련한 고백들이 넘쳐난다. 하지만 이 고백들이 모두 실현된 것은 아니다. 첫째, 고객이 기업에 비용을 지불하는 진짜 이유를 파악하는 것은 쉬운 일이 아니기 때문이다. 둘째, 진짜 이유를 파악했다 하더라도 고객을 중심에 두지 않고 조직을 구성할 수 있는 방법이 여전히 더 많다. 첫 번째 질문과 두 번째 질문을 동시에 설명할 수 있는 사례가 바로 보험사이다. 분석에 따르면 보험사의 영업사원이 고객에게 할애할 수 있는 시간은 평균적으로 업무 시간의 최대 40퍼센트 정도라고 한다. 나머지 시간은 대부분 행정 업무를 하는 데 사용된다. 이를 고객 중심이라고 할 수는 없다. 이런 방식으로는 직원 역시 자신이 임금을 받는 이유를 위해 일할 수 없다.

두 번째 질문과 관련해서는 2부에서 언급한 것처럼 정기적으로 직원들의 기여도를 확인하는 것이 도움이 된다. 놀라운 것은 앞에서 언급한 '당신이 이 기업에서 월급을 받는 이유가 뭐죠?'라는 질문에 전혀 대답을 하지 못하거나, 모호한 대답을 하는 사람이 대부분이라는 사실이다. 또한 이 질문을 통해 조직이 실제로는 직원의 업무를 지원하기보다 방해한다는 사실을 반복적으로 깨닫게 될 것이다. 상사 자체가 업무에 방해가 되는 경우도 결코 드물지 않다.

조직 구조의 세 번째 기본 질문은 최고 경영진이 자신들에게 주어진 가치 있는 시간을 실제로 어디에 쓰고 있느냐에 대한 문제다. 이들이 하고 있는 일이 정말로 최고 경영진에게 주어진 과제일까? 일상적인 업무에 시간을 낭비하고 있지는 않은가? 조직의 리더들은 전체적인 시각과 지식을 통해서만 합리적으로 처리할 수 있는 문제들을 해결할 수 있도록 자유롭게 일하고 있는가? 아니면 조직의 운영 자체에 너무 많은 시간과 노력을 소비하느라 여력이나 여유 시간이 없지는 않은가?[62]

● 나쁜 조직에 나타나는 증상들

앞에서 성급히 조직 개편을 시도하지 말 것과 우리에게 주어진 선택지는 나쁜 조직과 더 나쁜 조직 형태밖에 없다는 사실을 언급한 바 있다. 이는 다음의 질문을 전제로 하고 있다. 그렇다면 조직 구조의 변화를 고려해야 하는 시점은 언제일까? 실제로 조직 구조에 문제가 있다는 것을 알아차릴 수 있는 증상은 무엇일까?

어려움이 생길 때마다 반사적으로 조직이나 구조에 문제가 생겼다고 여기고 조직의 변화를 요구하는 사람들이 있다. 리더는 이와 같은 반사적 반응에 절대 굴복해서는 안 된다. 물론 모든 기업에는 하루도 빠짐없이 갈등과 문제, 마찰이 발생한다. 하지만 그 원인이 조직인 경우는 극히 드물다. 자세히 들여다보면 조직의 구조가 아니라 조직의 리더십에 문제가 있는 경우가 대부분이다.

일차적으로 조직은 조직이 생산하는 문제가 아닌, 조직이 생산하지 않는 문제를 기준으로 평가해야 한다. 우리가 현재 가지고 있는 구조가 문제를 야기했다면 다른 구조는 어떤 문제를 야기할까? 구조 조정을 통해서는 지금 당면한 문제밖에 해결할 수 없다. 하지만 이를 통해 양산될 또 다른 새로운 문제들은 얼마나 많을까? 우리는 이러한 질문을 통해 답을 찾아야 한다.

실제로 조직 구조에 문제가 있음을 알려주는 몇 가지 증상이 있다. 따라서 다음과 같은 증상이 나타나면 구조 개편과 그 밖의 요소들에 대한 고민이 필요하다.

관리 단계가 점점 많아진다

이는 조직 구조가 잘못되었으며, 변화가 필요하다는 것을 알려주는 가장 확실하면서도 심각한 증상이다. 이러한 인식은 1990년대부터 지지를 받기 시작해 오늘날까지 이어지며 꽤 널리 퍼지게 되었다. 하지만 이를 문제로 인식하기까지는 무척이나 오랜 시간이 걸렸다. 그렇지 않고서야 위계질서의 해체를 그렇게 크게 외치고, 단번에 세 개, 네 개, 다섯 개 계층을 제거하게 된 것을 어떻게 설명할 수 있겠는가? 과거에는 분명 이와 같은 계층이 공식적으로 만들어지고, 허용되었을 것이다. 그렇지 않았다면 지금에 와서 이를 제거할 필요가 없었을 것이다. 위계질서가 필요 없었다면, 처음부터 생겨나지도 않았을 것이다.

이에 대한 해법은 다음과 같이 간단하게 말할 수 있다. '단계는 최소한으로, 경로는 최대한 짧게!' 관리 단계를 추가하려는 유혹이 있다면 단호하게 물리쳐야 한다. 물론 모든 상황을 신중하게 검토한 후에도 관리 단계를 추가하는 것이 불가피하다는 결론을 내릴 수도 있을 것이다. 하지만 이 경우에도 관리 단계를 추가하는 것은 최후의 수단이 되어야 한다.

관리 단계가 많아지면 상호 간의 이해도 더 어려워질 뿐만 아니라 부서 간의 갈등이나 마찰도 잦아지며, 정보가 왜곡되고, 목표가 변질

되며, 직원들의 관심이 잘못된 방향으로 향할 수 있다. 관리 단계가 하나씩 많아질 때마다 직원들의 스트레스도 추가되며, 이는 태만과 마찰, 소비의 근거가 된다.

'부서 간' 업무가 점차 늘어난다

'부서 간' 업무는 꽤나 현대적으로 들리는 용어다. 그리고 그다음에는 보통 생각의 '네트워크'가 필요하다는 말이 이어진다. 물론 세상이 점점 더 복잡해지면서 이런 과정이 갈수록 중요해지고 있는 것은 사실이다. 하지만 부서 간 업무는 결코 환영할 만한 일이 아닐 뿐만 아니라 이런 방식으로 일할 수 있는 사람은 극소수에 불과하다. 집중적인 훈련을 받는다고 해도 놀랄 만한 성과를 내기는 어렵다. 부서를 넘나드는 업무와 생각의 네트워크화는 대부분의 사람들에게 불가능하거나 해내기 어려운 요구이다.

따라서 이와 같은 기본 규칙은 완전히 달라져야 한다. 조직의 구조는 부서 간 업무가 적을수록 바람직하다고 할 수 있다. 다시 말해, 부서를 넘나드는 업무가 전혀 필요하지 않을 때 조직이 올바르게 구성되었다고 볼 수 있다.

물론 부서 간 업무를 완전히 없애는 것이 쉽지만은 않을 것이다. 때로는 불가능할 경우도 있을 것이다. 그래서 이 규칙에 대해서는 조직의 구조에 따른 해답을 집중적으로 고민해봐야 한다. 하지만 이는 지침일 뿐이며, 여기에 대해서는 불가피하게 타협을 해야 하는 상황이 생길 수도 있다. 과정 중심의 구조를 가진 조직은 이러한 방향성을 따를 것이고, 이때 정보 기술을 적절히 사용하면 유용한 해결책을 도출하는 데 도움이 될 것이다.

끊임없이 회의가 계속된다

우리는 수많은 조직에서 끊임없이 회의가 이어지는 것을 볼 수 있다. 이 역시 조직 구조에 문제가 있다는 사실을 알려주는 강력한 지표이므로, 심각하게 여길 필요가 있다.

조직은 자연법칙이라고 할 수 있을 정도로 갈수록 더 많은 회의를 필요로 하고 있다. 하지만 이는 결코 바람직하지 않으며, 필수적인 과정도 아니다. 회의에서 실제로 일을 하는 경우는 거의 없다. 실제 일은 회의 전이나 회의 후에 진행되기 때문이다. 그리고 모든 회의는 (특히 생산적인 회의는) 차후에 반드시 해야 하는 또 다른 세 번의 회의를 양산한다.[63]

여기에도 분명한 규칙이 존재한다. '무언가를 이루고 싶다면, 개인적인 접촉의 필요성을 최소화하라.' 특히 이 규칙은 오해를 받는 경우가 많아서 더더욱 중요하다.

내가 강조하는 것은 개인적인 접촉의 가능성이 아니라 필요성을 최소화하는 것이다. 당연히 직원들에게는 직원과 동료와 상사와의 관계를 관리할 기회가 충분히 주어져야 한다. 그렇기 때문에 건물 설계와 자리 배치에서는 물론이고 카페테리아나 구내식당, 사내 행사 등을 통해서도 직원들이 서로 교류할 수 있는 기회를 만들 필요가 있다. 그러기 위해서는 때로는 '눈 감아 주기'도 필요하다. 하지만 조직 구조 때문에 모든 사안을 처리하기 위해 매번 8~10명이 모여서 협조를 하고, 의견을 조율을 해야만 일을 시작할 수 있다면, 그것은 조직의 구조가 잘못되었다는 뜻이다.

한 가지 업무를 여러 사람이 함께하고 있다

여전히 가장 생산적인 자원은 일을 시킬 수 있고, 그 무엇으로부터도 방해받지 않는 유능하고 전문적인 직원이다. 워킹그룹과 팀워크의 시대에는 다소 구식으로 들릴 수도 있다. 그럼에도 나는 이 문제에 대해 고민해보라고 제안하고 싶다. 중요한 것은 현대적이냐 아니냐가 아니라, 올바르냐 아니냐이기 때문이다. 같은 업무에 항상 여러 사람이 매달려야 하는 조직은 바람직하지 않다. 이는 언젠가 인력 감축으로 이어지고, 유능한 직원들의 사기를 저하하며, 느리고 비생산적인 조직을 만듦으로서 최선을 다해봐야 평범한 성과를 내는 경우가 대부분일 것이기 때문이다.

> 66
> 조직의 가장 생산적인 자원은
> 유능한 직원이 집중해서 방해받지 않고 일하는 것이다.

불필요한 비서의 수가 늘어난다

특히 대기업들은 물론이고 현대의 기업들은 한두 명의 조정자를 필요로 한다. 그리고 지위의 상징으로서가 아니라 실제로 비서가 필요한 관리자도 있다. 하지만 조정자나 비서의 수는 언제나 최소한으로 제한해야 한다. 이러한 직책을 고용하는 것은 예외의 경우에 해당해야 한다는 뜻이다. 그렇지 않다면 조정자와 비서는 잘못된 조직 구조

　　　　　　　　경영의 본질

의 신호일 수 있다. 직원들은 순식간에 결과가 아니라 지위와 서열, 학력 및 학위를 중요하게 여기게 될 것이다. 조직은 중요한 일이 아니라 이익과 관련된 일에 집중할 것이고, 그 결과 비용은 증가할 것이다. 조정자와 비서를 고용하는 것 자체에 비용이 들기도 하지만 이들이 다른 직원들의 시간을 빼앗고, 일을 하지 못하게 만들기 때문이다. 이렇게 되면 목표에 맞게 행동하지 않고 불필요한 분석을 하는 현상이 나타난다.

한 사람이 다양한 업무를 처리하고 있다

'다양한 업무를 조금씩' 맡고 있는 것은 효과적인 업무 방식과는 거리가 멀다. 이는 재앙이며, 심각한 조직적 문제다. 이미 여러 번 언급했듯, 일의 가장 이상적인 형태는 직원들이 중요한 하나의 과제에 집중할 수 있게 하는 것이다. 제대로 설계되고 조직된 직책은 한 사람이 가진 모든 관심과 에너지를 하나의 목표를 달성하는 데 집중하게 만든다. 그 밖의 다른 모든 것은 에너지의 분산과 낭비일 뿐이다.

이런 업무 방식이 인기가 없다는 것은 나도 잘 안다. 하지만 이것이 옳은 방식이다. 더 나아가 이것은 직원들이 실제적이고, 설득력 있으며, 가시적이고, 입증할 수 있는 성공을 거두는 데 도움이 되는 유일한 방법이다.

다양성에 대해서는 대부분 크게 걱정할 것도 없다. 아무리 집중의 효과가 큰 최고의 업무라도 재량권을 발휘할 수 있는 여지는 충분하고, 매일 이어지는 깜짝 사건들은 직원들에게 지루할 틈을 허락하지 않기 때문이다.

'다양한 업무를 조금씩' 맡는 방식으로는 성과를 내기 힘들 뿐만 아니라 책임 소재도 분명하지 않다. 또한 동기를 부여하고, 존경을 받고, 만족감을 느끼며, 행복을 경험하기 위해 가장 중요한 요소, 즉 성과를 이루지 못하게 만든다. 다시 말해 자랑스럽게 여길 수 있고 그것 하나만으로 오랫동안 동료와 상사, 직원들로부터 존중받고, 인정받게 해줄 가시적이고, 내세울 수 있는 결과물을 만들어내지 못하는 것이다.

만일 이 가운데 한 가지 혹은 여러 가지 증상이 나타난다면 조직의 구조에 대해 진지하게 고민해 볼 필요가 있다. 이밖에도 조직의 성장이나 새로운 기업의 인수, 협력, 합작 투자의 필요성, 기업 승계와 같은 문제 등 구조에 대한 고민을 해야 할 다른 이유도 있다. 이는 오히려 기업의 외부적인 문제에 해당하지만, 사실 이런 경우가 실제로 이 장에서 다루고 있는 내용들에 비해 조금 더 주목을 받는 경향이 있다.

마지막으로 한 번 말하지만 앞에서 언급한 증상들이 나타나 조직 개편이 필요하다는 결론이 나왔다면, 사전에 신중하게 고려한 후 신속하고 타협 없이 필요한 조치를 실행에 옮겨야 한다. 단호하지 못하고 주저하는 태도는 조직 개편에 찬성하는 이들을 좌절시키고, 필요한 조치에 반대하는 이들의 목소리만 더 커지게 할 뿐이다.

조직 개편의 속도는 중요하다. 그렇게 해야 구조조정 이후 모두가 안정적으로 일할 수 있고, 조직 개편 기간 중 하락한 생산성을 회복할 수 있으며, 합리적인 업무 처리를 하는 데 필요한 인간성이 회복될 수 있기 때문이다. 기업의 목표는 끝없이 구조를 개편하는 것이 아니라, 구조를 개편함으로써 이전보다 더 나은 성과를 올리는 것이다. 따라서 구조조정 후에 발생할 불가피한 마찰에도 대비해야 한다. 바로 여기에서도 효과성을 목표로 하는 유능한 리더가 필요하다.

12

의사결정

리더에게 주어진 기본적인 과제 중 하나는 의사결정이다. 하지만 '의사결정 중심의 경영학'이라는 표현이 의미하 것처럼 의사결정이 리더의 유일한 업무는 아니다. 미국의 경제학자 허버트 사이먼Herbert Simon 또한 이에 대해 언급한 바 있다. 관리자는 의사결정과는 별로 상관이 없거나, 아예 아무런 관련이 없는 수많은 다른 업무들을 수행해야 하기 때문이다. 하지만 의사결정이 전통적으로 리더에게 주어진 과제인 것만은 분명하다.

결정은 리더만이 내릴 수 있다. 결정을 내리는 사람은 서열이나 직책, 직위와 상관없이 리더가 된다. 그 반대의 경우도 마찬가지다. 어떤 직책이나 지위 혹은 권한이나 역량을 갖고 있더라도 결정을 내리지 않으면 리더라고 할 수 없다. 의사결정을 할 때는 모든 요소들을 종합하고, 그것들이 서로에게 미치는 영향까지 고려해야 한다. 의사 결정은 유일하지는 않지만 가장 결정적인 리더의 업무다. 말하자면, 리더를 만들 수도, 무너뜨릴 수도 있는 업무이다. 그래서 나는 이 과제에 대해 좀 더 자세하게 살펴볼 것이며, 무엇보다 올바른 참여와 합의를 이끌어내는 방법과 의사결정을 실현하는 방식 등 매니지먼트 관련 문헌이나 인기 있는 사례 연구에서는 찾아보기 힘든 내용들을 다룰 것이다.

● 잘못된 의견과 착각

아마도 사람들은 의사결정의 중요성 때문에 모든 관리자가 이 주제를 다루는 데 가장 집중할 것이라고 생각할 것이다. 그래서 의사결정을 훈련하고, 유용한 의사결정 방법론에 몰두하고, 이 과제에 가장 신중하게 접근할 것이라고 생각한다. 하지만 안타깝게도 이는 매우 제한적인 경우이다. 여기에 의사결정과 의사결정의 질에 부정적인 영향을 미치는 몇 가지 오해와, 착각 그리고 실수들이 있다. 하지만 이런 사실을 인지하고 있고 몇 가지 고정관념에서 벗어날 수만 있다면, 그런 실수를 쉽게 피할 수 있다.

문제가 분명하다는 착각

엄밀히 따지자면 대부분의 리더는 결정을 내리는 데 너무 성급하다. 무엇에 대해 결정을 해야 하는지 명확하며, 어떤 문제에 대해 의사결정을 내려야 하는지 분명하다고 생각하기 때문이다. 하지만 나는 문제란 어떤 경우에도 사전에 명확하게 알 수 없으며, 신중하게 알아내야 하는 대상이라고 생각한다. 이런 전제하에 다음의 내용을 읽어주길 바란다.

이것은 의사결정과 관련한 첫 번째 과제이자 가장 중요한 과제다. 물론 별 다른 결과가 없는 작고, 사소한 결정을 이야기하는 것은 아니다. 여기서 말하는 의사결정이란 정말로 중요하고 조직의 미래에 큰 영향을 미치는 결정들이다. 이러한 의사결정의 특징은 초반에는 절대로 문제가 명확하게 드러나지 않는다는 것이다. 이런 문제들은 대부분 데이터와 추측, 주장, 관찰, 모호한 개념의 늪에서 문제를 분석하고 추출하는 작업을 필요로 한다.

매출이 하락하고 있다면 문제는 마케팅일까, 아니면 제품의 질과 관련된 문제일까? 가격이 잘못된 걸까, 아니면 홍보가 문제일까? 경쟁 제품, 경제 상황, 영업 인력의 문제는 아닐까? 원인은 하나일까, 아니면 복합적일까? 만약 복합적이라면 어떤 조합이 잘못된 것일까?

경영학 교과서들은 좋은 의도에서 '사실에서부터 시작하라!'라고 조언을 한다. 하지만 중요한 의사결정에서 사실이란 대체 무엇일까? 사실에서부터 시작은 할 수 없지만, 사실에 대한 생각에서부터는 시작할 수 있을 것이다. 이때 사실 자체와 사실에 대한 생각은 전혀 다르다.

문제를 잘못 이해하면 절대로 올바른 의사결정을 내릴 수 없다. 문제를 제대로 이해하지 못하면 각 결정의 요소들을 제 아무리 정교하게 처리하고, 분석하고, 계산해도 올바른 해결책은 나오지 않는다.

대부분의 사람들은 학교에서 응용문제를 푸는 것에 대해 좋지 않

경영의 본질

은 기억을 가지고 있다. 계산이 어려워서가 아니라, 문제를 이해하는 것이 어렵기 때문이다. 훌륭한 교사들이 응용문제을 채점할 때 '문제에 대한 정확한 이해'와 '정확한 계산'으로 카테고리를 나누어 채점하는 것도 이런 이유 때문이다. 그리고 배점이 더 높은 쪽은 첫 번째다.

잘못된 계산에서 오류를 찾아 수정하는 것은 어렵지 않다. 하지만 식 자체가 잘못되었다면 그 식을 가지고는 아무리 열심히 계산을 해봐야 정답에 이를 수 없다.

여기서 진짜 문제는 무엇일까? 이것이 첫 번째 질문이자 가장 중요한 질문이 되어야 한다. 그리고 가능하다면 충분히 시간을 두고 이점에 대해 고민해야 한다.

빨리 많은 의사결정을 해야한다는 착각

아마도 많은 리더들이 가능한 한 많은 것을 빨리 결정하는 것이 리더의 덕목이라는 생각을 갖고 있을 것이다. 심지어 책상 위에는 전화기가 여러 대 놓여 있고, 하나는 귀와 어깨 사이에 끼고, 하나는 손에 들고, 하나는 통화 대기인 상태로 업무를 처리한다. 전 세계를 누비며 업무 지시를 내리는 할리우드식 리더의 모습을 떠올리는 관리자들도 있을 것이다. 하지만 이런 이미지는 리더의 캐리커처에 불과할 뿐 좋은 리더나 좋은 의사결정과는 아무런 관련이 없다.

정말로 훌륭하고 효과적인 리더는 오히려 결정을 적게 내린다. 단, 오래 고민하고 신중하게 결정을 내린다. 자신의 결정에는 위험이 따르며, 원하는 결과만 얻는 것이 아니라 언제나 원치 않는 결과도 따라올 수 있다는 사실을 너무나도 잘 알기 때문이다. 뿐만 아니라 잘못된 의사결정을 바로잡는 데 필요한 노동과 에너지, 시간이 노동집약적인 결정 자체에 드는 것보다 더 많다는 것도 알고 있다.

물론 이들에게도 빠르게 혹은 즉흥적으로 결정을 내려야 할 때가 있다. 그럴 때는 이들도 결정을 한다. 하지만 좋은 리더들은 이와 같은 상황을 최대한 피하려고 노력한다. 억지로 떠밀려 결정을 내려야 하는 상황까지는 가지 않도록 노력한다.

빠른 시간 안에 의사결정을 할 때는 대부분 즉흥적으로 직관에 근거해서 결정을 내릴 때가 많다. 물론 최고라고 불리는 리더들도 자신의 직관에 대한 맹목적인 신뢰에 빠지기 쉽다. 하지만 정말로 좋은 관리자들은 직관에 대해 양가적인 태도를 갖고 있다.[64] 물론 직관이나 그것과 연결된 주관적 확신 같은 것이 존재하는 것은 맞다. 하지만 문제는 직관이 있느냐 없느냐가 아니다. 핵심은 어떤 직관이 옳고, 어떤 것이 틀린 것인지를 사전에 증명할 수 있느냐이다. 주관적 확신이라는 감정은 힘이 세지만, 위험하다. 맞을 가능성과 틀릴 가능성이 같기 때문이다.

좋은 리더도 다른 사람들과 마찬가지로 직관을 가지고 있다. 하지만 이들은 직관에 의존해서는 안 된다는 것을 알고 있다. 효과적인 사람과 덜 효과적인 사람을 구분하는 것은 더 높은 수준의 직관이 아니라, 직관에 대한 성찰적이고 자기비판적인 태도다. 좋은 리더는 직관이라는 것이 외부적인 환경보다는 내면의 상황에 대한 정보에 가깝다는 것을 잘 알고 있다. 내면의 상황이 우연히 외부 상황과 유사하게 맞아떨어질 수는 있지만, 반드시 그렇다고 볼 수는 없다.

경영의 본질

2차 세계대전에 참전한 미국 출신의 장군 조지 패튼George S. Patton 은 즉흥적이고 직관적이며, 번개처럼 빠른 결정을 내리는 것으로 유명하면서도 이에 대해 악명이 높아 '식스 센스Sixth Sence'라는 별명으로 불렸다. 역사를 살펴봐도 패튼의 '갑작스러운 결정'은 대부분의 경우 옳았다. 직관이 그를 속이지 않은 것이다. 패튼의 직관적인 결정은 패튼의 지휘를 받던 제3 전차부대가 유럽 침공 이후 성공을 거두는 데 결정적인 역할을 했다. 하지만 패튼이 이렇게 빠르고 정확한 결정을 내릴 수 있었던 진짜 이유는 무엇이었을까? 타고난 재능이나 역량 혹은 통찰력 때문이었을까? 아니면 정말로 직감이었을까? 그렇지 않다. 이유는 전혀 다른 데 있었다. 패튼은 평생 직업 훈련을 받으며 자신에게 주어질 수 있는 모든 과제에 대비하고 있었다. 다시 말해, 사전에는 결코 알 수 없는, 자신에게 주어질 과제와 그 과제를 수행하게 될 시기, 각각의 대응 방법 등을 준비하고 있었다. 패튼은 그 누구보다 철저하게 모든 상황과 업무에 준비가 되어 있는 리더였다.

1차 세계대전 당시 미 원정군의 대령이었던 패튼은 프랑스의 사정을 속속들이 알고 있었다. 1913년부터 기마학교에서 훈련을 받으며 프랑스 영토 내의 과거 전장을 직접 방문해 지도를 보며 시찰했고, 그 과정을 통해 그곳의 지리학적 상황을 3차원 이미지로 만들어 머릿속에 집어넣고 있었다. 이것은 미 육군 사관학교에서부터 이어진 훈련 과제였다. 웨스트포인트에서는 사관후보생들에게 다음과 같은 질문을 던졌다. '1863년 7월 2일 오후 4시 30분, 게티스버그. 현재 상황은 이렇다. 앞으로 2시간 후 전쟁 상황은 어떤 것으로 보이는

가?' 이러한 과제가 주어질 때마다 패튼은 세심하고 철저하게 과제를 수행했다. 얼핏 직관처럼 보이는 패튼의 '즉흥적 결정'은 사실 타고난 재능이 아니라 피나는 노력과 풍부한 기본 지식, 전차부대를 어떻게 지휘할 것인가에 대한 평생에 걸친 고민의 산물이었다. 2차 세계대전 중 빠른 결정으로 비난의 화살을 맞던 패튼은 이렇게 말했다. "나는 40년 넘게 전술을 연구했습니다. 수술 중에 의사가 동맥을 연결해야 한다거나, 조직을 더 깊이 잘라내야 한다거나, 병든 장기를 추가로 제거하는 등의 목표를 수정하는 것은 '결정이 빠른 것'이 아닙니다. 수년에 걸친 훈련과 지식과 경험을 토대로 결정을 내리는 것뿐입니다."[65]

신속하면서도 올바른 결정을 내릴 수 있는 사람들도 물론 있을 것이다. 경영 분야라고 예외가 될 수는 없다. 하지만 솔직하게 말해서, 신뢰할 만한 '식스 센스'를 가지고 있을 정도로 사업 전반에 필요한 모든 세부 지식을 준비해두었다고 주장할 수 있는 사람은 과연 몇이나 될까? 전체 지식과 특수 지식 모두를 아우르는 식스 센스를 가진 사람이 몇이나 될까?

이제 막 교육을 마친 젊은 리더라면 말할 것도 없고, 고도로 분산된 기업에서 26개의 서로 다른 사업 분야를 '관리'하고 있다고 생각하는 리더에게도 이는 불가능한 일일 것이다. 전혀 다른 업계에서 무려 17개의 직함을 가지고 기업마다 서너 개씩 회의에 참석하는 사외이사들의 경우라면 말할 필요도 없다.

물론 의사결정이 너무 느려서 조직이 마비되는 경우도 있다. 하지만 너무 빠른 의사결정 역시 재앙을 초래할 수 있다. 속도와 철저함

경영의 본질

의 균형은 그 어떤 공식으로도 해결할 수 없는 기업 경영의 문제 가운데 하나다. (강화할 수 있는) 판단력과 (획득하기까지 시간이 소요되는) 경험, (화려한 언변으로는 결코 대체할 수 없는) 상당한 수준의 전문 지식이 필요한 문제이기 때문이다.

특히 나는 인사 결정과 임금에 대해 결정을 내릴 때는 반드시 천천히 그리고 철저하게 고민할 것을 제안한다. 이 두 영역에서의 빠른 결정은 잘못된 경우가 많기 때문이다. 그리고 그로 인한 결과는 치명적이다.

현재의 대안이 최선이라는 착각

사람들이 흔히 하는 세 번째 실수는 눈앞에 있는 대안에 너무 성급하게 만족하는 것이다. 효과적인 리더는 결정에 앞서 '이 세상에는 우리가 아는 것보다 훨씬 더 많은 대안이 있다'라는 사실을 전제로 한다.

물론 효과적인 리더는 대안 찾기를 중단해야 하는 시점이나, 더 많은 대안을 찾아야 하는 시점에 대해서도 잘 알고 있다. 하지만 가장 먼저 떠오르거나 가장 먼저 제시된 최고의 대안에 결코 만족하는 법이 없다. 직원들이 제시한 최고의 분석에도 '또 다른 대안이 있지 않을까?'라고 고민하며 주저하지 않고 직원들의 의견을 되돌려보낸다. 호감을 얻을 수 있는 태도가 아니란 것은 이들도 잘 알고 있다. 하지만 그것이 양심적이고, 성실한 관리의 필수 요소이다.

여기서 말하는 결정이란 사소한 것이 아니라 대단히 중요한 결정이다. 물론 모든 대안을 완벽하게 검토하는 데에는 많은 시간과 비용이 필요하다. 좋은 리더가 의사결정을 적게 하는 이유 중에 하나도 바로 이 때문이다. 이들은 본질적이고 근본적인 것, 즉 기본적인 결정에 집중한다. 좋은 의사결정은 엄청난 노력과 시간을 투자한 결과물이라는 것을 알고 있기 때문이다.

결정 자체가 중요하다는 착각

물론 결정은 중요하다. 그렇지 않다면 결정에 대해 이렇게 길게 이야기할 필요도 없을 것이다. 그리고 좋은 결정을 내리는 것이 어려운 것도 사실이다. 하지만 의사결정 자체는 결정된 내용을 실행하는 것이 비하면 상대적으로 중요하지도 어렵지도 않다. 사실 이 부분에 대해서 관심을 기울이는 사람은 많지 않다.

만일 어느 나라에서든 한 리더가 결정만 내리고 결정된 내용이 실행되지 않을 때마다 1유로씩을 받을 수 있다면 아마도 엄청난 부자가 되었을 것이다. 결정된 모든 내용은 기록되어 공지된다. 그 후 조직의 모세혈관에서 사라져서는 아무리 기다려도 결과로 이어지지 않는다.

효과적인 리더들은 결정된 내용을 실행하는 것까지를 의사결정 과정의 일부로 여긴다. 즉, 이들이 이야기하는 좋은 결정이란 결정을 내리는 것에서 끝나지 않고 실행까지 포함하는 개념이다.

의사결정이 아무리 어렵다고 해도 결정된 사항을 실행하는 것은 그보다 몇 배는 더 어렵다. 최선의 결정을 해도 실행 단계와 방식에서 오류가 생길 수 있고, 결정이 잘못 이해되거나 왜곡되고, 반대에 부딪칠 수도 있기 때문이다. 그래서 좋은 관리자는 의사결정의 각 단

경영의 본질

계에서 언제나 실현 단계를 미리 생각한다. 결정의 실행을 누구에게 맡길 것인지, 이 결정을 이해하고 올바로 실행하기 위해서는 무엇을 알아야 하는지를 함께 고민한다.

그래서 의사결정 과정에는 결정을 실행에 옮길 직원들도 포함시킨다. 이들에게 동기를 부여하기 위해서나, 막연하게 민주주의를 열망해서가 아니라, 결정에 대한 실현을 가능하게 하고, 그것이 최대한 효과적으로 실현될 수 있게 하기 위해서다. 좋은 리더에게 참여형 의사결정이 중요한 것도 바로 이 때문이다. 일반적인 경영학 교과서에서 언급하는 것과는 다른 이유인 것이다.

더 나아가 좋은 리더들은 '후속 조치Follow-up'와 '마무리Follow-through'를 매우 중요하게 여긴다. 이는 결정적인 일들이 실제로 이루어지고 있는지를 확인하는 과정이다. 또한 구두나 서면 보고에 의존하지 않고 직접 현장을 찾아가서 일의 진행 과정을 눈으로 확인한다.

그래서 이들은 큰 변화를 가져올 의사결정을 할 때 특히 신중을 기한다. 그리고 이 결정을 실현하기 위해 직원들에게 필요한 교육과 정보, 도구가 무엇인지 명확해지기 전까지는 결정을 내리지 않는다.

합의가 중요하다는 착각

여기서 다뤄야 할 또 한 가지 오해는 조직 운영에는 합의가 반드시 필요하다는 생각이다. 특히 합의를 이뤄내는 방법에 대해 사람들은 매우 잘못된 생각을 가지고 있다.

물론 최종 결론과 의사결정의 마지막 과정에서는 합의가 중요하다. 합의된 의사결정은 그렇지 않은 경우보다 실현 가능성이 크기 때문이다. 하지만 많은 리더들이 화합을 지나칠 정도로 중요하게 여기는 경향이 있다. 일부 심리학 이론 또한 이런 경향을 강화하고 있다. 내가 항상 강조하는 것 중 하나는 최고의 리더도 사람이며, 그렇기 때문에 이들 역시 논쟁과 갈등을 회피하고 싶어 한다는 것이다. 그러다 보니 너무 빨리, 너무 일찍 합의를 이루려는 경향이 있는 것이다. 마치 진부한 것들을 모조리 '문화'로 양식화해버리는 오늘날의 현상처럼 말이다.

하지만 실제로 중요한 것은 합의가 아니라 불일치다. 실제로 실현 가능한 합의는 화합을 위한 노력이 아니라, 조정할 수 있는 불일치 속에서만 나올 수 있기 때문이다. 반대 의견을 조정할 수 있는 방법은 세 가지밖에 없다. 첫째도, 둘째도, 셋째도 비밀 없이 모든 내용을 공유하고 공개하는 것이다. 이 과정이 때로는 힘들고 짜증이 날 수도 있지만, 그 밖에는 다른 방법은 없다.

제너럴 모터스에서 오랜 시간 대표직을 맡았던 알프레드 슬론 Alfred Sloan은 이 사실을 정확하게 알고 있었다.[66] 그래서 제너럴 모터스에서 의사결정을 하는 체계적인 방식에 동의하지 않았다. 슬론을 의장으로 하는 의사결정 회의에서는 대부분 열띤 토론이 이어졌다고 한다. 하지만 이 가운데 한 회의에서 슬론은 중요한 의사결정에 대한 다수의 찬성 의견을 다시 한 번 확인했다. 회의 내용과 관련해 모두의 의견이 같은지를 다시 한 번 확인한 것이다. 대부분의 사람들이 고개를 끄덕이는 것으로 대답을 대신하자 슬론은 이렇게 말했다. "그렇다면 이쯤에서 회의를 잠시 중단하도록 하죠. 서로 다른 의견이 나올 때까지 시간을 가집시다!"

박수로 가결된 결정은 올바른 결정이 아니며, 그런 합의는 그저 주어진 과제를 제대로 한 사람이 하나도 없기 때문에 나온 결정이라는 것을 슬론은 정확히 알고 있었던 것이다. 슬론은 반대 의견을 원했고, 자신 역시 열심히 반대 의견을 냈다. 슬론은 이것을 하나의 방법으로 사용했고, 리더는 중요한 문제에 대해 다른 의견을 내기 때문에 보수를 받는 사람이라는 것 역시 잘 알고 있었다. '합의의 문화'를 지지하는 이들과 수십 차례 토론을 한 결과, 나는 그들 중 그 누구도 이렇다 할 경영을 해본 적은 없다는 것을 확인할 수 있었다. 대부분은 규모가 큰 조직에서 중요한 의사결정에 참여해본 적도 없었다.

좋은 리더들에게 빠른 합의란 무서운 일이다. 이들은 '평화'를 믿지 않는다. 실제로는 나중에 다른 의견들이 있고, 사안을 철저히 검토해보면 다양한 의견들이 존재하며, 실행 단계에는 뒤늦게 그런 의견들이 수면 위로 올라온다는 것을 알고 있기 때문이다. 좋은 리더는 누가 찬성하고 반대하는지, 이 사안에 대한 직원들의 생각은 어떤지, 반대 의견의 근거는 무엇인지를 사전에 파악하려 한다. 따라서 실행 단계에서도 유지될 수 있는 합의를 도출하기 위해 체계적으로 반대 의견을 제시하는 것이다.

이는 많은 시간과 골치 아픈 과정을 필요로 하는 문제이며, 때로는 감정과 연결된 문제이기도 하다. 이런 방식으로는 결코 리더로서 호감을 얻을 수 없다. 하지만 이는 더 나은 의사결정과 더 나은 결과의 실현으로 이어질 수 있다.

복잡한 방법만이 좋은 결정으로 이어진다는 착각

이는 특히 대학에서 효용 분석이나 운영 연구 방법과 같은 복잡한 경영 방법론을 공부하고 갓 졸업한 신입사원들이 많이 저지르는 실수다.

어떤 사람들은 복잡한 방법에 열광하는가 하면, 그것으로 허세를 부리기도 한다. 그 복잡한 방법에 스스로 감탄하는 것이다. 하지만 중요한 것은 어떤 것이 매혹적이고 인상적이냐가 아니라, 그것이 효과적이냐 아니냐이다. 해결을 하는 데 복잡한 방법이 필요한 문제들도 물론 있다. 하지만 그것은 예외적인 경우일 뿐이며 일반적인 상황은 아니다.

대부분의 의사결정은 간단한 절차, 단순한 순서의 도움만으로도 충분히 내릴 수 있다. 다만 이 단계들 가운데 생략하는 것 없이 모든 단계를 신중하고 철저하고 성실하게 수행하는 것이 매우 중요하다. 단계에 따라 특정 방법과 기술이 도움이 될 수는 있지만, 그것이 결정이나 결정을 내리는 과정을 대신해주지는 않는다는 것을 기억해야 한다. 방법과 기술이 가진 가장 큰 장점은 결정을 대신하는 데 있는 것이 아니라 자료를 처리하고 조직해 필요한 정보를 제공하는 데 있기 때문이다.

● 의사결정 과정

열 가지의 좋은 의사결정 가운데 아홉 개는 다음의 간단한 절차와 단계만 따라도 충분히 이루어질 수 있다.

- 정확하게 문제를 파악한다.
- 의사결정에 포함되어야 하는 요구사항의 특성을 파악한다.
- 모든 대안을 도출해본다.
- 각 대안이 가진 위험 요인을 분석하고 제한 조건을 결정한다.
- 결정을 내린다.
- 결정 과정에 실행 단계를 포함한다.
- 후속 조치와 마무리 등 피드백을 설계한다.

문제를 파악한다

모든 의사결정의 첫 단계는 실제 문제를 근본적이고 온전하게 파악하는 것이다. 현상이나 의견을 파악한 것으로 만족해서는 안 된다. 현상과 의견 뒤에 숨어 있는 사실과 원인을 파악해야 한다.

모든 것이 너무 복합적으로 얽혀 있거나 철학적인 질문이 가로막고 있어서 사실과 원인을 파악할 수 없다며 이마를 찌푸리고는 과학적인 듯한 주장을 하는 것이 멋지다고 생각하는 사람들도 있다. 하지만 나는 이런 말도 안 되는 주장에는 마음을 빼앗기지 말라고 강력히 이야기한다.

진정으로 원한다면 사실과 원인은 충분히 파악할 수 있다. 적어도 수많은 사례들을 통해 경험한 바에 따르면, 실질적인 목적을 위해 사실과 원인을 찾는 것은 결코 불가능하지 않다. 하지만 훈련과 전문지식의 부족을 감추기 위해 복잡한 수사와 철학을 앞세우는 사람들이 있다. 너무 게을러서 사실과 원인을 파악하는 데 필요한 업무를 하지 않는 사람들도 있다. 대부분의 실질적인 경우에 이미 존재하는 도전 과제를 극복할 수 없는 장애물로 만들 필요는 없다.

가장 어려운 문제는 복잡성이 아니다. 복잡성을 해결할 수 있는 훌륭한 방법들은 오늘날 충분히 많고, 선진적인 조직에서는 이미 이런 방법으로 큰 성과를 얻고 있다. 이는 문제에 대한 완전히 잘못된 결정도 아니다.

경험이 많은 리더는 잘못된 문제를 상당히 빠르게 파악한다. 가장 큰 함정은 그럴듯해 보이지만 실제로는 문제를 완벽하게 파악하지 못하거나 부분적으로만 파악하는 경우다. 나는 이런 상황을 '무의식적인 추정hidden assumptions'이라고 표현한다. 이러한 사고의 한계에서 벗어나도록 도와주는 것이 바로 '상자 밖 사고Out-of-the-box-thinking'다. 이는 복잡성에 적합한 사고체계로, 복잡한 시스템을 이해하고 그것을 올바르게 처리하는 것을 핵심으로 한다.[67] 리더가 초반에 파악된 것을 성급하게 문제로 인식하는 가장 흔한 이유는 시간이 부족하기 때문이다. 유능한 리더와 그렇지 못한 리더를 구분하는 책임감, 의무감, 신중함, 성실함이라는 요소들은 여기에서도 중요한 역할을 한다.

문제를 파악할 때는 문제를 분류하는 과정이 반드시 필요하다. 어떤 문제가 근본적인 것인지 예외에 해당하는 것인지 등을 먼저 파악해야 한다. 이렇게 분류를 해야 하는 이유는 그것에 따라 문제의 해결 방식과 그에 따른 결정이 근본적으로 달라지기 때문이다. 예외의 경우에 해당하는 문제라면 대부분 개별 사례에 집중해 실용적이고 즉각적으로 해결할 수도 있다. 예외의 경우라면 어차피 같은 문제가 다시 발생하지는 않을 것이기 때문이다.

반면 근본적인 문제는 근본적인 결정을 필요로 한다. 그 문제를 해결하기 위한 정책이나 원칙, 규정을 찾거나 경우에 따라서는 새로운 규정을 만들어야 할 수도 있다. 근본적인 문제에 대한 결정에는 예외적인 문제에 대한 결정과는 비교할 수 없는 큰 책임이 따르므로 훨씬 더 신중해야 한다. 근본적인 문제에 대해서 실용주의적으로 가능한 한 빨리 결정을 내리거나 즉흥적으로 결정을 내리는 것은 큰 문제를 야기할 수 있다.

그렇다면 진짜 문제는 무엇일까? 이것이 리더의 근본 질문이어야 하며, 그 답은 충분한 시간을 두고 찾아야 한다. 많은 리더들이 전형적으로 저지르는 실수 중에 하나가 너무 빠르고 너무 쉽게 답을 내리는 것이다. 이 단계에서 시간은 최고의 투자다. 아시아인, 특히 중국인은 이와 같은 의사결정 과정의 첫 단계에 많은 시간을 투자하며 문제를 철저하게 분석한다.

문제를 잘못 이해하면 결코 올바른 해결책이 나올 수 없다. 반면 문제를 올바르게 이해하면 해결책에 오류가 있어도 쉽고 빠르게 오류를 찾아 수정할 수 있다.

문제를 잘못 파악하는 함정에 빠지지 않을 수 있는 방법은 하나다. 모든 문제의 대상을 모든 사실에 비추어 확인해보는 것이다. 문제의 범위가 관찰된 모든 사실을 포괄할 수 없다면, 문제에 대한 확인이 불충분하다고 볼 수 있다.

문제에 대한 오판을 보여주는 사례로는 피터 드러커가 소개한 1960년대 미국 자동차 산업을 인용할 수 있다.[68] 이는 전형적이면서 여전히 큰 교훈을 얻을 수 있는 사례다. 당시 자동차의 안전과 관련한 문제에서 리더는 이것이 '자동차를 올바르게 사용했을 때의 안전성'에 대한 문제가 아니라 '잘못 사용했을 때라도 안전한 것'에 대한 문제라는 사실을 전혀 인식하지 못했거나 너무 늦게 인식했다. 교훈을 얻을 만한 또 다른 사례로는 거의 모든 군사적 충돌을 들 수 있다. 바버라 터크먼Barbara Tuchman에 따르면, 트로이 전쟁에서 베트남 전쟁까지, 대부분의 전쟁은 적어도 한쪽의 오판에서 시작되었다는 것을 알 수 있다.[69] 그리고 이런 현상은 오늘날 이라크, 아프가니스탄, 시리아 전쟁 등으로 이어지고 있다. 여기에는 독일의 에너지 전환이나 2008년 이후 금융위기에 대한 대처 방식, 그리고 대부분의 사람들을 놀라게 했던 갑작스러운 난민 문제들도 포함될 것이다. 대변혁의 시대에는 실제 문제가 무엇인지를 정확하게 파악하는 것이 무엇보다도 중요한 과제이다.

결정에 포함된 요구사항을 파악한다

의사결정의 두 번째 단계는 그 결정에 포함되어야 하는 요구사항을 최대한 정확하게 파악하는 것이다. 이 두 번째 단계에 도움이 되는 질문은 '무엇이 옳은 것인가?'이다.

여기에서는 두 가지가 매우 중요하다. 첫째, 의사결정은 그 결정으로 충족되어야 할 요구사항의 최대치가 아니라 최소치를 목표로 해야 한다. 의사결정에 포함되어야 할 요구사항들은 명확하고 정확하게 정의해야 한다. 그리고 그 밖에 의사결정이 가져오게 될 모든 요구들은 기꺼이 받아들여야 한다. 하지만 우리가 고려해야 할 것이 있다. 해당 의사결정이 정의한 최소한의 성과도 이루어내지 못한다면, 아예 결정을 하지 않는 편이 낫다. 그 이유는 매우 단순하다. 모든 결

경영의 본질

정에는 위험과 어려움이 따르고, 그것은 조직을 동요하게 만드는 요인이 된다. 만일 사전에 확인한 최소한의 효과도 낼 수 없다고 예상되는 결정이라면 그 결정으로 위험이 발생할 것은 자명한 일이다.

의사결정에서 주의해야 할 두 번째 요소는 타협의 기술과 관련이 있다. 앞에서도 언급했듯이, 너무 성급하게 타협을 해서 결정을 하지 않도록 주의해야 한다. 그러기 위해서는 '무엇이 옳은 것인가?'라는 질문을 해봐야 한다. '나에게 가장 잘 맞는 것은 무엇일까?, 내가 수용할 수 있는 것은 무엇인가?, 가장 편하고 쉬운 방법은 무엇일까?, 관철시키기 가장 좋은 것은 무엇일까?'와 같은 질문들을 해서는 안 된다.

타협이 이루어지는 시점은 지금도 너무 빠르다. 먼저 우리는 무엇이 옳고, 무엇이 정말로 문제를 해결해줄 수 있는지를 고민해야 한다. 이 기본 원칙에 대한 이해가 부족한 영역이 바로 정치다. 결국 마지막에는 언제나 타협을 해야 한다는 것은 자명한 사실이다. 하지만 그렇다고 그것이 모든 결정을 타협으로 시작해도 된다는 뜻은 아니다.

그러므로 의사결정을 할 때는 이 두 가지 요소를 결합하여 내리는 결정이 최소한의 이상적인 상태라고 말할 수 있다. 무엇보다 이는 결정의 후반부나 실현 단계에서 타협할 수밖에 없기에 필수적이라고 할 수 있다.

타협에는 옳고 그름이라는 두 가지 유형이 있다는 것을 기억할 것이다. 하지만 타협의 옳고 그름은 '이 상황에서 우리 회사에 올바른 것은 무엇일까?'라는 질문을 우선적으로 고민한 후에 생각해야 할 문제다.

어쩌다 잘못된 타협을 하는 것은 대부분 큰 문제가 되지 않는다. 하지만 잘못된 타협이 누적되는 것은 위험하다. 현실적인 강요의 늪에 빠지게 되기 때문이다. 아무도 무엇이 옳은지 그른지를 묻지 않고, 처음부터 타협을 생각하는 조직은 미끄러운 경사면에 위태롭게 서 있는 것과 같다. 현실적인 문제 때문에 타협할 수밖에 없었다는 것은 게으름에 대한 변명일 뿐이다. 실제로 현실적인 강요의 상황에 처한 사람들은 어떻게 결정을 내리는지를 제대로 모르는 경우가 많다.

또한 같은 행동이 때로는 옳은 타협이 될 수도, 때로는 잘못된 타협이 될 수도 있다는 사실에 주의해야 한다. 그리고 유능한 관리자와 무능한 관리자, 좋은 관리자와 그렇지 못한 관리자를 구분할 수 있는 많지 않은 기준 중 하나는 좋은 타협과 나쁜 타협을 구분하는 능력이다. 이 능력을 갖추는 열쇠는 최소한의 이상적인 상태를 정확하게 그리고 성실하게 파악하는 것이다.

대안을 탐색한다

의사결정의 세 번째 단계는 대안을 탐색하는 것이다. 여기에서 발생할 수 있는 실수에는 두 가지가 있다. 첫 번째는 초기에 찾아낸 몇 가지 대안에 만족하는 것이다. 하지만 효과적인 리더들은 더 많은 대안이 있다는 것을 알기 때문에 웬만해서는 초반에 제시된 대안에 만족하지 않는다.

두 번째 실수는 현 상태를 유지하는 것은 대안에서 제외하는 것이다. 당연히 현 상태를 유지하는 것도 대안이 될 수는 있다. 다만 최고의 대안이 아닌 경우가 많을 뿐이다. 생각해보면 당연한 이야기다. 현 상태가 최고의 대안이 아니기 때문에 문제가 발생했고, 그 때문에 의사결정을 해야 하는 상황에 처한 것이기 때문이다. 하지만 현 상태를 유지하는 것이 늘 나쁜 것만은 아니다.

조직의 환경을 의사결정과 변화의 강제 속에 두려고만 하는 리더들이 있다. 언제나 무언가 새로운 것, 다른 것을 해야 자신의 과제를 수행했다고 생각하는 사람들이다. 하지만 이는 옳지 않은 믿음이다.

현 상태는 불완전할 수도 있고, 문제와 관련이 있을 수도 있다. 하지만 이 경우 적어도 우리가 아는 문제라는 점은 아주 큰 장점이라 할 수 있다. 새로운 대안은 모든 문제를 해결할 수 있을 것처럼 보인다. 실제로 그럴 수도 있다. 하지만 그 대안이 더 많은 어려움과 문제를 만들어낼 수도 있다. 단지 우리는 새롭게 발생할 수 있는 문제에 대해 아직 모르고 있고, 그래서 대안이 완벽해 보일 뿐이다. 하지만 그 어려움은 결정의 실행 단계에서 더 확실하게 드러날 것이다.

스위스에서 자주 사용되는 표현 중에 '페어슐림베서룽Verschlimm besserung'이라는 것이 있다. 이는 겉으로는 그럴듯해 보이지만 잘못된 상황을 개선하기 보다는 더 악화시키는 대안을 의미한다. 어떤 대안이 상황을 악화시키는지 아닌지를 확인하기 위해서는 그 대안을 시험해보는 방법밖에는 없다.

모든 대안의 결과와 위험성을 생각해본다

의사결정의 네 번째 단계는 각 대안이 안고 있는 모든 결과와 위험 요소들을 체계적으로 철저하고 신중하게 고려하는 것이다. 이는 의사결정의 모든 과정 가운데 가장 노동집약적인 단계다. 이 단계에서 중요한 요소들은 다음과 같다.

먼저 각 대안을 실행할 때 소요되는 시간과 결정을 되돌릴 때 소요되는 시간을 고려해야 한다.

조직이 특정 대안에 묶여 있어야 하는 시간이 짧거나, 쉽게 수정이 가능한 의사결정의 경우라면 마음 편히 결정을 해도 될 것이다. 하지만 긴 시간 동안 조직의 향방을 결정하는 대안, 수정이 어렵거나 아예 불가능한 대안이라면 좀 더 신중하게 결정해야 한다. 기업이 투자에 대한 결정을 내리는 경우가 대표적인 사례일 것이다.

둘째, 모든 중요한 결정들은 위험을 동반한다는 사실을 인식해야 한다. 그래서 특정 대안을 선택했을 때, 그 대안이 어떤 유형의 위험을 동반할지를 고려해야 한다. 조직은 네 가지 유형의 위험 요소를 구분할 줄 알아야 한다. 첫 번째는 모든 경제 활동에서 불가피하게 수반되는 위험 요소이고, 두 번째는 감당할 수 있는 수준을 넘어선 위험 요소다. 다만 두 번째 위험 요소는 발생하더라도 큰일이 일어나는 것은 아니라서 감수할 수 있다는 특징이 있다. 세 번째는 재앙으로 이어지기 때문에 절대로 감수해서는 안 되는 위험 요소이고, 네 번째로는 선택의 여지없이 감수할 수밖에 없는 위험 요소다.

셋째, 의사결정의 네 번째 단계에서는 각 대안에 대한 경계 조건을 결정해야 한다. 이는 가정 혹은 전제라고도 할 수 있다. 언젠가는 대안을 찾고 분석하는 일을 중단해야 할 때가 올 것이다. 하지만 탐색과 분석의 과정을 거쳤다고 해서 이성적인 방식으로 결정을 내리는 데 필요한 모든 것을 알게 되는 경우는 극히 드물다. 따라서 어떤 망설임도 의심도 없이 결정을 내리는 것은 쉽지 않다.

상세한 분석이 끝난 이후에도 여전히 모르는 것은 있고, 가정에 만족해야 할 때가 있을 것이다. 이러한 가정은 각 대안의 경계 조건을 형성한다. 이 가정들은 명확하게 정리해 문서화해야 한다. 옳다고 생각하고 내린 결정이 언제부터 주변 상황이나 환경 때문에 잘못되게 되었고, 유지할 수 없게 되었는지를 깨닫는 데 중요한 역할을 하기 때문이다.

경계 조건이 나타나면 무서운 결과를 가져온다. 기존의 결정을 유지하거나, 약간의 수정을 하는 수준을 벗어나 전혀 새롭고, 완전히 다른 방식의 결정이 요구되는 새로운 결정 상황이 발생하기 때문이다.

한 가지 예를 살펴보자. 제아무리 최고의 전문가라고 해도 12개월 후 달러의 가치가 어떻게 변할지 명확하게 말할 수 있는 사람은 없을 것이다. (그것을 아는 사람이라면, 은행이나 기타 기관에서 월급을 받으며 일하고 있지는 않을 것이다.) 분석을 통해 우리가 얻을 수 있는 유일한 결과는 미래의 트렌드나 그 범위에 관한 의견 정도일 것이다.

언젠가는 분석을 중단하고 가정을 해야 할 때가 온다. 우리가 알 수 있는 최대치는 달러가 어느 정도 이하로 떨어지지는 않을 것이란 사실이다. 이것이 바로 경계 조건이다. 하지만 달러가 그 이하로 떨어진다면, 새로운 의사결정이 필요하다. 이 경우 기존의 결정과 그로 인한 결과를 '땜질'하는 것은 아무런 의미가 없다. 변화된 상황 속에서 새로운 결정을 해야 하기 때문이다. 이를 위해 경계 조건은 서면으로 기록해놓아야 한다.

경계 조건을 결정할 때는 다음과 같은 질문을 던져야 한다. '우리가 틀렸다는 것을 어떤 상황에서 인정할 것인가?' 상황은 변했는데도 과거에 내린 결정을 지지하고 정당화하는 것은 무능함의 증거다.[70] 좋은 리더들은 경계 조건이 발생하면 신속하고 민첩하게 대응한다. 그래서 문제는 발생하더라도, 여섯 번째 원칙에 따라 그 문제를 근본적으로 새로 의사결정을 내릴 수 있는 기회로 바꾸어놓는다.

분석하고 확인하는 과정을 생략하고 문서로 정리된 경계 조건을 무시하여 피할 수 있었던 재앙을 맞이하고만 사례들은 수없이 많다. 1차 세계대전의 슐리펜 계획이나 2차 세계대전 당시의 독일 육군 원수 룬트슈테트Rundstedt의 행동이 여기에 해당한다. 노르망디 침공 당시 연합군 참모진, 베트남전에서의 미국인 참사 역시 대표적인 사례라고 할 수 있다. 이러한 사례들을 통해 우리는 올바른 의사결정의 기본 원칙을 배울 수 있다. 이들은 기록으로 잘 남아 있는 역사적 사례이기도 하다. 그럼에도 불구하고 이러한 패턴은 오늘날까지도 반복되고 있다.

결정을 내린다

신중하게 지금까지의 단계를 거쳤다면 이제 결정을 내릴 차례다. 결정을 내리기 위해 할 수 있는 모든 것을 했기 때문이다.

결정을 내릴 수 있는 것은 특정 방법론적 기술이나 점수를 획득해서가 아니다. 문제와 특성, 대안과 결과를 철저하고 성실하게 고민했기 때문에 가능한 것이다. 이를 토대로 본다면, 분석과 연구를 더 한다고 해서 도움이 되는 정보를 더 많이 얻을 수 있는 것은 아니라는 사실 또한 알 수 있다.

그렇게 하고서도 결정을 내리지 않는 사람들이 있다. 결단력이 없어서다. 결단력이 없는 것은 많은 리더들이 가진 약점이기도 하다. 이런 유형의 리더들은 언제나 더 많은 조사와 연구를 원하며, 조직 내에 컨설턴트들을 더 많이 불러들여 더 많은 전문가와 문제를 논의하려고 한다. 하지만 이는 자신의 우유부단함을 감추려는 시도일 뿐이다.

이러한 유형의 사람은 리더에 적합하지 않다. 다른 업무들은 잘할 수 있을지 모르지만, 리더에게 주어지는 가장 특징적이고 핵심적인 과제, 즉 결정을 내리지 못하기 때문이다. 이 문제에 대한 해법은 너무나 명확하고 단순하다. 사실 이 밖의 다른 방법은 존재하지도 않는다.

하지만 나는 이 다섯 번째 의사결정 단계에 도움이 되는 한 가지 조언을 하고자 한다. 컨설팅을 할 때마다 내가 고객들에게 늘 하는 이야기가 있다. 모든 분석을 마친 후 아주 특별하고 비용도 저렴한 조언자의 이야기를 들어보라는 것이다. 바로 자기 내면의 목소리를 들어보는 것이다.

이를 수행하는 방법은 저마다 다르다. 속담이 말하듯 '자면서 곰곰이 생각해봐야' 하는 사람들이 있을 것이다. 모든 것을 전체적으로 다시 한 번 곰곰이 생각해보기 위해 혼자서 긴 산책을 해야 할 수도 있을 것이다. 누구의 방해도 받지 않고 한 번 더 모든 것을 검토하고 성찰하기 위해 텅 빈 교회를 찾는 사람도 있을 것이다. 어쩌면 자신이 믿는 신과 대화를 하기 위해 교회에 갈 수도 있을 것이다.

방식은 사람마다 다를 수 있다. 하지만 철저한 토론 후에도 내면의 목소리가 '무언가가 이상해'라고 이야기한다면 나는 한 번 더 처음부터 다시 시작할 수 있는 방법을 찾아볼 것이다. 물론 그럴 수 있는 기회가 모두에게 주어지지는 않을 것이다. 어쩌면 너무 많이 진행되어 더 이상 결정을 미룰 수 없는 상황일 수도 있다.

나의 이러한 제안이 우유부단한 사람들에게는 환영할 만한 핑곗거리가 될 수 있다는 것은 잘 알고 있다. 그럼에도 불구하고 나는 이 방법을 권하고 싶다. '내면의 목소리에 귀를 기울이는 것'과 '우유부단함을 정당화하는 것'은 사소한 차이이며, 남용될 소지가 있는 것은 맞다. 이러한 상황을 해결하는 데 도움이 될 만한 공식은 나도 제시할 수가 없다. 결국 이 또한 리더의 경험과 판단, 자기 평가와 겸손이 제 역할을 하길 기대할 수밖에 없다.

내면의 목소리를 직관이라고 하는 사람도 있을 것이다. 앞에서도 언급했지만, 나는 직관이 있을 수는 있다고 생각한다. 하지만 나의 경영 이론은 직관에 대해 다음과 같이 매우 신중한 입장을 취하고 있다.

- 앞에서도 언급했지만 기업 경영의 모든 연구 결과에 따르면 직관은 잘못된 경우가 많다.
- 나는 끊임없이 직관의 중요성을 외치는 사람들이 그런 것처럼 직관이 부족하다고 생각하지 않는다. 모든 사람은 직감, 감정, 기분, 영감을 갖고 있고, 우리는 이를 직관이라고 부른다. 문제는 직관이 아니다. 앞에서도 지적했지만,

중요한 것은 직관이 올바른지 아닌지를 사전에 알아내는 것이다.

- 나는 직관이 배우고, 고민하고, 문제를 해결하기 위해 열심히 노력하는 것을 대신하지 못한다고 생각한다. 직관이 의사결정 과정의 시작이 아니라 끝에 적용되어야 하는 것도 바로 이 때문이다. 모든 숙제를 다 하고 계속되는 토론에도 더 이상의 정보를 얻을 수 없을 때, 그때는 즉흥적으로 떠오른 첫 번째 영감보다는 직관이 더 큰 도움이 되고, 신뢰할 수 있는 방법일 것이다.

결정된 내용을 실행에 옮긴다

사람들은 대부분 결정을 내리면 그것으로 끝이라고 생각한다. 기업 경영에 대한 전문 서적들의 내용도 늘 여기에서 끝난다. 하지만 의사결정에서 정말 중요한 부분은 여섯 번째와 일곱 번째 단계다.

앞에서도 언급했지만 결정을 내리는 것은 어려울 수 있다. 하지만 결정을 실행에 옮기는 것은 그보다 열 배는 더 어렵다. 안타까운 사실은 첫 번째 단계에서 다섯 번째 단계까지 성실히 수행한 리더들 중 상당수가 이 지점에서 실패한다는 것이다.

나는 결정을 내린 시점을 결정이라고 하지 말고, 그 결정이 가시적이고 올바른 성과로 이어진 시점을 결정이라고 표현할 것을 제안한다. 일반적이지 않고 지극히 개인적인 제안이기는 하지만, 나는 결정이라는 개념은 그 결정으로 인해 나타나는 결과까지 반드시 포함해야 한다고 생각한다.

그래서 여섯 번째 단계는 우선 결정을 실현하는 데 필요한 대책들을 정하고 서면으로 기록하는 것이고, 그다음으로 각 대책을 책임을 질 사람과 함께 기한을 정해야 한다. 결정은 정해진 기한 안에 사람을 통해 대책을 실행에 옮길 때 실현된다. 다른 방법은 없다. 이 단계가 없으면 결정도 할 수 없다. 엄밀히 말해 결론을 내렸다고도 할 수 없다. 실행으로 이어지지 않는 결정은 좋은 의도나 경건한 소망, 아름다워 보이는 환상이나 다름없기 때문이다.

대책은 많을 필요도, 세부적으로 조정될 필요도 없다. 핵심 대책들만 세우면 된다. 그리고 이 대책들은 대부분의 경우 많지도 않다. 결정된 내용을 실행에 옮겨 성과를 얻는 데 관심이 있는 리더는 결코 이를 하위 조직이나 직원들에게 맡기지 않는다. 미세한 조정이나 세부사항을 다듬고 완성하는 정도의 일은 맡길 수 있지만, 근본적인 것은 직접 처리한다. 리더가 세워야 할 핵심 대책에 대해서는 다음과 같은 질문을 통해 답을 찾을 수 있다.

- 실현 과정에 참여할 사람들은 누구인가?
- 그렇다면 누구에게, 언제까지, 어떤 방식으로 결정 사항을 알릴 것인가?
- 결정과 그 결정의 실행, 그로 인한 결과를 이해하고 적극적인 기여를 할 수 있는 사람은 누구이며, 그 사람에게는 어떤 정보와 도구, 훈련이 필요할까?
- 결정의 실행은 어떻게 감시하고, 관리하며, 조정해야 하는가? 결정에 대한 보고는 어떻게 해야 하는가?

책임 관계에 대해서는 명확하고 분명한 결정을 내려야 한다. 즉, 모든 대책에는 한 팀이 아니라 한 사람의 이름이 적혀야 한다는 뜻이다. 책임자가 대책을 실행하는 데 팀을 필요로 하는지 여부는 또 다른 문제다. 갈수록 팀이 필요한 상황은 많아질 것이다. 하지만 책임

경영의 본질

자체는 개인에게 주어져야 하며, 그렇기 때문에 해당자가 실제적인 책임을 맡기에 필요한 역량과 지식, 능력을 보유하고 있는지를 구체적으로 파악해야 한다. 이것이 조직을 움직이고 관리할 수 있는 실질적이고 효과적인 방법이다. 추상적으로 과제와 능력, 책임을 세트로 묶어 직무 교육을 시키는 것은 결코 해결책이 될 수 없다. 물론 직무 교육도 필요하다. 하지만 이것만으로는 조직을 움직이거나 관리할 수는 없다.

주요 기한 역시 결정의 일부에 속한다. 올바른 타이밍은 모든 결정의 중요한 요소다. 나는 마감일을 빠듯하게 설정할 것을 조언한다. 이유는 단순하다. 연장 가능한 약속은 있지만, 당길 수 있는 약속은 없기 때문이다.

빠듯한 기한을 연장하면 조직 모두의 환영을 받지만, 기한을 앞당기는 사람은 그 이유가 무엇이 되었든 간에 혼란과 스트레스를 불러일으킨다. 더욱이 사전에 충분히 고민하지 않고, 앞서 언급한 조언들을 무시한 결과로 일정을 앞당긴 것이라면 리더의 신뢰도에 금이 갈 수 있다.

여섯 번째 단계는 결국 누가, 무엇을, 언제까지 할 것인가에 대한 행동 계획이라고 할 수 있다. 행동 계획은 결정이 내려진 시점에 증거로 보관하거나 보류해야 한다.

진행상황을 지켜보고 피드백을 한다

결정과 그 실행에 대해서는 더 이상 눈을 떼어서는 안 된다. 효과적인 리더들은 마치 폭스테리어가 먹잇감을 다루듯 자신이 내린 결정을 관리한다. 끊임없이 예의주시하며 진행상황과 문제점, 결과를 보고받는다. 특히 이들은 상황이 어떻게 진행되고 있는지를 직접 현장을 찾아가서 확인한다. 사안이 해결되고 마무리될 때까지 일관되게 후속 조치를 취하는 것이다.

뿐만 아니라 시시각각으로 모든 관련자와 참가자들에게 진행상황을 전달한다. 처음에는 결과와 성과가 미미할지 몰라도 주저 없이 그 내용을 공개한다. 보이는 성과가 가장 큰 동기 부여 중 하나라는 것을 알고 있기 때문이다.

또한 요즘 유행하는 것처럼 추상적인 피드백을 하지 않고 자신만의 방법으로 피드백을 한다. 효과적인 리더는 추상적인 '소통'을 극도로 경계한다. 이들은 직접 가서 보고, 사람들과 이야기를 나눈다. 직접 눈으로 보고, 가능하다면 손으로 만지고 싶어 한다. 이를 통해 효과적인 리더들은 시간이 지날수록 그 어떤 것과도 비교할 수 없는 전문성과 상황 파악 능력을 갖추게 된다.

더 많은 참여를 유도하는 방법

의사결정에 대해 언급되는 모든 내용은 의사결정 과정에 당사자들이 참여하는가에 관한 질문으로 귀결된다. 즉. 참여적, 더 나아가 민주적인 의사결정의 과정에 대한 문제로 이어지는 것이다. 이 질문에는 최소한 두 가지 측면이 존재한다.

첫째, 모든 결정에 대한 책임은 법적으로 혹은 업무 규정에 따라한 사람이 아닌 여러 사람으로 구성된 임원진 등의 기구에 있다. 보통 이런 경우 이사회 등 해당 기관에는 의견이 일치하지 않을 때의 처리 방법, 즉 결정에 도달하는 데 필요한 동의의 비율이 어느 정도 인지도 함께 규정되어 있다. 하지만 정말 중요한 결정이라면 공식적인 규정과 관계없이 모두의 동의를 받도록 최선을 다해야 한다. 물론 모두의 합의를 이끌어내는 데에는 상당한 시간이 소요될 것이다.

만장일치가 아니라 과반수의 찬성으로 내린 결정이라면, 반대 의견을 낸 소수로 인해 문제가 발생할 수도 있다. 이러한 상황에서는 반대의 의견을 가진 소수가 결정이 계획에 따라 실현될 수 있도록 충성하고, 모든 노력을 다해야 한다는 게 나의 생각이다. 적극적인 반대 입장이든 수동적인 반대 입장이든, 자신은 원래 결정에 동의하지 않았다는 표현은 아무리 단순한 것이라도 큰 피해를 일으키는 경우가 대부분이기 때문이다. 아무래도 결정에 따를 수 없다면, 문제를 해결할 수 있는 유일한 방법은 조직을 떠나는 것밖에 없다.

두 번째는 조직 내 직원의 참여, 특히 결정된 내용을 실행하는 데 참여해야 하는 사람과 결정에 책임을 져야 하는 사람에 대한 일반적인 문제다. 일반적으로는 참여형 경영이라고 알려진 참여성 의사결정은 지난 수십 년 간 가장 많이 논의된 주제 중 하나이다. 물론 논의의 상당 부분이 이데올로기적이고, 잘못된 방향으로 흘러가고 있는 것이 사실이다. 또 다른 부분은 동기 부여의 문제와 관련이 있다. 참여가 동기 부여에 긍정적인 효과를 가져온다는 확실한 증거는 없지만 적어도 설득력은 있는 것 같다.

하지만 참여가 필요한 근본적인 이유는 따로 있다. 참여는 조직에 존재하는 지식을 최대한 많이 결정에 통합시킬 수 있는 유일한 방법이다. 조직에서 어떤 결정을 내릴 때는 그 조직이 가지고 있는 모든 지식을 사용해야 한다. 따라서 올바른 결정을 내리고자 하는 모든 리더들의 가장 큰 관심사는 직원들이 가지고 있는 지식과 판단력을 최대한 활용하는 것이다.

다음의 내용은 의사결정에 관한 참여의 규칙을 정리한 것이다. 이 내용은 단순할지 몰라도 실제로 적용하는 것은 그리 난순하지만은 않다.

- 결정된 사항의 실행에서 핵심적인 역할을 하는 사람들이 의사결정의 각 단계(문제 및 특징 파악, 대안 모색, 결과 및 위험 요인 분석, 실현 대책의 결정 등)에 최대한 많이 참여할 수 있어야 한다.

- 의사결정을 위한 근본적인 질문이 '당신이라면 어떤 결정을 하겠습니까?' 혹은 '내 입장이라면 어떻게 하겠습니까?'라는 식이어서는 안 된다. 직원들은 리더의 자리에 있지 않기 때문에 이러한 질문에 성실하게 답할 수 없다. 최선을 다해 답변을 했다고 해도 별 도움은 되지 않는다. 더욱이 이러한 질문을 하는 것은 리더의 역량이 부족하다는 분명한 신호이기도 하다.

- 따라서 근본적은 질문은 다음과 같아야 한다. '당신의 관점에서 볼 때, 당신이 가진 능력과 그동안 받은 교육 그리고 경험에 비추어볼 때 이 상황이 어떻다고 생각합니까?' 이것은 의사결정의 문제가 언제나 여러 가지 측면을 가지고 있음을 고려한 가장 빠르고 효과적이며 유일한 해법이자 전체적이고 네트워크화된 이해에 도달할 수 있는 방법이다.

● 의사결정의 대가인 해리 트루먼Harry Truman 전 미국 대통령은 이를 일관성 있게 실천했다. 중요한 사안에 직면할 때마다 어떤 부처와 행정당국, 기관이 문제 해결에 기여를 할 수 있고, 해야만 하는지를 신중하게 고민한 것이다. 그리고는 해당 기관의 구성원들을 소집해 가장 어린 직원을 시작으로 모두에게 "이 상황을 어떻게 보십니까?"라는 질문을 던졌다. 또한 언제나 "조언하지 말고 당신의 관점에서 문제가 어떻게 보이지는지를 설명해주십시오"라고 강조했다. 이 방법을 사용하는 것은 그리 어렵지 않다. 하지만 시간이 걸리기 때문에 최대한 빨리 의사결정 과정을 시작해야 한다.

● 의사결정의 책임은 언제나 리더의 몫이다. 트루먼은 그것이 자신의 책임이라는 사실을 결코 의심하지 않았다. 트루먼은 언제나 이렇게 말했다. "나는 결정을 해야 하고, 가능한 한 여러분의 의견을 최대한 많이 고려할 것입니다. 하지만 결정을 내리는 것은 나의 일이고, 그것이 무엇인지는 여러분에게 알려주겠습니다." 이것이 효과적인 의사결정을 위해 트루먼이 사용한 방법이었다. 그리고 그 결과 트루먼은 20세기 미국에서 가장 효과적인 대통령이 되었다. 이것은 정부 조직과 노동 조합, 산업 협회, 의회와 상원, 언론에서 저항이 예상되는 곳을 가장 빨리 알아차릴 수 있는 방법이기도 했다. 이를 통해 트루먼은 사전에 문제를 파악할 수 있었고, 필요한 경우에는 올바른 정보와 적절한 주장으로 이해를 도출하고, 합리적인 타협을 이루어냈다. 특히 저항이 클 수 있는 영역이 있으면 해당 영역에서 결정 사항을 실천하는 데 특별한 주의를 기울였다. 이를 통해 트루먼은 자신을 반대하는 이들은 물론이고, 결정된 사항으로 이익을 얻지 못하는 사람들에게까지도 존경과 신뢰를 받을 수 있었다.

1945년 4월 12일, 트루먼은 루스벨트의 뒤를 이어 부통령을 맡았다. 역사적으로 볼 때, 트루먼만큼 무방비 상태로 어려운 과제에 직면한 사람도 없었을 것이다. 루스벨트는 트루먼과 무언가를 논의하는 법이 없었다. 트루먼이 인수를 받아야 했던 루스벨트의 참모진들에게 트루먼은 완전히 빈 종이였다. 그리고 자신의 앞에 놓인 문제들에 대해서도 아무런 경험이 없었으며, 영국이나 러시아와의 문제에 있어서는 물론이고 외교 정책 전반에 대해서도 아는 것이 없었다. 트루먼은 처칠이나 스탈린을 개인적으로 만난 적도 없었고, 이웃 국가의 주요 정치인 가운데 그 누구도 만나본 적이 없었다.

트루먼에게는 조건도 없었고, 능력도 없었다. 더욱이 취임 첫날부터 미국에서 가장 영향력 있는 언론으로부터 전례를 찾아보기 힘들만큼 적대적인 평가와 심한 조롱, 폄하를 받았다. 하지만 트루먼만큼 빠르고 효율적으로 자신의 과제는 물론이고 그 과제와 관련된 수많은 측면에 익숙해진 사람은 없었다. 대통령으로서 해결해야 하는 문제에 대한 경험도, 재능도 없었지만 그는 어떻게 의사결정을 해야 하는지를 알고 있었다. 또한 트루먼이 사용한 의사결정의 방법과 원칙들은 트루먼의 효과성에 결정적인 역할을 했다.

이것은 모든 효과적인 결정권자의 방식이다. 때때로 조금은 외롭다고 느끼지만 그럼에도 이들은 의사결정 업무와 그에 따른 책임에 기꺼이 임한다. 또한 이들은 동기 부여에 대한 불확실한 고민과 민주주의에 대한 낭만적인 오해로 조직 안에서의 이 책임을 희석하지 않는다.

경영의 본질

13

관리·감독

네 번째 과제는 가장 인기도 없고 어떤 의미에서는 가장 논란이 되는 관리의 문제이다. 많은 사람들의 생각과 달리 대부분의 리더들은 직원들이나 함께 일하는 동료들을 통제하고 관리하는 것을 선호하지 않는다. 어떻게 해야 잘 관리할 수 있는지를 제대로 알지도 못할 뿐만 아니라 독재자처럼 보일까 봐 두려운 마음에 주저하기도 한다. 그래서 직원들을 관리하려 들지 말라고 충고하는 사람들은 그 근거의 성질과는 상관없이 지지를 받고 대중적으로 새로운 매니지먼트의 사례라며 호응을 얻을 때가 많다.

하지만 한편으로는 조직의 기능을 위해 적절한 관리가 얼마나 중요한지를 보여주는 사례들을 얼마든지 찾아볼 수 있다. 대표적인 사례가 바로 금융위기이다.

● 통제는 자율의 반대말이 아니다

나는 경영의 질적인 측면에 관심이 있다면 주저 없이 직원들을 관리하고 통제해야 한다고 충고하고 싶다. 직원에 대한 관리와 통제는 논쟁의 대상이 될 수 없다. 중요한 것은 관리와 통제 여부가 아니라 어떻게 하면 직원들을 잘 관리할수 있는지이다. 직원에 대한 관리와 통제를 반대하는 주장에 대한 근거는 주로 사람들은 통제받는 것을 좋아하지 않으며, 동기가 좋지 않고, 현대 사회에서 너무나도 중요한 자유를 제한한다는 것이다.

첫 번째 이유는 나도 동의한다. 실제로 많은 사람들이 통제당하는 것을 그리 좋아하지 않는다. 하지만 그렇다고 당연하게 직원들을 관리하거나 통제하지 않아도 된다는 결론을 내리는 것은 곤란하다. 사람들이 좋아하지 않지만 그럼에도 불구하고 너무나 중요하기 때문에 반드시 해야 하는 일들은 너무나 많다. 만일 조금 더 신중하게 관리되고 통제되었다면 수많은 경제 스캔들은 일어나지 않았을 것이다. 항공사나 철도회사에서 일어나는 사고의 경우도 마찬가지다. 발전 장치에 문제가 생긴 것이든 터널에서 사고가 난 것이든, 일반적으로는 관리와 통제의 부재가 원인일 때가 많다.

통제가 동기 부여에 해로운 영향을 미치는 사례는 실제 경영 현장에서 너무나 많이 찾아볼 수 있다. 하지만 절대로 그래서는 안 된다. 이러한 현상이 나타나는 이유는 아주 단순하다. 별 생각 없이 직원들을 통제하려 한 경우가 대부분이고, 그렇지 않은 경우는 관리나 통제에 대한 지식이 부족하기 때문이다. 그리고 드물지만 의도적으로 잘못 관리하거나 그 권한을 이용하여 전횡을 휘두르는 경우도 있다. 가

경영의 본질

끔은 학대 행위에 가까울 정도로 직원들을 통제하는 경우도 있다. 하지만 이 모든 것은 직원들에 대한 관리와는 아무런 인과관계가 없다. 이는 말 그대로 잘못된 행위이고, 대부분은 피할 수 있는 실수다.

마지막으로 자유를 제한한다는 주장에 대해서는 이렇게 말하고 싶다. 통제나 관리가 곧 '자유가 없음'을 의미한다고 여기는 건 너무 단순한 생각이다. 자유가 과연 필요한지, 필요하다면 어디에 필요하며, 누구에게 자유를 부여해야 하고, 자유를 보장해주어야 하는 부분은 어떤 곳인지 등의 문제는 관리나 통제와는 아무런 상관이 없는 것들이다. 이는 오히려 조직과 관련된 문제이고, 안타깝게도 대부분은 조직의 이데올로기와 관련이 있다.

어떤 이유에서든 조직 내에서 최대한 자유를 보장한다고 해도 관리와 통제는 여전히 필요하다. 주어진 자유를 제대로 활용하고 있는지, 혹시 잘못 활용되거나 남용되고 있는 것은 아닌지 관리해야 하기 때문이다. 조직의 자유에 대해 눈에 띄게 많이 언급하는 조직에서는 언제나 이에 대한 회의적인 반응도 나오기 마련이다. 조직 구성원들이 정작 자신들에게 주어진 자유를 제대로 활용하지 않는 경우가 많기 때문이다. 하지만 사실 거의 모든 경우에 조직 구성원들은 주어진 것보다 훨씬 더 많은 자유를 활용하고 있다.

따라서 관리와 통제는 필요하다. 그리고 조직 내의 통제는 최대한 많은 구성원들이 스스로를 통제할 수 있는 자기 통제의 형태로 나타나는 것이 가장 바람직하다.[71] 이를 위해서는 '어떻게 하면 자기 통제를 위한 환경을 조성할 수 있을까?'라는 질문을 던지는 것만으로도 큰 변화를 가져올 수 있다. 이런 고민은 한 조직의 급진적인 변화와 더 나은 이해를 가져다줄 수 있다. 하지만 이 또한 모든 종류의 관리와 통제를 대체할 수는 없다. 구성원들의 자기 통제가 실제로 효과적으로 이루어지고 있는지를 통제해야 하기 때문이다. 이를 설명하기 위한 가장 좋은 사례가 도로교통에서의 속도 제한이다. 관련 장비들이 모두 마련되어 있으므로 이론적으로는 모든 운전자들이 속도를 스스로 통제할 수 있어야 한다. 하지만 알다시피 모든 운전자가 자신의 속도를 스스로 통제하지는 않는다.

● 　관리의 기본은?

신뢰의 중요성에 대해서는 앞에서 이미 언급했지만, 여기에서 그 중요성에 대해 한 번 더 강조하고자 한다.

관리와 통제는 신뢰를 기반으로 해야 한다. 특히 사람의 능력이나 잠재력과 관련해서는 그 무엇보다 가장 우선이 되어야 할 것이 바로 신뢰다. 만일 이 두 가지 조건이 충족될 것이라는 신뢰가 없다면 관리와 통제의 문제가 아니라, 인력 배치나 인사 문제와 같은 전혀 다른 문제가 된다.

여기에서 내가 동기 부여를 끊임없이 자극하지 말라고 하는 이유 중 하나를 찾을 수 있다. 능력과 잠재력이 부족하다면 동기를 부여하는 것 자체가 불가능하다. 그러므로 성과와 관련한 이 두 가지 전제조건에 대한 신뢰는 동기 부여뿐 아니라 관리와 통제를 위해서도 반드시 필요하다. 물론 신뢰가 맹목적이어서는 안 되며, 정당성을 바탕으로 해야 한다. 맹목적이거나 어리석은 신뢰의 반대 개념으로서 정당성이 있는 신뢰가 무엇을 의미하는지는 2부에서 살펴보았다. 그러

　　　　　　　　　　　　　　　　　　　경영의 본질

므로 여기에서는 통제와 관련해서 중요한 측면들만 짧게 언급하고자 한다. 우리는 자신이 가능한 한 감정적으로 부담이 되지 않는 수준 이상으로 최대한의 신뢰를 보여줘야 한다. 그와 동시에 신뢰가 오용되지 않는지 알아낼 수 있도록 대비해야 한다. 구성원들 역시 자신들을 지켜보고 있다는 사실을 인지해야 하며, 이 경우 난감하고 타협 불가능한 결과가 이어질 것이라는 사실 또한 알고 있어야 한다.

● 어떻게 관리해야 하는가

앞서 말했듯이, 직원들에 대한 관리와 통제는 매우 다양한 방식과 방법으로 이루어질 수 있다. 관리와 통제의 필요성을 인정하고 나면 '어떻게' 관리하고 통제하는지가 동기 부여와 조직 문화는 물론이고 비용 등 여러 측면에서 가장 중요한 요소가 된다. 특히 경제 분야에서 너무 과도하게 통제하고 관리하는 것은 아무런 효과도 없을뿐더러 오히려 소비를 더욱 자극하여 어떤 부분에서는 피해를 가져올 수도 있다.

관리와 통제의 요소는 최소한으로 한다

과거에는 관리와 통제와 관련해 특별히 강조할 것이 없었다. 직원들을 관리하고 통제한다는 것 자체가 어려웠기 때문이다. 합리적으로 통제에 관한 정보를 얻는 것이 거의 불가능하거나 시간이 너무 많이 필요하기도 했다. 따라서 과도하게 관리하고 통제하는 것을 염려할 필요도 없었다. 오히려 그 반대로 제대로 통제가 이루어지지 않아 문제가 발생하기도 했다. 하지만 오늘날은 상황이 완전히 달라졌다. 관리와 통제에 대한 정보는 물론이고 데이터도 넘쳐난다. 과거에 비해 정보를 얻기 위해 필요한 시간과 비용이 크게 줄어들었다. 그 대신 지금 우리는 적극적으로 정보 과잉에 대응해야 한다.

사실 오늘날에는 조직 내에서의 관리와 통제 규모를 최소한으로 제한해야 한다. 그렇지 않을 경우 오히려 혼란을 야기하며 구성원들을 업무로부터 멀어지게 할 뿐이다. 조직의 존재 이유가 통제나 관리에 있는 것은 아니기 때문이다. 기업은 통제를 하고 대가를 받는 조직이 아니다. 그렇다면 우리가 던져야 할 질문은 '우리가 통제할 수 있는 것들은 무엇인가?'가 아니라 '모든 것을 통제할 수 있다는 충분한 신뢰를 갖기 위해 반드시 통제해야 할 것들은 무엇인가?'가 되어야 한다. 다시 말해 관리와 통제의 기본 원칙은 이를 모든 분야에 적용하는 것이 아니라 실질적인 목적으로 필요한 부분만을 관리하고 통제하는 형식이어야 한다.

리더들이 방대한 관리 및 통제 보고서를 검토하는 방법을 보면 그것이 어떤 의미인지 알 수 있다. 이 보고서들을 보기 시작하면 리더들의 시선은 특정한 지점에서 멈춘다. 그런 다음 계속 페이지를 넘기다가 두 번째 지점에서 멈춘다. 이와 같은 방식으로 리더들이 주목하는 것들은 다섯 개, 여섯 개 혹은 어쩌면 열 개까지 이를 수도 있다. 보고에서 자신이 선택한 내용을 바탕으로 리더들은 자신들이 책임지고 있는 영역을 관리한다. 통제를 위해 사용하는 자료가 평균 열 개 정도에 불과하다면 왜 그렇게 많은 자료가 필요한 걸까? 대부분의 일반적인 통제 보고서에는 개별 관리자의 데이터가 포함되어 있다. 리더는 이 데이터에서 필요한 정보를 선택한다. 그 외의 다른 모

경영의 본질

든 것들은 필요하지 않을 뿐만 아니라 리더에게 혼란만 안겨준다. 자동차 운전석과 비행기의 조종석은 물론이고 항공 관제사의 스크린에 운전을 하거나 비행기를 조정할 때 반드시 필요한 필수 정보만 나타나는 것과 마찬가지다. 따라서 관리와 통제란 무엇보다 인간적인 원칙을 고려해 수립되어야 한다.[72]

　이런 나의 생각에 대해 관리와 통제의 수준을 항상 사람들에게 맡길 수는 없다는 이의를 제기하는 이들이 있다. 물론 맞는 말이다. 따라서 지금은 관리자가 다섯 개 정도만 관리하고 통제하지만, 다른 이유에서 미래를 위해 두 개 혹은 네 개 혹은 다섯 개의 요소를 추가적으로 더 관리해야 하는 일이 발생할 수 있다. 정말 필요한 경우 직원들에게 알리고 추가적인 요소를 위해 다시 교육을 해야 할 수도 있다. 하지만 그럼에도 반드시 필요한 최소한의 부분에서만 통제를 해야 한다는 사실에는 변함이 없다. 이것은 모든 데이터를 너무 쉽게 손에 넣을 수 있는 오늘날 훨씬 더 중요한 의미를 지닌다.

전수조사가 아닌 샘플 조사를 실시한다

통제를 하는 데 있어서 가능하다면 전수조사가 아니라 샘플 조사를 해야 한다. 지난 몇 십 년을 동안 통계학만큼 큰 발전을 이룬 영역은 없다. 내가 대학교에서 공부를 하던 시절만 해도 매우 힘든 연산 과정 때문에 통계적 방식을 적용하기가 어려웠지만, 지금은 컴퓨터를 이용하기 때문에 이런 부분에서 전혀 문제가 없다. 오히려 오늘날 통계학은 컴퓨터의 강점을 100퍼센트 활용할 수 있는 분야가 되었다.

　회계나 세무와 관련된 이유 때문에 모든 비용에 대해 영수증이나 증빙 서류를 첨부해야 하는 것은 인정할 수 있다. 하지만 비용을 관리하기 위해서는 이 과정이 필요하지 않다. 임의의 작은 샘플 조사로도 최대한으로 통제할 수 있기 때문이다. 전수조사의 약 5퍼센트만 샘플을 잘 뽑아서 정확하고 분명하게 확인한다면, 전수조사를 하는 데 드는 비용을 낭비하지 않을 수 있다. 그럼에도 통계 관리에서 확인하지 못하고 빠져나가는 비용도 있겠지만, 이는 관리와 통제에 사용되는 비용을 최소화함으로써 충분히 상쇄할 수 있다.

지금까지 경영 분야에서 통계학적 관리의 발전이 유용하게 사용된 유일한 영역은 품질 보장이다. 하지만 같은 방식은 물류 및 저장 분야는 물론이고, 필드 서비스, 모든 유형의 경비 관리, 시간 관리 등의 다른 영역에도 적용할 수 있다.

행동을 중심으로 통제한다

합리적인 관리와 통제는 사람들의 태도를 관리하는 것을 목적으로 해야 한다. 하지만 이와 달리 대부분의 통제는, 친절하게 표현하자면, 정보 지향적으로 이루어진다. 다시 말해 직원들이 어떤 행동을 해야 하는지가 아니라, 직원들에 대해 알고 싶어 하는 것을 중심으로 관리와 통제가 이루어지는 것이다. 하지만 앞서 통계학적인 통제의 사례가 잘 보여주듯, 이는 잘못된 통제 방식이다. 비용이 나가는 원인을 통제하기 위해 필요 이상의 정보를 수집하고 활용하는 것은 통제의 기술적 측면으로 볼 때 잘못되었다. 또한 비용과 편익이 균형을 이루지 못한다는 점에서 경제적으로도 잘못되었고, 더 나아가 직원들에게 심리적인 피해를 주고 동기 부여를 파괴한다는 점에서 경영학으로도 잘못되었다.

이것이 정보 지향적인 통제를 신중하게 다시 고려해볼 것을 제안하는 이유다. 통계학에 대한 학습 없이도 우리는 특정 규칙을 유지하고 준수하며 업무 과정을 관리하는 데 필요한 통제와 관리는 어느 정도인지, 어디에서부터 허용되어서는 안 되는 염탐으로 변질되는지를 잘 구분할 수 있다.

그래서 나는 한 조직, 예컨대 은행에서 회계 검사관의 업무에 대해 불만을 가진 사람들을 본 적이 없다. 은행에서 일하는 모든 사람은 내부적인 감시가 필요하다는 것을 분명하게 알고 있다. 이것을 감시라고 여기거나 동기 부여에 방해가 된다고 여기는 사람은 없다. 오히려 감시가 없는 은행이 있다고 하면 이상하게 여길 것이고, 그런 은행에서 배임이나 횡령이 발생하는 것은 당연하다고 생각할 것이다. 건강한 인간 이해와 삶의 경험을 가진 모든 사람은 이렇게 기대하고 예측할 것이다.

문제를 은폐하지 않는다

통제와 관리가 제대로 작동하기 위해서는 한 조직의 모든 구성원들이 절대로 문제를 은폐하거나 숨겨서는 안 된다. 그리고 이 원칙이 조직 내부에서 원활하게 기능을 하도록 만드는 것이 중요하다. 숨기려던 문제가 밝혀지며 리더를 놀라게 해서는 안 된다. 이 원칙은 한마디로 다음과 같이 정리할 수 있다. '어떤 문제가 큰 위험을 가져올 조짐이 보이면 그 사실을 보고하십시오.'

대부분의 질병은 초기에 발견하면 치료할 수 있다. 이와 마찬가지로 기업의 경영에서 발생하는 문제들도 초기에는 해결하거나, 적어도 그 문제가 가져올 위험을 피할 수는 있다. 하지만 문제가 어느 정도 진행된 단계에서는 더 이상 해결할 수 없거나, 해결하더라도 엄청난 비용을 들이게 된다.

이 원칙이 적용되지 않거나 이 원칙을 이해하지 못하는 조직은 장기적으로 기능할 수 없다. 이와 관련해 개방성과 같은 조직의 문화에 대해 이야기하려는 사람들이 있다. 하지만 나는 그렇게 하고 싶지 않다. 개방성이란 너무 모호한 개념이며, 전혀 필요하지 않다고 생각하기 때문이다. 보편적인 개방성은 지금까지 언급한 내용과 일맥상통하는 개념으로, 이런 개방성은 필요하지도 가능하지도 않다. 내가 생각하는 개방성이란 아주 특수하고 구체적인 문제와 관련된 개방성을 의미한다.

약속한 일은 반드시 실천한다

예외 없이 통제하고 관리해야 하는 것이 하나 있다. 바로 해결되지 않은 문제다. 우리는 자신이 속한 환경에서 약속된 것을 하나도 잊어버리거나 간과하지 않는 데 익숙해져야 한다.

이는 상황에 따라 매우 다양한 방법으로 실행할 수 있다. 모든 약속들을 적어두고 매일 혹은 최소한 일주일에 한 번씩 스스로에게 상기시킬 수도 있다. 보좌관을 통해 약속을 잊지 않고 관리하는 사람들도 있다. 또 어떤 사람들은 컴퓨터를, 어떤 사람들은 포스트잇을 사용하기도 한다. 여기서 중요한 것은 '어떻게'가 아니다. 이것을 실행하는 것 자체가 중요하다. 그리고 함께 일하는 모든 사람이 당신이

어떤 약속도 잊어버리지 않는다는 사실을 인식하는 것이 무엇보다
중요하다.

> **❝**
> 약속된 것은
> 절대로 잊어서는 안 된다.

물론 모든 약속을 완벽하게 지키거나 실행에 옮길 수는 없다. 그것
은 불가능하다. 하지만 어떤 업무를 잊어버려서 수행하지 못하는 일
이 있어서는 안 된다. 특정한 일을 수행하지 못하는 이유는 그것을
하지 않기로 결정했거나, 환경이 변화했거나, 우선순위를 바꿔야 하
는 등의 이유 때문이어야 하며, 간과하거나 잊어버렸기 때문에 어떤
업무가 실행되지 않고 남아 있어서는 안 된다.

보고서에만 의존하지 않는다

오늘날에는 어떤 보고서든 빠르고 쉽게 작성할 수 있다. 이것이 바로
정보학이 낳은 결실이다. 과거에는 보고서를 작성하는 데 상당한 노
력이 필요했기 때문에 보고서를 자주 작성하지도 않았고, 보고서가
사용되는 경우도 드물었다. 하지만 오늘날에는 정반대의 흐름이 나
타나고 있다. 조직마다 낭비라고 생각될 만큼의 많은 보고서들이 넘
쳐난다. 물론 쓸데없는 내용을 담은 보고서들도 많다. 하지만 이것
자체는 문제가 아닐 수도 있다. 보고서를 작성하는 데 많은 노력이
들기는 하지만 감당할 수 있는 수준이기 때문이다. 문제는 전혀 다른

데서 발생한다. 보고서를 쉽게 작성할 수 있는 환경이 보고서에 의존하는 습관으로 이어지는 것이다.

하지만 노련한 리더들은 보고서로는 어떤 것도 효과적으로 관리하거나 통제할 수 없다는 사실을 알고 있다. 물론 이들도 보고서를 작성하도록 하지만, 보고서에만 의존하지는 않는다. 앞에서도 말했듯이 리더들은 오히려 업무가 진행되는 과정을 직접 확인한다.

문서 형태든 구두 형태든, 아무리 훌륭한 보고서라도 그것은 보고서를 작성하는 사람이 보고, 그 사람이 질문하는 내용만을 담을 수밖에 없다. 이것이 보고서의 신뢰성과 현실성을 제한하는 첫 번째 이유다. 그리고 두 번째 이유이자 더 중요한 이유는 어떤 업무를 평가하기 위해 알아야 할 모든 것을 보고서의 형태로는 절대 담아낼 수 없다는 사실이다. 우리는 설명할 수 있는 것만을 보고서에 담을 수 있다. 하지만 우리가 인지할 수 있는 모든 것을 설명할 수 있는 것은 아니다. 인지 가능한 것과 설명이 가능한 것은 결코 동일하지 않다. 우리가 실제로 인지할 수 있는 것 가운데 설명할 수 있는 것은 극히 일부분에 불과하다. 노련하고 능력 있는 리더들은 이 사실을 알고 있고, 이런 이유 때문에 직접 보고 상황을 파악할 수 있는 기회를 절대 놓치지 않는다. 또한 이런 리더들은 민감한 문제일수록, 그리고 성공에 중요한 업무일수록, 새로운 상황일수록 보고서에 의존하지 않는다.

또한 업무 현장에서 자신의 존재감을 더함으로써 또 다른 수많은 긍정적인 효과를 이끌어낸다. 그들이 직접 눈으로 검증을 하는 근본적인 이유는 인지 가능한 것과 설명 가능한 것 사이의 괴리 때문이

경영의 본질

지, 절대로 동기 부여나 기업 문화 때문은 아니다. 앞에서도 말했지만 그것은 근본적인 이유에 따라오는 부수적인 효과일 뿐이다.

이를 보여주는 사례들은 수없이 많은데, 그중에서도 군대의 역사에서 가장 인상적인 사례에서 찾아볼 수 있다. 군대에는 앞에서 말했던 것처럼 민감하고, 성공에 중요하고, 새로운 요소들이 너무나 많다. 따라서 어떤 나라든 상관없이 좋은 사령관들은 전방을 시찰할 수 있는 기회를 절대 놓치지 않는다. 이들의 결정은 현실에 부합해야 하기 때문에 신속하게 전달받은 전문적 보고서들을 맹목적으로 신뢰하지 않는다. 지위가 높을수록 전방을 시찰할 시간과 기회를 갖기가 쉽지 않고, 실제로 전방을 방문하는 기회는 그리 많지 않다. 훌륭한 사령관들은 이런 사실 때문에 괴로워하며 스트레스를 받지만, 그럼에도 자신들이 할 수 있는 일을 한다.

이러한 현상은 정치 분야는 물론이고 경제 분야에도 찾아볼 수 있다. 전통적인 사례 중의 하나로 제너럴 모터스의 대표를 지낸 알프레드 슬론은 습관을 들 수 있다. 슬론은 한 해에 몇 번씩 평범한 자동차 판매원처럼 직접 자동차를 판매했다고 한다. 그 어떤 세련된 보고서도 직접 경험하고 인지한 것을 대체할 수 없다는 것을 알고 있었기 때문이다.

한 걸음 떨어져서 지켜본다

또 한 가지 방법도 언급하지 않을 수 없다. 물론 이 책에서 나는 직원에 대한 관리나 통제를 적극 권장하고 있지만, 현재의 시스템이 그렇지 않다고 해서 즉각적으로 반응해야 한다는 의미는 아니다. 어떤 경우에는 시간을 두고 지켜보면서 상황이 어떻게 발전하는지를 관찰하고 기다리는 편이 더 지혜로울 수도 있다.

그러다 보면 모든 것이 저절로 해결될 수도 있다. 따라서 현재의 상황에서 큰 문제를 만드는 것보다는 거리를 두고 조금씩 변화를 가져오는 것이 나을 수도 있다. 어쩌면 관련된 사람들의 체면을 지켜주는 것이 중요할 수도 있다. 반면에 법적인 이유 때문에 지체하지 않고 행동해야 하는 상황도 있다. 하지만 적어도 잠시 동안 호의를 가지고 눈을 감아줄 수 있는 상황도 있을 것이다.

모든 상황에 같은 기준을 적용할 수는 없다. 또한 이 경우에는 이런 기준을, 저런 경우에는 저런 기준을 적용하기로 정해놓을 수도 없다. 다만 각각의 상황에 대해서는 어떤 결정을 내릴 수 있다. 그리고 그 결정은 경험과 지혜, 신중함, 더 나아가 인간성의 문제이다. 이것은 앞에서 계속해서 언급한 것과 마찬가지로 전형적인 경영의 문제이다.

통제는 개인적이어야 한다

마지막으로 가장 중요한 것은 관리와 통제는 개인에게 한정되어야 한다는 것이다. 이 분야에서 가장 위험한 것이 획일주의라는 악습이다. 몇 년 동안 함께 근무했고, 단 한 번도 잘못을 저지른 적이 없으며, 일관성과 신뢰성에서 모범을 보이므로 기본적으로 전혀 통제할 필요가 없는 사람을 통제하는 것과 조직에 들어온 지 얼마 되지 않아 잘 알지 못하고, 믿을 만한 테스트를 통과하지 않아 아직 신뢰할 수 없는 사람을 통제하는 것은 아주 큰 차이가 있다. 그 사람을 통제하는 것은 기본적으로 불신하기 때문이 아니라 그 사람을 아직 제대로 알지 못하고, 그 사람 또한 리더와 조직을 잘 모르기 때문이다. 관리받고 통제를 당하는 것은 불쾌한 일이다. 하지만 통제하는 사람과 통제받는 사람 모두를 동시에 성장시키는 일이기도 하다. 즉, 교육을 하고 익숙해지게 하며 그 과정에서 방향성을 제시하는 일이라고 할 수 있다.

● **측정하고 평가하기**

실제로 직면하게 되는 대부분의 상황에서 관리 및 통제 업무를 적절하게 수행하는 데에는 지금까지 살펴본 몇 가지 방법으로도 충분하다. 앞에서 설명한 내용은 통제의 과정에서 따라야 할 근본적인 원칙들이다. 이 원칙들은 아주 간단하지만, 각각의 상황에 적용하는 것이 만만하지는 않다.

마지막 요소는 항상 불분명하고, 때로는 엄청난 오해로 이어지기도 한다. 측정이 가능한 곳에서 통제를 하는 것은 아무런 문제가 없다. 하지만 측정의 기본이 되는 계량화는 매우 어려울 수 있고, 상당한 과학적, 기술적 노력이 필요하다. 측정할 수 있는 부분을 통제하고 관리하는 것은 상대적으로 수월하다. 반면 측정할 수 없는 부분을 통제하는 것은 쉬운 일이 아니다. 측정이 어렵기 때문에 계량화된 영역에 대한 통제를 피하게 되거나 아예 불가능하다고 여기게 된다. 다시 말해, 측정할 수 없는 것은 통제할 수 없다고 생각하기 때문이다.

나는 이것이 매우 큰 착오이자 기업 경영에 대한 근본적인 오해라고 생각한다. 측정이 가능하고 측정을 할 수 있는 동안에는 사실 매니지먼트는 물론이고 관리와 통제의 역할을 맡을 리더도 필요하지 않다. 그런 곳에는 컴퓨터가 리더를 대체할 수 있다. 하지만 더 이상 측정을 할 수 없는 상황이라면 리더를 통해 통제가 이루어져야 한다. 하지만 과정은 달라야 한다. 다시 말해, 통제의 과정은 측정이 아닌 평가와 최종적으로 판단이 이루어져야 한다.

이것은 어쩔 수 없이 객관성, 주관성, 신뢰성, 관련성, 반복성, 정당화 등의 철학적 이슈들로 이어질 수밖에 없다. 내가 아는 한 이 질문들은 오늘날까지 해결되지 못했고,[73] 엄밀히 말하자면 앞으로도 해결되지 못할 것이다. 리더들은 이 문제들의 철학적인 측면을 해결할 수 없지만, 자신이 가지고 있는 판단력과 경험을 기반으로 한 결정을 통해서 해결책을 찾아나갈 수는 있다. 솔직하게 말하자면, 이 과정은 결코 평화롭지 않기 때문에 더 나은 방법이 있다면 기꺼이 그 방법으로 이용하고 싶을지도 모른다. 하지만 기업이나 조직에서는 과학이나 철학이 이 문제들을 해결해 줄 때까지 기다릴 수 없다.

어쨌거나 우리는 행동해야 한다. 행동하지 않는 것 또한 사실상 하나의 행동이고, 결정하지 않는 것 또한 하나의 결정이다. 여기에서 우리는 과학과 매니지먼트의 근본적이고 실제적인 차이를 알 수 있다. 그리고 다시 한 번 경험의 중요성, 즉 경영에는 무엇보다 경험이 중요하다는 사실을 강조하지 않을 수 없다.

정확한 분석에 따르면, 측정과 평가의 차이가 그리 크지 않다는 것을 짚고 넘어갈 필요가 있다. 내가 강조해서 말했듯이, 측정은 객관적이고, 논쟁의 여지가 없고, 근거가 있는 것인 반면 평가는 주관적이고, 근거가 없는 것이다. 개별적인 상황에서의 측정은 결정적으로

　　　　　　　　　　　　경영의 본질

어느 정도는 목적성이 있기 때문에 근거가 없는 수많은 관례와 익숙한 방법에 기초할 때가 많다. 또한 측정이 정확하다고 믿는 것은 초보자들밖에 없다. 과학적인 시각에서 볼 때 미터법과 저울, 시계는 매우 부정확하기 때문에 목적에 맞는 정확한 측정을 위해 측정 방법은 끊임없이 개선되어왔다.

측정 과정을 정립한 후 경험이 없는 사람이 그 과정을 준수하여 거의 비슷한 결과를 얻는다면 비로소 그것을 측정이라고 할 수 있을 것이다. 다시 말해, 평가란 경험이 있는 사람이 정해진 규칙을 따랐을 때 같은 결과에 이르는 것을 말한다.

아마도 이를 가장 이해하기 쉽게 보여주는 것이 법조계의 사례일 것이다. 법적인 사건은 사법 절차 이외의 다른 방법으로는 결정을 내릴 수 없기 때문에 판사가 필요하다. 물론 소송 절차와 규칙이 있어도 경험이 없는 사람은 아무것도 할 수 없다. 마찬가지로 전문적인 지식과 많은 경험을 가지고 있는 판사들이라도 항상 같은 판결에 이르는 것은 아니다. 하지만 큰 틀에서 볼 때, 적절한 교육을 받고 경험을 가진 판사들이 판단 과정에서 동일하거나 비슷한 결론을 내리는 경우가 많다고 할 수 있다.

법치국가에서 재판 절차가 사건에 대한 결론을 내리는 수단으로서 부적절하다고 주장하는 사람은 없을 것이다. 단, 그 사법적 결론은 평가와 판단에 근거해야 한다. 비록 그 절차가 측정에서처럼 객관성을 가지고 있지 않고, 재판 절차에서의 판결은 주관적이며, 인간에 의한 것이고, 인간의 생각에 달려 있다고 생각한다고 해도 마찬가지다. 과정은 주관적일 수 있으나, 결코 자의적이지는 않기 때문이다.

문제는 주관적인 것이 아니라 자의적인 것이다.

만일 젊은 판사가 항소심에서 뒤집히는 판결을 정기적으로 내놓는다고 해도, 재판 절차를 바꿔야 한다고 생각하는 사람은 없을 것이다. 그보다는 젊은 판사에게 더 많은 교육을 시킬 것이고, 더 신중하게 판결을 내릴 것을 경고할 것이다. 그럼에도 변화가 없다면 능력이 없는 것에 대해 면직을 시키고, 피해를 일으키지 않는 과제를 줄 것이다. 그렇지 않으면 실제 재판과 법학의 이치에 어긋나는 일이 될 것이다.

하지만 경영이란 사법 시스템과는 전혀 다르다. 그리고 이것은 기업이나 조직의 경영에서 두드러지는 점이다. 기업 경영에서는 경험이 없거나 능력이 부족한 사람들에게 더 나은 교육을 시키거나, 그들이 맡은 업무에 대한 대비책을 세우거나, 다른 분야에 배치하는 등의 조치를 취하는 일이 없다. 과거에 비해 줄어들었을지는 모르지만, 여전히 통제를 거부하는 일반적인 경향은 여전히 존재한다.

이 부분을 이해하는 데 도움이 되는 간단하지만 전형적인 사례 하나를 살펴보자. 수천 명의 직원들을 둔 한 회사의 고위급 임원들을 위한 교육 프로그램의 차원에서 효과적인 경영의 원칙과 과제에 대한 세미나를 한 적이 있다. 이 자리에서 나는 특정 영역에서 직관과 감정이 가진 의미와 신뢰성의 회의적인 부분에 대해 설명했다. 세미나에는 대부분 자연과학과 기술 영역을 전공한 대학교 졸업자들로 구성된 리더들 외에도 교육 부서에서 일하는 세 명의 직원이 자리하고 있었다. 휴식 시간이 되자 직원들 중 한 사람이 나에게 말을 걸었다. 그 직원은 세미나의 내용이 전부 다 매우 흥미롭지만 안타깝게도 그 가운데 많은 것들이 정량화할 수 없는 것, 측정할 수 없는 것이라고 했다. 나는 그의 말에 동의하며 정량화가 왜 중요하며, 그것을 통해 무엇을 이끌어낼 수 있는지 물었다. 직원은 그렇기 때문에 많은 것들을 직관적이고 감정적으로 할 수밖에 없다고 말했다. 나는 내가 그의 말을 한 번 더 정리한 후에 특히 직관과 감정이 두드러지게 나타나는 분야가 어떤 것인지 다시 물었다. 그는 "예를 들어 인사 과정에서 직원들을 뽑는 일이라든가 …"라고 대답했다.

> **"**
> 통제와 평가 그리고 측정은
> 결코 독단적이어서는 안 된다.

상당히 젊고 경험이 부족한 이 직원은 이성적인 판단, 판단력의 강화 그리고 경험에서 비롯된 평가 등이 존재한다는 사실을 대해 전혀 모르고 있었다. 만약 한쪽 끝에 측정에 기반한 정량화가 있고 다른 쪽 끝에 감정이 있다면, 그 사이에는 다양한 근거를 가진, 셀 수 없이 많은 평가의 중간 단계들이 있을 것이다. 그 직원의 사고방식이 광범위하게 퍼져 있지 않고, 그가 매니지먼트 교육을 받는 이들에게 피해만 입히지 않았다면, 이 사례는 그저 교육이 부족하고 경험이 없는 사람이라고 치부하고 언급할 가치도 없었을 것이다. 나는 잠깐의 휴식시간이 끝난 후 이 상황을 실험의 기회로 삼았다. 그리고 그 직원에게 자신의 생각과 관심사를 전체 회의에서 발표하도록 한 후 토론 주제로 삼았다. 충격적인 사실은 그 자리에 있던 기술이나 자연과학

교육을 받은 참석자들 중 반대 의견을 가진 사람은 없다는 것이었다. 이들은 모두 한쪽에는 측정 그리고 다른 한쪽에는 감정이 있는 것을 이의 없이 현실로 받아들였다.

다시 말해, 측정을 할 수 있는 영역에서는 측정을 해야 한다. 하지만 측정을 할 수 없다고 이를 통제를 포기하는 근거로 삼아서는 안 된다. 측정을 할 수 없으면 평가를 해야 한다. 그리고 비로 이를 위해 필요한 것이 풍부한 경험을 바탕으로 주어진 과제를 성실하고 신중하게 수행하는 리더이다.

인재 개발

조직에서 가장 중요한 것은 사람이라는 데 이의를 제기할 리더는 없을 것이다. 하지만 어쩌면 조직에 사람이 없는 것이 장점이 될 수도 있다는 생각을 막을 수는 없을지 모른다. 조직이 겪는 어려움의 원인은 물론이고 실수, 실패, 태만, 갈등 등의 원인이 언제나 사람이기 때문이다. 기계나 컴퓨터는 한번 기능하기 시작하면 대부분 문제가 없이 작동한다. 컴퓨터나 기계는 피곤해하지도 않고, 동기가 필요하지도 않으며, 커뮤니케이션의 문제도 없고, 심리적으로 강하며, 절대로 아프지 않고, 휴가도 필요 없고, 집단 행동도 하지 않는다.

　사람이 없는 공장은 거의 현실이 되었다. 하지만 그것을 제외하면 우리는 (아직은) 사람을 필요로 한다. 그래서 기업 경영의 최우선 과제는 사람을 양성하고 개발하는 것이다.

이것은 단순히 인사 전문가의 과제가 아니라 모든 리더의 과제다. 인사 관리가 원활하게 작동하면 여러 가지 측면에서 기업이나 조직에 큰 도움이 될 수 있다. 하지만 리더나 대표가 실패하는 경우에 인사 관리는 사람을 개발하거나 양성할 수 없다. 최고의 인적자원 개발을 위한 프로그램을 운영한다고 해도 조직에서 리더가 직접 해야 하는 인재 개발을 대신할 수는 없다

결정적으로 사람은 스스로를 변화시킬 수 있는 만큼만 자신을 발전시킬 수 있다. 이것은 가장 빠른 방법일 뿐만 아니라 가장 효과적인 방법이기도 하다. 특히 이것은 아주 큰 성과를 얻기 위한 개발과 능력에 적용된다.

사실상 역사 속에서 찾아볼 수 있는 실행자들은 모두 자기 개발자들이었다. 가끔 스승이 있는 경우도 있었지만 그런 경우는 생각보다 훨씬 적다. 이들은 각자의 롤모델을 닮기 위해 노력했다. 넓은 범위에서 보면 이들에게는 언제나 멘토, 즉 자신들이 강점을 가진 분야에서 일을 할 수 있도록 도와준 사람이 있었다. 무엇보다 이들에게는 자신들의 능력을 증명할 기회를 주는 후원자나 고객이 있었다. 그 대표적인 예가 교황 율리우스 2세다. 율리우스 2세는 이탈리아의 건축가 브라만테Bramante는 물론이고, 성 베드로 대성당을 설계한 미켈란젤로에게도 그런 존재였다. 하지만 예술 분야에서 뿐만 아니라 정치, 경제, 스포츠, 과학 분야에서도 재능을 가진 사람들의 자기개발을 지원하는 멘토나 스폰서를 발견할 수 있다. 이런 멘토들은 우리가 교과서에서 보는 것보다 훨씬 더 많다.[74]

이 장에서 나는 직원들의 지원과 개발에 대해서는 의도적으로 이

야기하지 않으려고 한다. 너무 좁은 시야를 갖게 하기 때문이다. 조직이 원하든 원하지 않든, 조직은 직원 그 이상의 존재를 가지고 있다. 하지만 언젠가 막스 프리쉬Max Frisch가 한 말처럼, 어쩌면 조직은 항상 직원을 찾고 있지만, 조직에는 직원이 아닌 사람이 오는 것 같다. 조직은 이에 대해서 선택권이 없는 것은 물론이고 이들을 어떻게 개발할지에 대해서도 선택권을 가지고 있지 않다. 직원은 어떻게든 발전한다. 문제는 어떤 방향으로 발전하느냐이다. 조직은 사실상 우리가 학습 환경이라고 부르는 장소다. 그러므로 우리는 사람들이 배우는 것에 대해서는 영향을 줄 수 있지만, 그들이 배우는 내용에 대해서는 영향을 줄 수 없다.

● 직원이 아니라 사람

인간의 발전과 관련이 있는 거의 모든 것은 개인적으로 이루어져야 한다. 이는 내가 이 책에서 계속해서 강조한 부분이기도 하다. 그리고 이것은 인재 개발 분야에서는 중요한 의미를 갖는다. 우리가 지원하고 발전시키는 것은 추상성이나 집합이나 총계나 평균이 아니라 하나의 인간, 즉 개인이다. 너무나도 당연한 일인데도 대부분의 리더들은 이런 사실을 받아들이는 데 애를 먹는 듯하다.

우리는 일반화할 수 없는 것들을 계속 일반화하고 있고, 종합할 수 없는 요소들을 종합하고 있다. 이것이 바로 오늘날까지도 새로운 교수법과 심리학 이론을 적용하며 가졌던 수많은 희망들이 이루어지지 않은 근본적인 이유다. 이러한 방식은 '기본적으로 많은 것을 알고 있는데 또 뭘 배우지?'라는 잘못된 생각에서 출발한다.

대부분의 사람들이 가지고 있는 평생에 걸쳐 학습을 해야 한다는 생각은 과거 학창시절의 경험에서 비롯된 것이다. 학교를 다니며 적어도 겉으로 보기에 우리는 모두가 동일하게 공부했다. 초등학생들의 학습에 대해서도 아마 우리는 이렇게 생각할 것이다. 물론 이는 매우 의심스러운 생각이다.

하지만 성인이 된 이후에 사람들은 학교에서와는 전혀 다른 방식으로 공부를 하고 발전을 한다. 어떤 사람은 듣는 것을 통해 공부를 하고, 어떤 사람은 독서를 통해, 어떤 사람은 글쓰기를 통해 공부를 한다. 또한 다른 사람을 가르치면서 가장 효과적으로 배우는 사람이 있는가 하면, 행동을 통해서 배우는 사람도 있다. 어떤 사람은 실수를 통해 배우고, 어떤 사람은 성공을 통해 배운다. 다시 말해 개인의 발전을 위해 무언가를 하고 싶다면 우리는 그 사람이 가장 효과적으로 학습하는 방법이 무엇인지를 알아내야 한다.

이런 사실은 오늘날 흔히 사용되는 인적자원 개발 프로그램에 대한 의문을 갖게 한다. 이 프로그램들은 규모가 크기 때문에 넓은 범위를 포함해 표준화할 수밖에 없다. 그렇다 보니 많은 내용을 많은 사람들에게 동일하게 적용하곤 한다. 하지만 이렇게 되면 개인화와는 멀어질 수밖에 없는데, 이것이 바로 내가 이러한 프로그램들에 대해 의문을 갖는 첫 번째 이유다. 두 번째 이유는 정작 일반화의 가능성이 가장 큰 요소들은 거의 고려하지 않는다는 것이다.

어떤 방법과 구성으로 프로그램을 마련하든 조직 안에는 인적자원의 개발과 발전을 위해 고려해야 할 네 가지 기본적인 요소가 있다. 만일 이 네 가지 요소를 무시하거나 소홀히 할 경우 모든 것은 아

　　　　　　　　　　　　　　　　　　경영의 본질

무런 효과가 없거나, 효과가 있더라도 실망스러운 수준에 그칠 것이다. 이 장에서는 인적자원의 개발을 위한 네 가지 요소인 과제와 자신의 강점, 상사의 유형 그리고 업무 배치에 대해 살펴보기로 하자.

발전을 가져오는 과제

고리타분하긴 하지만 우리가 계속해서 새롭게 인식해야 하는 사실이 하나 있다. 사람은 과제와 함께 그리고 과제를 통해 발전한다는 것이다. 따라서 과제는 인적자원의 개발을 위한 첫 번째이자 가장 중요한 요소다.

교육 프로그램은 마지막에 교육을 받은 이유이자 교육의 목적이 되는 과제가 주어지지 않으면 아무런 효과 없이 마무리되고 만다. 이것이 바로 학교에서의 교육과 조직에서의 교육이 가진 결정적인 차이다. 학교에서는 '인생을 위한' 공부라는 그럴 듯한 말을 하곤 하지만, 사실 이는 갈수록 어려워지고 있다. 학생들에게 너무 추상적인 개념이기 때문이다. 그리고 학교를 졸업한 후에는 이런 원칙은 사실 아무런 의미도 없다. 사람들은 구체적인 목적을 가지고 공부를 하며, 자신의 발전을 위해 각자가 서로 다른 효과적인 방식으로 공부한다.

사실 규모가 큰 교육 및 양성 프로그램을 구상하는 것이 개인에게 적합한 과제를 규정하는 것보다 훨씬 수월하다. 나는 각 기업의 교육 활동에 대해 '교육 프로그램을 수료한 후 어떤 업무를 맡게 됩니까?'라고 주기적으로 묻곤 한다. 하지만 구체적인 답변을 받는 경우는 거의 없다. 그 대신 다음과 같은 답변을 받는다. "이 사람들이 우리의 잠재적 인재입니다." "더 높은 지위의 리더 역할을 위해서요." 하지만 이는 대부분 교육 프로그램을 수료하기 전에도 알고 있던 내용이다. 그렇지 않았다면 교육 프로그램에 참가하지도 않았을 것이다. 구체적으로 우리가 알고 있어야 하는 목적은 대부분 미지수다. 이 부분에 대해서 우리는 전혀 생각하지 않는다.

한 사람에게 주어진 업무가 그 사람의 발전과 개발로 이어지려면 몇 가지 요구들을 충족시켜야 한다. 지금까지 맡았던 것보다 규모도 크고 난이도도 높은 과제를 주어야 한다. 물론 사람에게 더 높은 요구를 할 수는 있지만, 그것이 그렇게 쉬운 일은 아니다. 대부분의 사람들은 스스로 가능하다고 생각하는 것보다 훨씬 더 많은 성과를 낼수 있고, 리더는 직원들에게 그런 경험을 할 수 있는 기회를 주어야 한다. 이때 주어진 업무의 수준이 꼭 높거나 더 많은 보상을 해줄 필요는 없다. 심지어 그럴만한 가치도 없다. 나는 사람들의 발전이 항상 승진이나 높은 급여로 이어지는 것은 위험하다고 생각한다. 그럴 의도가 없었다 하더라도, 대부분은 그렇게 이해하기 마련이다.

그러므로 우선 업무 자체는 더 크고, 포괄적이고, 어렵고, 까다로워야 한다. 그리고 가능하다면 더 크고 까다로운 과제를 책임지게 된 것을 칭찬이나 인정으로 받아들일 수 있도록 해야 한다. 이는 모든 조직 문화에서 필수적인 부분이 되어야 한다. 인적자원 개발이 효과를 발휘하기 위해서는 위계질서에 의한 승진에서 벗어나야 한다. 이것은 쉬운 일이 아니며, 거의 전 세계적으로 퍼져 있는 기대나 관습과 정면으로 충돌한다. 나는 지금까지 이 측면에 의미를 부여하는 조직 문화에 대한 자료를 한 번도 본 적이 없다. 나는 이것이 무척 위험하며 기업 문화를 이끄는 방향이 근본적으로 틀렸다고 생각한다.

> ❝
> 사람은 지금까지 해왔던 것보다 더 크고,
> 더 어려운 과제를 통해 성장한다.

　기업 문화의 가장 전면에는 성과를 내고 이에 대해 책임을 질 수 있는 기회가 있어야 한다. 또한 성과는 개인에게 주어진 업무여야 한다.[75] 비유적으로 이야기하자면 지금 맡고 있는 일보다 더 큰 업무를 맡아야 한다. 그리고 이 과제는 개인적으로 책임질 수 있는 부분과 직접적으로 연결되어 있어야 한다. 무언가에 '협력'을 하고, 특정 프로젝트에 '참여'하거나 어느 팀에 '속한' 것으로는 대부분의 경우 이 요구를 충족시키기 어렵다. 가능하더라도 제대로 충족시킬 수는 없다. 그래서 이러한 경우에는 한 구성원의 개인적인 기여가 부각되고 확인될 수 있도록 유의해야 한다. 따라서 다음과 같은 질문을 던져야 한다. '다음 시즌에 어떤 영역을 책임지는 걸로 알고 있으면 될까요?'

　인적자원을 개발하고자 한다면 이들에게 무언가를 요구해야 한다. 이는 우리가 일반적으로 하는 것, 즉 '부탁'과는 정확하게 반대되는 행위다. 이 또한 쉽지 않을 것이라고 생각한다. 하지만 사실은 그 반대다. 이는 어려운 일이고, 익숙하지 않은 일이며, 기존의 관습과 충돌하는 일이다. 사실 나는 이 관습이 틀렸다고 생각한다. 나는 노동시장이 완전히 고갈되어 있던 시기에 이 관습을 고집하던 노동시장 전반 혹은 특정 분야와 전문 영역에서 이 부분에서 타협을 해야 했던 것을 잘 알고 있다.

　그럼에도 우리는 과거의 실수를 수정하기 위한 모든 기회를 인식해야 한다. 젊고 경험이 없는 사람들까지도 속였던 실수를 말이다. 이 실수는 과거의 구인광고만 봐도 알 수 있다. 구인광고는 언제나 같은 패턴으로 구성되었다. '우리는 기다립니다'라는 문장 아래에 적힌 것은 얼마 되지 않고 꽤 일반적인 것들이지만, '우리는 제공합니다'라는 문장 아래에는 아주 길고, 매우 구체적이며 무엇보다 매우 화려한 내용이 적혀 있다. 인적자원 개발 매거진에서도 Y세대가 어떤 기대들을 가지고 있고 기업은 어떻게 부응해야 하는지를 보여주는 다양한 항목들을 볼 수 있다. 새로운 세대가 이전 세대에 비해 직원 관리와 관련해 특별한 요구들을 더 많이 하기 때문일까?

하지만 이는 사람을, 특히 젊은 사람들을 잘못 이해하는 것이다. 그리고 이런 인식은 이들의 발전을 방해한다. 이들은 대부분 스스로 원하지 않는 상태에서 그리고 무엇보다 인식하지 못하는 상태에서 소비자와 기업의 요구를 따르도록 유도한다. 시간이 조금 지나면 이의를 제기하고 '기업가다운 태도'로 대체하고자 하지만 그러기에는 너무 늦었다. 더욱이 이 사태의 근본 원인은 바로 자기 자신이다.

요구당하는 것을 원하는 젊은 사람들도 많다. 일반적으로 우리는 많은 것들을 요구하던 선생님이나 과거의 상사들을 기억할 것이다. 한계에 이를 때까지 요구를 당한 경험은 기억 속에 오래 남아 있는데, 대부분은 매우 긍정적으로 남는다. 나는 세미나 참가자들을 대상으로 누구에게서 가장 많이 배웠느냐는 내용의 설문을 설문지 형식으로 진행한다. 거의 예외 없이 참가자들의 대답은 위에서 내가 주장한 바와 일치한다. 뿐만 아니라 진정한 행동가들의 인생에는 공통된 요소가 있다. 그것은 바로 어린 시절 자신이 할 수 없다고 생각했던

경영의 본질

과제를 성공적으로 해낸 경험이다. 다시 말해, 제대로 요구를 당한 셈이다. 그것도 각자가 가진 한계를 뛰어넘는 요구 말이다.

사람의 발전이 직무 순환과 관련이 있는지에 대해서는 구체적으로 언급하지 않겠지만, 대부분의 사람들은 그렇다고 추측한다. 인간의 삶에는 다른 업무의 영역과 기능 영역을 배우는 것이 중요한 단계가 있다(그리고 특히 이 단계는 미래의 리더들에게도 찾아올 것이다). 해당 업무를 숙지하거나, 그 업무 영역에서 일을 해야 해서가 아니라 이 영역에 대한 이해를 하기 위해서다. 하지만 중요한 것은 이것이 다른 업무라는 사실이 아니라, (직무 순환이라는) 더 큰 과제라는 점이다.

이를 가장 이해하기 쉽게 그리고 전형적으로 보여주는 것이 음악인들의 사례다. 바이올리니스트는 자신의 발전을 위해서라면 2년간 클라리넷을 연주하고, 이후 다시 악기를 트롬본으로 바꾸는 것을 멈추지 않을 것이다. 이 사람은 어려운 작품을 연주하게 되거나 까다로운 공연에 함께하게 되거나, 새로운 작곡가와 다른 음악에서 부딪치는 과정을 통해 바이올리니스트로서 발전하고, 요구를 받게 될 것이다. 하지만 당연히 바이올리니스트로서 그 과정을 감당할 것이다. 이 사람은 시간이 흐르면서 4번 바이올린 연주자에서 수석 바이올린 연주자가 되겠지만 이것은 결코 '높아진 것'이 아니다. 물론 수석 바이올린 연주자가 더 많은 명예를 얻을 수 있는 자리이기는 하지만, 콘서트 마이스터가 되기까지는 아직도 오랜 시간이 남아 있다. 대부분의 사람들은 결국 콘서트 마이스터가 되지 못한다. 그리고 '순환'도 없다. 어려운 작품과 유명한 오케스트라가 음악가들이 커리어를 쌓는 정류장이기 때문이다.

발전의 요소 가운데 하나는 바로 예산 편성을 배우는 것이다. 4부에서 나는 효과적인 경영을 위한 도구로서 예산 편성을 구체적으로 다룰 예정이다. 그러므로 여기에서는 몇 가지 힌트만 남겨두려고 한다. 새로운 과제, 새로운 부서 그리고 새로운 조직에 익숙해지는 데는 조직의 중요한 부분을 위한 예산 편성을 하는 것보다 더 좋은 수단은 없다는 사실이다. 나는 왜 이 요소가 실제로 연수 프로그램에 단 한 번도 등장하지 않는지에 대해 늘 의문을 가지고 있다. 새로운 영역의 예산을 편성하는 것은 결코 편하거나 쉬운 일이 아니다. 하지만 가장 빠르고, 안전한 방법이다.

성공을 가져오는 강점

사람의 발전은 무엇을 의미할까? 만일 성공하고, 능력 있고, 자부심을 가지고 있으며, 그 자부심을 앞으로도 유지하고 싶다면 사람의 발전이라는 개념을 어떻게 이해해야 할까? 강점 지향이라는 원칙과의 관련성은 명확하다. 바로 여기에 강점을 적용해야 한다. 우리는 이미 가지고 있는 강점, 다시 말해 이미 분명하게 알고 있는 강점과 특정한 징후나 증거를 통해 강점이라고 추측할 수 있는 것들을 발전시켜야 한다.

발전은 강점 지향적이어야 한다. 한 사람이 가지고 있는 약점들을 한계라고 부른다. 한계는 특정한 활용에 있어서 그 사람을 배제하거나 특정한 방법들을 불확실하게 만든다. 이렇게 본다면 우리는 약점을 고려해야 한다. 볼 감각이 없는 선수에게 구기 종목을 선택하라고 조언하지는 않을 것이다. 오히려 볼 감각이 부족한 것이 전혀 문제가

경영의 본질

되지 않는 종목을 해보라고 추천할 것이다.

성공이 어떤 의미인가와는 상관없이 약점을 가지고 있는 영역에서는 결코 성공을 거둘 수 없다. 그리고 원칙적으로는 자신의 약점을 극복한 영역에서도 성공을 할 수 없다. 이미 말했지만 이 경우 그 사람은 대부분 중간 정도의 수준에 머물게 된다. 성공은 무언가를 할 수 있는 영역, 그러니까 강점을 가진 영역에서만 이룰 수 있다. 그 영역에서는 성공이 훨씬 더 빠르고 쉽게 나타나고 분명하게 드러난다. 그리고 바로 이것이 우리가 말하는 실효성이다.

그렇다면 한 사람의 강점은 어디에서 알 수 있을까? 어느 정도 신뢰할 만한 판단을 할 수 있는 방법은 단 하나 뿐이다. 나의 이런 생각에 반대하는 이들도 있겠지만, 나는 한 사람의 강점을 알아볼 수 있는 유일한 출처는 지금까지 그 사람이 이루어낸 과제와 성과 그리고 결과라고 생각한다. 그 사람이 이룬 성과 중에 세 개에서 다섯 개 정도의 과제들을 관찰했다면 그 사람을 평가할 수 있다. 단, 가상의 과제가 아니라 실제로 진행했던 과제여야 한다.

그렇다면 아주 젊은 사람들의 경우 평가할 수 있는 방법이 없는 셈이다. 이들을 알지도 못하고, 이들에 대해 아는 것도 없다. 우리가 알 수 있는 유일한 한 가지는 전공이다. 하지만 안타깝게도 학점과 이후 직장에서의 성과 사이의 관련성은 거의 없다고 볼 수 있다. 그렇기 때문에 빠른 시일 안에 연속적으로 두세 개 혹은 네 개의 서로 다른 과제들을 주어서 젊은 사람들의 강점을 측정해야 한다. 처음에는 큰 과제를 줄 필요는 없다. 일반적으로 그럴 수도 없다. 조금만 관심을 기울이고, 한 번씩 들여다보려는 노력을 한다면 강점과 약점은 최소한 단계적으로라도 상당히 빠르게 드러날 것이다. 그리고 이를 토대로 발전을 시키면 된다.

이 지점에서 2부의 내용에 대해 반박하는 독자들이 있을 수도 있다. 내가 '개발해야 할 강점'이 아니라 '이미 가지고 있는 강점'에 대한 이야기를 했기 때문이다. 여기에 대해 확실한 변명을 하나만 하자면 이미 가지고 있는 강점만이 즉각적으로 사용할 수 있는 강점이라고 할 수 있다. 그 외의 강점들은 시간이 필요하다. 그러므로 사람을 바로 투입하려면 '이미 가지고 있는 강점'을 활용해야 한다는 원칙을 잊어서는 안 된다. 내가 여기에서 언급한 강점 지향의 원칙과 완전히 배치되는 내용들은 강점을 개발하는 것 또한 단계적으로 이미 가지고 있는 강점을 토대로 해야 하며, 약점을 극복하려는 것이 우선이 되어서는 안 된다는 뜻이다.

상사의 유형

사람의 발전을 위한 세 번째 요소는 상사다. 우리는 다음과 같은 질문을 던져야 한다. '이 사람의 발전을 위해서는 어떤 유형의 상사가 필요한가?'

이와 관련해서 나는 리더들을 지도 스타일 혹은 패턴에 따라 분류하는 일반적인 카테고리를 생각하지 말라고 제안한다. 물론 다재다능한 천재형 리더들을 찾아보지도 말라고 말하고 싶다. 그 이유는 이제 분명하게 알고 있을 것이다.

일반적으로 상황은 다음과 같을 것이다. 뮐러 박사는 조금 어려운 사람이다. 까다롭고, 친해지기 어렵고, 건조하고 조금은 지루하다.

만일 젊은 여직원인 슐체 씨를 뮐러 박사의 부서에 보내면 슐체 씨는 꽤 힘들어할 것이다. 그 부서에서 일을 하는 것은 어렵고, 괴로울 것이다. 뮐러 씨는 다른 사람을 감동시키는 성격도 아니고, 본능적으로 젊은 사람들에게 그렇게 하지도 않을 것이다. 하지만 뮐러 씨 부서에 가면 슐체 씨는 프로젝트를 깔끔하게 준비하는 방법을 배울 수 있다. 이것이 뮐러 씨의 큰 강점이기 때문이다. 뮐러 씨가 우리 회사에서 일한 10년 동안 만족을 하지 않은 고객은 단 한 명도 없었다. 그 누구도 뮐러 씨보다 이 일을 더 잘 할 수는 없고, 그 누구도 뮐러 씨보다 더 잘 가르쳐줄 수는 없다. 상사와 관련하여 아마도 우리는 이런 상황에 대해 고민을 하게 될 것이다.

뮐러 씨가 '리더'이든 '통합자Intergrator'이든 혹은 '커뮤니케이터'이든, 아니면 또 다른 피상적인 하지만 별 의미는 없는 직책을 붙이든, 그것은 하나도 중요하지 않다.

하지만 우리가 언제나 주의해야 할 두 가지가 있다. 잠재적 상사들 그리고 특히 사람의 성장을 주의 깊게 보는 상사들은 두 가지 조건을 충족해야 한다. 첫 번째로 상사들은 모범이 되어야 한다. 따라서 다음과 같은 질문을 던져볼 필요가 있다. '내 아들이나 딸이 이 사람을 롤모델로 삼아도 나는 괜찮을까?' 만일 이에 대한 대답이 '아니오'라면 이 사람은 다른 사람의 상사가 될 수 없다.

물론 여기서는 보편적인 사례를 이야기하는 것이 아니다. 사실 보편적인 사례란 존재하지 않는다. 상사가 될 가능성을 가진 사람의 모범은 두 가지를 기반으로 하고 있어야 한다. 첫째, 상사는 전문성에서 모범이 되어야 한다. 전문성이 없는 상사는 다른 사람을 성장시키거나 발전시킬 수 없다. 신뢰를 받지 못하기 때문이다. 물론 피아노 교사가 뛰어난 재능을 가지고 있지만 아직 성장하고 있는 어린 피아니스트만큼 피아노를 잘 쳐야 한다는 뜻은 아니다. 하지만 피아노 교사는 음악을 이해하는 사람이어야 하고, 피아노를 이해하는 사람이어야 한다.

둘째, 잠재적 상사는 태도와 관련한 특정한 면에서 롤모델 혹은 모범이 되어야 한다. 말하자면 자신의 과제를 수행하고, 자신의 한 일이 대해 책임을 지는 사람이어야 한다. 이것을 어떻게 표현해야 할지 나도 잘 모르겠다. 특정 맥락을 고려한다면 이런 사람을 '지도자'라고 표현할 수도 있을 것이다. 하지만 이 또한 여기에서 말하고자 하는 바에 비하면 다소 부담스러운 용어가 아닐까 싶다.

잠재적 상사가 가지고 있어야 할 두 번째 조건은 바로 인격적인 청렴함이다. 윤리적으로 그리고 정신적으로 부패한 사람은 다른 사람을 성장시킬 수 없다. 성장시키더라도 또 다른 윤리적 타락으로 이끌 것이다. 이런 타락은 아주 빠르게 진행된다. 절대로 있어서는 안되는 일이다. '마이어 씨는 훌륭한 조세 전문가야. 회사와 업무 그리고 우리 고객들에게도 훌륭한 태도를 가지고 있지. 그러니까 앞으로 2년 동안 바우만 씨의 상사 역할을 하기에 적합할 거야. 이 2년 동안 이보다 더 많이 배울 수 있는 곳은 아무 데도 없어.' 아마 이것이 인격적 청렴함이라는 요소와 관련된 실제 현장의 이야기일 것이다.

효과적인 업무 배치

인력 개발과 발전을 위한 네 번째 요소는 다음의 질문에서 비롯된다.

'이 사람은 어떤 분야에 적합한 사람일까? 이 사람은 어떤 종류의 자리에서 일하도록 해야 할까?' 이 질문은 과제 그리고 한 개인의 특정한 능력과 밀접한 관련이 있다. 또한 인간의 성향 그리고 기질과도 관련이 있다.

예를 들어 다음과 같은 상황을 생각해볼 수 있다. '이 사람은 참모진에 적합할까, 아니면 간부급에 적합할까?' 기여할 수 있는 능력이 있고, 특정 분야에 강점이 있어도 압박과 분주함 속에서는 이성적으로 일할 수 없는 사람이 있다. 이런 사람들은 압박감 속에서 일을 하면서 힘들어하고, 최대한의 성과를 내지도 못하며, 심지어 질병을 얻기도 한다. 반면 생산적으로 일하기 위해 이러한 상황을 필요로 하는 사람들도 있다. 이들은 반대로 간부급의 외로움과 추상성을 견디지 못한다.

또 다른 예를 들어보자. 다음의 사람은 과연 반복성이 높은 자리에 적합할까, 아니면 혁신의 정도가 높은 자리에 적합할까? 강점을 발휘하기 위해 일상적인 업무를 해야 하는 사람은 결코 적지 않다. 이들은 반복 효과와 특정 수준의 안전과 예측 가능한 상황에서 일할 때 아주 뛰어난 성과를 거둔다. 반면 어떤 사람들은 이러한 환경에서 무감각해지고, 부주의해지고, 의욕을 잃는다. 어떤 의미에서는 타락하는 것이다. 이들은 언제나 새로운 것을 필요로 한다.

각각에 대한 의견을 덧붙이지는 않겠지만 이 밖에도 또 다른 사례들은 다음과 같다. 이 사람은 혼자 있는 것을 좋아하는가, 아니면 팀 플레이어인가? 이 사람은 정확한 사람인가? 이를 넘어서 꼼꼼하고 디테일을 좋아하는가? 이 사람은 시야가 넓고, 개념적이고, 기본적인 것에는 강하지만 디테일에는 별로 관심이 없는가? 이런 개인적인 특징은 어떤 업무에서는 반드시 필요할 수 있다.

과제, 강점, 상사의 유형 그리고 업무 배치는 인간의 발전을 위해 결정적인 네 가지 요소들이다. 이들을 고려한다면 교육 프로그램은 물론이고 규모가 큰 기업에서 운영하는 아카데미들은 효과를 거둘 뿐 아니라 경우에 따라서는 기적을 일으킬 수도 있다. 반면 이 네 가지 요소들이 빠져 있다면 아무리 엄청난 예산을 투자한 훌륭한 프로그램도 효과 없이 끝나고 말 것이다. 뿐만 아니라 이것은 기업의 피해로 이어질 수도 있다. 무엇보다 중요한 교육과 발전을 신뢰할 수 없게 만들고, 심지어는 때때로 우습게 여기며, 더 최악의 경우에는 경멸적인 태도를 보이게 만들 수도 있기 때문이다. 안타깝게도 교육을 비웃는 기업들은 너무나 많다. 그리고 누군가가 교육 프로그램에 참가하면, 이를 무능의 신호로 여기는 기업들도 많다.

이 밖에도 매우 중요하지만, 간단하게 살펴보는 것으로 충분한 몇 가지 요소들이 있다. 이 요소들에 대해 알아보자.

● **격려의 기준과 방향성**

흔히 통용되는 생각과는 반대로 인재를 개발하고 싶다면 칭찬을 아껴야 한다. 물론 칭찬은 가장 강한 동기 부여의 수단 중 하나다. 그렇기 때문에 나는 지금 일반적인 상식과 반대되는 이야기를 하고 있는 셈이다. 하지만 칭찬이 그 자체로 영향을 주는 것이 아니라 특정한 상황에서만 효과를 발휘한다는 사실을 많은 사람들이 간과하고 있다. 새로운 성과에 대해서, 칭찬을 받아 마땅한 사람에게, 올바른 성과를 이루었을 때에만 칭찬은 효과를 발휘한다.

그렇다고 칭찬을 아끼라는 말이 아예 칭찬을 하지 말라는 뜻이 아니다. 그와는 반대로 계속 비판하라는 뜻도 아니다. 칭찬을 아끼라는 것은 어떤 개인이 정말로 칭찬을 들어야 할 때, 무언가 비범한 것에 대해서만 칭찬을 하라는 것을 의미한다. 하지만 칭찬이 이렇게 활용되는 경우는 매우 드물다.

칭찬은 어떤 성과에 대해서 혹은 인간적으로 자신이 존경하는 사람에게서 들을 때 효력을 발휘한다. 그렇지 않으면 칭찬은 우스꽝스러워지거나 심지어 모욕처럼 느껴질 수도 있다.

칭찬은 경제적으로 투입해야 한다. 당연한 것에 대해서는 그 누구도 칭찬을 해서는 안 되며, 비범하고 대단한 성과에 대해서만 칭찬을 해야 한다. 또한 칭찬은 절대적인 기준이 아니라 상대적인 기준으로 해야 하며, 칭찬의 대상인 개인의 발전 정도에 대해 크고 특별하게 칭찬해야 한다.

나는 모든 유형의 성과에 대해, 심지어 당연한 일이라도 매일 사람들을 칭찬해야 한다는 일반적인 조언에 동의하지 않는 편이다. 칭찬은 기준이 있어야 하고, 방향성을 전달해야 한다. 이는 직접적으로 칭찬을 받는 사람에게만 해당되는 것이 아니라, 다른 모든 사람들에게도 해당한다. 칭찬을 통해 다른 사람들이 받는 영향은 직접적으로 칭찬을 받는 사람이 받는 영향만큼이나 중요하다. 만일 좋지 않은 혹은 중간 정도의 성과에 대해 누군가가 칭찬을 받는 것을 경험하면 이어지는 모든 성과에도 좋지 않은 영향을 줄 수 있다.

이는 경제 분야는 물론이고 스포츠나 학교에도 유효한 원칙이다.

수많은 저서들의 주장대로 모든 것에 대해서, 그리고 하나하나의 성과에 대해서 칭찬을 하면 성과와 성과가 아닌 것 사이의 경계가 흐려지고, 그럴 경우 모든 것이 옳으면서 동시에 아무것도 아닌 것이 되어버린다. 그리고 그 과정에서 조직은 결국 시작점을 잃고 만다. 이런 방식은 매니지먼트 트레이너들을 통해 확산되었고, 리더들이 실제로 적용하고 있다.

학창 시절을 돌이켜보면, 크게 고민하지 않고 칭찬하는 선생님들이 분명히 있었다. 하지만 바로 이 이유 때문에 이런 선생님들은 존경을 받지 못했을 것이다. 자신이 매일 칭찬을 받을 만큼의 성과를 내지 못했다는 것은 학생들 스스로가 더 잘 알기 때문이다. 반면 어떤 선생님은 학생들에 대해 어떤 피드백도 해주지 않았다. 이 경우에는 학생들은 자신이 잘했는지, 못했는지를 제대로 알 수 없었다. 그러다 몇 주 혹은 몇 달이 지나서 갑자기 선생님이 "어제 논술은 그렇게 나쁘지 않았어"라고 말한다. 선생님은 분명 "논술이 좋았어"가 아니라 그저 그리 나쁘지 않았다고 말했을 뿐이다. 하지만 그것만으로도 의미가 있었다. 그것은 무게가 있었고, 이어지는 3주 동안 바닥에서 0.5미터 정도는 둥둥 떠다닐 정도로 커다란 추진력을 주었다. 한 마디도 해주지 않던 선생님이 이런 말을 한다는 것은 정말로 잘한 것이라는 사실을 이미 알고 있기 때문이다.

칭찬을 아끼는 원칙에는 두 가지 예외사항이 있다. 잦은 칭찬은 아직 경험이 없고, 새로운 과제를 앞에 두고 방향을 잡지 못하고 있는 비교적 젊은 사람들에게 적합하다. 그리고 마찬가지로 어려운 위기 속에 있는 사람들에게도 칭찬이 필요하다. 위기가 길어지는 경우, 칭찬을 정당화할 만한 상황이 아니더라도 완전히 절망에 빠지는 것을 막기 위해서라도 칭찬을 아끼지 말아야 한다.

●   '유력한 후보'가 조직을 망친다

의도적이든 의도적이지 않든, 형식적인 행위나 실제 행동을 통해 특정한 사람에게 특별 대우를 하는 것은 나머지 직원들을 발전시키는 데 있어서 큰 실수다. 어떤 사람은 이를 통해 자신에게는 기회가 없다고 생각하고 절망할 수도 있다. 최소한 이들에게는 계속해서 노력을 할 이유가 사라지는 것이다. 또 어떤 사람들은 기회주의자가 된다. 이런 사람들은 노력을 포기하는 것은 물론이고, 아부를 하기 시작한다. 그리고 세 번째 집단에서 특별 대우를 받는 사람은 비판의 중심에 서게 되고, 상황에 따라 공격의 대상이 될 수도 있다. 그리고 그 공격이 성공하는 경우도 결코 적지 않다. 그 결과 결국 더 이상 조직에 머물 수 없게 되거나 최소한 상당한 피해를 입을 수도 있다. 이것은 좋은 인사 결정과 좋은 인사 정책의 기초가 될 수 없다.

승진과 관련된 문제에 있어서는 마지막 순간까지 후보군에 있는 모든 사람들에게 동일한 기회가 주어져야 하고, 그 과정이 공개되어야 한다. 모든 사람은 자신이 무엇을 할 수 있는지 그리고 기본적으로 어떤 재능을 가지고 있는지를 보여줄 수 있어야 한다. 후보자들은 모두 승진할 수 있는 사람이 하나밖에 없다는 것을 잘 알고 있다. 이 현실은 명확하고, 여기에 대해서는 특별히 강조할 필요가 없다.

특정한 사람에게 특별 대우를 해서는 안 되는 또 하나의 이유가 있다. 우리는 소위 잠재력이라고 하는 것이 단어 그대로 잠재력에 머무는 것을 자주 목격한다. 헛된 희망으로 남는 것이다. 잠재력으로 여겨지는 것과 이후에 나타나는 성과 사이의 관련성은 그리 크지 않다. 피터 드러커를 제외하고는 잠재력 분석을 인사 과정 중 하나로 여기고, 그 결과를 인사 결정의 요소로 생각한 사람은 거의 없었다. 성과로 만들어낸 것만이 유일하게 진짜이며 구체적인 것이다. 그러므로 인사 결정 과정에서 좋은 결과를 얻은 사람들은 잠재력을 통해 인상을 남긴 것이 아니라, 실제 성과에 집중한 사람들이다. 이들에게 관심을 갖게 하는 것은 '잠재력'이 아니라 '퍼포먼스'이기 때문이다.

한두 사람에게 특별 대우를 해서는 안 되는 것처럼 특혜를 받는 계급이나 집단이 있어서도 안 된다. 특권이 생기고, 동시에 차별이 생기면 인적자원 개발 대책은 효력을 잃게 되고, 오히려 그 반대의 결과를 낳게 되기 때문이다.

우리가 중요하게 여겨야 할 유일한 것은 성과와 결과다. 만일 특정한 자리가 대학 교육을 받은 사람들에게만 주어지거나, 특정 전공 혹은 대학의 졸업생에게만 주어지고, 특정한 학위를 가진 사람에게만 돌아가는 등 특정 집단이 독점한다면 인재 개발은 제대로 이루어질 수 없다. 그 결과로 인재 개발 계획의 효력이 사라지고, 절망, 공격, 그리고 심리적으로 회사에 대한 기대를 접어버리는 현상이 나타난다. 또 다른 사례들로는 특정한 국적 혹은 성별을 가진 사람에게만 열려 있는 자리를 들 수 있다. 특정 대학생에 대한 연결고리를 가진 회원들에 대한 선호, 특정 정당, 특정 종교 등에 대한 선호도 여기에 해당한다. 가족 기업의 경우에는 가족 구성원만 접근 가능한 자리도 있다.

역사상 가장 큰 파멸 가운데 일부는 사회적 계급이 사회의 조직의 지위 배정을 결정한 데서 그 원인을 찾을 수 있다. 하지만 이보다 더 중요하지만 잘 인식하지 못하는 것은 위대한 성공들 가운데 일부는 차별이 없는 환경에서 시작되었다는 사실이다.

이를 설명할 수 있는 사례가 가톨릭교회와 특히 예수회 수도자들과 같은 가톨릭교회 소속의 수도회들이다. 물론 여자들은 지도자의 위치에 접근할 수 없었지만, 그 외에는 원칙적으로 누구나 지도자가 될 수 있었다(여자 수도원의 경우에는 예외였다). 그리고 바로 이 여성의 문제가 교회가 갖는 미래의 의미와 성과를 근본적으로 결정한다.

여기서 중요한 점은 인간의 평등 혹은 불평등의 문제처럼 같이 한 조직이 어떤 인간상을 대표하는지가 아니라, 조직에서 어떤 방식으로 성공할 수 있는지이다. 눈에 띄는 것은 조직 문화와 관련된 질문에서는 이러한 측면을 전혀 논의하지 않는다는 것이다. 하지만 사실 이런 것들이 조직 문화에서 우선으로 여겨지고 있는 것들보다 훨씬 더 막강한 영향을 미치고 있다.

또 다른 과제는 필요 없다

3부를 시작하면서 나는 여기서 제안하는 기업 경영의 과제들이 원칙적으로 충분할지에 대한 질문을 던졌고, 그 대답은 열어두었다. 아마도 이 과제들이 불완전하게 보일 것이다. 하지만 더 유용하고 분명한 근거를 가지고 있는 과제가 있다면 목록에 추가할 수도 있다.

하지만 나는 과제들을 추가하는 것을 엄격하게 자제하라고 말하고 싶다. 과제들을 추가할 경우 대부분은 별다른 이득은 없이 문제만 복잡해지고 과장될 때가 많기 때문이다. 혹은 효과적인 기업 경영이 가진 본질적인 논리가 왜곡될 수도 있다. 개선과 변화가 나타날지, 나타난다면 어떤 측면에서 이루어질지를 이해하지도 못한 채 끊임없이 새로운 것만을 만들어내는 것은 오늘날 유행이 되어버린 것 같다.

나는 조직과 조직의 경영은 여기에서 다룬 다섯 가지 과제의 전문적인 성취 없이는 기능할 수 없으며, 그 어떤 결과도 달성할 수 없다고 생각한다. 행운에 의한 우연과 환경을 토대로 단기적인 성취는 가능할지도 모르지만, 장기적으로 신뢰할 수 있는 성취를 이룰 수는 없다. 이 과제들은 다른 과제들로 대체될 수 없다. 이들은 이 책에서 다루고 있는 다른 요소들과 함께 경영이라는 직업의 핵심적인 부분이다.

부가적인 다른 과제들을 추가할 수는 있다. 그러기 위해서는 그 과제가 왜 필수적인지, 그것이 발전과 연결되어 있는지, 그 근거는 무엇인지를 충분히 설명할 수 있어야 한다. 과제를 추가하는 것은 매니지먼트에 대한 더 나은 이론적, 개념적 이해를 바탕으로 이루어져야 한다. 혹은 리더들로 하여금 자신들의 역할을 더 잘 수행할 수 있도록 하는 목적을 가지고 있어야 한다. 이런 까닭에 과제의 목록을 추가하는 것은 자제하기를 권하는 바이다.

기업 경영의 과제로서 혹은 최소한 그 과제의 후보로서 여겨지는 것들 중에 사람들이 가장 많이 묻는 질문에는 다음과 같은 것들이 있다. 계획하고, 동기 부여를 하고, 정보를 얻고, 소통하고, 영감을 주고받고, 실행하고, 능력을 키워주고, 권한을 주고, 혁신하고, 변화를 관리하는 것 등이다. 또한 이와 맥락을 같이 하는 것으로는 역동적이고, 소통적이고, 사회적인 것 등이 있다. 더 나아가서는 본질적인 것이 기업 경영이 아니라 리더십이 중심에 있어야 한다고 아주 일반적인 관점에서 주장하는 흐름도 있다.

앞으로는 마케팅과 연구, 발전, 회계, 인사와 같은 과제를 어떻게 분류해야 하느냐에 대한 논의도 나올 것이다. 전략, 비전, 리엔지니어링 Reengineering과 같은 과제들도 이따금 언급될 것이다. 과제의 목록을 보면, '과제'라는 것이 매우 다양한 카테고리에서 소위 모두에게 해당하는 일반적 개념으로 등장하고 있음을 알 수 있다. 실제로 여기에는 이질적인 항목들도 뒤섞여 있다. 이 항목들에 대한 나의 생각을 하나씩 설명해보려 한다.

첫째, 위에서 언급한 활동들은 일부 내가 제안하거나 언급한 과제들 안에 포함되어 있거나, 그 과제들이 특별하게 적용된 사례들을 다루고 있다. 예를 들어 '계획'을 과제의 항목에 포함시킨다고 생각해보자. 그러나 조금만 합리적으로 해석해보면 '목표를 살피기'라는 과제에 이미 포함되어 있다고 할 수 있다. 하지만 개별 상황에서는 '계획'을 별도의 과제로 여겨야 할 수도 있다. 하지만 나는 가능하면 그렇게 하지 않을 것이다. 전체적인 시야를 키우고, 이를 통해 과장된 세분화를 예방하기 위해서는 과제를 크고 포괄적으로 이해하는 것이 낫기 때문이다.

그래서 나는 효과적인 경영을 위한 과제가 인재를 육성하는 것 또는 역량을 강화하는 것이라는 생각에 동의한다. 눈에 띄는 것은 그 어디에서도 왜 그리고 무엇을 위해 인재를 육성하고, 역량을 강화해야 하는지를 이야기하지 않는다는 점이다. 그렇게 해서는 진정한 발전으로 이어질 수 없다는 것이 나의 생각이다. 인재를 육성하고 개인의 역량을 강화하는 것은 모두 사람의 발전과 성장 같은 교육적 요소들로, 목표 설정과 조직 구조, 의사결정을 올바르게 다루는 것과 관련이 있다.

전략적인 계획과 기업 전략 그리고 비전은 목표를 정하는 것의 특수한 사례들이다. 이때 다루는 것은 목표의 특별한 유형, 즉 조직의 기본 방향을 전체적으로 설정하거나 관련 환경에서 자리를 잡게 하는 것과 같다. 이를 위해 특별한 지식이 필요하다는 것은 분명하다. 하지만 이 목표에 대해서도 우리는 3부의 1장에서 다뤘던 고민을 해야 한다.

둘째, 위에서 나열한 것들의 또 다른 측면은 과제이기는 하지만 올바른 경영을 위한 과제가 아니라 실무에 해당하는 과제라는 사실이다. 여기에는 마케팅, 인사, 물류, 연구 그리고 발전을 비롯해 일차적으로 경제 기업에서 필요한 다른 모든 기능 영역들이 해당한다. 우리는 이 개념들이 제한적으로 사용된다는 것에 유의해야 한다. 왜냐하면 이 개념들은 경제를 벗어난 많은 조직들에 적용할 수 없거나 부가적으로만 사용되기 때문이다. 인사나 회계 문제와 같은 몇 가지 기능들은 모든 조직까지는 아니더라도 많은 조직에서 찾아볼 수 있지만, 조직에 따라 그 의미가 달라진다. 병원이나 공공기관 혹은 적십자단체에서는 각각 마케팅이라는 개념을 어떤 의미로 사용해야 할지에 대해서 큰 논쟁이 있을 수 있다. 심지어 경제 분야 안에서도 모든 개념들이 모든 유형의 기업에 사용되지 않은 지 이미 오래되었다. 이미 새로운 유형의 기업들이 생겨났고, 대변혁의 흐름에 따라 지금까지 사용된 분야로는 포괄하기 어려운 전혀 다른 개념들을 필요로 하는 기업들이 계속 생겨날 것이다. 이는 예컨대 정보학, 바이오 기술 분야는 물론이고 금융 분야를 비롯한 수많은 새로운 서비스 분야에도 해당한 지 오래다. 어쨌거나 앞에서 언급한 과제들은 분명 중요하지만, 이는 경영을 위한 과제라기보다는 실무 과제에 해당한다. 다시 말해, 특정한 조직의 목표를 달성하기 위해 필요한 과제이자 이를 위해 관리해야 하는 과제인 것이다. 실무 과제와 경영을 위한 과제를 구분하지 않으면 희망 없는 혼란에 빠지기 마련이다.

셋째, 때로는 경영을 위한 새로운 과제를 더 많이 필요로 하는 것은 모호한 모더니즘의 범주에 속한다. 그중 일부는 말 그대로 쓸데없는 것이기도 하다. '새로운' 과제에 대한 하나의 사례가 '리더'는 직원들을 감동시키고, 영감을 주어야 한다는 것이다. 어떤 사람들에게는 자신들에게 매우 중요해 보이는 매니지먼트와 리더십에 '열정과 영감'의 기술이 중요한 요소라고 생각하는 듯하다. 이미 언급했지만 매니지먼트와 리더십을 구분하는 데에는 매우 중요한 근거들이 있다. 하지만 열정과 영감은 여기에 해당하지 않는다. 이 두 가지는 매니지먼트는 물론이고 리더십과도 관련이 없다. 그 이유는 다음과 같이 세 가지로 설명할 수 있다.

첫째, 우리 사회의 조직에서 매일 같이 수행해야 하는 대부분의 일들은 상당히 진부하다. 경제 분야에서는 물론이고, 다른 영역에서도 마찬가지다. 우리는 매일 같이 장부를 기록하거나, 관리 보고서를 작성하거나, 세무 신고서를 확인하거나, 인사 문제를 해결하기 위해 특별한 본성을 가지고 있어야 한다. 새로운 광고 문구를 만들거나, 연구실에서 끝도 없이 실험을 진행하고, 오류가 있는 소프트웨어를 디버깅하거나, 환자들의 수술을 준비하며 감동을 느끼는 것은 이런 일을 한 번도 해보지 못한 사람들에게나 해당하는 이야기다. 혁신이 주는 감동 또한 초반에 국한된다. 혁신적인 일도 실현하는 과정에서 어려움에 직면하면 열정보다는 짜증나고 지루한 일이 되어버린다.

둘째, 조직에서 열정이 필요한 경우가 있다고 해도 그런 경우는 극히 드물다. 감동을 부추기는 저자들이 무엇을 위해 사람들이 열정을 가져야 하며, 무엇을 위해 감동이 필요하고, 이를 통해 조직 내에 어떤 변화가 있어야 하는지 정작 이야기하지 않는 것도 눈에 띄는 부분 중에 하나다. 이들은 예컨대 어떤 리더가 다음 주에 직원들의 열정을 불러일으킬 계획을 가지고 있을 경우 어떻게 해야 하는지, 이를 위해 무엇을 해야 하는지, 어떻게 준비해야 하는지에 대해서도 이야기하지 않는다. 항상 똑같은 프레젠테이션이나 연설만 봐도 설득력이 없는데, 열정을 일으킨다는 것은 터무니없는 일이다. 이들은 특별한 성질이나 능력을 요구하듯 열정을 요구한다. 하지만 열정을 불러일으키는 정확하고 구체적인 방법에 대해서는 그들의 말을 쉽게 믿어버린 리더들이 스스로 알아내야 한다. 뿐만 아니라 사람들이 무언가에 대해 열정을 가질 수 있는 상황들은 매니지먼트에서는 물론이고 리더십에서도 필요하지 않다는 사실 또한 쉽게 간과되고 있다. 반면에 논쟁의 여지없이 중요한 것이 있다. 실효성과 생산성, 지속성, 성실성 그리고 신중함이다. 하지만 열정은 전혀 필요하지 않다.

세 번째로 열정을 가지고 한 일이 더 나은 결과를 낳는다는 설득력 있는 증거는 존재하지 않는다. 열정을 가지고 만든 비즈니스 플랜은 오히려 의구심을 가지고 보아야 한다. 이런 계획에는 현실성이 부족할 가능성이 많기 때문이다.

열정에 대한 요구는 전혀 검증되지 않고 확인된 바 없는 주장에 불과하다. 오히려 그 반대의 결과가 계속해서 관찰되고 있다. 무언가를 열정을 가지고 하는 사람들은 대부분 전문적인 수준에 이르기까지가 얼마나 어려운지를 모르고 있는 초보들이다. '열정과 관련된 자료'를 읽다 보면 그런 글을 쓴 사람들은 조직의 휴일 같은 측면만을 보고 있다는 느낌을 받게 된다. 이들은 일상의 현실이 아니라 축제와도 같은 날들만을 묘사하고 싶은 걸까, 아니면 이러한 일상들을 전혀 모르는 걸까?

영감에 대해서도 마찬가지다. 영감이 일상적인 업무 성과나 창의적인 성과에 긍정적인 영향을 준다는 사실에 대해서는 확인된 바가 없다. 기본적으로 영감이라는 것이 무엇을 의미하는지를 제대로 아는 사람이 하나도 없다. 일상 속에서 어떤 영감을 이야기하는 것인지, 그것이 무엇을 위해 필요한지는 미지수다. 그나마 추측이 가능한 예술 분야를 들여다보더라도 정확하게 무엇을 말하는지는 여전히 알 수 없다. 자신들의 성과가 전적으로 뛰어난 영감에 의한 것이라고 이야기하는 예술가나 평론가들이 있다. 하지만 이러한 보고서가 어떤 가치를 가지고 있는지는 알 수 없다. 어쨌거나 흥미로운 것은 영감의 의미에 대해서 논쟁을 벌이는 사람들이 꽤 훌륭한 예술가들이라는 것이다. 하지만 렘브란트나 고흐는 그림이 연습의 문제라고 이야기하기도 했다. 이 주제에 대한 학계의 연구 결과는 모순적이다.

지금까지는 영감의 존재와 의미에 대해서는 명확하게 알려진 것이 하나도 없다. 이와 관련한 모든 연구들에서 그나마 가장 그럴듯한 것은 창조적인 작품이 탄생하는 데 영감이 아주 중요한 요소라는 것이다. 하지만 창조적 작품의 탄생에서 영감이 차지하는 비중은 미미하다. 영감보다 더 중요한 비중을 차지하는 것은 아주 엄격하고 체계적인 노동이다. 매니지먼트와 리더십, 그리고 관리자와 리더 사이의 차이를 만드는 데에도 영감이 어떤 역할을 하는지는 지금까지 알려진 것이 아무것도 없다. 이와 관련해서는 나의 저서 《기업 지배 구조》에서 구체적으로 설명해놓았다.[76]

만일 기업의 경영과 리더의 역할에서 영감이 어떤 역할을 하는지 객관적으로 밝혀진 것이 없다면 정직하게 경영 분야에서 영감에 대한 요구를 해서는 안 된다. 그렇지 않으면 잘난 체한다고 의심을 받거나 신뢰를 잃을 수 있다.

나는 지금 열정이나 영감이 일반적인 경영을 위한 과제가 되어야 한다는 주장에 대해 반박하고 있다. 물론 상대적으로 열정을 언급하는 것에 거부감을 느끼지 않고 일상적인 일에 대해서도 흔히 열정적인 분위기를 만들어내는 리더들도 있다. 하지만 내 경험에 비추어볼 때, 그들의 열정 또한 빠르게 소모되는 것은 마찬가지였다. 그런 리더들이 얼마나 많은지는 나도 모르겠다. 하지만 긴 시간 리더들과 함께 협력해온 경험으로 미루어볼 때 열정적인 분위기를 만들어내지 못하는 리더들이 훨씬 많다는 것을 알 수 있다. 스스로가 상당히 우습게 느껴지고, 직원들에게도 그렇게 보일까 봐 시도조차 하지 않는 것이다. 그럼에도 그 리더들은 훌륭한 성과를 이루어내곤 했다.

누군가가 사람들이 더 많은 아이디어와 성과를 끌어낼 수 있는 영감을 주는 데 특별한 강점을 가지고 있다면, 당연히 적절한 분야에서 자신의 강점을 사용해야 한다. 하지만 특정한 재능을 가진 사람들이 있다는 사실을 가지고 효과적인 조직을 만들기 위해 그런 재능이 필요하다는 결론을 내릴 수는 없으며, 그런 재능을 일반적인 리더의 역량으로 여겨서도 안 된다. 뿐만 아니라 내가 만일 열정을 불러일으키는 능력을 가진 관리자를 두고 있다면, 나는 이 관리자가 자신의 능력을 오용하려 하지는 않은지를 언제나 두 눈을 크게 뜨고 주시할 것이다.

네 번째로 가장 눈에 띄는 것은 사실상 언제나 그리고 모두가 한 마음으로 효과적인 경영의 과제로 여기는 세 가지 '후보'들이 여기에서는 등장하지 않는다는 사실이다. 바로 동기 부여, 정보 그리고 소통이다. 나는 이 세 가지를 의도적으로 제외시켰다. 이것들이 중요하지 않아서가 아니라 논리적으로 볼 때 내가 다룬 과제들과는 다른 범주에 속한다고 생각하기 때문이다.

정보와 소통은 두 가지의 서로 다른 의미를 가지고 있다. 한편으로 이것은 투자자를 위한 기업 홍보 활동, 대중 홍보, 시장 커뮤니케이션, 상품 커뮤니케이션 등과 같은 것들을 포괄하는 '기업 홍보Corporate Communication' 로서 매니지먼트 과제가 아니라 실무 과제에 해당한다.

경영과 관련해서 나는 정보와 소통은 과제가 아니며, 그저 과제를 수행하기 위한 수단이라고 생각한다. 돈이 경제 분야에서 사용되는 수단인 것처럼 정보와 커뮤니케이션도 효과적인 경영을 위한 수단으로 이해해야 한다.

하지만 결정적으로 기업 경영에는 정보와 소통이 결코 중요하지 않다. 이 두 가지는 그 자체로 목적이 될 수 없다. 목표는 기업 경영의 과제를 성취하는 것이어야 하며, 이를 위해 정보가 필요하다면 소통을 통해 정보를 전달해야 한다. 사회적 관계를 떠나 한 조직 안에서 상호 관계를 유지하며 정보를 얻고 소통하는 데에는 언제나 목적이 있다.

그렇다고 정보와 소통의 의미가 축소되는 것은 아니다. 오히려 이 두 가지 요소에 특별한 기능을 부여한다. 리더들은 이런 기능을 분명하게 파악하고 이해해야 하며, 그렇지 않을 경우 정보도, 소통도 올바르게 활용할 수 없다. 경영에서 가장 중요한 것은 언제나 메시지이고, 그 안에 담긴 내용이지 수단 그 자체가 아니다. "수단이 메시지다"라는 마셜 맥루한Marshall McLuhan의 말은 매우 흥미롭다. 하지만 맥루한은 경영학과 관련해서 이런 말을 한 것이 아니다. 만일 그가 매니지먼트와 관련해서 이런 말을 했다면 그것은 분명 잘못된 말이며, 큰 피해를 가져왔을 것이다.

맥루한의 말이 적용되는 사례들이 분명 있겠지만, 경영과 조직에는 해당하지 않는다. 기업 경영에서는 '메시지는 메시지다'라는 문구가 더 옳은 표현이라 할 수 있다. 어떤 수단을 통해 전달되든, 그 메시지가 어떻게 만들어지든, 어떤 코딩 시스템을 사용했든 아무런 상관없다. 모든 리더들의 의무는 올바른 내용을 전달하고, 정보와 소통이 왜곡되지 않고, 오용되지 않도록 관리하는 것이다.

그러면 이제 동기 부여에 대해서 이야기를 해보자. 동기 부여는 중요하다. 전 세계가 이 개념을 사용하고 있다. 아마도 조직 경영에서 가장 자주 쓰이는 단어일 것이다. 하지만 동기라는 요소를 많이 다룰수록, 더 많은 어려움과 불확실성에 직면하게 된다. 동기 부여라는 주제 전체는 근본적으로 늪과 같다. 표면적으로는 아무런 문제가 없다. 하지만 그 주제를 다루는 즉시 튼튼한 기반이 사라져버린다.

나는 동기 부여에 대해 더 많이 알게 될 때까지 그것을 좁은 의미에서 경영의 위한 과제로 보지 말고, 여기에서 언급된 과제들을 훌륭하게 성취한 결과로 보라고 말하고 싶다. 다시 말해, 내가 앞에서 말한 경영 과제들을 성공적으로 이루어내고, 도구를 올바르게 투입하고, 원칙들을 지키면 동기 부여는 스스로 이루어진다는 뜻이다. 그렇다면 더 이상의 동기 부여는 필요가 없다.

하지만 더 중요한 점은 만일 경영 과제들이 성취되지 못하거나, 성취 결과가 좋지 않으면 동기는 전혀 나타날 수 없고, 결국 동기 부여는 불가능한 것이 된다. 이렇게 되면 사람들은 동기와 동기 부여로 보던 것들을 조종과 냉소적인 태도라고 여기게 될 것이다.

어쩌면 '동기를 부여하다'라는 말 자체를 사용하지 않는 게 나을지도 모른다. 대부분의 사람들은 이를 말도 안 된다고 여길 것이다. 하지만 나는 다른 사람에게 정말로 동기를 부여할 수 있다는 것 자체에 대해 의구심을 가지고 있다. 동기를 상실하게 하는 것은 매우 쉽다. 하지만 그렇다고 그 반대의 경우 역시 가능하다는 것을 의미하지는 않는다. 하지만 다행히도 아주 훌륭하게 스스로에 대한 동기 부여를 할 수 있는 사람들이 있다. 그들이 스스로 동기를 부여하는 과정이 방해하지 않고, 알맞은 때에 그 가능성을 깨닫게 해준다면 대부분의 사람들에게도 이는 가능한 일일 것이다. 반면 결코 적지 않은 사람들이 동기를 의무감이나 노동 계약으로 대체한다. 이것만으로도 사람들은 큰 부담을 갖게 되고, 대부분의 사람들은 지치게 된다.

만일 앞에서 언급한 경영 과제들을 성실하고 신중하게 그리고 훌륭하게 성취할 수 있다면 대부분은 사람들의 동기에 대해 걱정할 필요가 없을 것이다. 그런데도 동기를 찾지 못한 사람들이 있다면 나는 이들에게 너무 많은 시간을 빼앗기지 말라고 말하고 싶다. 그런 사람들은 어쩌면 다른 조직에서 다른 업무를 찾는 편이 나을 수도 있다.

그리고 마지막 다섯 번째로 혁신과 변화 관리에 대한 설명을 조금 더 덧붙이고자 한다. 이 두 가지는 마찬가지로 주기적으로 요구되는 추가 '과제'들이다. 그리고 사실상 이 둘은 같다고 볼 수 있다. 왜냐하면 변화는 언제나 새롭고, 혁신은 언제나 변화를 의미하기 때문이다. 이 사례를 통해 나는 이 안에 어떤 잘못된 생각이 숨어 있는지를 오해의 여지없이 잘 보여줄 수 있으리라고 생각한다. 내가 다음의 고민을 매우 중요하게 생각하는 이유는 많은 저자들이 모든 것에 대해 그리고 각각의 사안에 대해 '다른 매니지먼트'를 요구하는 데 빠져 있기 때문이다. 하지만 과연 새로운 매니지먼트가 필요한지는 의문이며, 리더들이 계속해서 다른 매니지먼트를 학습하는 일이 현실적으로 가능한지에 대해서도 고민을 해야 한다.

물론 모든 기업과 조직들은 기존의 사업이나 활동과 함께 혁신도 해야 한다는 것은 분명한 사실이다. 이것은 모든 리더들의 우선순위가 되어야 한다. 이러한 이유에서 나 역시 기본 목표 영역 등에 있어서의 혁신 능력을 여러 차례 언급한 바 있다. 하지만 혁신은 추가적인 경영 과제가 아니다. 혁신은 지금까지 약속된 경영 과제를 특별히 전문적인 방식으로 성취할 것을 요구하는 것이다.

혁신은 실무 문제다. 예를 들어 새로운 자동차 모델을 만들어내야 한다고 생각해보자. 아날로그 기술을 디지털 기술로 전환해야 한다. 소비자 편익과 가치 창출을 새롭게 정의하고 이해해야 하며, 직원과 경영진의 임금을 함께 결정해야 한다. 이 모든 것이 혁신이다. 일부는 상품, 시장, 기술에 해당하는 혁신이고, 일부는 기업의 기능 방식을 스스로 바꾸는 것에 해당하는 혁신이다.

이제 중요한 것은 이를 실현하기 위해서는 다른 모든 활동에서와 마찬가지로 같은 경영 과제를 수행하는 것이다. 일단 목표를 설정해야 한다. 물론 여기에서는 혁신에 해당하는 목표가 될 것이다. 그리고 체계화해야 한다. 혁신의 경우라면 일부는 알려진 것과 다른 방식으로 체계화를 해야 할 것이다. 그리고 결정을 해야 한다. 새롭고 알려지지 않은 부분에서 의사결정을 하는 것은 특히나 어렵고 위험한 과제다. 또한 통제를 해야 한다. 혁신의 경우에는 특별히 신경을 써야 한다. 이를 위해서는 필요한 시점에 맞게 양성되고, 교육을 받고, 혁신의 과제를 수행할 준비가 되어 있는 인재들이 필요하다.

그 밖에 우리는 또 무엇을 해야 할까? 나는 여기에 포함되지 않은 것은 하나도 할 필요가 없다고 생각한다. 하지만 한 가지는 분명해야 한다. 혁신과 관련하여 경영 과제들을 수행하는 것은 무척이나 어렵고, 특별한 전문성과 경험을 필요로 한다. 혁신을 위해서는 최고의 인재들이 필요하다. 하지만 최고의 인재들도 언제나 혁신에 성공하지는 못한다. 이어지는 4부에서 다루게 될 효과적인 경영의 도구들에서도 이는 동일하게 적용된다. 이 도구들도 혁신에서는 앞에 놓여 있는, 알려진 활동 범위를 넘어선다.

혁신적인 경영은 첫 알프스 등정과 비교할 수 있다.[77] 첫 번째 등성은 알려진 루트를 살펴보는 것 말고는 다른 과제와 도구를 필요로 하지 않는다. 하지만 여러 차례 알프스를 등정하다 보면, 요구되는 것은 같지만 성과의 수준은 전혀 다르다. 암벽을 타고 오르고, 빙하에서도 움직일 수 있어야 한다. 다른 안전 기술을 사용하거나, 다른 줄을 사용하거나, 다른 도구들을 사용하는 것도 아니다. 하지만 모든 것은 뛰어난 실력으로 수행해야 한다. 최고의 컨디션과 합을 이루어서 말이다. 그런데도 무언가 잘못될 가능성은 존재한다.

기존에 알고 있던 경영을 위한 과제나 도구에 익숙한 것처럼, 알프스를 오를 때도 반복을 통해 루트를 알게 되고, 설명을 듣게 되고, 어쩌면 사진도 가지고 있을 수 있다. 특히 어려운 구간이 어디인지도 알고, 시간은 대략 얼마나 필요한지 등을 알게 된다. 하지만 첫 등정 때는 이 모든 것을 알지 못한다. 추측에 의존하는 것이다. 혁신의 경우에도 어떻게 해야 실제로 성공으로 이어질 수 있는지를 대부분 알지 못한다. 이런 이유 때문에 혁신은 어렵고 위험하다. 그리고 이러한 이유에서 많은 사람들이 최고의 매니지먼트에도 불구하고 실패하는 것이다.

그러므로 매니지먼트는 한 번만 배우면 된다. 대신 제대로 전문적으로 배워야 한다. 이것을 학습하고 나면 이를 단계적으로 어려운 문제들에 적용하면 된다. 매니지먼트의 학습은 결코 끝이 없다. 하지만 이는 특별한 것이 아니다. 외국어를 배울 때도, 악기를 배울 때도 배움에는 끝이 없기 때문이다.

대변혁을 통해 나타난 근본적인 변화는 거의 모든 리더들의 매니지먼트 적용 능력을 최대치로 요구할 것이다. 제대로 된 매니지먼트에 능통한 사람들에게는 유리할 것이고, 이를 통해 높은 실효성을 갖게 될 것이며 새로운 문제에 이를 적용해야 하는 과제에 집중할 수 있을 것이다.

경영 도구

4부에서는 효과적인 리더십과 자기 리더십을 위한 도구와 수단에 대해 살펴볼 것이다. 효과적인 리더가 되기 위해 도구로 삼아야 하는 것은 과연 무엇일까? 하지만 내가 제안하는 것들이 자동으로 도구가 될 수 있는 것은 아니다. 이런 도구를 가지고 태어나는 사람은 없으며, 오늘날까지 학교에서도 이런 내용을 가르치지 않는다. 이것이 우리 교육 시스템이 가지고 있는 가장 큰 약점이다.

앞에서 사회 전역으로 확장되는 복잡성과 지식사회에서 인간의 생존 능력과 역량에 대해 언급한 것을 기억할 것이다. 젊은 사람들은 올바른 업무 방법론도 갖지 못한 채 조직의 닫힌 문앞에 서 있다. 그리고 그 조직 안에는 언젠가 이들이 반드시 필요로 하게 될 일자리가 있다. 상상해보자. 200년 전 의무교육을 통해 모든 아이들에게 읽기와 쓰기를 가르쳐주지 않았다면 어떻게 되었을까?

'대변혁' 시대의 경영이란 도구를 입증하고 무엇보다 그것을 적용하는 것이다. 예를 들어 끌이라는 도구를 사용한다고 생각해보자. 석공처럼 끌을 사용하는 사람도 있고, 마치 뛰어난 조각가가 끌을 사용하듯이 기술적으로 완벽하게 끌을 사용하여 위대한 작품을 만드는 사람도 있을 것이다. 경영을 위한 도구를 사용하는 것도 이와 같다.

4부에서는 효과적 경영을 위한 다양한 도구에 대해 하나씩 설명할

경영의 본질

것이다. 우선 회의와 그 회의의 효과성에 대해서 언급할 것이다. 이는 리더들이 대부분의 시간을 투자하는 업무이다. 스트레스와 그것이 야기하는 결과들을 예방할 수 있는 가장 좋고 유일한 방법에 대해서도 이야기할 것이다. 대부분의 사람들이 잘 모르는 인적자원을 배치하는 방법에 대해서도 다룰 것이다. 이것만으로도 경력을 비롯한 많은 것들을 보장받을 수 있다. 전체적으로 보면 스트레스 없는 성공, 무너졌던 일과 삶의 균형 회복 그리고 우리가 인생을 살아가면서 여러 차례 부딪치는 소위 '한계'를 극복하기 위한 일곱 가지 열쇠에 대한 이야기가 될 것이다.

어떻게 보면 직업이란 도구를 조작할 수 있는 능력이라고 정의할 수도 있다. 끌을 어떻게 다루는지를 아는 사람은 석공이다. 하지만 아마추어 석공이거나 취미로 돌을 다듬는 사람일 수도 있다. 이 사람이 유명한 조각가가 될 수 있을지는 알 수 없다. 다만 공식 기능공이나 마스터 자격증이 있는지 그리고 어떤 방식으로 도구를 다룰 수 있게 되었는지와는 상관없이 그 사람이 석공이라는 사실에는 변함이 없다. 자신이 가진 도구를 어떻게 사용하는지는 또 다른 문제다. 이 사람은 끌을 유용하게 사용할 수도 있지만, 해롭게 사용할 수도 있다. 이것은 도구 자체의 문제가 아니라 양심과 윤리의 문제이다.

도구를 능숙하게 다룰 수 있는 방법은 한 가지뿐이다. 바로 연습이다. 끊임없이 지속하고, 절대 멈추지 않는 연습, 다양한 상황에서의 훈련과 끊임없는 완성의 과정이 도구를 다룰 수 있는 유일한 방법이다. 이 밖에 다른 길은 존재하지 않는다.

그렇다면 재능은 어떨까? 과연 노력만으로 완벽해질 수 있는지는 또 다른 문제다. 대부분의 경우에는 어느 정도 기본적인 재능이 있어야 하기 때문이다. 하지만 중요한 것은 재능 그 자체가 아니라 그 재능으로 무엇을 하느냐이다. 그럴 때 비로소 재능은 효과를 갖게 되며, 효과 없이는 아무리 뛰어난 재능이라도 소용이 없다.

이와 같은 현상을 우리는 한 분야에서 완벽함을 이루고 대가가 된 성공적인 운동선수와 음악가 그리고 리더들을 통해 볼 수 있다. 어떤 점을 예의주시해서 봐야 하는지를 알고만 있다면 누가 전문가인지는 한눈에 알아볼 수 있다. 나는 오랜 경험을 통해 누군가가 회의실에 들어오는 모습만 봐도 그 사람이 회의를 할 준비가 되었는지를 알아차릴 수 있다.

관리자와 관리자의 효과성을 위해 내가 제안하는 도구들은 어떻게 보면 특별하지 않지만, 또 어떻게 보면 매우 중요하다. 이 도구들이 없으면 리더들은 문제를 제때 알아차리지 못하고 과부하에 걸리거나 스트레스, 부정적인 감정, 우울감과 번아웃의 악순환에 빠질 수 있다. 앞으로 살펴볼 일곱 가지 도구들을 성공의 특별한 비법이라 생각하지 않고 특별하게 주의를 기울이지 않은 결과라 할 수 있다.

세미나를 할 때마다 내가 참석한 리더들을 대상으로 하는 작은 시험이 있다. 효과적인 경영을 위한 도구에 대한 이야기를 하기 전에 항상 이 질문을 한다. "여러분이 생각하는 도구란 무엇인가요?" 그러면 리더들은 즉흥적이고 그리고 즉각 이렇게 대답한다. "컴퓨터요." 물론 컴퓨터도 도구인 것은 맞다. 하지만 컴퓨터는 관리자뿐만이 아니라 모두를 위한 도구다. 이 말을 들은 리더들은 당황한 듯 멈칫한다. 그리고는 이내 고민에 빠져서는 천장을 바라본다. 목수나 철물

공, 벽돌공에게 같은 질문을 하면 어떨까? 이 질문을 했을 때 고민하는 사람들을 나는 단 한 번도 본 적이 없다. 반면 리더들은 항상 고민한다. 이들에게는 도구에 대한 개념적 범주조차 존재하지 않기 때문이다. 그러고는 조심스럽게 오히려 의아하다는 듯 아주 복잡한 것들을 답으로 내놓는다. 투자 예측, 현금 흐름 분석, 수익성 분석, 비용편익 계산, 네트워크 기술, 뭐 말하자면 그런 것들이다. 이러한 대답들을 통해 우리는 효과적인 매니지먼트 교육을 이해하는 데 특히 중요한 게 무엇인지 짐작할 수 있다.

이들이 언급한 것들도 도구인 것은 맞다. 그저 매니지먼트 도구가 아니라 실무 과제를 위한 도구일 뿐이다. 예를 들어, 현금 흐름을 계산하는 것은 회계 전문가가 자신에게 주어진 실무 과제를 해결할 때 쓰는 도구이다. 모든 조직에는 이러한 도구를 사용할 수 있는 실무 전문가들이 있어야 한다.

하지만 모든 관리자에게 이러한 도구가 필요한 것은 아니다. 앞서 언급한 올바른 매니지먼트의 기준을 기억하고 있을 것이다. 모든 리더, 모든 조직에서 항상 필요한 도구는 과연 무엇일까?

앞서 말한 것처럼 도구는 특정 측면에서 직업을 정의할 수는 있어도, 그 직업의 의미와 목표가 될 수는 없다. 줄, 얼음도끼, 아이젠, 안전장치 등 등산가가 사용하는 도구들을 등산가라는 직업의 의미라고는 할 수 없다. 하지만 성공적으로 그리고 안전하게 산에 오르고 싶다면 이 도구들을 다룰 줄 알아야 한다.

효과적인 경영을 위한 일곱 가지 도구는 다음과 같다. 회의, 보고서, 직무 설계, 인적자원의 관리, 개인의 업무 방식, 예산, 성과 평가 그리고 시스템 개선이다.

서비스 및 지식 사회의 그리고 특히 복잡성의 사회의 업무 조건은 효과성의 도구들이 가진 의미를 더 다양하게 만들었다. 이 도구들을 사용하는 정확성과 전문성을 리더의 성공을 위한 근본적인 전제조건으로 만든 것이다. 과제와 기본 원칙에서도 그랬지만, 여기에서도 나는 도구 사용의 효과성을 직접적으로 그리고 즉각적으로 결정하는 소수의 요소들에 초점을 둘 것이다.

'도구'라는 단어에 대해 한 가지 더 생각해볼 것이 있다. 앞에서 얘기했듯이, 대부분의 관리자들의 머릿속에 도구라는 개념의 범주 자체가 존재하지 않는다. 어떤 사람들은 도구라는 단어를 좋아하지 않기도 한다. 오히려 '툴Tool'이라는 영어 단어를 사용하면 친숙하게 느낄 수 있을지 모르겠다. 또한 도구 대신 '장비Instrument'라는 단어를 써도 나는 무방하다고 생각한다. 단어 자체가 중요한 것은 아니기 때문이다.

경영의 본질

15

회의

리더들은 회의를 하는 데 상당한 시간을 투자한다. 분명 비율로 따지면 아주 큰 부분을 차지하고 있을 것이다. 20여 년 전만 해도 자신에게 주어진 시간의 60퍼센트 이상은 회의를 하는 데 사용한다고 인정한 간부들이 80퍼센트 이상에 달했다. 뿐만 아니라 관리자의 80퍼센트 이상은 회의의 60퍼센트 이상이 비효율적이고 비생산적이라고 생각하고 있었다. 결코 간과할 수 없는 현상이다. 아마도 현재 이 수치는 더 높아졌을 것이다. 복잡성과 폭발적인 지식 노동의 증가로 새로운 회의들이 더 많이 생겨날 것이기 때문이다. 말하자면 회의를 더 많이 해야 할 객관적인 수요가 발생한 셈이다. 그러므로 회의의 효과성은 오늘날 그 어느 때보다 더 중요해졌다.

회의는 올바른 경영을 위한 아주 효과적인 도구가 될 수 있다. 그리고 몇 가지 규칙만 지킨다면 단기간 안에 가시적인 발전이 나타날 것이다. 일단 회의의 형태는 그렇게 중요하지 않다. 유선 회의나 화상 회의는 물론이고 다수의 사람들이 동일한 시간에 업무와 관련해 서로 논의를 하는 모든 형태의 의사소통이 회의의 범주에 포함된다. 이러한 모임을 어떻게 정의하느냐도 그리 중요하지 않다. 회의와 논의의 경계도 불분명하다. 하지만 이 모든 것에 적용되는 규칙은 같다. 회의의 다양한 유형에 대해서는 조금 뒤에 살펴보기로 하자.

● 회의는 하지 않는 것이 최선이다

회의의 효과성을 개선하기 위해서는 우선 회의를 줄이는 것에서부터 시작해야 한다. 말 그대로 대부분의 조직들이 지금도 회의를 너무 많이 하고 있다. 다양한 형태를 가진 현대의 원격 '회의 기술'은 물론 큰 장점을 가지고 있다. 하지만 항공료나 출장처럼 기존에는 당연하게 작동하던 경제적, 시간적 장애물이 사라지며 더 많은 사람들이 원격 회의에 참여하게 되었다. 여기에는 장점도 있지만 효과성을 감소시킨다는 단점도 존재한다. 원격회의가 효과적으로 활용되려면 특별한 규율과 분명한 리더십이 있어야 한다. 사람들이 실제로 참석하는 회의에 비해 회의를 이끄는 사람의 과제가 더 중요해지고, 그만큼 더 어려워졌기 때문이다.

66

회의의 효과성 개선은
회의의 축소로부터 시작된다.

회의가 조직을 병들게 하는 주요 원인 중에 하나는 회의의 횟수 및 시간 그리고 참석하는 사람의 수다. 경영진, 이사회, 감독위원회와 같은 기관들의 회의는 업무 특성상 대부분 대면으로 진행된다. 하지만 여기에도 개선되어야 할 부분이 많다. 여기에 대해서는 나의 저서 《기업지배구조》에서 구체적으로 설명해놓았다.[78] 하지만 이보다 더 큰 문제는 팀이나 워킹 그룹, 프로젝트 그룹과 같이 서로 다른 기능을 가진 조직 내 요소들이 늘어나면서 그에 따라 회의도 증가한다는 것이다.

조직은 회의를 통해 느려지고 무거워진다. 업무 그룹이 늘어나고, 여기에 참여하는 구성원이 늘어날수록 문제는 더 심각해진다. 심지어 매트릭스 구조를 가진 조직이라면 리더와 대부분의 직원들은 회의를 하는 데 빼앗기는 업무시간이 최대 80퍼센트에 이를 것이다.

조직은 회의를 하거나 일을 하거나, 둘 중 한 가지밖에 할 수 없다. 두 가지 모두를 동시에 할 수 있는 경우는 드물다. 그래서 어떤 그룹이든 나는 일을 하기 위해 얼마나 회의를 적게 필요로 하는지를 그 그룹에 대한 평가 기준으로 삼는다. 전반적으로 모든 조직은 회의가 줄어들수록 더 잘 기능하는 경향을 가지고 있다. 회의의 횟수를 줄이라는 조언을 들으면 처음에는 놀라지만 이후에는 어떻게 하면 회의 없이도 효율적으로 업무를 할 수 있을까에 대해 많은 사람들이 창의성을 발휘하게 된다.

회의를 자주 하는 이유에는 여러 가지가 있다. 두 가지는 앞에서도 이미 언급한 조직 내부와 외부 세계의 복잡성 증가 그리고 지식사회의 발전이다. 이 두 가지는 가장 중요한 이유이자 서로 밀접하게 관련이 되어 있다. 특히 이 두 가지 현상은 사람들의 사회적 교류 증가, 감정적 경험의 증가 등의 다양한 결과로 이어진다. 복잡한 지식 조직은 감각기관의 금단현상과 감각적 박탈로 이어진다. 이러한 조직이 기능하기 위해서는 지리적으로 흩어져 있는 사람들의 지식이 더 많이 필요하다. 이 경우 분야별 전문가들은 더 늘어나겠지만 그 전문성 때문에 한 업무 전체를 스스로 처리할 수 있는 사람은 더 줄어들 수밖에 없다.

보통 회의는 별다른 조치를 취하지 않는 이상 자연스럽게 늘어나기 마련이다. 모든 회의는 일반적으로 후속 회의를 반드시 필요로 하기 때문이다. 따라서 첫 번째로 중요한 것은 회의가 늘어나는 것을 막는 일이다. 다시 말해, 갈수록 회의가 많아지는 자동적인 과정을 차단하는 것이다. 그래서 나는 가능하면 회의를 하지 말 것, 만일 회의를 하고 싶은 충동이 생긴다면 잠시 멈춰서 스스로에게 다음과 같이 물어볼 것을 제안한다. '정말로 회의가 필요한 상황일까? 회의 없이 이 업무를 하거나 문제를 해결할 방법은 없을까?'

회의가 늘어나게 만드는 또 하나의 원인으로는 팀 업무의 증가를 꼽을 수 있다. 모든 팀들은 보통 열심히 일을 한다. 하지만 팀을 통해 무언가를 성취할 수 있다는 보장은 없다. 팀 업무는 조직 내 비효율성을 야기하는 중요한 원인이기도 하다. 대부분의 '팀'은 집단에 불과하기 때문이다. 많은 조직에서 팀은 누가 참여해야 할지를 신중하게 생각하지 않은 채 별다른 고민 없이 구성된다. 또한 팀은 너무 큰 규모로 구성되는 경우가 많고, 팀의 과제와 업무방식도 모호하다. 그렇기 때문에 더 많은 회의가 필요하게 된다. 그마저도 대부분 실제적인 성과를 내기 위해서가 아니라, 불명확한 것들과 엉터리 일들을 처리하기 위한 회의들이다.

팀 업무에는 훌륭한 협력이 필요하다. 하지만 그렇다고 모든 구성원이 동시에 회의에 참석할 필요는 없다. 훌륭한 팀 업무의 특징은 논의의 필요성을 최소화한다는 것이다.

만일 업무시간의 30퍼센트 이상을 회의에 소비하고 있다면, 회의를 줄이는 방법을 고민해봐야 한다. 만일 그럴 수 없다면, 회의의 효과성을 높이는 데 주의를 기울여야 한다.

● **탁월한 회의의 요건**

회의를 준비하는 데는 시간이 필요하다. 그러므로 이 시간을 예측해서 계획을 세워야 한다. 그렇지 않으면 회의를 준비하는 시간은 주어지지 않을 것이고, 그 결과는 나쁜 회의로 이어질 것이다. 물론 모든 리더는 회의 일정을 달력에 표시해놓고, 이를 위해 시간을 비워둔다. 하지만 최고의 리더들은 회의를 준비하고, 후속 조치를 하는 시간 역시 비워둔다. 달력에 적어놓지 않은 일은 때에 맞게 고려되기가 어렵기 때문이다. 대부분의 회의 준비 시간이 너무 짧은 이유도 바로 여기에 있다.

회의 준비가 부족할 때는 임기응변으로 그 자리에서 어느 정도 상쇄할 수 있다. 그리고 유능한 리더들이라면 준비가 조금 부족해도 노련하게 대처할 수 있을 것이다. 이러한 능력을 타고나서가 아니라, 수년 간 경험을 통해 쌓은 노하우인 것이다. 훌륭한 리더들 역시 준비의 부족을 만회할 수 있지만, 결코 이 기술에 의존하지 않는다. 사전에 충분하게 준비를 하고 회의의 진행 과정을 떠올려본다. 또한 아무리 최선을 다해 준비한 회의라도, 그 회의가 계획대로 진행될 리 없다는 사실을 누구보다도 잘 알고 있다. 즉흥적인 대처 능력은 최선을 다해 회의를 준비한 경우에도 필요한 노하우다.

회의를 준비하기 위한 도구는 의사일정이다. 이것은 회의를 이끄는 사람의 과제이자 의무, 나아가 권리라고 할 수 있다. 한 가지 예외 상황을 제외하면 회의에는 반드시 의사일정이 포함되어야 한다. 이 내용에 대해서는 마지막 부분에서 좀 더 살펴보기로 하자.

하지만 회의 진행자 혼자 의사일정을 정하는 것은 불가능하며, 바람직하지도 않다. 회의 준비에는 모든 혹은 주요 참석자들과 의사일정과 회의 진행 과정을 협의하고, 참석자들의 생각과 바람, 요구사항 등을 반영할 기회를 주는 것까지 포함된다. 법 규정이나 정관, 사회적 합의 등에 따라 특정 유형의 회의에서는 공식적인 요청권이 유보되기도 한다.

> 66
> 의사일정은 회의 진행자의
> 과제, 의무 그리고 권리이다.

사전에 의사일정 그리고 진행 과정을 협의한다고 해서 의사일정에 대한 책임이 회의 운영자에게 있다는 사실이 변하는 것은 아니다. 따라서 어떤 제안을 반영하고, 어떤 제안을 반영하지 않느냐는 리더가 결정해야 할 몫이다. 주기적으로 반복되는 회의의 경우라면 제안과

경영의 본질

신청을 받는 기간을 사전에 정해두는 것이 좋다. 의사일정은 정관에 따라 또는 회의 참석자들의 준비를 위해 사전에 어느 정도 시간을 두고 정해야 한다. 따라서 이 기한에 따라 회의 시점을 조정해야 한다.

좋은 의사일정에는 의제가 많지 않은 대신 정말 중요한 것만 포함된다. 모든 구성원들이 개인적으로 같은 장소에 모이게 할 수 있을 만한 의제들로만 구성되는 것이다. 소수의 의제에 집중하는 것은 생각보다 회의의 효과성에 있어서 중요한 요소다. 어떤 리더들은 조금 과하게 의사일정을 정해야 회의의 역동성을 유지하고 참여를 이끌어낼 수 있다고 생각하지만, 사실은 전혀 그렇지 않다. 현실은 정반대이다.

물론 기본적으로 사전에 합의된 규정이나 형식을 정리하려는 목적의 회의는 예외일 것이다. 대기업 내부 관계와 규정을 바탕으로 정해진 의사일정을 처리하는 사례가 여기에 해당할 수 있다. 이 경우에는 논의의 필요성이 적고 실제로 결정을 내리는 회의가 아니기 때문에 의사일정이 많아도 상관없다.

의사일정은 과제, 프로젝트 사업 영역, 기업 등의 일정과 관련된 주제로 구성해야 한다. 경영진 회의나 프로젝트 그룹, 업무 그룹 회의에서는 이 조건을 충족하는 것이 크게 어렵지 않다. 하지만 감독위원회나 고문단, 관리위원회 그리고 감독 및 통제 기능을 수행하는 위원회의 회의라면 이야기가 달라진다. 이 경우는 의사일정의 구성이 어렵고, 또 그만큼 중요하다. 이런 회의에서는 과거의 사소한 문제들을 다루는 경우가 대부분이다. 하지만 그렇게 되면 위원회는 말 그대로 단순한 동의 기관으로 전락할 수밖에 없다.

효과적인 회의 준비에는 각 의사일정을 처리하는 데 필요한 시간을 추정하는 과정이 필요하다. 물론 이 시간을 정확하게 지킬 수는 없을 것이다. 하지만 회의 진행자에게는 물론이고, 참석자들에게도 각 의제별 논의 시간을 어느 정도 정해두는 것은 좋은 회의를 위해 결코 포기해서는 안 되는 기준점이 된다.

또한 모든 의사일정에는 각각 책임자를 지정해서 회의 진행자가 직접 책임을 지는 의사일정은 줄여야 한다. 효과적인 리더들은 자신들의 경험을 바탕으로 회의를 주도하거나 회의 내용에 참여할 수 있지만, 회의를 주관하는 동시에 참여하며 두 가지 역할을 동시에 하는 일은 최소화해야 한다고 말한다.

또 다른 규칙은 회의 자료와 관련된 문제다. 이때, 리더는 회의에 필요한 자료를 가능하다면 충분한 여유를 가지고 참석자들에게 전달해서 회의를 준비할 수 있도록 해야 한다. 그래야만 회의 자료가 단순한 종이쪼가리로 전락하는 것을 막을 수 있다. 그리고 그렇게 해야 자료를 늦게 받아서 회의를 제대로 준비할 수 없었다는 주장 또한 사전에 차단할 수 있다. 사전에 회의 자료를 전달받고도 준비를 하지 않았다면, 회의 진행자가 굳이 개입하지 않아도 다른 사람들에게 들통이 날 것이다. 이것이 바로 시스템의 효과적인 자기 조직의 사례다.

❝

모든 의사일정에는 책임자가 있다.

회의 자료를 제때 제공하는 것은 비생산적이고, 시간 낭비일 때가 많은 회의에서의 프레젠테이션을 최소할 수 있는 유일한 방법이기도 하다. 적당한 시간에 자료를 배포하면 프레젠테이션을 아예 생략하거나 짧게 끝낼 수 있다. 프레젠테이션 시간을 줄임으로써 곧바로 사안에 대한 논의에 들어갈 수 있다. 효과적인 회의는 내용적으로 관련이 있는 의제에 대한 논의와 이를 통한 의견 형성과 의사결정 그리고 결정된 내용의 효과적인 집행으로 구성된다. 반면 대부분의 회의가 그렇듯이 프레젠테이션으로 도배된 회의는 효과가 없을뿐더러 참석자들을 만족시키지도 못한다. 하지만 의사소통이나 사회정치적인 차원의 목표는 달성할 수 있을 것이다. 다음의 몇 가지 원칙을 지키는 것만으로도 회의의 효과성은 몇 배로 증가할 것이다.

회의에서 모든 사람은 개인적으로 리더를 볼 수 있고, 느낄 수 있다. 그래서 참석자들은 회의 진행자가 사안을 통제하고 있는지 아닌지를 본능적으로 느낄 수 있다. 그러므로 회의는 리더십을 통해 존경심을 얻을 수도, 잃을 수도 있는 기회다.

회의 진행의 기술에 대해서는 할 말이 많지만 기본적으로는 몇 가지 요소들만으로도 충분하다. 가장 중요한 규칙은 다음과 같다. 최소한 대략적으로라도 일정을 준수하는 것, 친절하지만 엄격하게 대화를 주도하는 것, 아무리 진부한 발언일지라도 집중해서 듣는 것 그리고 생물학적 욕구에 따라 충분한 휴식을 취하는 것이다. 이 요소들을 지키지 않으면 회의는 어설프게 보일 뿐만 아니라 엉망이라는 평가를 받을 것이다.

회의를 주도하는 데에는 준비와 규율, 경험 그리고 시민적 용기가 필요하다. 회의를 주도하는 것이 무엇을 의미하고, 이때 무엇에 유의해야 하는지를 한 번 이해하고 나면 나머지는 연습이다. 다른 모든 것과 마찬가지로 회의 진행 역시 연습이 필요하다. 최소한의 훈련도 하지 않는 사람이 좋은 테니스 선수가 될 거라고 기대하는 사람은 없다. 회의를 진행하는 것 역시 마찬가지다. 시간이 쌓여야 긍정적인 의미에서의 '루틴'이 될 수 있고, 그에 따라 반사적으로 옳은 행동을 하고, 어렵지 않게 회의를 주도할 수 있게 된다. 마치 습관적으로 운전을 하는 것처럼 말이다.

● 회의의 종류

회의의 유형은 다양하다. 당연한 것처럼 철저하게 준비되는 회의가 있는가 하면, 느슨해질 때가 많은 회의도 있다. 하지만 개인적이고, 조직적인 효과성에 관심이 있다면 모든 유형의 회의를 잘 준비해야 한다.

대규모의 공식 회의

감독위원회, 관리위원회, 고문단회의, 주주총회 등이 형식적인 회의가 여기에 속한다. 이런 회의에서 망신을 당하고 싶은 사람은 없다. 그래서 이런 회의에 대해서는 모두가 철저하게 준비를 한다. 하지만 이런 유형의 회의에서도 준비가 부족한 경우가 생각보다 많다. 특히 첫 번째 세 가지 유형의 회의가 그렇다. 프레젠테이션으로 도배되기 때문이다. 주주총회나 총회의 경우에는 특수한 규칙과 법 규정이 적용된다.

정기회의

정기 회의의 전형적인 예로는 정기 이사회, 경영진, 부서 또는 부문 회의를 들 수 있다. 제대로 운영되는 조직의 경우에는 정기 회의에 대한 준비가 비교적 잘 되는 편이지만, 대부분의 조직에서는 회의의 효과성을 높이기 위해 여전히 개선해야 할 사항이 많다. 예컨대, 의사일정을 너무 많이 처리하려는 시도가 문제인 경우가 있다. 일상적인 업무와 관련된 의제와 기업의 미래, 혁신을 주제로 하는 의제가 부적절하게 혼합되어 있을 때 흔히 이런 현상이 나타난다.

일상적인 업무 관련 의제와 기업의 미래와 관련된 의제에 대해서는 분명하고 명확한 구분이 필요하다. 물론 이 두 가지를 구분할 수 있느냐는 또 다른 문제이다. 근본적으로 서로 다른 처리 방법, 그리고 무엇보다 서로 다른 처리 기간을 필요로 하기 때문이다. 예컨대 기업의 혁신과 관련된 의제는 경영진 회의에서 매번 다루기보다 두 번 혹은 세 번에 한 번씩 회의 안건으로 지정하여 논의하는 것이 좋다.

부서 이외의 팀 회의

준비가 매우 부족한 전형적인 회의나 '논의'의 유형이 여기에 해당한다. 하지만 이런 회의는 첫 번째 유형의 회의보다 훨씬 더 중요하다. 이런 회의의 경우 프로젝트 팀장이 회의를 준비하고 주도해야 하지만, 이 부분에서 경험이나 교육이 부족한 사람들이 너무 많다. 우리가 흔히 비효율적이라고 표현하는 회의가 바로 이러한 회의다.

소규모 임시회의 및 동료 간의 회의

이 또한 회의에 해당한다. 가장 흔한 회의지만, 그만큼 가장 준비가 미흡한 회의이기도 하다. 이 또한 즉흥적으로 '손쉽게' 넘기는 경우가 많기 때문이다. 하지만 이는 아주 중대한 오류이자 비효율성을 유발하는 가장 중요한 원인 중 하나다. 리더라면 갑자기 "잠깐 이야기 좀 할 수 있을까요?"라는 전화가 오거나 "잠깐만 빨리 이 문제에 대해서…"라며 무턱대고 사무실로 찾아오는 것을 허용해서는 안 된다.

리더로서 직원들이 언제나 찾을 수 있도록 사무실 문을 열어두는 것은 문제가 되지 않는다. 직원들이 리더에게 부담 없이 다가올 수 있어야 하는 것은 맞다. 하지만 이런 대화가 비효율성과 준비 부족으로 변질되는 것은 막아야 한다. 이런 유형의 회의에는 공식적으로, 서면으로 의사일정을 정리할 필요까지는 없지만, 다음과 같은 질문을 습관적으로 던져야 한다. '저와 이야기를 하고 싶다고요? 좋습니다. 사안은 뭐죠? 목표는 무엇인가요? 대화 이후 달성해야 할 것은 무엇인가요? 시간은 얼마나 소요되나요? 제가 어떻게 준비하면 될까요?' 직원들이 리더에게 확인하고 싶은 것이 단순한 방향인지 혹은 리더의 결정을 필요로 하는 일인지, 리더의 입장에서 몇 분 정도 준비가 필요한 일인지, 해당 사안과 관련된 가장 최근의 문서들을 살피고, 대안을 고민해봐야 하는 일인지에 따라 큰 차이가 발생하기 때문이다.

아주 잠깐이라 하더라도 이런 요청으로 이루어진 회의에 대해서는 앞에서 언급한 질문을 통해 직원들이 잠깐 멈추어 회의에 대해 생각할 수 있게 해야 한다. 이 대화로 얻고자 하는 결과가 무엇인지를 준비하고 고민할 시간을 줘야 하는 것이다.

직원들이 하나같이 상사에 대해 갖는 불만 중에 하나는 직원들에게 시간을 많이 내주지 않는다는 것이다. 반면 상사들은 직원들에게 들이는 시간이 너무 많다고 불평한다. 양쪽 모두 다 맞는 말이다. 리더와 함께하는 시간이 부족한 것도 맞고, 직원들에게 할애하는 시간이 적은 것도 맞는 말이다. 하지만 이 문제의 해결책은 더 많은 시간을 내는 데 있는 것이 아니라 자신에게 주어진 한정된 시간을 더욱 잘 활용하는 데 있다. 이 해결책의 핵심이 바로 준비인 것이다.

이 지점에서 나는 많은 리더들이 쉽게 간과하는 문제를 언급하고자 한다. 직원들과의 회의에는 결코 많은 시간이 필요하지 않다는 사실이다. 대부분은 10분, 20분 혹은 30분 정도면 하나의 사안에 대해서 충분히 논의할 수 있다. 그 후에는 하던 업무를 이어가면 된다.

하지만 적어도 1시간, 때로는 2시간 이상이 필요한 회의도 있을 수 있다. 특정 사안이 아니라 사람과의 관계, 개인적인 사안과 관련된 회의가 이런 경우에 해당한다. 이런 회의에는 충분히 시간을 할애해야 한다. 사람이 마음을 열고, 자신이 마음에 두고 있는 것을 표현하고, 적절한 단어를 찾고, 당연히 가질 수밖에 없는 심리적인 압박을 극복하기까지는 어느 정도의 시간이 걸리기 때문이다.

이러한 상황인지 아닌지는 "무슨 일로 이야기를 하려는 건가요?"라는 질문을 통해 파악할 수 있다. 그러면 아마도 직원은 주저하면서 "둘이 있을 때 말씀드리고 싶습니다"라고 대답할 것이다. 리더는 바로 이 신호에 반응해야 한다. 이러한 유형의 대화 신청을 일정과 일정 사이에 급히 끼워넣는 것은 결코 바람직하지 않다. 이런 경우에는 이렇게 말할 수 있다. "미안하지만 오늘은 내가 시간이 없네요. 내

일은 출장을 가야 하고, 목요일에는 프랑스에서 고객이 오기로 했거든요. 하지만 금요일에는 괜찮아요. 10시부터는 조용히 대화를 나눌 수 있어요."

물론 이러한 대화를 미룰 수 없는 경우도 있다. 하지만 그런 경우는 예외일 뿐, 일반적인 상황에 해당하지 않는다.

중요한 사실은 인간관계와 관련된 문제는 결코 서둘러 해결할 수 없다는 것이다. 조직에서도, 사적 영역에서도 마찬가지다. 이 문제를 해결하는 데 필요한 것은 대단한 심리학 이론이 아니라 시간과 관심, 인내다. 그 외의 모든 것들은 냉소적이며, 비인간적일 뿐이다.

● 회의는 사교 모임이 아니다

회의의 목적은 결과를 만들어내는 것이다. 다시 말해 회의는 일이지 여가나 취미활동이 아니다. 물론 회의를 열고 진행하는 것이 인간관계에 큰 영향을 주는 것은 맞지만, 인간관계가 곧 회의의 목표가 될 수는 없다.

어떤 사람들은 이를 너무 엄격하다고 생각할 수도 있을 것이다. 그런 사람들은 이런 식으로 회의를 하는 것이 권위주의적으로 보일 것이라고 걱정한다. 하지만 그런 생각은 지나친 두려움이며, 이러한 두려움은 기존의 경영 방식이 만들어낸 착오가 조직 내에 얼마나 깊이 뿌리 내리고 있는지를 보여주는 증거이다. 이 원칙과 과제, 도구들은 아주 매끄럽고 협력적으로도 적용할 수 있다. 어찌 되었든 중요한 것은 효과적이기를 원하는 사람이라면 이런 원칙과 도구를 적용해야 한다는 사실이다.

> ❝
> 회의의 목표는 결과를 창출하는 것이다.

결과에 집중하는 회의는 사회적인 능력과 인간관계를 소홀히 여기게 한다고 생각하는 리더들도 있다. 이 또한 '일'과 '사회적인 기회'를 혼동하는 데서 비롯된 잘못된 생각이다. 물론 회의 전후나 쉬는 시간에 대화를 나누고, 수다를 떨며, 상대의 안부를 묻고, 지난 주말에 있었던 축구 경기에 대해 이야기를 할 수는 있다. 하지만 이런 사교적 활동이 회의의 목표를 밀어내도록 내버려두어서는 안 된다. 사교와 일을 구분할 줄 알아야 하고, 가능하다면 두 가지를 분리해야한다. 이는 모두가 일정을 준수하고, 그 일정을 끝내고 다시 개별적으로 시간을 관리하는 데도 도움이 된다.

● **의사일정 항목 선택하기**

의사일정에 무엇을 포함하느냐는 사정과 상황에 따라 달라진다. 회의 진행자는 의사일정 항목을 통해 중요한 것과 그렇지 않은 것을 정의해야 한다. 이것이 리더의 가장 중요한 과제 중에 하나다. 여기에 실패해 회의 참석자들의 시간을 낭비하게 하는 리더는 효과적으로 회의를 진행하지 못할 뿐만 아니라 직원들에게 존중받지도 못할 것이다. 직원들이 이런 릴레이 회의에 참석하는 이유는 달리 빠져나갈 방법도 없고, 그저 회사에서 월급을 받기 때문이다. 하지만 직원들은 회의 진행자에 대해 금방 판단할 수 있다. 따라서 의사일정을 제대로 조정하지 못할 경우 리더의 권위와 리더에 대한 신뢰는 바닥에 떨어질 수밖에 없다.

의사일정 항목을 선택하는 데 도움이 되는 공식은 없다. 그리고 일반화해서 권장할 수도 없다. 상황과 개별 사안에 따라 달라지기 때문이다. 따라서 의사일정 항목은 다음의 세 가지 유형별로 명확하게 분류하고, 어떻게 처리해야 할지를 사전에 고민해야 한다.

표준 의사일정 항목

이는 기업의 경영진 회의 등에서 언제나 그리고 매번 다뤄야 하는 불가피한 의제를 의미한다. 예를 들어 주문 현황, 생산시설 가동률, 유동성, 주요 회계 수치 등이 여기에 해당한다. 모든 조직은 정기적으로 논의해야 할 표준 의사일정 항목을 가지고 있다. 물론 구체적인 의제는 조직의 유형에 따라 달라질 것이다. 경제 기업과 병원, 행정 기관의 의제는 서로 다를 수밖에 없다. 또한 이는 정기적으로 반복되는 의제이기도 하다.

오랜 기간 지속되는 의사일정 항목

이 또한 주기적으로 반복되는 의제다. 하지만 자세히 들여다보면 정당한 표준 의사일정과는 달리 한 번도 끝까지 해결된 적이 없어서 계속 반복되는 의제다. 이에 대한 예로는 개발부서의 업무 분위기, 고객의 이의신청, Y의 인사, 특정 기계의 처리 등이 있을 것이다. 이러한 의제들은 오랫동안 가지고 있어서는 안 된다. 그래서 충분한 시간을 두고 다시 한 번 의제에 올리거나 다른 방식으로 해결해야 한다. 그래야 결론을 지을 수 있다. 유능한 사람에게 의뢰를 할 수도 있고,

만일 다른 방법이 없다면 업무 그룹을 만들어서 해당 사안을 철저하게 살피게 한 후 해결책을 제시하도록 해야 한다.

기타항목

모든 의제들이 마무리될 때까지 인내하며 기다렸다가 모두가 피곤해지는 마지막 순간에 '빠르게' 처리하고 싶은 안건을 '기타 항목'으로 내놓는 노련한 여우들이 있다. 이를 그냥 두고 보아서는 안 된다. '기타 항목'은 말 그대로 기타 항목일 뿐이다. 기타 항목은 보통 그리 중요하지 않은 항목이기 때문에, 회의 진행자로서 중요한 의제가 기타 항목으로 처리되는 것을 허용해서는 안 된다.

만일 의사일정이 결정된 이후에 회의가 시작되기 전까지 반드시 다루어야 할 중요한 일이 일어났다면 이것은 회의를 시작하는 시점에 언급해야 한다. 그래야만 가장 최근에 일어난 사건을 토대로 의사일정의 일부 또는 전면적인 수정이 가능하기 때문이다. 빠르게 돌아가는 세상에서 이런 상황은 언제든 충분히 일어날 수 있으며, 좋은 리더라면 이런 상황에 적절하게 반응해야 한다. 이는 당연한 일이다. 하지만 그 외의 모든 것은 단순한 장단 맞추기에 불과하다. 이것을 용인하는 것은 리더십이 부족함을 의미한다.

● **실행 없이는 안건도 없다**

사실 대부분의 조직이 가진 약점은 실행이다. 수많은 논의를 하고 일을 진행하지만 실제로 이루어내는 것이 별로 없다. 이는 상당 부분 잘못된 회의 규율과 관련이 있다. 회의 진행자는 논의가 끝난 의제마다 결정된 내용을 실행에 옮기기 위해 어떤 조치가 필요한지를 명확하게 해야 한다. 이는 자동적으로 다음과 같은 질문으로 이어진다. '우리는 무엇을 해야 하는가? 누가 이것을 담당할 것인가? 처리 보고서 혹은 중간 보고서는 언제까지 작성해야 하는가?'

이러한 사항들은 회의 기록에 반영되어야 하며, 시행과 집행을 보장하는 것은 회의 진행자의 과제다. 진행자는 결정이 끝난 대책에 대해 기한을 정하고 후속 조치를 세워야 한다. 회의 진행자가 아무것도 잊어버리지 않고, 사안의 마무리를 위해 신경을 쓰고 있다는 것을 회의 참석자들이 알아야 회의가 진지해질 수 있고, 회의 진행자 역시 진지하게 받아들여질 것이며, 이를 통해 효과성을 실현할 수 있다.

그 어떤 것도 흐지부지 넘어가게 두어서는 안 된다. 문제를 해결하고 결정을 내리기 위해 회의를 위한 노력을 들이고 시간을 냈다면, 그 후에도 무언가를 해야 한다. 그렇지 않으면 회의는 구속력 없는 토론의 장이 될 뿐이다. 물론 며칠이 지나서 회의에서 의결된 안건이 최근에 일어난 사건으로 인해 더 이상 적합하지 않거나, 중요하지 않게 될 수도 있다. 그렇다면 당연히 회의에서 결정된 내용을 실행에 옮겨서는 안 된다. 하지만 이것은 의식적인 결정이며, 단순히 잊어버리거나, 간과하는 것은 아니다.

● **합의를 위한 노력**

합의는 중요하다. 따라서 합의를 도출하기 위해 노력하는 것은 너무나 당연한 일이다. 하지만 합의를 위한 적극적인 행동은 많은 리더들이 화합을 위해 보여주고 있는 노력과는 전혀 다른 것이다.

신속한 합의는 항상 의심해볼 필요가 있다. 회의 참석자들에게 자신의 의견을 표명할 용기가 부족해서 나온 결과일 때가 많기 때문이다. 또는 사안에 대한 고민의 부족도 그 원인일 수 있다. 겉으로는 화합한 것처럼 보이는 것 역시 같은 개념을 전혀 다르게 인식하여 도출한 결과일 수 있다. 바벨탑으로 인해 언어가 혼란해진 것처럼 박수로 가결한 의사결정도 위험하다. 대부분은 결국 실행 단계에서 반대에 부딪히기 때문이다. 감춰져 있던 진짜 생각과 의견, 이해관계가 실행 단계에 이르러서야 드러나는 탓이다.

앞에서도 언급했지만 실제로 실행에 옮길 수 있는 합의에 도달하는 방법은 한 가지밖에 없다. 바로 수용 가능한 불일치다. 그리고 의견의 불일치를 감내할 수 있는 방법 역시 한 가지뿐이다. 바로 개방성이다. 그 밖의 모든 것은 전술일 뿐이다. 개인적으로 권력이나 영광을 얻는 데 기여할지 모르나 문제 해결의 품질, 더 나아가 조직의 실행 능력 강화에는 도움에 되지 않는다.

● 회의 기록

일반적인 경우에 모든 회의에는 기록이 필요하다. 공식적인 회의는 공식적인 기록이 필요하며, 가능하다면 회의 내용을 문자 그대로 기록을 할 필요가 있다. 다른 회의들의 경우에도 단순한 메모 형태라도 기록은 필요하다. 무엇보다 어떤 결정이 내려지고, 어떤 조치가 취해졌으며, 책임자와 일정은 어떻게 되는지에 대한 기록은 언제나 남겨야 한다. 이는 절대 포기해서는 안 되는 일이다.

중요한 기록은 관료주의와 아무런 관련이 없다. 기록을 남겨야 하는 이유는 일의 효과성 때문이다. 특히 유능한 리더들은 동료, 상사, 직원들의 기억력에 의존하지 않는다. 그래서 사안을 직접 기록하거나, 기록하도록 지시한다. 이유는 두 가지다. 첫째, 다른 업무를 위해 머리를 비워두기 위해서다. 둘째, 확실성을 위해서다. 이것이 바로 유능한 리더들이 효과성을 실현하게 만드는 요소이다. 또 다른 이유도 있다. 참석자들이 회의 내용을 진짜 이해했는지를 관리함으로써 효과적으로 소통을 하기 위해서다. 유능한 리더들은 공식 회의를 제외하고 회의 참석자들에게 가능하면 대화를 기록하라고 지시한다. 개인적인 대화라면 직원에게, 팀 회의라면 팀 구성원에게도 같은 지시를 내린다.

이를 통해 리더는 부담을 덜게 되지만 그것이 일차적인 이유는 아니다. 가장 중요한 이유는 참석자들이 대화를 통해 무엇을 이해했는지를 확인할 수 있고, 필요한 경우 수정할 수 있는 유일한 방법이기 때문이다. 또한 이들은 회의 직후 혹은 회의가 진행된 날 기록을 남기는 것을 중요하게 여긴다. 요즘에는 컴퓨터로 곧바로 기록을 남길 수 있기 때문에 원칙적으로는 회의가 끝날 때쯤이면 기록도 완성될 수 있다. 무엇보다 회의 기록은 너무 길지 않게 해야 한다.

● **때로는 개인적인 대화가 회의보다 중요하다**

마지막으로, 의사일정이 정해지지 않고 겉보기에 준비가 되지 않은 것 같은 유형의 회의를 한 번 해볼 것을 권하고 싶다. 이는 그만한 가치가 있다.

직원들과 갈등을 겪는 일이 전혀 없고, 언제나 모든 것에 대한 진

경영의 본질

행 방향을 알고 있으며, 인력과 관련한 문제에서 예상치 못한 일을 겪지 않을 뿐만 아니라 직원들에게는 칭찬만 하며, 무엇보다 상사가 늘 직원들을 위해 시간을 내준다고 이야기하는 리더들이 있다. 이들에게는 타고난 재능이 있는 것일까? 천재라도 되는 걸까?

그렇지 않다. 이들이 하는 일은 딱 한 가지다. 모든 직원과 1년에 한 번은 아무런 의사일정이나 제약 없이 그냥 회의를 하는 것이다.

실제로는 의사일정을 정해놓았지만, 그것을 머릿속에만 넣어두는 것이다. 즉, '감춰진 의사일정'을 가지고 있는 셈이다. 그리고 실제로 이 회의를 위해 준비를 한다. 이 회의에서는 직원 한 사람 한 사람과 충분한 시간을 두고 다음과 같은 질문에 대해 의견을 나눈다. '이 회사에서 혹은 부서에서 무엇이 가장 마음에 드나요? 마음에 들지 않는 건 뭐죠? 우리가 무엇을 바꿔야 한다고 생각하나요? 당신이 더 효과적으로 일을 하려면, 상사로서 나는 무엇을 해야 할까요?'

작가, 강사, 트레이너, 컨설턴트 그리고 직원들을 포함해 많은 사람들은 리더와 직원의 접촉이 너무 적고, 의사소통이 부족하다고 계속해서 입을 모은다. 하지만 사실은 그렇지 않다. 혹은 특정한 시각에서만 옳은 주장이다. 리더들은 직원들과 많이 접촉하며, 리더와 직원의 의사소통은 때로는 과할 정도로 많은 편이다. 하지만 의사소통의 내용은 항상 업무와 관련된 사안이나 그에 따르는 어려움에 대한 것이다. 이러한 대화들은 보통 상당한 시간적 압박, 무엇보다 활동과 성과에 대한 압박 속에서 진행된다. 이런 대화에서는 근본적인 변화가 나타나기 어렵다.

대부분의 조직에서 업무에 대한 내용 이외에 사람 자체에 대한 대화를 하는 경우는 드물다. 언제나 개인적으로 이야기를 나누자고 말은 많이 하지만, 그것을 실행에 옮기는 경우는 거의 없다. 게다가 업무와 직접적인 관련이 없는 직원의 이야기를 충분한 시간을 가지고 들어줄 만한 여유도 없다.

좋은 리더들은 바로 이것을 앞에서 설명한 방식으로 실행에 옮긴다. 이러한 대화가 가져오는 효과가 그리 크지 않다는 것은 이들 또한 알고 있지만, 아무것도 하지 않는 것보다는 훨씬 더 효과가 있다는 것도 알고 있다. 좋은 리더들은 자신이 언제든 들을 준비가 되어있으며, 직원들의 이야기에 관심이 있고, 아주 가끔이라도 충분한 시간을 낼 수 있다는 명확한 신호를 보낸다. 이것은 성과를 평가하기 위한 일반적인 대화와는 다르다. 직원들이 긴장하는 분위기에서는 편안하게 사람에 대한 대화를 나누기 어렵기 때문이다. 이것은 오직한 사람에 대한 대화, 즉 조직에서 그 사람의 감정과 의견을 주제로 하는 대화이다.

직원이 원한다면 '집에서는 어떤가요? 아이들의 학교생활이나 학업은 어떤가요? 좋아하는 것이나 취미를 즐길 만한 시간이 있나요?' 등의 사적인 이야기들을 나눌 수도 있다. 분명하게 말하지만, 이러한 대화는 직원들이 원하는 경우에만 나누어야 한다. 이런 주제로 대화를 나누는 것을 원치 않는 직원들도 있기 때문이다. 그런 직원의 의견도 당연히 존중해야 한다. 하지만 직원이 원한다면 특정 부분에 도움을 줄 수도 있다. 이러한 대화를 통해 리더는 자신 역시 희망과 격정, 관심사와 성향을 가진 인간이지만 유감스럽게도 직업적인 의무들로 인해 그런 부분을 희생할 수밖에 없다는 신호를 직원에게 전달

경영의 본질

할 수도 있을 것이다. 개인적인 부분에서 어느 정도까지 깊은 대화를 나눌지는 직접 정해야 한다. 하지만 리더도 때때로 마음을 열 수 있다.

또 한 가지 해주고 싶은 조언이 있다. 좋은 리더들은 이러한 대화가 일상적인 업무의 혼란과 급박함 속에 희생되지 않고, 실제로 이루어질 수 있도록 직원들과 이런 대화를 나누는 일정을 정해놓는다. 그렇지 않으면 이런 종류의 대화나 회의는 절대로 일어나지 않기 때문이다.

● **회의가 끝난 후 해야 할 가장 중요한 일**

앞에서도 말했지만 각각의 의제에 대해서 어떤 대책들이 필요한지 회의 중에 최소한 대략적으로라도 결정해두어야 한다. 그리고 결정된 내용이 당연히 실행으로 이어질 것이라고 믿어서는 안되며, 다시 확인하고 통제해야 한다. 결론을 도출하는 것은 결코 쉽지 않은 일이다. 하지만 이를 실행에 옮기는 것은 훨씬 더 어려운 일이다.

많은 사람들의 생각과는 달리 확인과 통제는 직원에 대한 신뢰 부족이나 그들의 능력과는 아무런 관련이 없다. 조직의 특성이나 일상적인 업무의 분주함 그리고 긴급성의 공포와 관련된 일이기 때문이다. 효과적인 경영을 위해서는 모든 것을 실행에 옮겨야 한다. 의사결정은 중요하지만 리더는 의사결정 때문에 연봉을 받는 것이 아니다. 리더가 받는 연봉은 결정된 내용을 실현하는 데 대한 것이다. 그래서 나는 소위 결정 중심의 경영학에 대해서도 그리 좋게 생각하지는 않는다. 내가 선호하는 것은 '실행 중심'의 경영학이다.

지속적인 확인, 실현의 통제 그리고 마무리에 대한 집중은 위기 상황에 있을수록, 속도가 중요해질수록, 아직 제대로 알지 못하고 평가하기 어려운 신입 직원이 많을수록, 결정과 그에 따른 대책이 새로울수록 그래서 주기적인 효과에 의존할 수 없을수록, 결정과 대책의 변화 정도가 크면 클수록 더 중요해진다.

보고서

회의를 지배하는 것은 회의 중에 주고받는 말이다. 그리고 리더가 효과성을 완성하기 위해 도구로 삼아야 하는 것은 기록된 말이다.

이 장에서는 좁은 의미의 보고서와 그 효과에 대해 살펴볼 것이다. 이 내용은 회의 기록이나 통지, 메모, 사업과 관련된 서신 및 제안서 등 서면 형태로된 모든 것에 적용할 수 있다. 특히 제안서는 무엇에 관한 내용인지를 대략적으로 보여주는 자료로, 기업에서 작성하는 제안서는 잠재 고객에게 우리 기업이 얼마나 훌륭하며 어떤 일을 할 수 있는지를 소개하는 내용을 포함하고 있다. 대부분의 제안서는 발신자를 중심으로 작성되는 경향이 있지만, 사실 효과적인 제안서는 수신자 중심이어야 한다. 제품을 구매할 경우, 고객이 얻을 수 있는 것이 무엇인지에 대해서 이야기를 해야 한다. 전문적으로 작성된 다이렉트 메일이 수신자 중심 제안서의 좋은 사례라고 할 수 있다.

리더들 중에는 전통적인 서면 형태의 보고서에 반감을 갖고, 스마트폰을 선호하는 이들도 있다. 물론 스마트폰은 매우 큰 장점을 가지고 있다. 그럼에도 불구하고 새로운 커뮤니케이션 기술과 그 가능성으로 인해 지식 노동이 점점 더 중요해지고 있는 모든 분야에서 서면으로 작성된 보고서의 중요성이 부각되고 있다. 기존의 커뮤니케이션과 비슷해 보일 때가 많고, 이 때문에 서면 형태가 가진 또 다른 아주 특수한 성격이 감추어져 있을 뿐이다.

함부르크 언론학교 교장이자 언어의 사용에 관한 전문가인 볼프 슈나이더Wolf Schneider는 텍스트를 읽어주는 경우가 아니라면, 1분 동안 읽는 것이 1분 동안 듣는 것보다 훨씬 더 많은 정보를 얻을 수 있다고 말했다.[79] 그렇다면 수없이 많은 문장들이 존재하는 정보사회에서는 어느 쪽이 더 중요할까?

실제로도 정보를 듣는 것보다는 읽을 때 시간을 절약할 수 있다. 서면 보고서, 특히 전자 문서는 그것을 작성한 사람과 분리되어 독립적으로 존재한다. 하지만 무엇보다 중요한 것은 문서를 그것을 읽는 사람에게 생각할 수 있는 기회를 준다는 것이다.

● **누가 보는가**

대부분의 보고서는 효과적으로 메시지를 전달하기 위해 철저한 검토와 수정을 거쳐 전달된다. 보고서는 작성하는 사람이 말하고자 하는 것이 서면으로 제대로 표현되었는지를 확인했을 때 비로소 완성된다. 하지만 이 단계에서 보고서는 발신자 중심으로 작성되었을 가능성이 매우 크다.

바로 이 부분에서 스스로 작성한 보고서에 만족하고 효과적이지 않은 보고서 작성자에 머무는 사람이 있는 반면, 리더로 전환되는 결정적인 질문을 마주하는 사람도 있다. 바로 '이 보고서는 수신자에게 어떤 영향을 주어야 하는가?'라는 질문이다. 이런 질문을 하는 순간 작성자는 이전과는 달리 보고서가 이 지점에서 끝나지 않는다는 것을 깨닫게 된다. 보고서 작성은 그제야 시작이라는 것을 확인하게 되는 것이다. 사실 조직에 중요한 일은 그 순간부터 시작된다. 그렇다면 이제 해야 할 일은 자신이 의도한 대로 수신자에게 영향을 미치고 수신자가 그 의도에 따라 조치를 취할 수 있도록 하기 위해 재량껏 보고서를 다시 편집하는 것이다. 즉, 수신자 중심, 독자 중심의 보고서로 바꾸는 것이다.

이 지점에 이르기까지 문서 작업은 논리와 정확성의 기술 혹은 진실이 지배하고 있었을 것이다. 하지만 바로 이 순간부터 보고서 작성의 핵심은 수사학으로 바뀌어야 한다. 고대 그리스의 학당에서 가르치던 수사학, 바로 효과성의 기술로 전환되어야 하는 것이다. 이때 중요한 것은 문체나 멋진 표현의 향연이 아니다. 이런 것은 효과성에 전혀 영향을 주지 못한다. 오히려 의도한 효과와는 전혀 다른 결과로 이어질 수도 있다. 효과성이란 수신자가 누구인지, 무엇에 가장 적극적으로 반응하는지를 최대한 알아내는 것을 뜻한다. 물론 이것은 상황에 따라 달라지겠지만, 그럼에도 몇 가지 기본 패턴은 있다.

예를 들어 40페이지짜리 보고서를 작성했다고 치자. 40페이지짜리 보고서를 읽는 사람이 누가 있을까? 요약이 필요하지는 않을까? 아니면 짧은 텍스트를 원하는 독자들을 위해 정말 중요한 내용들로만 구성해서 처음에는 3~4페이지짜리 요약본을 넣고, 더 깊이 있는 내용을 담고 있는 뒷부분을 읽을지 여부는 읽는 사람에게 맡기는 것이 좋을까? 이 단순한 방법만으로도 보고서의 효과성은 현저히 개선될 수 있다.

효과성의 관점에서 표나 숫자, 통계를 보고서에 삽입하는 것은 적절한 것일까? 아니면 이 모든 것을 다 빼고 수치 없이도 이해할 수 있도록 텍스트로만 구성한 다음, 관련 자료들은 부록에 넣는 것이 나을까?

만일 보고서를 받는 사람이 법학자라면, 숫자나 그래픽, 표를 배제하고 가급적 텍스트로만 보고서를 작성하는 것이 나을 것이다. 하지만 엔지니어에게 보고를 할 때에는 텍스트는 최소화하고 그래픽, 그리고 무엇보다 좌표 시스템의 수학 곡선을 사용하는 것이 좋다. 엔지니어에게 익숙하고, 엔지니어의 관심을 불러일으킬 수 있는 형식이기 때문이다. 금융 전문가라면 텍스트나 그래픽이 아닌 표를 만들어야 할 것이다. 전형적인 CFO나 관리자들은 수치를 좋아한다. 금융인들은 한 번 보고도 표에서 틀린 숫자를 찾아낼 수 있는 엄청난 재주를 가지고 있다.

● **명확한 단어, 논리, 정확성**

그런데 객관적이고 논리적인 구조의 텍스트를 작성하는 데 필요한 아주 단순한 규칙조차 알지 못하는 경우가 종종 있는 것 같다. 텍스트의 구조를 만들 능력이 없는 사람들이 생각보다 많은 것이다. 논리적인 구조가 부족한 보고서를 보면 자연스럽게 '이들의 사고는 과연 구조적일까?'라는 질문을 던지게 된다.

언어적인 표현 자체, 문법, 단어 선택, 맞춤법 그리고 물론 문장 기호 역시 문제가 될 수 있다. 조직 내에 필요한 명확성과 간결성의 기준에 부합하지 않기 때문이다. 언어의 명확성과 간결성, 그리고 정확성은 지식사회에서 필수불가결한 요소다. 하지만 고등교육을 받았다고 해서 당연히 이와 같은 언어적 능력을 가지고 있을 거라고 생각할 수는 없다.

놀랍게도 관리위원회에 송부하거나 프레젠테이션을 위해 준비된 자료에서도 의미 있는 수치가 누락되는 경우가 많다. 나 또한 이러한 경우를 자주 경험하지 못했다면 결코 믿지 못했을 것이다. 예를 들어, 관리자들의 보고서는 물론이고 공인회계사들의 서류와 심지어 사업보고서에도 백분율이 누락되어 있는 경우가 있다. 최고의 비교 수단 중 하나인 인덱스 형식으로 수치를 제시하는 경우도 극히 드물다. 최근에는 과거에 비해 정보형 그래픽이 더 자주 사용되기는 하지만, 지리학이나 지도 제작, 사회학 등에 사용되는 수준에는 여전히 미치지 못하고 있는 실정이다. 특히 복잡한 시스템 안에서 효과적으로 지식을 전달하는 부분에서 우리는 여전히 기본적인 수준에 머물러 있다.[80]

이런 현실을 보면 정보기술이 지속적으로 제기되는 의사소통의 문제를 근본적으로 치유할 수 없다는 사실을 분명하게 알 수 있다. 여기서 이야기하는 능력과 개인적, 조직적, 경영적 효과성을 위해 해당 능력을 사용하는 것은 컴퓨터나 정보기술과는 관련이 없다.

하지만 분명 컴퓨터가 기여할 수 있는 일이 있다. 그것은 형식적일

지라도 정확성에 대한 압박감을 만들어내는 것이며, 그것만으로도 충분히 중요한 역할을 한다고 볼 수 있다. 예를 들어 인터넷 주소처럼 컴퓨터 언어에서 마침표를 요구하는 곳에 쉼표를 입력해서는 안 된다. 이러한 관점에서 볼 때, 전자화는 절대 실수를 허용하지 않을 만큼 완벽하며, 동시에 잘못된 부분을 수정하는 교육적인 효과를 가지고 있다. 다시 말해, 적어도 가끔은 정확성이 중요할 수 있다는 것을 이해하는 효과를 가져온다. 만일 리더가 컴퓨터처럼 엄격하다면 직원들은 그를 비인간적이며, 사회성이 전혀 없다고 생각할 것이다. 그리고 이런 이유에서 그 사람이 리더로서 적합하지 않다고 평가할 것이다. 또한 그런 리더를 둔 직원과 동료들은 깊은 좌절감을 느낄 것이다.

반면 컴퓨터에 대해서는 이러한 문제가 발생하지 않는다. 컴퓨터의 완벽함을 매력으로 느끼는 사람들도 있다. 역동적인 저널리스트나 창의적인 작가라도 소프트웨어 엔지니어가 정한 규칙에 따라 문서 프로그램을 사용하는 것에 불만을 갖지는 않는다. 하지만 편집자와 원고 심사원에 대해서는 다르다.

문서를 전문적으로 사용한 아주 훌륭한 사례는 조지 마셜 장군에게서 찾아볼 수 있다. 조지 마셜은 미군 참모총장으로서 보고서의 작성과 관리를 신중하게 고민하고 정확한 규칙을 따랐다.[81] 2차 세계대전의 상황 속에서 그가 작성한 보고서는 미국뿐만 아니라 다른 동맹단체들과도 관련이 있을 수밖에 없었다. 즉, 당시에 마셜은 이미 오늘날 우리가 '다문화'라고 표현하는 조건들을 고려해야 했다.

마셜의 개인적인 글들은 명확성과 정확성을 보여주는 모범 사례

그 이상이다. 사실 이것은 고위 장교에게 당연하게 요구되는 능력이기도 했다. 고위급 사관학교에서 무기 다루는 법을 배우는 것처럼 계속해서 훈련을 받는 부분이었기 때문이다. 뿐만 아니라 마셜의 문서는 전쟁 속에서도 인간성과 온기, 우정, 고통에 대한 공감, 다른 사람의 상황에 대한 이해를 자신의 글에 어떻게 녹여낼 수 있었는지를 매우 인상 깊게 보여주고 있다. 세부적인 내용은 아니라도 원칙적으로 우리는 효과적인 기능이 성공에 결정적인 역할을 하는 모든 조직에서 유사한 원리를 발견할 수 있다.

전문성과 효과성 그리고 불합리한 관료주의 사이의 경계가 모호하다는 것은 사실이다. 그리고 모든 조직에서는 후자의 모습이 나타나고 있다는 것도 안다. 하지만 그런 문제 때문에 조직이 제대로 기능하지 않는 것을 바라만 보고 있는 것은 아무런 의미가 없다. 관료주의가 존재한다는 사실은 누구도 부정할 수 없다. 하지만 배울 점이 있는 행정적인 전문성도 있다. 이는 앞으로 더 중요해질 것이다. 특히 복잡한 네트워크로 연결된 지식노동자의 비율이 높은 모든 조직, 그리고 가상의 업무 형태가 중요한 모든 사람들에게서 이런 현상은 더 심화될 것이다.

현대 통신기술을 통해 가능해진 업무의 모든 형태는 전문적인 보고의 규칙과 규율에 의해 좌우될 것이다.

● **과도한 자료와 잘못된 습관**

문서를 통한 의사소통과 관련해 주의해야 할 몇 가지 특이사항들이 있다. 키워드를 사용하려는 고질병이다. 이 병의 원인은 사실 파워포인트 기술의 유행 때문이었지만, 다행히 최근에는 그 영향력이 인정할 수 있는 수준으로 약해진 듯하다. 발표하는 사람이 파워포인트 없이 발언하는 경우 참석자들은 안도를 넘어 기쁨을 나타내기도 한다. 파워포인트가 없으면 발표자가 하고 싶은 말이 있는 것인지, 아니면 단순히 무언가를 보여주려고 했는지를 빠르게 파악할 수 있다.

이메일, 문자, 블로그, 트위터, 채팅을 통해 우리는 온전한 문장으로 프레젠테이션을 하지 않고, 문장 단위나 단순한 키워드들로만 프레젠테이션을 하도록 장려했고, 심지어 이런 방식을 강요했다. 하지만 키워드는 너무나 다양한 해석의 여지를 가지고 있고, 따라서 키워드 자체만으로는 아무런 의미가 없다. 키워드를 사용하면 조직에서는 모두가 자신이 원하는 대로, 자신의 상황에 맞게 키워드를 해석할 것이다. 그리고 사안이 까다롭고, 어렵고, 불편할수록 자신에게 맞게 그것을 해석하는 경향은 더 강해질 것이다.

이 밖에도 모든 것에 삽화와 상자, 화살표, 원 등 그래픽을 삽입하는 악습이 존재한다. 그림 하나가 천 마디 말보다 더 큰 의미를 갖는다는 주장이 이런 습관에 근거가 되기도 한다. 하지만 이런 주장은 전혀 사실이 아니며, 모든 그래픽이 강력한 영향을 미치는 것도 아닐 뿐만 아니라 항상 그런 것도 아니다.

물론 그래픽은 높은 설득력을 가질 수 있다. 특히 그래픽이 구체적일수록 더욱 그렇다. 더 나아가 추상적인 그래픽이라도 전문가들에게는 많은 정보가 될 수 있다. 건물의 평면도는 노련한 건축가와 건축 엔지니어 그리고 정역학 전문가들에게 많은 정보를 제공한다. 하

경영의 본질

지만 설계나 건축과는 관련이 없는 직업을 가진 다른 대부분의 사람들에게 평면도는 별 의미가 없다. 최악의 경우에는 혼란을 야기하고, 사람들을 놀라게 만들기도 한다. 정보보다 가짜 정보에 가까운 것이다.

그래도 건축 평면도를 그리는 데에는 최소한 논리가 있다. 평면도를 묘사하는 방법에는 수백 년에 걸쳐 다듬어지고, 개선되고, 장려된 규칙이 있기 때문이다. 모든 상징에는 정해진 의미가 있고, 이는 교육의 대상이며, 그렇기 때문에 교육을 받은 사람들은 평면도 하나로 자신이 알아야 할 모든 것을 알아볼 수 있다.

하지만 매니지먼트 및 조직 행동을 위한 그래픽에는 이런 규칙이 존재하지 않는다. 개발이 덜 되긴 했어도 그나마 비슷한 것으로 그래픽 규정에 대한 기본 요소들을 전통적인 조직도에서 찾아볼 수는 있다. 하지만 복잡성과 지식사회에서는 이를 통해 조직을 설명하는 것이 갈수록 어려워지고 있는 실정이다. 그밖에 문서와 프레젠테이션에서 발견되는 그래픽들은 논리도 없고 표현력도 부족하다.

이러한 '그래픽'은 결코 천 마디 말 이상의 역할을 할 수 없다. 앞에서도 말했듯이 오히려 그 반대로 그래픽만 있고 설명이 부족할 경우, 서로를 이해할 수 없는 상황을 만들고, 혼란을 불러일으키며, 다양한 해석이 난무하게 만든다. 보고서를 통해 커뮤니케이션 문제를 해결하는 것이 아니라 문제가 발생하는 것이다.

서면 보고서의 양식을 세로형이 아닌 가로형으로 바꾼 것 또한 악습이다. 가로 형식의 종이에, 내용은 가급적 적게 넣고, 가능한 큰 글씨를 사용하는 등의 의사소통에서 나타나는 유아적 현상을 어디까지 허용해야 하는 걸까? 그리고 자신이 책임지는 기업 내에서는 어느 정도까지 허용해야 할까?

인지심리학적, 인지생리학적으로 볼 때 가로 형식은 결코 커뮤니케이션에 적합한 방식이 아니다. 가로 형식을 주장하는 이들이 강조하는 바와는 달리, 가로 형식은 인지에 도움이 되지 않으며 오히려 이를 어렵게 만든다. 잘 만들어진 신문이나 잡지, 뉴스 매거진 등도 모두 짧은 줄로 된 다단 레이아웃을 사용한다. A4 용지에 허용되는 한 줄의 길이도 사실상 눈에 넣을 수 있는 최대치다. 책들이 A4 용지 크기보다 더 작게 출간되는 것도 바로 이런 이유 때문이다.

'이렇게 별것도 아닌 일에 이 정도 노력을 기울일 필요가 있나?'라고 생각할 수도 있을 것이다. 물론 이것 자체만 보면 사소한 일이고, 그냥 무시하고 넘어갈 수도 있는 문제다. 리더들이 이렇게 불필요한 일들이 벌어지는 것을 참고 넘어가는 것은 그것이 바로 그들의 책임이기 때문이다.

문서는 소통을 어렵게 하는 것이 아니라 쉽게 만들어야 한다. 기억에 대한 부담을 덜어주고, 중요한 사안을 개괄할 수 있도록 해주며, 정보의 홍수 속에서 흐름을 잃지 않도록 도와줘야 한다. 보고서를 구성하고 작성할 때는 반드시 이를 반드시 고려해야 한다. 이것의 전제는 언제나 효과성에 대한 관심이어야 한다. 매니지먼트 분야와 기능은 여전히 이와는 상당한 거리가 있다.

17

직무 설계, 업무 통제

효과적으로 목표를 달성하기 위해서는 모든 직원의 업무와 직무를 정확하게 설계해야 한다. 이것이 바로 이번 장에서 다룰 세 번째 도구인 직무 설계이며, 이를 잡 디자인Job Design이라고도 한다. 그리고 이는 직원들을 관리 및 통제하는 것은 물론이고 자기 통제와도 관련되어 있다.

오늘날의 경제 기업에서는 제품 디자인에 많은 투자를 한다. 최고의 제품 디자인을 위해 투자를 아끼지 않는다. 하지만 직무에도 설계가 필요하다는 것을 인식하는 조직은 많지 않다. 정확히 말해서, 직무 설계는 과거에 수작업이 중심이 되던 시기에 매우 세심하게 이루어졌으며, 이후 자동화가 이루어지고 생산성이 향상되며 이전 작업구조는 모두 새롭게 재편되었다. 그 결과 기존의 조직도는 더 이상아무런 의미가 없어졌고, 오늘날의 공장 프로세스는 공정 흐름도를 통해서만 볼 수 있다. 하지만 기업의 경영에서 이는 여전히 먼 이야 기이다.

잘못된 직무 설계는 인적자원의 의욕 저하와 불만족, 비생산성의 주된 원인이 된다. 특히 일차적으로는 지식노동자들에게 피해가 된다.

앞에서 말했듯이, 지식 노동자의 수는 (서비스 부문에서만이 아니라) 모든 경제 분야에서 가장 큰 성장률을 보이고 있다. 오늘날 지식은 가장 중요한 자원에 그치지 않고 자원이자 생산 도구이자 상품으로서의 세 가지 기능을 하고 있다. 지식의 도움을 받아 기존의 지식에서 새로운 지식을 생산하기 때문이다. 이는 이전에는 존재하지 않았던 새로운 형태이며, 따라서 직무 설계와 과제를 통제하는 것은 무엇보다 중요하다. 하지만 이 두 가지는 대부분의 조직에서 전혀 알려지지 않았거나, 제대로 개발되지 않았다.

과거에는 직업이 사람을 만들었다. 하지만 오늘날에는 사람이 직업을 만들어야 한다. 하지만 이뿐만이 아니다. 대변혁과 함께 직무 분야를 새로 발견하고, 구성하고, 새로운 명칭을 부여해야 한다. 그렇지 않으면 과거의 세상으로 퇴화하고 말 것이다. 하지만 과거든 현재든, 이를 위한 기술이 아니라 구성의 원칙 자체는 동일하다. 왜냐하면 이것은 사람이 어떻게 기능하느냐에 달린 문제이기 때문이다.

● 직무 설계의 여섯 가지 오류

직원들이 효과성을 실현할 수 있도록 직무를 설계하는 것은 그리 어렵지 않다. 하지만 이를 위해서는 몇 가지 원칙에 주의해야 하고, 다음과 같이 많은 조직에서 흔히 볼 수 있는 실수를 저지르지 않도록 예방해야 한다.

너무 쉬운 과제를 맡기지 않는다

직무 설계에서 가장 흔하게 저지르는 실수는 너무 적은 업무를 부여하는 것이다. 대부분의 사람에게 주어지는 업무는 너무 작다. 그리고 능력에 비해 너무 쉬운 과제가 계속해서 주어진다. 이는 좌절과 낮은 생산성의 주된 원인이 된다. 물론 작은 일을 통해 재미를 느끼는 사람도 있을 수 있다. 하지만 이런 사람들과는 언제가 됐든 이별을 하는 것이 좋다.

주어진 업무가 너무 적어서 오후 3시만 되어도 일이 끝난다고 생각해보자. 이런 사람들에게 효과적인 업무나 자신의 생산성, 과제의 위임에 대한 고민이 필요하겠는가? 더욱이 그렇다고 해서 이들을 비난할 수도 없는 노릇이다.

> ❝
> 낮은 생산성, 더 나아가 좌절의 주된 원인은
> 계속해서 능력에 비해 너무 쉬운 과제 그리고
> 너무 적은 과제를 맡기는 데 있다.

누구든 그 사람이 가진 능력을 전부 쏟아 부을 수 있는 규모가 큰 업무를 부여할 필요가 있다. 주어진 작업량을 완수하기 위해 매일 스스로 무언가를 향상시킬 수 있어야 한다. 이것만으로도 개인적인 발달과 개발이 가능해진다. 또한 이는 내면의 힘과 숨겨져 있던 가능성을 일깨우고, 효과적인 업무에 대한 고민으로 이어진다. 우리는 사람의 발전과 관련하여 이 주제를 이미 다룬 바 있다. 그리고 직무 설계는 이를 실현하기 위한 도구다.

최근 들어 사람을 사람 밑에 두는 것이 과연 옳은지에 대한 문제가 제기되면서 조직이나 기업 내에서 위계질서의 해체에 대힌 논의가 활발해지고 있다. 이러한 이유에서 잘 조직된 기업들의 경우, 직원을 통제하는 것은 일차적으로 상사가 아니라 업무이다. 그 사람이 맡은 업무 자체가 그 사람을 통제하도록 하는 것이다. 앞으로 우리는 이런 방식을 받아들여야 할 것이다. 그리고 더 나아가 좋은 직원이라면 이와 같은 상황을 적극적으로 찾게 될 것이다.

작은 업무가 직무 설계의 가장 큰 오류인 이유는 직원 스스로 이런 오류를 인지하거나 수정을 할 수 없기 때문이다. 이런 문제를 인지했다고 해도 대부분의 직원들은 혼자서만 걱정한다. 그리고 최고의 직원들만이 상사에게 찾아가 업무가 부족하며, 더 큰 업무를 맡고 싶다고 이야기한다.

너무 어려운 과제를 맡기지 않는다

첫 번째 오류와는 정반대로 너무 큰 업무를 맡기는 경우도 있다. 물론 능력 이상의 일을 하게 할 수는 있다. 하지만 앞에서도 언급했듯이 이는 결코 쉬운 일이 아니다. 대부분의 사람은 스스로 설정한 자신의 한계를 너무 쉽게 인정한다. 이는 각자가 가능하다고 생각하는 것보다 더 큰 일을 할 수 있다는 유일한 증거다. 모든 스포츠 종목에서 기록은 끊임없이 경신되고 있다. 그리고 어느 순간 자신의 한계를 뛰어넘어 할 수 없다고 생각했던 성과를 이뤄내는 사람들을 우리는 계속해서 목격하고 있다. 성과 자체 그리고 그 결과가 동기 부여의 가장 큰 원천이라는 것 또한 우리는 계속해서 확인하고 있다. 그래서 가능하면 큰 업무를 맡기는 것이 좋다.

물론 모든 사람에게는 넘어설 수 없는 한계의 지점이 있다. 한 사람에게 너무 큰 업무를 맡기는 것은 분명 오류라고 할 수 있다. 하지만 이는 쉽게 알아차릴 수 있기 때문에 어렵지 않게 수정할 수 있다. 어떤 직원이 너무 큰 업무를 맡고 있다는 사실을 보여주는 징후는 매우 많다. 일정을 준수하지 못하거나, 실수를 하거나, 일을 제대로 처리하지 못하는 경우가 여기에 해당한다. 그리고 끝내 상사에게 가서 업무에 과부하가 걸렸다는 이야기를 하게 될 것이다. 너무 작은 업무가 '죽을 죄'라면. 너무 큰 죄는 '가벼운 죄'다.

책임이 없는 업무를 너무 오래 맡기지 않는다

이는 중소기업에서는 자주 나타나지 않지만, 대기업에서는 일종의 전염병이라고 할 수 있다. 비필수 업무란 '어시스턴트' 혹은 '코디네이터'라는 명칭이 붙은 거의 모든 자리들을 말한다. 예외의 경우도 있지만, 그런 경우는 드물다. 많은 간부직도 여기에 해당한다. 이 업무를 맡은 사람들의 일이 적어서 비필수 업무라고 하는 것이 아니다. 간부들이나 어시스턴트들은 대부분 매우 열심히 일하기 때문이다.

문제는 더 깊은 곳에 있다. 이것이 비필수 업무인 이유는 여기서 전반적인 책임 부족과 엄청난 영향력이 결합되어 나타나는 악영향을 발견할 수 있기 때문이다. 책임 없이 맡겨진 업무는 구조적, 정의적 요소를 가지고 있지 않다. 이 두 가지가 조합되면 결국 부패가 발생한다. 이 업무를 수행하는 사람을 부패시키고, 조직을 부패시킨다. 자신이 가진 영향력과 그에 따른 권력을 행사하고 싶은 욕구는 거부하기 힘든 유혹이다. 더욱이 권한에 대한 책임이 따르지 않을 경우에는 더욱 그렇다. 이는 정신과 도덕을 오염시킨다. 물론 조직의 모든 직원들은 조직을 오염시키는 이런 회색 분자를 어떻게 다루어야 하는지 아주 잘 알고 있다.

따라서 조직에서는 이런 업무를 최소화해야 한다. 또한 한 사람이 이런 업무를 2~3년 이상 맡게 해서는 안 된다. 그런 업무를 맡은 지 어느 정도 기간이 지난 후에는 분명하고 눈에 보이는 책임을 가진 실무를 맡겨야 한다.

하나의 업무에 대한 책임을 여럿에게 맡기지 않는다

혼자서 처리하거나 진행하기 힘든 업무들이 있다. 이런 업무는 대부분 다섯 명 이상의 직원을 필요로 하며, 그에 따라 지속적인 협력과 업무 조정이 필요하고 수많은 회의를 거쳐야 한다.

이처럼 여럿이 함께 진행하는 업무에 특히 취약한 것이 바로 매트릭스 조직이다. 나의 경험에 의하면 매트릭스 조직은 전혀 의도한 대로 기능하지 않는다. 매트릭스 조직이 제대로 작동하는 경우는 오직 규율이 철저히 지켜질 때뿐이며, 이런 사실은 이미 여러 조직에서 반복적으로 확인되고 있다.

원칙은 하나의 업무는 한 사람과 그 사람이 속한 조직 단위에서 처리할 수 있어야 한다는 것이다. 물론 이런 원칙이 지켜지는 것은 쉬운 일이 아니고, 결코 완벽하게는 지켜지지도 않을 것이다. 이는 모든 것을 네트워크화해야 한다는, 유행이 되어버린 견해와 정면으로 부딪힌다. 하지만 분명한 사실은 이 원칙은 올바른 기준을 제시하고 있다는 것이다.

모든 업무를 연결시켜 처리하기보다는 분리할 수 있는 것은 가능한 한 분리해서 진행해야 한다. 네트워크화에 대한 잘못된 이해는 조직 내에서 복잡성이 증가하는 주된 원인이다. 여러 명이 함께 진행하는 업무가 꼭 필요하다면, 경험이 매우 많고 규율을 잘 지키는 사람들에게 맡겨야 한다.

여러 가지 일을 맡아서 진행하지 않는다

한 사람이 여러 가지 일을 조금씩 맡아서 처리하는 것은 개인의 힘을 분산시킨다. 그렇지 않아도 리더는 이러한 위험에 노출되어 있기 때문에 이와 같은 직무 설계의 오류로 집중력이 분산되는 위험성을 더 높여서는 안 된다(세 번째 원칙을 생각해보자).

이러한 유형의 업무는 사람을 마비시킨다. 계속 일을 하지만 성과를 얻지는 못하기 때문이다. 오늘날의 복잡해진 조직 사회에서 '원 맨, 원 보스One man, One boss'라는 원칙은 더 이상 유효하지 않다. 하지만 '원 맨, 원 잡One man, One job', 즉 '하나의 큰 업무One big job'에는 유효할 수 있다.

성과를 내기 위해서는 집중이 필요하다. 심장외과의는 수술을 할 때 자신의 과제에만 집중한다. 수술 중에 잠깐 전화를 하러 간다거나, 회의에 참석하는 일은 없다. 한 사람이 일정 수준 이상의 규모가 있는 임무를 맡아서 한 가지 사안에 집중할 수 있어야 한다. 이것이 바로 결과를 얻을 수 있는 가장 쉬운 방법이고, 정신노동자들의 경우에는 유일한 방법이다.

관련성 없는 업무를 한 직책에 맡기지 않는다

'킬러 업무'는 말 그대로 혹은 비유적 의미에서 '죽이는' 업무, 즉 조직 내에서 중요하고 핵심적인 업무이지만 그와 동시에 그 일을 맡은 사람들을 완전히 지쳐서 나가떨어지게 만드는 업무를 말한다. 이런 현상이 나타나는 이유는 그 업무 자체가 평범한 사람이 감당할 수 없을 정도로 너무 많은 것을 요구하기 때문이다.

물론 이러한 업무를 감당할 수 있는 천재들도 있겠지만, 이는 말 그대로 예외의 경우다. 업무란 평범한 사람이 쉽지는 않아도 결국에는 해낼 수 있는 수준과 규모로 설계되어야 한다.

조직 내에 킬러 업무가 있다는 것을 가장 확실하게 보여주는 징후는 엄격하게 선별된 유능한 인력 두세 명이 지치는 것에서 나타난다. 적어도 이러한 경우를 세 번 이상 발견했다면 실패의 책임을 사람에게서 찾을 것이 아니라 업무 설계에서 찾아야 한다.

'킬러 업무'의 전형적인 사례로는 판매와 마케팅 업무를 결합하여 한 직책에 맡기는 것이다. 중소기업의 경우 이런 이야기가 불편하게 들릴 수 있다는 것은 잘 알고 있다. 이런 오류는 흔히 찾아볼 수 있으며, 어느 정도는 어쩔 수 없는 부분이 있기도 하다. 그럼에도 판매와 마케팅을 한 사람에게 맡기는 경우가 드문 이유는 두 업무가 근본적인 차이가 있으며, 각각의 업무에 요구되는 능력 또한 완전히 다르기 때문이다. 결과적으로 판매란 구매 계약서에 서명을 하도록 상대방을 설득하는 것인 반면, 마케팅의 핵심은 상대방의 생각을 바꾸는 것이다. 판매와 마케팅이 결합된 킬러 업무의 대부분은 판매는 잘 하지만 마케팅이 형편없거나, 마케팅은 훌륭하지만 판매 실적이 형편없는 상황으로 이어진다. 판매와 마케팅 모두 형편없는 경우도 결코 드물지 않다. 이것은 기업의 몰락으로 가는 확실한 길이다.

오류를 극복하고 긍정적인 변화를 일으키기 위해서는 업무를 크게 설계해 사람들이 해당 업무에 집중할 수 있게 만들어야 한다. 또한 내적으로 일치되는 업무들로 구성되어야 하고, 관련성 없는 업무를 결합해서는 안 된다. 또한 성과를 낼 수 있는 업무여야 한다. 그리고 각자의 강점에 따라 선별된 평범한 사람들이 수행할 수 있는 것으로 구성해야 한다.

● **효과적인 도구**

나는 세미나를 시작할 때나 리더들과 대화를 나눌 때, 이런 질문을 던지곤 한다. '가까운 미래에 당신에게 찾아올 최대의 도전 한두 가지가 있다면, 그것은 무엇일까요?'

어떤 의미에서 이 장에서 다루고 있는 직무 설계는 정적인 성격을 가진 도구라고 할 수 있다. 반면 가장 강력한 도구지만 전혀 알려지지 않은 동적인 도구도 있는데, 나는 이것을 '업무 조정'이라고 한다.

이따금 직무 설계와 업무 조정은 다른 도구가 아니냐고 질문하는 사람들이 있다. 나는 이 두 가지가 서로 관련이 있다고 생각한다. 홀

릉한 직무 설계는 합리적으로 업무를 조정하기 위한 전제조건이고, 반대로 직무 없이는 업무를 조정할 수 없기 때문이다.

사실 업무 조정에 대해서는 알려진 바가 거의 없다. 내가 이를 관찰하기 시작한 지난 몇 년 동안에도 큰 변화는 없었다. 하지만 조직에서 실행력이 떨어지는 주요한 원인 중 하나가 바로 이것이다. 또한 낮은 효율성, 인적자원 활용의 부족, 더 나아가 경우에 따라 업무를 잘못 배치하는 원인도 여기에 있다.

실제로 업무 조정을 활용하는 조직들은 뛰어난 결과를 보여주고 있다. 짧은 시간 안에 신속하고 정확하게 업무를 처리할 수 있는 상당한 실행 능력을 갖게 되기 때문이다. 아직 전략이나 계획, 목표가 없는 상태에서도 업무를 통해 직원을 관리할 수 있다는 측면에서 이는 대변혁의 시기에 중요한 도구라고 할 수 있다.

직무 설계와 업무 조정을 도구로 활용하기 위해 필요한 것은 두 가지다. 첫째, 직무와 업무의 차이를 인식하는 것이고, 둘째는 직원들 스스로 자신의 직무와 업무를 조정할 수 있도록 하는 것이다.

직무과 업무의 차이

업무란 직원들이 예측 가능한 기간 동안 최우선순위가 되어야 하는 핵심 과제라고 정의할 수 있다. 반면 직무는 조직적인 관점에서 모아 놓은 일종의 업무 세트이다. 다시 말해, 특정 시점부터 정해지지 않은 기간 동안 (자리를 바꾸기 전까지) 수행해야 하는 과제이다. 하지만 이렇게 주어지는 과제들은 우선순위와 관련이 없다. 우선순위란 일반적인 과제에 적용되지 않으며, 특수하고 시급한 상황에 적용되기

경영의 본질

때문이다.

특정한 자리에 대한 직무 설명이 전 세계적으로 거의 동일한 이유도 바로 여기에 있다. 기계 산업에서 판매를 담당하고 있는 판매 관리자의 직무는 독일, 일본, 미국, 이탈리아에서 모두 비슷하다. 만일 러시아도 경제 발전을 이루기 위해서는 직무를 동일하게 구성해야 한다. 세부적으로는 차이가 있을 수 있지만 근본적인 내용은 동일하기 때문이다.

대부분의 직무는 국가나 업계와 관계없이 매우 비슷하다. 보험업계의 IT 관리자라는 자리는 은행이나 무역기업 또는 산업 분야의 IT 관리자와 크게 다르지 않다. 심지어 비영리단체나 공공 행정, 국제연합, 적십자, 자선단체에서도 마찬가지다. 이는 인사와 재무 분야에서도 크게 다르지 않다. 하지만 회계는 분야에 따라 큰 차이가 있다.

가장 먼저 해야 할 일은 직무를 명확하게 정의하는 것이다. 근로계약서를 통해 이를 명확히 할 수도 있고, (좋은) 직무 설명을 통해서도 가능하다. 하지만 이를 어떤 방식으로 명확하게 하는지는 중요하지 않다. 때로는 단순히 실무나 조직에서의 일상을 통해, 혹은 상품이나 기술, 상식이나 경험을 통해서도 자신의 직무를 분명하게 이해할 수도 있기 때문이다. 불분명한 직군이나 직무 설계의 오류는 많은 기관들이 가지고 있는 중대한 조직적 약점이다. 이는 결국 조직의 기능에 대한 심각한 피해로 이어지는데, 이것을 해결할 방법은 정확한 직무 설계밖에 없다.

하지만 앞에서도 말했듯이, 이는 여기서 우리가 다루고자 하는 주제가 아니다. 직무와 업무의 차이가 중요해지는 상황은 두 가지다.

직무 설명을 사용하지 않을 때 그리고 최고로 계획한 직무가 있을 때다.

음악의 사례가 둘 사이의 차이를 이해하는 데 도움이 될 것이다. 음악 분야에서 직무는 '그는 트럼펫 연주자다'라고 말할 수 있다. 하지만 이것을 통해 그 사람이 오늘 저녁 무슨 곡을 연주할지는 알 수 없다. 베토벤, 바그너 아니면 재즈를 연주할까? 이 모든 연주에서 트럼펫은 항상 필요하지만, 어떤 곡을 어떻게 연주하는지는 상황에 따라 달라진다. 다시 말해, '제1 트럼펫 연주자'라는 것은 하나의 직무다. 반면 '말러의 7번 교향곡'은 다음 공연을 위해 주어진 구체적이고 우선적인 과제다. 바로 이것을 '업무'라고 한다.

또 다른 예를 들어보자. 군 조직에서 사단장이라는 자리는 전 세계적으로 같을 것이다. 하지만 같은 사단장이라고 해도 사단을 구성하고 훈련하는 것인지, 작전에 따라 전투를 이끄는 것인지에 따라 주어진 업무는 다를 것이다. 또한 패배하고 분열된 사단을 재건하는 것, 즉 재충전하고 군비를 갖춰 다시 전투 준비를 완료해야 할 때에도 앞에서 말한 경우와는 완전히 다른 업무가 주어질 것이다.

어떤 상황에서든 그 선봉에는 언제나 사단장이 있겠지만, 사단장이 구체적으로 무엇을 해야 하는지, 우선순위를 어디에 두어야 하는지는 주어진 업무에 따라 저마다 다르다. 앞서 언급한 세 가지 사례만을 보더라도, 각 사단장이 해야 할 일은 전혀 다를 것이다. 이에 따라 조직에서도 각 과제를 서로 다른 사람에게 맡기게 될 것이다. 수백 년간의 고통스러운 경험을 바탕으로 한 사람이 동시에 서로 다른 업무를 처리하는 것은 불가능하다는 사실을 알고 있기 때문이다. 적어도 이 부분에서는 경제 기업보다 군 조직의 유연성과 실행 능력이 더 뛰어난 것 같다.

오히려 경제 기업에서는 업무가 변경되고, 그에 따라 우선순위가 바뀌어야 하는 경우에도 인력 교체를 하는 경우가 거의 없는 듯하다. 그렇기 때문에 현 상황에 따른 각 직군의 핵심 과제가 구체적으로 무엇인지를 명확하게 정의하는 것이 무엇보다 중요하다.

예를 들어 판매 관리자라는 직군의 경우, 판매 관리자의 능력과 활동은 아래에 기술한 임무에 따라 완전히 달라진다.

- 기존 제품 판매 또는 재고의 약 40퍼센트 감소
- 제품에 만족하는 기존 고객에 대한 지속적인 관리 또는 변심한 고객 관리
- 현장 외판원과 함께 일하거나, 나이가 많은 외판원의 경우 연령을 낮추는 것
- 매출 기준에 따른 기존의 수수료 체계 지속 혹은 이익을 위한 시스템으로의 전환

업무는 다르지만 이들의 명칭은 변함없이 '판매 관리자'다. 하지만 그들이 맡은 업무는 앞에서 말한 상황에 따라 달라진다. 이것이 가장 잘 기능하는 곳이 바로 컨설팅 및 엔지니어링 기업 또는 설비 건설 등 프로젝트 형식으로 영업 활동을 하는 기업들이다. 프로젝트는 해당 기업에 주어진 업무다. 프로젝트와 조직의 정의는 자동적으로 전체 프로젝트의 업무 그리고 이와 관련된 하위 업무에 대한 명확한 정의로 이어진다. 제대로 기능하는 조직에서는 이러한 과정을 당연하게 여긴다. 그렇지 않으면 제대로 일하는 것이 불가능하기 때문이다.

군사 훈련을 제대로 받은 군인 또한 분명한 과제 혹은 업무를 가지고 일하는 것을 중요하게 여긴다. 오늘날 군 조직의 기능을 위한 가장 중요한 원칙 중의 하나가 업무를 통한 지휘이기 때문이다. 하지만 다른 조직들에서 이는 당연한 일이 아니다. 그런데도 대부분의 조직은 직군이란 언제나 분명하고, 직무를 수행하는 이들이 항상 자기 업무의 우선순위를 인지하고 있다고 맹신하고 있다. 그리고 바로 이 지점에서 문제가 발생한다.

업무는 문서로 작성되어야 한다. 특히 어렵고 복잡한 상황에서, 또는 큰 변화를 빠르게 추진해야 할 때는 반드시 이 과정이 필요하다. 이것이 효과적인 리더가 가진 '비밀' 중의 하나다.

● '어제'가 아닌 '내일'을 배정하라

조직의 효과성을 위해 필요한 첫 단계는 우선순위로 처리해야 하는 업무를 공식적으로 분명하게 하는 것이다. 하지만 첫 번째 단계를 수행한다고 해도 두 번째 중요한 단계인 사람들의 참여를 효과적으로 관리하는 것은 여전히 간과되는 경우가 많다.

가끔 나는 직무 시험에 임하는 사람들을 대상으로 다음과 같은 테스트를 한다. 먼저, 조직 내 최고로 꼽히는 직원의 이름과 그들의 업무를 적으라고 한다. 대부분의 직원들은 주저하지 않고 답안을 작성한다. 왜일까? '최고'로 꼽을 수 있는 직원이 많지 않아서 쓸 이름도 별로 없는 것이다. 대부분은 서너 명 정도다. 내가 본 것 중에 가장 긴 목록은 열두 명이었다. 하지만 이야기를 나누다 보면 최고가 아니라 다음으로 혹은 그다음으로 잘하는 직원의 이름까지 적었다는 사실이 금방 드러난다.

그 사실을 알 수 있는 것은 두 가지 때문이다. 첫째, 최고의 직원들이 하는 업무의 내용이 대부분 너무 짧다. 둘째, 그 업무 내용에는 직원들의 직무가 적혀 있다. '뮐러-마케팅, 후버-제품 개발, 마이어-통제' 이런 식이다. 그러면 나는 다음과 같이 말하며 테스트를 계속 이어간다. "그런데 내가 말하는 최고의 직원들이 하는 우선순위 업무란 그들의 일반적인 직무가 아니라, 현재, 그러니까 수요일 오후 4시 15분에 하고 있는 일을 이야기합니다."

그러면 참가자들은 어리둥절한 표정으로 묻는다. "그러니까요. 그렇게 적었는데요. 뮐러 씨는 마케팅 담당이고, 후버 씨는 제품 개발, 마이어 씨는 통제 담당이라서요." 그러면 나는 세미나를 잠시 중단하고 30분의 시간을 줄 테니, 이 직원들에게 전화해서 현재 무슨 업무를 하고 있는지를 확인해보라고 한다. 가끔 이를 언짢아하는 리더도 있지만 결과적으로는 이를 확인해 온다.

그리고 이어지는 논의에서 리더들은 거의 예외 없이 당황한 표정을 짓는다. 자신이 최고로 꼽은 직원이 사실 다음과 같은 일을 하고 있음을 깨달았기 때문이다.

- 내일이 아니라 어제를 다루고 있다.
- 기회가 아니라 어려움을 다루고 있다.
- 중요한 것이 아니라 흥미로운 것을 다루고 있다.
- 제품 개발 대신 제품 변형을 하고 있다.
- 신규고객 유치가 아니라 고객 불만을 관리하고 있다.

● 혁신이 아니라 틀에 박힌 일을 하고 있다.

이렇게 되면 다음의 질문을 할 수밖에 없다. 만일 최고의 직원과 이들의 노동력이 처음에 언급한 활동에 몰두한다면, 두 번째로 언급한 활동은 누가 관리하는 것일까? 이에 대한 답변은 명확하다. 아무도 신경 쓰지 않는다! 그 결과도 자명하다. 이 기업에는 미래가 없다. 최고의 직원들은 현재를 관리하기에 바쁘다. 결국 기업의 미래는 운명의 손에 맡기는 것이다.

물론 처음에 언급한 업무들도 처리해야 하는 것은 맞다. 하지만 반드시 최고의 인력으로 손꼽히는 이들이 해야 하는 일일까? 두 번째 혹은 세 번째로 일을 잘하는 직원이 담당하는 것으로도 충분하지 않을까? 원칙적으로는 어려운 일이기는 하지만 그래도 최고의 직원들이 정말 중요한 일에 전력을 다할 수 있게 하는 데 최대한의 노력을 기울여야 하는 것이 아닐까?

최고의 직원들은 최고이기 때문에 계속해서 제시한 항목에서 중요하지 않은 일들을 하게 된다. '급한 곳'에 투입되는 것이다. 언제나 문제가 발생하는 곳에서 일을 시작하고, 자신들의 노력을 투입한다. 이것이 이들을 최고라고 여기게 만드는 이유이기도 하다. 하지만 이들은 과연 올바른 일에 노력을 투입하고 있는 것일까?

바로 여기에 필요한 것이 업무 조정이다. 우선순위를 오해의 소지 없이 분명하게 인식할 수 있도록 조치하고, 가능하다면 저마다의 힘과 능력이 분산되거나 방해받지 않고 주어진 업무에 집중할 수 있도록 모든 직원을 지원해야 한다. 특히 이는 의무감과 책임감 때문에 모든 일에 신경을 쓰고, 어디든 도움이 필요한 곳에 손을 내미는 최고의 직원들에게 반드시 필요한 것이기도 하다. 원칙적으로는 좋은 행동이지만, 이는 힘의 낭비와 분산의 문제이기도 하다.

특히 최고의 직원을 투입할 수밖에 없는 정말로 어려운 과제들은 일반적으로 온전히 그 일에만 집중해야 할 필요가 있는 일들이다. 더 나아가 능력의 한계를 시험할 때가 많다. 효과적인 리더들이 정말로 어려운 과제를 맡은 최고의 직원들을 '지원하는' 이유도 바로 여기에 있다. 반복되는 일상적인 업무의 부담을 줄여주고, 다른 일로부터 배제해 우선순위에 전력을 다할 수 있는 여건을 만들어주는 것이다.

뿐만 아니라 효과적인 리더들은 3부에서 제안한 내용에 따라서 두 번째, 세 번째로 일을 잘하는 직원들에게도 지원을 아끼지 않는다. 효과적인 리더들은 이들에게도 이전보다 더 중요하고, 더 큰 책임감이 필요한 과제를 맡긴다. 가령 과거에 최고의 직원이 담당했던 업무를 맡길 수도 있다. 효과적인 리더는 이와 같은 방식으로 기업 내 모든 직원에게 우선순위가 무엇인지를 보여주고, 이를 통해 조직은 마침내 공동의 의무 및 책임감을 형성할 수 있다. 이것이 바로 수많은 조직들이 그렇게도 간절히 원하던 공동의 책임이다. 하지만 이것은 조직 문화가 주목받으면서 많은 조직이 선호하던 화려한 프로그램이나 의식 혹은 아시아에서 시작된 집단주의의 도입을 통해서가 아니라 업무의 조정을 통해 좀 더 쉽게 하지만 더 효과적으로 얻어낸 성과다.

제대로 기능하는 가정에서도 우리는 이와 같은 원칙을 발견할 수 있다. 아이가 크게 아프다면 모든 가족 구성원들은 엄마가 아픈 아이를 집중해서 돌볼 수 있도록 엄마의 부담을 최대한 덜어줄 것이다. 만일 한 아이가 대학 입학 시험을 준비해야 한다면 아이에게 주어지는 다른 의무들을 배제해 오로지 시험에 집중할 수 있도록 도와줄 것이다.

● 정확히 전달하려면

제대로 이해하고 그 필요성을 인지하고 있다면 업무 조정은 그리 어렵지 않다. 업무 조정은 사업 기간의 종료 시점에 이루어지는 예산 편성 그리고 조직 목표 수립과 관련이 있다. 이는 우선순위를 확정하는 데 있어 가장 중요한 부분이기도 하다.

가장 먼저 경영진은 기업 전체의 우선순위를 다뤄야 한다. 그 기초가 되는 것이 조직 정책과 전략 그리고 현 상황에 대한 진단이다. 이때 고민해봐야 할 것은 장기적인 정책과 현 상황을 고려할 때 다음 사업 기간에 우리가 중점을 두어야 할 것은 무엇인가 하는 것이다. 우선순위 목록은 짧아야 한다. 목표를 주제로 한 부분에서도 언급했지만 중요한 이유 없이 동시에 여러 개의 목표를 처리해서는 안 된다. 중점 사안을 최소한으로 줄이기 위해 끊임없이 노력해야 한다.

이어서 바로 아래 리더들에게 그 결과를 알려야 한다. 그리고 보통은 최대한 많은 직원들에게, 중소기업의 경우라면 심지어 직원 전체에게 이 정보를 정확하고 구체적으로 전달하는 것이 큰 도움이 된다.

그러면 경영진 중에 가장 낮은 지위를 가진 리더들은 직무 설명을 기초로 (혹은 이를 대체하는 것이면 무엇이든 이것을 가지고) 조직 전체의 우선순위와 관련해 자신이 중점을 두어야 할 업무를 고민하고 작성할 것이다. 이것은 경영진 모두가 자신의 직원들과 (개별적으로 혹은 공동으로) 진행하게 될 상당히 집중적인 대화의 준비 과정이다. 이 대화에서는 각 직군별 핵심 과제, 즉 업무가 최대한 명확하고 구체적으로 정해진다. 단, 핵심 과제에 있어서도 최소화의 원칙은 유효하다.

대화를 통해 나온 결론을 글을 통해 계약의 형태로 확정할지는 상황에 따라서 결정해야 할 문제다. 나는 특히 어려운 업무일수록 문서화가 필요하다고 생각한다. 근본적인 변화나 혁신이 있을 때나 기존의 일상 업무를 벗어나거나 익숙하지 않은 방향으로 조정하고자 하는 경우라면 특히 더 그렇다. 기간을 반드시 다음 사업연도의 12개월로 설정할 필요는 없다. 기간은 더 길거나 짧아질 수 있다. 이 기간은 핵심 과제의 기간에 맞게 설정해야 한다. 예를 들면, 핵심 과제에 대해 다음과 같이 말할 수 있다. "귀하의 핵심과제는 그간 XY 제품의 결함으로 잃은 고객의 3분의 1을 향후 18개월 안에 다시 확보하는 것입니다. 이 과제에 집중할 수 있도록 해당 기간에는 수수료 체계를 재설정할 것이고, 이 기간에 Z프로젝트 그룹에서는 마이어 씨가 당신의 업무를 대신할 겁니다." 판매 관리자의 업무를 이러한 형태로 구성할 수 있다. 이것은 해당 판매 관리자가 다음 사업연도에 자신에게 주어진 구체적인 목표를 설정하는 데 기초가 된다.

만일 특정 직원에게 주어진 임무가 너무 어렵거나 새로운 경우 또는 중점 과제를 줄이려고 노력했는데도 두세 개 혹은 네 개의 과제들을 처리해야 하는 경우, 그만큼 다른 업무들을 줄여줄 수 없는 경우라면 마지막 단계는 더더욱 중요하다. 이때는 특정 기간마다 한 번씩 (최소 6~8주마다) 직원을 찾아가서 실제 우선순위에 따라 일하고 있는지 확인해야 한다. 그렇지 않으면 전문가가 아닌 이상 일상 업무의 압박으로 우선순위가 뒤로 밀릴 것이고, 급한 업무가 중요한 업무를 대체하고, 일상 업무가 혁신 업무를 제압하는 것을 목격하게 될 것이다.

무슨 일이 있어도 보고서나 정기적으로 반복되는 목표와 현재 상황을 비교에 의존해서는 안 된다. 이는 직접적인 관찰을 통해서만 통제가 가능하다. 이때는 리더가 직원의 눈앞에 있는 것 자체가 매우 중요하다. 직원과의 대화를 통해 어려운 과제를 담당하고 있는 것을 알고 있고, 최대한 직원을 돕기 위해 모든 것을 다하겠다는 신호를 주는 것이 중요한 것이다. 이 과정에서 직원에게 전체적인 틀에서 자신이 수행하고 있는 과제가 얼마나 중요한지를 눈앞에서 보여줄 수 있고, 필요한 모든 물적, 인적, 정신적 지원을 하겠다는 메시지를 전달할 수 있기 때문이다.

정확한 업무 전달

업무는 분명하고 정확해야 한다는 말과 관련해서 오해가 있을 수 있겠다는 생각이 든다. 어떤 사람들은 이를 '최대한 구체적으로' 혹은 '정량화'라는 말로 이해하기도 한다. 하지만 내가 제안하는 바는 그런 의미가 아니다. 업무를 분명하고 정확하게 정하는 것은 정량화할 수 없고, 구체화할 수 없는 사안이라서 가능한 일이다. 전혀 모르는 사안에 대한 것이기 때문이다.

한 가지 예를 들어보자. "앞으로 8개월 동안 귀하의 우선순위는 우리 사업 분야 X를 위해 인도 시장을 파악하는 것입니다. 귀하의 시장

조사는 추후 인도 사업 전략을 수립하기 위한 기초로 활용될 것입니다." 이것이 마케팅 직원에게 줄 수 있는 업무의 한 예다.

업무에 대한 설명이 구체적이지는 않아도, 노련한 마케팅 전문가라면 이 업무를 명확하고 확실하게 이해할 수 있다. 구체적으로 무엇을 조사해야 하는지를 제시하거나 규정한 것은 아니다. 이것은 유능한 마케팅 직원에게 맡겨도 되는 문제이기 때문이다. 하지만 경험이 부족한 직원의 경우라면 세부적인 설명이 필요할 수 있다. 이 경우에는 어떤 사항들을 조사해야 하는지도 구체적으로 포함시켜야 한다.

업무가 목표와 같은 것이 아니냐고 묻는 리더들도 있다. 경우에 따라서는 그럴 수도 있다. 하지만 내가 계속해서 경험하는 바에 의하면 조직은 목표에 대한 논의를 너무 빠르게 진행하고, 업무를 확정하기 위한 중요한 단계들을 건너뛰는 경향이 있다. 이렇게 되면 합리적인 목표를 설정하기 위한 기초가 무너진다. 물론 그리 중요하지 않은 자리나 상황이 있을 수는 있다. 그렇다면 업무 확정을 건너뛰고 곧바로 목표 설정으로 갈 수도 있다. 특히 반복되는 일상 업무나 제품, 기술이 명확하게 구조화되어 있는 자리에는 이것이 필요 없다. (하지만 이런 자리라면 목표 설정도 필요 없을 때가 많다.) 특히 다음의 경우에는 분명한 명확한 업무 규정이 필요하다.

- 기존 직원이 기업 안에서 새로운 자리를 맡을 때: 대부분의 사람들은 계속해서 이전 업무의 범주 내에서 새 업무를 생각하는 경향이 있다.
- 혁신과 변화를 다룰 때: '무지'의 세계로 한 걸음 나아가는 것이 필요한 상황이다. 기존의 관습은 이 새로운 세계에서 방해가 된다.

- 새로운 직원을 채용한 경우: 경험이 많은 사람이라고 하더라도, 새로 들어온 사람이기 때문에 제대로 안다고 할 수 없다. 그리고 이 직원 역시 기업을 잘 알지 못한다. 그러므로 중점 과제의 명확한 규정이 중요하다.
- 젊고 경험이 없는 직원일 경우: 경험이 많은 직원이라면 문제가 되지 않을 것이다. 하지만 경험이 없는 직원에게는 업무의 명확성과 정확성이 무엇보다 중요하다. 과세의 확실한 규정은 경험 없는 신입 직원의 적응과 수습 기간을 단축할 수 있다.

위에 언급한 경우들의 경우에는 가장 먼저 업무를 명확하게 규정해주어야 일의 진행 과정을 신속하게 파악할 수 있다. 통상적으로는 두세 개의 업무를 수행하고 나면 해당 직원에 대한 어느 정도의 판단이 가능하다. 어떻게 일하는지, 태도는 어떤지, 강점이 무엇인지를 파악할 수 있다.

직원들이 우선순위를 정하지 못한다고 불만을 터뜨리는 리더들도 있다. 하지만 대부분은 우선순위를 다루고 이를 고민하는 문제와 관련해 리더 스스로가 직원들을 교육시키지 않고, 격려하지 않았다는 사실이 드러난다. 다시 말해 이는 리더십, 개발, 직원 교육의 문제이다.

하지만 말 그대로 직원이 무능한 경우도 있을 수 있다. 이러한 직원은 시간을 두고 조직에서 분리해야 한다. 젊고 경력이 없는 직원들에게 당장 우선순위를 확정할 수 있는 능력을 기대할 순 없다. 먼저 이를 배워야 하는 것이다. 반면 경험이 많고, 유능한 직원들의 경우에는 우선순위를 인지하는 것이 크게 어려운 일이 아니다.

경영의 본질

물론 리더가 우선순위라고 여기는 업무와 경험이 많은 직원이 우선순위라고 여기는 업무에 차이가 있는 경우도 발생할 수 있다. 이것은 논의가 필요한 문제다. 그리고 이러한 논의들은 대부분 직원과 조직을 발전시키는 가장 가치 있는 대화가 되는 경우가 많다. 이런 논의를 하고 나면 양측 모두 사업을 더욱 깊이 있게 이해하게 되기 때문이다.

직무 설계와 업무 조정을 적용하면 조직의 실행력이 놀랍게 개선되었다는 것을 대부분은 즉각 피부로 느낄 수 있다. 갑자기 눈에 보이는 성과가 나타나고, 직원들은 비록 큰 노력이 들기는 해도 성공을 경험할 수 있게 된다. 반대로 이것을 무시하면 아무리 좋은 의도를 가지고 열심히 일을 해도 일상 업무와 습관의 늪에 빠지고 마는 경험을 계속 하게 될 것이다. 한 시즌이 끝나고 나면 전자의 경우에는 결과가 나오지만, 후자의 경우에는 단순히 일만 한 것이 되어버린다. 전자의 경우에는 효과적이지만 후자의 경우에는 기껏해야 효율적인 사람이 되는 정도에 그칠 것이다.

18

경영자의 업무 방법론

개인적인 업무 방법론은('리더 방법론'이라고도 할 수 있다) 오늘날 리더들에게 더 중요한 도구가 되었다. 따라서 이 주제를 조금 더 자세하게 살펴보자. 이것만큼 리더의 효과성과 전문성에 직접적이고 포괄적인 영향을 미치는 도구는 없고, 동시에 이것만큼 유능한 리더에게 불필요한 좌절을 안겨주는 것도 없다. 개인적인 업무 방법론이 잘못되면, 아무리 조직문화가 좋아도 이를 바로잡을 수 있는 방법은 없다. 결과적으로 내가 이 책에서 효과성과 관련해 언급한 모든 것들은 올바르고 좋은 업무 방법론으로 이어지고, 그 안에서 하나의 온전한 사고와 행동으로 통합된다. 이 도구를 리더십 바퀴에서 가장 가운데에 배치한 것도 바로 이 때문이다.

올바른 기업 경영, 올바른 조직 경영은 본질적으로 올바른 자기 경영에서 시작된다. 즉, 다른 사람이 아니라 자기 자신에게 경영 방식

경영의 본질

을 적용하는 것이다. 업무 방법론만큼 한 사람의 결과와 성공에 직접적인 영향을 미치는 도구는 없다. 하지만 여기에서 주의해야 할 점이 있다. 내가 말하는 것은 실무 과제를 수행하기 위한 업무 방법론이 아니라 관리를 위한 업무 방법론이라는 점이다. 예를 들어 화학자들은 연구실에서 사용하는 다양한 방법에 매우 능숙하다. 대학교에서 배웠기 때문이다. 하지만 자기 자신을 관리하는 문제는 대학교에서 다루지 않는다.

66

올바른 경영은
효과적인 자기 경영에서 시작된다.

복잡성이 높은 조직이나 기업에서 개인적인 업무 방법론은 더 중요하다. 복잡성을 성공적으로 관리하는 능력, 더 나아가 이것을 장점으로 활용하는 능력은 오늘날 경력을 쌓아가는 데 결정적인 요소다. 하지만 인사체계에서는 여전히 이 부분을 제대로 언급하지 않고 있다. 고도로 발달한 업무 방법론을 활용하여 근본적으로 더 큰 규모의 조직 운영을 책임질 수 있다는 것은 리더에게는 엄청난 장점이다. 어떤 대기업들은 한 리더가 책임질 수 있는 직원이 다섯 명 이하인 경우도 있다. 물론 이런 기업의 경우 리더십의 수준은 물론이고 기업의 수익률도 낮아진다. 반면 완벽한 업무 방법론을 가지고 있는 리더는 스무 명 이상의 직원들도 충분히 관리할 수 있다. 이것만으로도 경력이 급격하게 성장하는 이유가 될 수 있다.

기술 변화에서부터 경제 상황, 지식사회로의 발전, 새로운 조직 구조, 직원, 상사, 동료, 새로운 경영 도구와 경영 방법 등 대변혁에 영향을 미치는 요소들은 아주 많다. 하지만 결국 가장 중요한 것은 이 요소들을 인지하고 그 의미를 정확히 파악하는 것이다. 이 요소들에 어떻게 대비하고, 이를 어떻게 관리하는지에서 승패가 갈리기 때문이다. 다시 말해, 중요한 것은 시고방식과 경영 시스템이고, 이것이 분명하게 드러나는 곳이 바로 개인적인 업무 방법론이다. 10만 명의 직원이 일하는 조직의 경우 성공을 결정짓는 업무 방법론을 활용하는 이들의 비율은 최소한 20퍼센트 정도이며, 지식 집약적인 조직의 경우에는 그 비율이 월등하게 높아진다.

현재 리더들에게 주어진 어려움은 세 개의 영역에서 동시에 효과를 발휘해야 한다는 데 있다. 〈그림 2〉에서 색깔로 표시된 기존 업무 영역, 회색이 의미하는 혁신 그리고 그 사이에 있는 전환 영역이 바로 그것이다. 따라서 대부분의 사람들, 특히 관리의 책임을 가진 사람들은 조만간 세 배의 부담을 갖게 될 것이다. 하지만 올바르고 정확한 업무 방법론이 있다면 스트레스 없이 이를 원만하게 극복할 수 있다.

개인적인 업무 방법론은 자기 규제와 자기 조직의 핵심이다. 그리고 이는 전체 조직으로 확산된다. 그렇기 때문에 개인의 업무 방법론과 직원들의 업무 방법론은 우연에 맡겨서는 안 되며, 이를 완성하기 위해 지속적으로 노력해야 한다.

나는 수십 년간 사람들의 업무 방식을 관찰해왔다. 대부분의 업무 방식은 작은 변화만으로도 개인의 환경과 업무, 삶의 짐을 덜 수 있는 잠재력을 가지고 있다. 신뢰할 수 있고, 우수한 업무 방법론을 가진 사람들과의 협력은 기업이나 조직을 경영하는 데 있어서 매우 긍정적인 경험이 될 수 있다. 이들은 스스로 이러한 방법론을 터득했거나, 좋은 상사를 통해 배웠다. 그리고 대부분은 자신들의 효과성에 대한 만족하고 있다.

● 일의 기쁨

업무 방법론을 집중적으로 다뤄보지 않은 사람들은 이 주제가 건조하고 지루하다고 생각한다. 사실 직업 방법론이 학문적으로 다뤄진 적도 없을 뿐만 아니라 대부분의 학자들에게 전문적인 학문 분야로서의 가치를 인정받지 못했다. 이런 흐름에 반기를 든 사람이 바로 피터 드러커였다. 내가 진행하는 경영진을 위한 세미나에서도 참가자들은 '업무를 처리하는 좋은 방법이 있나요? 다른 사람들은 어떻게 일을 하나요? 당신은 어떻게 일을 하나요?'라는 질문을 던지며 효과성을 높이는 방법에 큰 관심을 보였다. 그리고 이러한 질문들을 바탕으로 우리는 대부분 늦은 저녁 시간까지 토론을 이어가곤 했다.

효율적인 방법론에 따른 업무 방식의 효과는 삶의 모든 영역에까지 영향을 미친다. 소위 '워라밸'이라고 하는 일과 삶의 균형 문제도 확실한 업무 방법론을 통해 해결할 수 있다. 사람들이 겪는 수많은 어려움들은 일은 나쁘고, 삶은 좋다는 식으로 삶과 일이 양극단에 있다고 잘못 이해하는 것에서부터 시작된다. 이 문제는 리더십과 실행력 그리고 삶을 통합시킬 수 있다는 사실을 이해함으로써 해결될 수 있다.

가정과 삶의 양립 문제도 있다. 물론 이는 여자들에게만 해당하는 문제는 아니지만, 특히 특정한 삶과 경력의 단계에서 여자들이 경험하는 이중부담이나 예측하지 못한 상황과 큰 관련이 있다. 하지만 이런 문제 중 많은 부분을 규율과 유연한 자기 조직, 자기 경영 그리고 훌륭한 업무 방법론을 통해 해결할 수 있다. 더 나아가 이것은 개인적인 안정감과 충만감의 원천이며, 더 나아가 자신의 능력에 대한 자부심의 원천이 될 수도 있다.

나는 오늘날 직업 사회와 직업적인 성과에 대한 압박감이 심각한 결과를 가져왔다고 생각한다. 나 역시 그런 문제를 경험하기도 했다. 그리고 안타깝게도 점점 더 많은 사람들이 스트레스, 조급함, 혼란, 번아웃, 우울감, 각종 신체적, 정신적 통증 그리고 여기에서 비롯된 가정의 부담과 위기를 경험하고 있다.

하지만 눈에 띄는 것이 있다. 한 가지 주제가 해결책의 범주에서 계속 배제된다는 사실이다. 바로 개인적인 업무 방법론이다.

왜 그런 것일까? 주된 이유 가운데 하나는 이 영역에 종사하는 연구자, 치료사 그리고 이를 보도하는 저널리스트들조차도 업무 방법론에 익숙하지 않아 이 분야를 자세히 들여다보지 않는다는 데 있다. 이것은 내가 의학 또는 치료 부문에 종사하는 리더 등 수천 명의 지도자를 수십 년간의 경험한 끝에 내린 결론이다. 예컨대 외과의사 과장은 수술대 앞에서는 모든 상황을 고려한 방법론을 가지고 있다. 하지만 책상 앞에서는, 즉 리더십은 그야말로 혼돈 그 자체일 수도 있다. 유능한 저널리스트들도 마찬가지다. 능숙하게 인터뷰를 진행할 수는 있지만, 효과적인 회의 운영 방법을 배우지는 못했을 것이다.

모든 사람들이 그런 것은 아니지만, 직업과 인생의 조화를 갈수록 어렵게 만드는 현상의 원인은 대부분 개인적인 업무 방법이 잘못되어 있는 데 있다. 앞으로도 해결책을 찾는 과정에서 개인적인 업무 방법론의 문제를 계속 배제한다면 지속 가능한 해법을 찾는 것은 불가능할 것이다. 이제야 언론에서도 이 문제를 조금씩 인지하고 있는 것 같다.

개인적인 업무 방법론을 통해 번아웃을 '치료'할 수 있다고 말하는 것은 아니다. 수많은 지도자들을 경험한 결과에 비춰보면, 일을 너무 많이 하거나, 너무 힘든 일을 맡는 것이 질병으로 이어질 수도 있다. 하지만 과도한 업무나 무리한 업무 때문에 질병은 얻는 일은 예상보다 많지 않다. 반면 비효율적이고, 무의미하며, 성과가 없는 일을 하는 것은 사람을 빠르게 병들게 한다.

업무 방법론이 없으면 오늘날의 세상에서 인간은 복잡한 사회 속에서 속수무책으로 휘둘리는 사회적 문외한일 뿐이다. 그렇기 때문에 개인적인 업무 방법론을 지속적으로 개선하는 것은 평생 동안 주의를 기울여야 하는 일이다. 이는 끊임없이 변화하는 환경에 맞는 업무 방법론을 찾기 위해서도 반드시 필요한 과정이다.

내가 주장하는 기본 전제는 다음과 같다. 거의 모든 사람은 직장 내 자신의 효과성을 매년 평균 약 10퍼센트씩 향상시킬 수 있다. 10퍼센트씩 7년 동안 향상된다고 가정하면 효과성은 두 배로 치솟을 것이다. 효과성은 더 많이 일을 하기 때문에 향상되는 것이 아니다. 더욱 효과적인 새로운 방식으로 일할 때 비로소 효과성이 향상될 수 있다. 이 가운데 절반에만 도달하더라도 이는 엄청난 발전이다. 성공의 경험은 날개를 달아주기 때문이다.

체계적인 방법론에 따라 일을 진행하는 것은 창의적인 업무에 반하는 것이라고 생각하며 이를 거부하는 사람들도 많다. 이는 집중의 원칙에 대해 설명하면서 언급한 것처럼 흔한 생각이지만 완전히 잘못된 주장이다. 진실은 정반대에 있다. 창의성이 매우 뛰어난 사람들, 그중에서도 성공한 사람들의 중요한 특징은 체계적인 업무 방식이다. 《승자들Die Sieger》이라는 책에서 저자 볼프강 슈나이더Wolfgang Schneider는 "위대한 일을 이뤄낸 이들의 일상은 고역이었다"라고 말하고 있다.[82] 유명한 인물들, 특히 그들의 위대함과 명성의 근원에 대해 설명하고 있는 이 책은 레오나르도 다 빈치, 토마스 만, 칸트, 발자크, 프란츠 슈베르트, 파울 클레의 예를 들면서 예외적인 경우를 제외하면 이들 모두가 저마다의 방법론을 가지고 있었다는 사실을 설득력 있게 증명하고 있다. 이들의 업무 방식은 저마다 달랐지만, 한가지 공통점이 있었다. 바로 저마다 나름대로의 체계와 규칙을 가지고 있었다는 점이다.

체계적이고 방법론적인 일하기는 재능을 활용하고 자신의 능력을 결과와 성공으로 바꾸기 위한 핵심이다. 그러므로 리더를 정하는 중요한 기준 중에 하나는 체계적으로 일할 능력이 있는지를 따져보는 것이다. 하지만 이것을 리더 선정의 기준으로 생각하는 사람은 많지 않다. 개인적인 업무 방법론이 학술 과정이나 기타 교육 과정에 거의 포함되지 않는다는 사실 또한 나로서는 이해하기 어려운 부분이다. 그래서 이는 개인이 스스로 터득해야 하는 영역으로 남겨지고, 이 때문에 많은 이들이 처음 직장생활을 시작하며 큰 어려움을 겪는다. 더욱 문제가 되는 것은 천부적인 재능을 타고난 몇 사람을 제외하고는 대부분의 사람들은 업무 성과가 미숙하거나 형편없다는 것이다.

나 또한 경제학 학위를 받기 전까지 효율적인 일하기와 관련된 교육을 받았지만 예외는 아니었다. 예를 들어 속기와 타자는 그리 인기 있는 과목은 아니었지만 몇 년 동안 필수과목에 포함되었다. 대학 수업을 받으면서 나는 비로소 방법론적이고 효과적 일하기에 관심을 갖기 시작했고, 오늘날에 이르러서는 심지어 이 방법론의 팬이 되었다. 그 이유는 이와 관련해 쓰디쓴 경험을 했기 때문이다. 언젠가부터 많은 사람들이 이 주제에 관심을 갖게 된 것도 나와 같은 이유일 것이다. 나는 '나에게 주어진 일을 제대로 해내지 못할 거야. 그래서 결국 내 자신이 무너지거나 가족을 무너뜨리게 될 거야. 다른 방법으로 이 문제를 해결할 수 있을까?'라고 스스로에게 말해야 하는 상황을 두 번이나 겪었다.

스트레스나 조급함을 느낄 때마다 그 원인은 언제나 내가 일하는 방식에 있었다. 내가 인지하지 못한 사이에 발생한 새로운 변화에 신속하게 대처하지 못했던 것이다. 나는 리더들은 물론이고 삶에서 놀라운 성과를 이룬 사람들을 만날 때마다 이 주제에 대해 이야기하는 것을 잊지 않는다. 그리고 가능하다면 이들이 일하는 모습을 관찰한다.

● **업무 방식은 모두 다르다**

이 장에서는 경영자들의 개인적인 업무 방법론에 대해서 이야기하고 있는데, 여기에는 이유가 있다. 방법론적이고 체계적으로 일하는 사람이라고 해도, 그 누구도 같은 방법을 사용하지는 않기 때문이다. 즉, 효과적인 방법론과 체계는 매우 다양하다. 바로 이 지점에서 업무 방법론을 주제로 한 세미나의 핵심 문제가 발생한다. 많은 사람들을 대상으로 하나의 방법론을 가르쳐야 한다는 것이다. 물론 이는 한 가지 방법을 통해 모두가 혹은 최소한 많은 사람들이 모든 상황에서 효과를 봐야 한다는 사실을 전제로 하고 있다. 그러다 보면 강의 내용은 방법론적 일하기가 아니라 보편타당한 특정 시스템을 전달하는 것으로 바뀌어버리고 만다.

이는 잘못된 것이다. 물론 효과성에 관심을 가진 사람들을 위해 방법론적 일하기 자체에 대한 요구를 일반화할 수는 있다. 그리고 앞으로 설명하겠지만, 업무 방법론을 통해 해결할 수 있는 문제들에 대한 일반화도 가능하다. 하지만 개별적인 업무 방법과 기법을 일반화하는 것은 불가능하다. 효과적인 사람들이 하나같이 방법론적으로 일하는 것은 사실이지만, 이들에게는 저마다 개별적으로 조합해서 만든 자신만의 방법론이 있다는 것을 잊어서는 안 된다.

모든 인간의 개인적인 특성과는 별개로 '최고의' 업무 방법론은 개인이 처한 상황과 조건에 따라 달라진다. 여기에 해당하는 것은 다음과 같다.

- 개인이 수행하는 업무: 외근 판매 직원은 내근 직원과 다른 논리와 다른 업무 방법론을 필요로 한다. 생산 공장의 운영은 연구 부서의 운영과 다르며, 마케팅 업무는 회계 업무와는 다르다.

- 조직 내 직위: 직원이 있는지, 있다면 직원이 많은지 적은지 또한 업무 방법론에 큰 차이를 만든다. 조직 내에서 차지하는 지위가 고위직인지 중간 관리직이나 일반 사원인지에 따라서도 업무 방법론은 달라진다.

- 삶의 단계 및 경력 단계: 한 사람의 인생에는 여러 단계가 있고, 각 단계마다 우리는 서로 다른 과제와 요구, 도전을 마주한다. 이를 해결하기 위해서는 각각의 단계와 일하는 방식을 조화롭게 만들어야 한다. 바람직한 방법은 사전에 적극적으로 다음 단계를 대비하는 것이다.

- 나이: 업무 방법론은 나이와도 긴밀한 관련이 있다. 27세와 47세에 같은 방법으로 일하는 사람은 없다. 업무 속도나 리듬, 회복의 필요성, 인내력, 이해관계는 나이에 따라 변하기 마련이고, 이에 따라 신체적, 정신적, 심리적 조건도 달라진다.

- 이동의 필요성: 직업상 자주 이동을 하는 사람의 업무 방법론은 주로 사무실 책상 앞에서 일하는 사람의 업무 방법론과 다르다. 재택근무의 경우에는 또 다른 방법론이 필요하다.

- 인프라: 어시스턴트가 있는 사람과 없는 사람의 일하는 방식은 달라야 하고, 다를 수 있다. 전임 어시스턴트가 있는 경우와 한 명의 어시스턴트를 여러 사람과 공유해야 하는 경우 또한 다르다. 심지어 어시스턴트가 여러 명일 경우에도 업무 방법론은 달라져야 한다.

- 조직: 예나 지금이나 존재하는 매트릭스 조직은 기능 조직이나 분산 조직 혹은 지식 조직과는 또 다른 업무 방법론과 체계, 교육 조건을 필요로 한다. 여러 해에 걸친 경험에서 알 수 있듯이, 비즈니스 파트너 모델은 실현하기가 매우 어려운데, 그 원인은 무엇보다 고도의 업무 방법론을 요구하기 때문이다.

- 상사: 상사는 모두 다르다. 뒤죽박죽으로 업무를 처리하는 사람을 상사로 두었다면, 방법은 두 가지밖에 없다. 자신 또한 뒤죽박죽으로 업무를 진행하는 것이다. 물론 이런 경우에는 어떤 성과도 이루어내기 힘들다. 또 다른 방법은 상사가 일으킨 혼란을 올바른 방향으로 정리할 수 있도록 규율을 만드는 것이다. 반면 정확하고 체계적인 상사를 둔 사람도 있을 것이다. 이 경우에도 다른 방식으로 일할 수 있고, 다른 방식으로 일해야만 한다. 뿐만 아니라 내 경험에 따르면 업무 방법론은 우연히 갖게 된 습관만큼이나 기존 상사에 의해서도 크게 좌우된다. 그래서 언젠가는 이런 질문을 해야 한다. '전 상사에게서 받은 영향과 우연히 갖게 된 습관에 의존하며 평생을 살 것인가?'

- 분야: 항공사의 업무 방식은 패션 회사의 업무 방식과 다르다. 보험회사의 업무 방법론 또한 식료품 회사, 출판사, 방송사와는 다르다.

이처럼 다양한 상황과 조건 속에 있는 사람들에게 같은 업무 방법론을 권장할 수는 없다. 그것은 비효율적인 조직으로 가는 지름길이다. 그렇게 해서는 업무 방법론이 도움이 될 수 없다. 오히려 직원 개인을 구속하여 성과의 저하를 가져올 뿐이다.

● 검토와 조정

개인적인 업무 방법론을 가지고 있는 것만으로는 부족하다. 각자에게 주어진 개인적인 상황에 적합한 올바른 방법론이 필요하기 때문이다. 체계적인 방식으로 일해도 비효율적일 수 있다. 상황이 변했는데도 과거의 업무 방법론을 고수함으로써 체계적으로 자기 자신을 비효과적으로 만드는 사람들도 결코 적지 않다. 따라서 업무 방법론은 주기적으로, 특히 특정한 계기가 주어질 때마다 적합성을 검토하고 필요에 따라 조정하거나 바꾸어나갈 필요가 있다. 업무 방법론의 변화를 반드시 고민해봐야 하는 시기는 다음과 같이 정리할 수 있다.

- 3~5년에 한 번씩: 오늘날 모든 분야, 모든 업무에서 변혁과 역동성, 변화를 이야기한다. 따라서 같은 업무라고 해도 3년 혹은 적어도 5년에 한 번씩은 업무 조건도 바뀐다. 그렇기 때문에 업무 방법론에 대한 정기적인 검토와 고민이 필요하다. 업무 방법론을 바꾸기 위해 많은 시간이 필요한 것은 아니다. 하루, 이틀 정도면 충분하다. 업무 방법론을 바꾸기 위해 필요한 것은 규율과 개인적인 효과성에 대한 관심이다.

- 새로운 업무를 맡았을 때: 새로운 업무는 예외 없이 일하는 방식의 변화를 요구한다. 너무나 당연한 이야기이지만, 그럼에도 이를 특별히 언급하는 이유는 이와 관련된 실수가 많기 때문이다. 보통 직원들은 새로운 과제는 전문적으로는 준비하지만, 업무 방법론은 새롭게 바꾸지 않는다.

- 승진했을 때: 더 높은 자리로의 승진은 대부분 새로운 과제와 관련되어 있다. 하지만 대부분의 승진자들이 새로운 지위에서 실패하는 가장 중요하고 빈번한 이유는 다음과 같은 사실을 인식하지 못하기 때문이다. 한 사람을 승진하게 해준 요인은 새로운 지위에 갔을 때 도움이 되기보다 방해가 될 때가 많으며, 새로운 자리에서도 기존의 자리에서 일하던 방식으로 계속 일할 수 있는 경우는 극히 드물다.

- 새로운 리더가 생겼을 때 : 대부분의 리더는 보통 뛰어난 언변으로 유연성과 적응력, 새로운 태도, 새로운 협력의 형태에 대해 이야기할 것이다. 이것은 곧 기존과는 '다른' 태도, '다른' 방식, '다른' 능력을 의미한다. 따라서 새로운 리더가 부임했을 때는 기존의 업무 방법론을 바꿔야 한다. 리더는 말로는 변화를 이야기하지만, 결코 자신의 업무 방법론을 바꾸지 않기 때문이다.

- 주요한 상황이 바뀌었을 때: 회사가 '일반적인' 상황에 있는지 혹은 위기를 겪고 있는지, 확장되었는지 혹은 축소되었는지에 따라서도 업무 방법론에는 큰 차이가 나타난다. 또한 새로운 직원이나 새로운 동료가 들어오면 상황은 달라진다.

이 원칙들은 우리의 생활에도 적용된다. 모든 상황에서 개인의 업무 방법론은 삶에도 적용할 수 있어야 하기 때문이다. 그렇지 못할 경우 소위 '워라밸'에 위기가 발생하기 마련이다. 당연히 미혼인지 기혼인지, 자녀가 있는지 없는지, 있다면 어린아이인지 청소년인지에 따라서도 업무 방법론에 큰 차이가 있다.

한번은 두 개의 스케줄러를 가진 리더를 만난 적이 있다. 하나는 직업적인 일정을 위한 것이었고, 다른 하나는 개인적인 일정을 위한 것이었다. 이 방식이 오래 지속되지 못할 것은 불 보듯 뻔한 일이다. 반면 가정과 직업을 둘 다 가진 여자들도 있다. 이들은 거의 완벽에 가까운 업무 방법론을 가지고 있고, 조직화되어 있으며, 무엇보다 건강한 상식과 경험을 가지고 개인적인 생활까지도 올바르고 훌륭한 경영 방식에 따라 관리를 하고 있었다. 그렇게 해야만 '멀티 태스킹'을 극복할 수 있기 때문이다. 이들은 자부심을 가질 만한 자격이 있다.

직업생활에서 비롯된 변화든, 개인 생활에서 비롯된 변화든 앞에서 언급한 모든 상황은 개인적인 업무 방법론에 대한 재고와 검토를 필요로 하며, 대부분 일하는 유형과 방식을 근본적으로 조정해야 하는 경우에 해당한다. 하지만 이를 위한 노력에는 충분한 보상이 따를 것이다. 업무 방법론을 지속적으로 개선하고 최적화해야 하는 이유는 더 많이, 더 열심히 일하며 '워커홀릭'이 되기 위한 것이 아니다. 업무 방법론의 궁극적인 목표는 한 문장으로 표현할 수 있다. '열심히 일하지 마라. 지혜롭게 일하라.'

감당할 수 있는 것이 더 많아지고, 더 큰 과제를 맡을 수 있으며, 이를 더 잘 극복할 수 있게 되는 것도 최적화된 업무 방법론의 결과이다. 더 많은 성과, 더 큰 성과를 달성하려는 의지와 능력이 없다면 그 누구도 성공하거나 경력을 쌓지 못할 것이다. 그런 의지와 능력은 언제나 필요하다. 하지만 그렇다고 자신의 건강을 망가뜨리고 개인 생활이나 가정 생활을 희생하고 인생의 아름다운 부분을 포기할 필요는 없다.

개인적인 업무 방법론에 대해서는 지나치게 부담을 느낄 필요 없이 편안하면서도 적극적인 태도로 접근하라는 것이 나의 제안이다. 긴장과 강박은 불필요할 뿐만 아니라 운동이나 훈련을 할 때와 마찬가지로 발전에도 도움이 되지 않는다. 하지만 운동이나 훈련에서 그렇듯 성과 지향적인 태도는 반드시 필요하다. 그러기 위해서는 편안한 마음으로 '이 안에 뭐가 더 있는지 한 번 볼까?'라는 질문을 스스로에게 던져보는 것이 도움이 될 것이다. 자기 자신 그리고 자신의 업무 방법론을 실험하고, 새로운 것을 시도해보아야 한다. 자신에게 맞지 않은 것은 내려놓고, 도움이 되는 것은 내 안에 지니면 된다. 분명 얼마 지나지 않아 성과가 나타날 것이고, 이는 성공의 기쁨을 느끼게 해주며, 더 나아가 또 다른 방법론을 실험해볼 수 있는 열정을 북돋워줄 것이다. 어떤 동기에서 업무 방법론을 개선하는지는 그리 중요한 문제가 아니다. 어떤 사람은 경력을 쌓기 위해, 또 어떤 사람은 더 많은 여가 시간을 위해 업무 방법론을 개선할 것이다. 중요한 것은 개선 그 자체다. 근본적인 것은 결과인 것이다.

❝
열심히 일하지 마라.
지혜롭게 일하라.

다음으로 나는 특별한 방법론이 필요한 분야에 대해 이야기를 할 예정이다. 말 그대로 특정 규칙과 체계를 필요로 하는 영역이다. 한

경영의 본질

사람이 어떤 체계와 방법론을 선택하는지는 다를 수 있고, 달라도 상관없다. 그렇게 해야만 앞에서 언급한 잘못된 일반화의 오류를 피할 수 있기 때문이다. 하지만 방법론에 따라 무엇을 통제해야 하는지는 일반화할 수 있다.

● 경영자가 주의해야 할 업무의 기본 영역

이 단락에서는 방법론의 기본 영역을 다룰 것이다. 더 적절한 단어가 없어서 나는 이를 '기본 영역'이라고 표현했다. 이는 모든 리더들이 주의해야 할 문제 영역이다. 효과성을 실현하기를 바라는 리더라면 이 영역을 통제할 수 있어야 한다. 이 문제에 대한 입장을 취하고, 해결을 위한 방법을 개발해야 한다. 하지만 여기서는 대체 가능한 방법의 구체적인 내용에 대해서는 다루지 않았다. 이는 개별 상황에서 언제나 명백하기 때문이다.

적은 시간에 더 많은 일을 하기 위한 시간 관리법

모든 사람은 같은 시간을 가지고 있다. 수명은 다를지 몰라도 하루의 시간은 같다. 하지만 사람들이 시간을 활용하는 방식은 매우 다양하며, 저마다 극명한 차이를 보인다. 시간에 대한 인간의 인식은 다양하게 각인되고, 발전했다. 대부분의 사람들은 시간의 의미를 인지하지 못하고 있지만 시간에 대해 과도할 정도로 민감한 사람도 있다. 또한 많은 사람들이 시간에 대해 매우 분산적인 태도를 가지고 있다. 한 번이라도 시간과 그 특성에 대해 체계적으로 고민해본 사람은 극소수에 불과할 것이다. 안타깝게도 자연은 인간에게 시간이라는 신체 기관을 허락하지 않았고, 이 때문에 인간의 시간 감각은 신뢰할 만한 것이 되지 못한다.

세미나를 할 때마다 나는 '시간'이라는 주제와 관련해 다음과 같은 질문을 던진다. "1년은 몇 시간인가요?" 이 질문에 대해 고민하거나 계산할 필요 없이 신속하고 즉흥적으로 정확한 대답을 할 수 있는 사람은 1퍼센트 미만이다. 1년은 8,760시간이다. 많은 걸까? 아니면 적은 걸까? 이는 시간을 어떻게 활용하느냐에 따라 다를 것이다. 대부분의 사람은 매일 8시간 정도의 수면을 필요로 한다. 그렇다면 1년 중 실제로 활용할 수 있는 시간은 약 5,800시간이다.

효과성은 다음의 질문에서부터 시작된다. '나는 매년 5,800시간을 어떻게 활용할 것인가?' 모든 사람에게는 저마다의 대답이 있을 것이다. 다만, 반드시 대답을 해야 한다. 그렇지 않으면 자신의 시간을 스스로 관리하지 못한 채 시간에 좌우되는 삶을 살게 될 것이다. 더 나아가 효과적인 사람이 되지 못할 것이고, 이리저리 떠밀리며 표류하는 삶을 살게 될 것이다. 효과성이란 매년 5,800시간을 모두 일에 쏟아부어야 한다는 뜻이 아니다. 오히려 그 반대다. '더 많은 것을 얻기 위해 더 적게 하는 것'이 바로 우리의 목표다.

깨어 있는 시간을 어떻게 활용할지는 의식적으로 그리고 심사숙고해서 결정해야 한다. 이 가운데 몇 시간을 직업에 투자할지, 혹은 투자해야 하는지, 가족에게는 몇 퍼센트를 투자할지, 자기 자신을 위해서는 몇 시간을 남겨둘지, 관심 영역과 휴식 시간으로는 몇 시간을 할애해야 할지를 정해야 하는 것이다. 이를 체계적으로 고민하고 결정하지 않으면 상황에 떠밀리거나 더 나아가 쫓길 위험이 있다.

시간을 가장 잘 활용할 수 있는 도구는 스케줄러다. 스케줄러나 달력을 이용하여 자신의 일정에 대한 계획은 미리 세워두어야 한다. 아주 중요한 사안들의 경우에는 2~3년 전에 결정해야 한다. 이것은 철처한 계획이라기보다는 대략적인 일정을 정해놓는 것이라 할 수 있다. 자신이 의도한 바를 생각했던 대로 항상 지킬 수는 없을 것이다. 예상하지 못한 일과 시급한 일들이 계속 발생해서 우선순위를 바꿔야 하는 상황이 올 수도 있다. 이는 문제가 되지 않는다. 아니, 오히려 리더의 현실에서 피할 수 없는 부분이라고 이야기하는 쪽이 더 맞을 것이다. 하지만 그렇다고 스케줄러를 이용하여 시간을 구조화할 필요가 없어지는 것은 아니다.

> ❝
> '앞으로 더는 하지 말아야 할 일은 무엇인가?'
> 이것이 시간 관리의 핵심이다.

시간 관리에서 무엇보다 중요한 것은 장기적인 관점이다. 대부분 직업적으로 매우 많은 것들을 요구받는 사람들은 어차피 단기적으로 무언가를 바꾸는 것이 불가능하다. 대부분의 경우 리더들은 이미 오래전에 다음 해의 수많은 일정들을 확정해놓았다. 기존의 직업적인 의무들로 인해 어쩔 수 없이 정해진 일정들이다. 따라서 근본적인 것을 변화시키고자 한다면 상당히 긴 시간이 필요할 것이다. 하지만 어느 시점에 최종적으로 변화를 시작하지 않는다면 영원히 변할 수 없을 것이다. 자신의 시간을 통제하지 않고, 자신이 가진 부족한 시간을 효과적으로 사용하지 않는 사람은 결코 진정한 리더가 될 수 없다. 시간 활용의 개선은 다음의 질문으로 시작해야 한다. '앞으로 더 하지 말아야 할 일은 무엇인가?'

신체적, 정신적 건강 관리법

업무 방법론에는 선강 관리도 포함된다. 건강 관리는 특히 개인의 능률은 물론이고 정신적, 감정적 상태에 긍정적인 영향을 미치기 때문에 절대로 포기해서는 안 된다. 자신의 건강을 지키기 위해 많은 것이 필요하지는 않다. 지구력 훈련, 운동성, 균형, 약간의 근력 운동만으로도 충분하다. 이를 통해 직업적인 제약을 가져오는 많은 원인들을 사전에 효과적으로 예방할 수 있다. 허리 통증과 같은 '문명의 질병'이 여기에 해당한다. 건강한 사람은 오래 버틸 수 있고, 전반적으로 좋은 컨디션을 유지하며 지속적으로 성과를 올릴 수 있다.

2부에서 나는 자기 자신과 성과에 대한 긍정적인 태도를 통해 한계를 극복할 수 있다고 설명한 바 있다. 여기서 더 나아가 긴장 완화, 재충전, 집중 역시 효과적인 업무 방법론의 측면이라고 할 수 있다.

효과적인 정보 관리법

오늘날 리더의 책상에는 24시간 내내 쉼 없이 처리해도 부족할 만큼 많은 사안들이 올라오고 있다. 리더가 받는 이메일의 최대 80퍼센트에는 여러 페이지로 구성된 문서가 첨부되어 있다.

나는 리더에게 제공되는 모든 것, 리더들이 매시간, 매일 마주하는 모든 것을 필수적인 것인지 불필요한 것인지, 흥미로운 것인지 흥미롭지 않은 것인지, 중요한 것인지 중요하지 않은 것인지에 상관없이 통틀어 '인풋'이라고 표현한다.

모든 리더는 인풋을 처리하기 위한 방법이 필요하다. 나는 이를 인풋 처리 시스템이라고 부른다. 언제나 책상이 깨끗하게 정리되어 있는 리더들이 있다. 하지만 대부분의 경우 리더의 책상은 말 그대로 혼돈 그 자체다. 정리된 서류 더미와 정리되지 않은 서류 더미며, 서신, 보고서, 메모, 서류, 프로토콜, 수첩, 신문, 잡지, 책 등이 뒤섞여 있기 때문이다. 책상만 가득 찬 게 아니라 사무실 전체가 과밀 상태인 리더들도 많다. 사무실 바닥에까지 이런저런 서류들이 쌓여 있는 경우도 많고, 컴퓨터에 보관된 전자 서류들은 두말할 필요도 없다.

유용한 인풋 처리 시스템은 단순한 질문 몇 가지에서부터 시작한다. '직접 처리해야 할 일은 무엇인가? 위임해야 하고, 위임하고 싶은 것은 무엇인가? 즉시 처리해야 할 일은 무엇인가? 시간이 좀 더 필요해서 나중에 처리해야 하는 일은 무엇인가?' 이 질문에 대한 대답 안에 위임의 예술 그리고 중요성과 시급성을 구분하는 기술이 숨어 있다.

효율적인 커뮤니케이션

커뮤니케이션 기술은 시간과 공간을 사실상 무의미하게 만들었다. 오늘날 우리는 장소에 구애를 받지 않고 누구에게든 전화를 걸 수 있다. 이는 아주 큰 결과를 가져온 변화 중의 하나다. 이것 하나만으로도 조직에 필요하고, 조직이 할 수 있는 업무 방법론이 근본적으로 바뀌었기 때문이다. 이런 변화가 조직에 가져온 결과만 해도 상당하다.

하지만 커뮤니케이션 기술은 눈부신 기술 발전의 속도를 따라잡지 못하고 있다. 아니, 오히려 뒷걸음질 치고 있다. 이에 대한 증거 중하나가 사실상 모든 기업, 심지어 최근에는 중소기업들까지도 조직의 가장 첫 번째 문제로 커뮤니케이션의 어려움을 언급한다는 사실이다.

오늘날 커뮤니케이션의 원칙은 그 어느 때보다도 분명하다. 자기규율과 자기 관리다. 현대 사회에서의 생존 능력이 자기 관리에 의해크게 좌우된다는 사실은 효과적인 커뮤니케이션을 통해 분명하게확인할 수 있다. 따라서 우리는 질문을 던져야 한다. '내가 가진 조건속에서 가장 효과적으로 일할 수 있는 방법은 무엇인가?'

스마트폰 기술을 통해 탄생한 여러 커뮤니케이션 유형 중 가장 첫번째 자리에 있는 것은 예나 지금이나 전화다. 하지만 휴대전화를 통해 효율성이 높아지는 만큼 위험성도 커지고 있다. 사람들은 대부분즉흥적으로 전화를 한다. 하지만 즉흥적이고 반사적으로 전화를 하는 것은 좋은 업무 방식이라 할 수 없다. 능동적으로 전화를 걸거나,전화를 받는 것 역시 마찬가지다.

전화와 관련해서는 세 가지 단순한 규칙만 지켜도 업무 방식에 큰변화와 개선을 가져올 수 있다. 첫째, 즉흥적으로 전화를 걸기 전에다음과 같은 질문을 스스로에게 던지며 잠시 생각하는 시간을 갖는것이다. '다른 커뮤니케이션 수단을 사용하는 것이 내가 의도하는 목적을 달성하는 데 더 효과적이지 않을까?' 둘째, 전화가 최선의 수단이라면 사전에 통화를 준비해야 한다. 그렇지 않으면 수다와 단순한 잡담으로 시간을 낭비하게 될 것이다. 셋째, 적극적으로 하는 통화는 종일에 걸쳐 분산시키지 말고, 가능하다면 시간 단위로 통합해야 한다. 전화 통화가 중요한 커뮤니케이션 수단이라는 사실은 앞으로도 변함이 없겠지만, 그만큼 통화는 장황함과 정확성 부족으로 이어질 수 있는 단점도 가지고 있다. 이러한 단점은 (엄격한 규정을 만든다는 전제 하에) 이메일이나 문자를 통해 완전히 해소할 수 있다. '길게 통화하는 사람'도 서면으로는 대부분 내용을 간략하게 전달하기 때문이다. 그리고 문서 전달은 구두 전달보다 더 정확하다.

문서작성의 기술

리더는 많이 읽어야 하지만 그만큼 많이 써야 한다. 이런 경향은 앞으로 더욱 강화될 것이다. 따라서 업무 방법론의 요소로서 효과적인 문서 작성 기술을 빼놓아서는 안 된다. 여기에서도 어떤 형태의 기술을 사용하느냐는 중요하지 않다.

10년 전만 해도 최고 지도자가 직접 이메일을 작성하는 것은 상상도 할 수 없는 일이었다. 하지만 그 횟수는 점점 늘어나고 있다. 키보드를 잘 다루지 못하더라도 손으로 쓰는 기존의 방식보다 몇 배는 빠르고 수월하기 때문이다. 구술 녹음기를 잘 사용하는 것 또한 앞으로도 필요할 것이다. 여러 직업군에서 구술 녹음은 큰 장점을 가지고 있다. 구술 녹음기는 생산성을 배가시키기 때문이다.

미결 문제의 해결을 위한 시스템

일정 준수와 미결 문제의 해결을 위해서도 완벽한 시스템이 필요하다.[83] 이번에도 '어떻게'는 중요하지 않다. 좋은 방법은 많다. 다만, 존중과 신뢰, 효과성을 가장 빠르게 떨어뜨리는 방법 가운데 하나가 일정과 미결 문제를 엉성하게 관리하는 것이다. 미결 문제를 해결하기 위해서는 '완벽한' 제안 시스템이 필요하다. 책상 위를 지나가는 모든 것과 별 의미가 없는 일까지도 이 시스템 안에 저장해야 한다.

해결되지 않은 문제를 잊어버리고 지나가는 일이 없도록 하는 것이 무엇보다 중요하다. 따라서 언제나 미결 문제에 대한 후속 조치와 그 문제를 해결하기 위한 조치가 뒤따라야 한다. 이런 시각이 부족한 것은 기업이 지적을 받고 있는 '실행력 부족'의 가장 큰 원인 중 하나다. 실행력 부족의 이유는 특정한 조직 문화의 비밀일 때가 많고, 특히 오늘날은 주기적으로 이러한 현상이 나타난다. 그래서 여기에 부합하는 문화 프로그램으로 해결하려고 시도하는 것이다. 하지만 실제로 실행력 부족의 원인은 두 가지다. 첫째, 너무 다양한 것을 너무 많이 조직하는 것이다. 둘째, 마무리, 즉 수정이 효과적으로 조직되지 않는 것이다.

정보의 저장과 활용

많은 이들이 가진 근본적인 문제는 조직이 반드시 다뤄야 하는 수많은 주제의 다양성을 어떻게 하면 합리적으로 조직화할 수 있느냐다. 표면적으로 자료나 정보를 저장하고 보관하는 일과 관련이 있어 보이지만, 그 뒤에는 훨씬 많은 것들이 숨어 있다. 이것은 저장과 기억의 차이에 대한 문제이기 때문이다.

저장은 수동적이고, 기억은 능동적이다. 이때 가장 필요할 것은 정

경영의 본질

보나 자료를 단순히 저장하는 것이 아니라, 그것이 필요한 순간에 찾아내는 기술이다. 때로는 오래전에 저장해둔 것을 찾아야 할 때도 있고 종종 저장했을 때와는 전혀 다른 맥락에서 그 자료를 찾아야 할 때도 있다. 그러기 위해서는 필요한 자료들을 온전하게 정리해서 종합하는 기술이 필요하다. 단순 관리직의 경우에는 이런 문제가 발생하는 일이 많지 않겠지만, 고위 경영진, 특히 정신노동자의 경우 이러한 과제를 해결하는 것이 효과성을 결정하는 핵심적인 요소가 된다. 바로 이 부분에서 '지식 경영'이라는 개념을 떠올리게 된다.

이러한 맥락에서 현대 전자기술의 가능성을 활용한다. 컴퓨터는 장점이 많지만, 그 자체로 해결책이 되지는 못한다. 무엇보다 전자제품은 문제의 근본적인 부분, 즉 올바른 맥락의 정의를 해결하지 못한다는 점이다. 이것은 전자기기가 있더라도 여전히 스스로 확정해야 하는 부분이다.

나의 추정에 따르면 조직의 구성원들은 아마도 업무시간의 절반 정도를 서류를 찾고 정리하는 데 보낼 것이다. 오늘날의 검색엔진도 그 해법이 되지는 못한다. 이러한 주제를 생각하다 보면 인간의 뇌가 가진 놀라운 성능에 더 큰 경외감을 느끼게 된다. 한편으로는 비밀스러운 데이터 수집의 공포가 떠오르기도 한다. 데이터를 정보로 전환하고, 여기에서 지식을 만들고, 행동으로 실행에 옮기는 것은 과장된 언론보도보다 더 까다로운 일이기 때문이다.

효과적 업무 진행을 위한 시스템

'루틴'은 많은 사람들이 좋아하지 않는 단어다. 언제나 혁신과 변화,

유연성에 중점을 두어왔기 때문이다. 바로 여기에 반대되는 것이 루틴과 루틴화다. 그래서 대부분의 사람들은 이를 거부한다.

하지만 혁신과 유연성이 중요한 만큼 루틴도 가치를 가지고 있다. 특히 혁신을 위한 루틴은 다른 어떤 과정보다 중요하다. 생산성과 기능의 안정성에 있어서 중요한 것이 바로 루틴이다. 일시적으로 많은 조직늘이 유연성과 쇄신을 필요로 하고 있기는 하시만 생산성과 기능도 모든 조직에 꼭 필요한 요소다. 무언가를 매우 빈번하게, 즉 매시간, 매일, 매주 시행해야 하는 곳에서는 루틴 그리고 그로 인한 효율성과 생산성이 문제가 되지 않는다. 저절로 루틴이 생기기 때문이다. 문제는 무언가를 계속 하기는 하지만 긴 간격을 두고 하는 경우에 발생한다. 이 경우에는 루틴이 생기지 않는다.

이러한 유형의 프로세스는 대부분 드물게 반복되지만 고도의 전문성을 필요로 한다. 예를 들어 기업이 참가해야 하는 두세 개의 전형적인 박람회 혹은 전시회가 그렇다. 매년 크리스마스 시즌에 딱 한 번 개최되는 의무적인 축제, 1년에 한 번 개최되는 총회나 3~5회 정도 열리는 이사회 회의, 한 해 4번 정도 진행하는 고객이벤트 등도 여기에 해당한다. 이 가운데 어떤 것도 루틴을 기대할 수는 없다. 그 정도로 자주 있는 일이 아니기 때문이다. 하지만 이 일들은 고도의 전문성을 가지고 처리해야 할 만큼 모두 중요한 것들이다.

이러한 유형의 일들을 통제하는 데 가장 중요한 도구가 바로 체크리스트다. 호불호가 갈릴 수도 있겠지만 체크리스트는 이와 같은 목적에 부합하는 아주 가치 있는 도구다. 체크리스트가 없다면 국제 항공교통은 기능하지 못할 것이다. 체크리스트는 프로세스 가운데 루틴화가 가능한 부분을 효과적으로 진행하는 데 도움을 준다.

　모든 리더는 체크리스트를 어디에 어떻게 적용할지를 고민해야 한다. 필요한 체크리스트가 많지 않거나, 복잡한 체크리스트가 필요하지 않을 수도 있다. 하지만 앞에서 언급한 것 같은 상황에서는 해당 상황을 지배하고 그 진행 과정을 주도적으로 스트레스 없이 관리하는 데 체크리스트가 도움이 될 것이다. 무엇보다 체크리스트가 없을 때보다 더 크고, 더 복잡한 과제들을 더 많이 수행할 수 있게 될 것이다. 그리고 이것은 기업의 성공과 경력에 결정적인 요인이 될 수 있다.

인간관계를 위한 시스템

리더의 가치를 결정하는 것은 무엇인가? 리더의 자본은 무엇인가? 이 질문에 대해서는 두 가지를 전면에 내세울 수 있다. 누적되는 경험과 살아가면서 맺는 인간관계이다.

　인간관계란 지속적으로 관리하고, 가꾸며, 돌봐야 한다는 것은 우리 모두가 경험을 통해 알고 있는 사실이다. 몇 년 동안 소홀하다가 갑자기 필요해졌다는 이유로 끊어졌던 관계를 다시 이을 수는 없다. 사람들은 그렇게 어리석지 않다. 특히 인간관계를 중요하게 여기는 사람들이라면 더더욱 그렇다. 부탁을 들어줄 수는 있겠지만 그 의도를 알면 마음이 상할 수밖에 없다.

　개인적 효과성에 관심이 있는 리더라면, 그리고 무엇보다 경력을 쌓고 싶은 리더라면 인간관계 관리를 위한 시스템을 만들어야 한다. 여기에도 지금까지와 같은 원칙이 적용된다. 그 원칙은 바로 이런 시스템을 만드는 것이 중요하며, 어떻게 그런 시스템을 만드는지는 상대적으로 중요하지 않다는 것이다.

당대에 유명했던 대형 은행의 최고경영자처럼 자신의 모든 연락망을 정확하게 기록하기 위해 비서실 전체를 동원할 필요는 없다. 이 최고경영자는 아주 사소한 것까지도 빼놓지 않고 기록했다. 자신에게 중요한 의미를 갖는 사람들의 취미가 무엇인지 알고 있었고, 이들의 관심사, 와인 기호도, 아내의 꽃 취향까지도 파악하고 있을 정도였다. 회의를 베풀고, 봉사하며, 기쁨을 주기 위한 기회가 있다면 결코 놓치는 법이 없었다. 무엇보다 집중적이고 지속적인 인간관계의 관리를 중요하게 생각했고, 이는 성공의 '비밀'이기도 했다.

물론 앞서 말했듯이 인간관계를 이렇게까지 체계적으로 관리할 필요는 없다. 하지만 인간관계가 중요하고 관리할 필요가 있다는 사실은 따로 설명할 필요가 없을 만큼 자명하다. 이 이야기를 하면 대부분의 리더들은 동의한다. 다만, 실행하지 않을 뿐이다.

비서실의 관리

지금까지 나는 보조와 비서, 사무실 매니저 등에 대해서는 간략하게만 언급해왔다. 업무 방법론의 일곱 가지 기본 영역은 비서나 보조해주는 사람의 유무와 상관없이 관리되고, 방법론적으로 통제되어야 한다. 하지만 누군가로부터 좋은 지원을 받을 수 있느냐 없느냐에 따라 업무 방식은 크게 달라진다.

기술의 발전과 함께 사람들은 오래전부터 비서실의 '멸종'을 예언해왔다. 하지만 나는 그 어떤 기술적 변화가 찾아오더라도 예측 가능한 기간 내에 비서실이 완전히 사라지리라고는 생각하지 않는다. 조직의 가장 높은 자리와 높은 임원직에는 앞으로도 비서의 존재가 일반적일 것이며, 여기에 있어서 변화가 있을 것 같지는 않다. 글로벌화로 인해 이들의 과제는 과거에 비해 매우 복잡해졌다. 외국어 능력과 시간을 초월한 업무는 필수 요건이 되었고, 일정 조정이나 유연한 출장 관리, 조직 내부 및 외부 고위층과의 회의 조정 등은 대부분 어려운 과제에 속한다.

기업의 규모는 상관없다. 어차피 전 세계적으로 활동하기 때문이다. 오히려 비서실의 조직 방식은 최고경영자, 즉 CEO가 어떻게 조직을 운영하고 싶은지와 관련이 있다. 우리는 다음과 같은 두 가지 경우를 구분할 수 있어야 한다. 최고경영자가 조직을 간접적으로 관리하는 경우와, 경영 부서와 기능 부서의 리더들을 통해 조직을 직접적으로 관리하는 경우다. 그래서 비서실 역시 인력의 수와 능력에 따라 서로 다른 유형으로 구성되어 있다. 내 경험상으로는 두 번째 유형이 더 나은 해결책이었다.

앞에서도 언급했지만 오랜 기간 최고경영자로서 네슬레를 이끈 헬무트 마우허Helmut Maucher는 직접 경영의 모범적인 사례라 할 수 있는 업무 방식을 가지고 있었다. 한 책에 인용된 대화에서 마우허는 자신의 업무 방식에 대한 수많은 세부 사항과 비서와의 협력에 대해서 이야기하고 있다.[84]

관계를 관리하는 것은 결코 우연에 맡길 일이 아니다. 도입부에서도 말했지만, 이 주제는 효과성, 즉 효과적이고, 성과를 창출하는 업무의 기본방식이다. 바로 여기에서 효과성이 시작되거나 효과성이 떨어지게 된다. 인사 결정, 인력 선별, 발령과 관련된 업무를 하고 있다면 다른 기준들뿐만 아니라 업무 방법론의 전문성에도 주의를 기울여야 한다. 물론 어떤 사람이 가진 업무 방법론이 그 사람의 채용 여부를 결정하지는 않을 것이다. 하지만 업무 방법론이 없거나 이를 경시하고 간과하는 사람을 채용하는 것은 문제가 될 수 있다. 업무 방법론을 성공의 원인이라고 할 수는 없다. 하지만 업무 방법론의 부재나 부족은 실패의 원인이 될 때가 많다는 것을 기억해야 한다.

● 지금 어디에 있고, 어디로 가는가

미지의 상황 속에서 갈수록 중요해지고 있는 올바른 경영을 위해 몇 가지 팁을 주려고 한다. 리더십 바퀴의 요소들은 알려진 것뿐만 아니라 새로운 것에도 적용할 수 있다는 것을 아마도 기억하고 있을 것이다. 아는 것이냐, 모르는 것이냐에 따라 원칙이나 과제, 도구가 변하는 것은 아니다. 하지만 새로운 것에 이 요소들을 적용하는 것은 몇 배는 더 어려운 문제다. 그래서 앞에서 말한 원칙이나 과제를 어떻게 적용할지에 대한 조언은 큰 도움이 될 수 있다.

대변혁은 사실 블랙박스와 같다. 블랙박스란 사이버네틱스에서 알지 못할 뿐만 아니라 알 수도 없는 시스템을 지칭하는 단어다. 그렇다면 우리의 경영도 끝난 것일까? 아니, 그렇지 않다. 오히려 그 반대다.

각각의 변혁이 어떻게 진행될지는 모른다. 하지만 여전히 우리는 변혁의 기본 패턴과 이것이 안고 있는 최대 위험 요소의 일부분을 알고 있다. 그래서 어느 정도 수준으로는 대비를 할 수도 있다. 대변혁의 극단에 있는 S커브 사이의 전환을 통제하는 데에는 사이버네틱스에서 활용하는 몇 가지 특수한 도구들이 존재한다.

가장 가치 있는 것이 장애물이 될 때

대체 프로세스에서는 기존의 내비게이션이 대부분 무용지물일 뿐 아니라 잘못된 방향을 가리킬 가능성이 매우 크다. 기업의 상황이 정상일 때는 그토록 가치가 있고 대체 불가능한 것이었던 리더들의 경험은 정작 혁신으로 가는 과정의 가장 큰 걸림돌이 된다.

예를 들어보자. 자동차 개발에 마차 제작 경험은 아무런 도움이 되지 않았다. 기계적인 사무 기계 산업에서 컴퓨터 시대에 인수할 수 있는 업무도 거의 없었다. 기존 사진 산업이 가지고 있던 노하우 역시 디지털 이미지 생성으로의 전환 과정에서 유일한 장애물이 되었다. 아무리 규모가 크고, 자랑스러우며, 강력한 기업이었더라도 전환에 성공하지 못한 것이다.

커뮤니케이션을 넘어 메타 커뮤니케이션으로

시스템과 개인 그리고 팀은 정보와 커뮤니케이션을 통해 통제한다. 이를 통해 스스로 통제할 수 있는 권한을 주는 것이다. 하지만 복잡한 상황에서는 정보를 주는 것만으로는 충분하지 않다. 정보는 집단적으로 알 수 있도록, 모두의 정보 수준이 동일하도록 제공되어야 한다. 사이버네틱스에서는 이를 메타 커뮤니케이션이라고 한다. 이를 통해 개인과 팀은 스스로를 통제할 수 있고, 필요하다면 개인으로서만이 아니라 팀으로서 새롭게 조직할 수 있게 된다. 이 과정에 필요한 것이 커뮤니케이션 효과다. 커뮤니케이션 효과란 모든 사람이 모두가 모든 것을 알고 있다는 것을 알고 있을 때 나타나는 현상을 의미한다.

하지만 많은 사람들은 이런 생각에 익숙하지 않다. 자신이 알아야할 것만 알면 되는 것 아닌가? 어떤 경우에는 그럴 수도 있지만, 대부분은 그렇지 않다. 바로 여기에서 우리는 '커뮤니케이션과 통제'의 학문으로서의 사이버네틱스에 이르게 된다.[83] 복잡한 상황을 지배하는 데에는 양자 간 커뮤니케이션만으로는 충분하지 않다. 더 나아가 이는 오해의 위험을 극대화한다. 이것이 커뮤니케이션과 메타 커뮤니케이션이 동시에 이루어져야 하는 이유다.

상황 논의

불확실한 상태에서 필요한 도구 중 하나가 우리에게 익숙한 상황에 대한 논의다. 빠른 변화와 미지의 상황은 긴밀하고 신속한 팀의 협력과 우선순위에 대한 끊임없는 재조정을 요구한다. 이 문제는 공동의 상황 논의를 통해 해결할 수 있다. 정기적인 대면 혹은 원격 회의를 통해 혹은 사전에 합의된 시점에 진행하는 회의를 통해서 말이다. 논의가 더 필요하다면 필요에 따라 조정하면 된다. 공동의 상황 논의의 간격은 상황과 변화 속도에 따라 달라진다. 변화가 역동적일 경우 최소한 매일 아침 한 번은 상황에 대한 논의가 필요할 것이다. 대부분은 저녁에도 다시 한 번 '상황'을 확인해야 한다. 위기 상황이라면 매시간, 심지어 실시간으로 온라인을 통해 더 자주 논의를 하도록 일정을 조정해야 할 수도 있다.

새로운 중심, 허브 원칙

오늘날에도 여전히 지배적인 조직의 원칙은 분권화다. 당연하다. 분권화는 목적에 따른 행위에 따라 시스템의 각 요소들의 상호 연결성이 낮을수록 더 잘 기능한다. 경제 분야에서는 사업 단위나 자회사를 예로 들 수 있고, 대형 병원의 경우는 병동, 대학에서는 학부가 그 예가 될 수 있다. 하지만 기본적으로 모든 것이 불확실한 급변의 역동성 속에서는 분권화가 계속해서 기능할 수 있도록 새로운 정보 흐름의 중심을 통해 분권화를 보완하고 수정해야 한다. 이를 위해서 필요한 것이 항공 교통의 허브와 같은 조정의 기점을 설정하는 일이다. 조정의 기점은 무언가가 통제에서 벗어났는지, 그래서 개입이 필요한지를 한 지점에서 언제든 확인할 수 있도록 구성되어야 한다. 이를 위해서는 1인 책임의 원칙을 세워야 한다. 이것은 사이버네틱스의 통제 원칙으로, 유기체와 신경계, 뇌의 기능에서 비롯되었으며, 오늘날 항공 교통에서는 당연하게 여겨지는 것이기도 하다. 만일 분권화만 학습했다면, 많은 사람에게는 이런 시스템을 받아들이기가 어려울 수도 있다. 하지만 한 시스템의 구성 전체를 바꿔놓는 변혁적인 변화의 조건 속에서는 이것만으로도 부족하다.

지시와 신호를 통한 관리

고도의 복잡성을 정복할 수 있는 또 하나의 방법은 직접적으로 사람을 향하는 업무와 관련된 지시다. 이는 권위주의적인 명령과 혼동될 때가 많지만, 사실은 전혀 다르다. 정보와 커뮤니케이션을 활용한 효과적인 조정과 통제의 수단이기 때문이다.

만일 직원이 상황을 잘 알고 있다면, 무엇을 할지만 지시하고 어떻게 그 업무를 수행할지는 대부분 직원에게 맡긴다. 하지만 직원에게 새로운 상황이라면 올바르게 행동할 것이라고 기대해서는 안 된다. 그러므로 알지 못하는 상황의 모든 단계에 대한 정보를 정확하게 전달해야 한다.

가장 유명한 사례가 바로 위성 기반 내비게이션 시스템이다. 이 시스템은 처음 간 도시에서 시각과 음향을 통해 가본 적 없는 장소까지 우리를 안전하게 이끌어준다.

비록 명령의 형태를 가지고 있기는 하지만 이는 일반적인 명령을 따르는 것이 아니라 '과제의 완수를 위해 신뢰할 수 있는 정보를 따르는 행위'라고 볼 수 있다. 또 다른 사례로는 도시 교통체계에서 건설 현장을 우회하라는 안내 표지판을 들 수 있다. 대규모 기차역이나 공항의 신호 역시 수백만 명의 여행자들에게 방향을 제시함으로써 유사한 기능을 수행한다. 이를 통해 모든 승객은 목적지를 찾기 위해 현 시점에서 필요한 정보를 선택할 수 있다. 이런 방식으로 새로운 상황의 불확실성 속에서도 정확히 움직일 수 있다. 지시와 안내는 미지의 상황에서 행동하는 데 필요한 신뢰할 수 있는 방향성을 제시한다. 그래서 스트레스가 발생할 여지가 없다.

실시간통제

무엇이든 통제할 수 없다는 것은 리더에게 생각만으로도 공포를 유발한다. 그래서 리더는 이런 상황이 발생하지 않도록, 변화에 앞서나갈 수 있는 예방책을 가지고 있어야 한다. 이때 불가피한 것이 바로

경영의 본질

'실시간 통제'의 원칙이다. '실시간 통제'는 고도의 복잡성을 지닌 시스템의 기능을 보장하기 위한 자연법칙 중 하나다. 운전을 할 때 속도계에는 실시간으로 계속해서 주행속도가 표시된다. 이와 마찬가지로 복잡한 상황에서 리더는 자신이 책임지는 프로세스와 사건에 대한 실시간 정보가 필요하다.

이것은 자신이 정확하게 어디에 있는지를 실시간으로 정확하게 알아야 빠르게 변화하는 상황에서 다음 단계를 올바르게 계획할 수 있다는 뜻이다. 행동의 조건이 복잡할수록, 예측할 수 없는 방식으로 빠르게 변할수록, 새로운 상황에 친숙하지 않을수록 이 원칙은 더 중요해진다. 기능하는 사이버네틱스 통제는 계획의 유연성과 동시에 계획의 정확성을 가능하게 한다. 계획이 개선되어서가 아니라 실시간 통제가 반영되기 때문이다. 뿐만 아니라 이러한 통제는 이따금 새로움의 정도에 따라 제대로 된 계획을 세울 수 없는 상황에 처할 때도 효과를 발휘한다. 운전을 하다 보면 어린이가 언제 도로로 튀어나올지 예측할 수 없다. 하지만 현대 기술을 통해 이는 통제 가능한 상황이 되었다.

실시간 통제가 가장 이상적으로 구현된 것이 바로 통제실(혹은 통제센터)다.[86] 이것은 결정 환경을 형성하는 곳으로 인간 두뇌의 확장판, 즉 '두 번째 뇌'의 기능을 한다. 복잡한 과제들이 이 통제센터에서 얼마나 쉽고 주체적으로 처리되고 해결되는지를 경험해본 사람이라면, 결코 이 도구를 포기할 수 없을 것이다. 통제실은 자신의 사무실이나 예약해놓은 회의실에도 수동으로 설치할 수 있다. 그러면 분주했던 상황에 갑자기 평온이 찾아온다. 일은 줄어들지 않았을지 몰라도 '시스템을 통제'할 수 있게 되었기 때문이다.

● '사람'을 대하는 다섯 가지 원칙

성공을 위해 직원만큼이나 중요한 것이 바로 상사와 동료다. 이들 또한 '나의 시스템'에 속하고, 어떠한 의미에서는 '관리'해야 할 대상이기 때문이다. 더 정확하게 말하자면, 이들과 효과적으로 협력해야 한다는 뜻이다. 그러기 위해서는 스스로 무언가를 해야 한다. 즉, 자기 주도적이어야 한다. 상사와 동료 관리를 효과적인 리더십 모델과 종합 시스템에 어떻게 반영해야 하는지는 5부에서 살펴보기로 하자.

스트레스와 의욕 저하 그리고 조직 내에서 발생하는 일반적인 고통에 관한 연구 결과와 매체의 보도에 따르면, 그 원인은 '무능력한' 상사와 '간사한' 동료에게 있다고 한다. 하지만 그렇다고 상사나 동료를 바꿀 수는 없다. 그러므로 이들을 '견디지' 않고도 효과적으로 일을 하려면 제대로 된 관리가 필요하다. 하지만 기존의 매니지먼트 트레이닝에는 이 주제가 거의 등장하지 않는다. 하지만 몇 가지 단순한 규칙만 적용해도 이 문제에 있어서 큰 효과를 볼 수 있다.

규칙 1: 상사와 동료를 관리해야 한다

내가 만난 사람의 90퍼센트는 이 규칙을 알지 못했고 그래서 이러한 방향으로 무언가를 할 수 있다는 생각조차 해본 적이 없었다. 그래서 이들은 상사와 동료들에 대해 불평하고, 심지어 병을 얻기까지 한다.

규칙 2: 상사와 동료가 어떤 사람인지 파악하라

상사와 동료가 일반적으로 어떤 사람인지는 알 수도 없고, 알 필요도 없다. 하지만 어느 정도 시간이 지나면 일부에 대해서는 이들이 어떤 사람인지를 충분히 알아낼 수 있다. 예컨대 어떤 사람이 읽는 것을 좋아한다면, 메일을 보내야 할 것이다. 듣는 것을 좋아하는 유형이라면 전화를 하는 편이 나을 것이다. 상사가 한 페이지로 요약하길 원한다면 한 페이지를 제공하라. 긴 보고서를 원한다면 상세한 보고서를 제출해야 한다.

규칙 3: 강점을 활용하라

상사와 동료가 가진 약점이 무엇인지는 금방 알아낼 수 있다. 하지만 강점은 어떨까? 이들이 가진 강점을 개선하고 성공을 할 수 있도록 도와야 한다. 이는 대부분의 사람이 원하는 것이기도 하다. 이처럼 도움의 손길을 먼저 내밀면서 그들과 함께 성장할 수 있다.

규칙 4: 소통을 위한 가교가 돼라

상사와 동료는 당신과 마찬가지로 전문가다. 전문가들은 전문용어로만 이루어진 폐쇄된 세상에 사는 경우가 많다. 그래서 좀 더 이해하기 쉽게 표현할 생각을 하지 못한다. 그러므로 그 역할은 직접 해야 한다. 다른 사람들이 지나다닐 수 있는 초대장과 가교가 되어야 한다.

규칙 5: 확인하고 보고하라

정말로 복잡한 상황이라면 제대로 된 커뮤니케이션을 위해 사이버 네틱스 피드백이 필요하다. 이를 업무 확인 및 실행 보고라고 한다. 관제탑에서 비행기 조종사와 관제사가 무선 통신을 하는 것이 이를 보여주는 좋은 사례다. 수술실에 있는 외과전문의도 여기에 해당한다.

프로세스는 단순하고 명확하다. 모든 지시를 확인하는 것이다. 지시에 따라 움직이고, 그런 다음에는 완수 여부를 보고하고, 이를 다른 포지션에서 확인한다. 이 단순한 조치만으로도 100퍼센트 기능하는 시스템을 보장할 수 있다. 오류의 비율과 오해는 짧은 시간 안에 급격하게 감소하고, 효과성은 배가 될 것이다.

이 규칙들은 양방향 모두에 해당하며, 그래야 이중의 효과를 발휘할 수 있다. 만일 본인이 상사라면 직원들 역시 자기 자신에게 그리고 동료들에게 이 다섯 가지 규칙을 적용할 것을 요구해야 한다.

19

예산

리더들이 활용하기 가장 까다로운 도구 중 하나가 바로 예산이다. 예산을 잘 활용하기 위해서는 경영학적인 개념, 상태, 관련성에 대한 몇 가지 특수한 지식이 필요하다. 경영학 학위를 가진 사람들이라고 모두 다 전문적인 예산을 세울 수 있는 건 아니다. 예산 편성 전문가들은 재무 및 회계를 공부한 사람들이다. 이 분야를 전문적으로 공부하지 않는 사람들은 대부분 실제적인 예산과 예산 편성 업무를 제대로 다루지 못하는 경우가 많다.

관리자들은 자신들에게 가장 중요한 도구가 될 가능성이 있는 예산이라는 문제에 대해 손을 놓는 경우가 많다. 이는 경제는 물론이고 기업에도 해당한다. 더 최악인 것은 경제 분야 밖에 있는 조직들이다. 이런 조직들은 예산이라는 도구를 다루는 데 기본적으로 어려움을 겪고 있다.

어떤 조직은 기본적으로 숫자와의 관계가 틀어진 것 같아 보이기도 한다. 이는 조직의 실효성은 물론이고 신뢰성에도 전혀 도움이 되지 않는다. 특히 문화기관과 공공기관에서는 경제적인 측면에서는 자신들의 업무를 이해하지 못한다고 말하는 경우가 너무나 많다. 이들 기관에서는 설득력 있고 투명하며 행동을 이끌어내는 예산이나 수치에 대한 규칙과 개관 그리고 회계 업무를 예술과 문화에 직대적이고 물질적인 사고방식으로 오해한다.

이런 말도 안 되는 생각은 거의 예외 없이 이렇게 생각하는 조직들이 장기적으로 조직의 목표를 달성할 수 없는 결과로 이어진다. 이들 기관은 충분한 자본이 주어지는데도 계속해서 재정 위기에 시달린다. 또한 신뢰를 잃기 때문에 친구와 후원자도 사라진다. 이들 기관이 스캔들의 늪에서 끝을 맺게 되는 것은 결코 드문 일이 아니다. 깨끗한 예산과 제대로 기능하는 예산 편성은 경제 밖의 조직에게 사실상 더 중요하다.

이 장에서 나는 무엇보다 내 연구를 통해 계속 입증된 바 있는 피터 드러커의 개념에 의지하고자 한다. 드러커는 유일하지는 않더라도 예산을 처음부터 재정과 회계의 문제가 아니라 경영을 위한 도구로 이해한 몇 안 되는 학자들 가운데 한 명이다.[87]

유감스럽게도 예산과 예산 편성과 관련해서는 경영학과 관련된 문헌에서 유용한 팁을 찾을 수가 없다. 이는 대부분 재무 및 회계 혹은 회계 전문 문서에서나 찾아볼 수 있다. 이 장에서는 모든 리더들이 알고 있어야 하는 예산 및 회계와 관련된 내용을 집중적으로 살펴볼 것이다.

경영의 본질

●   효과적인 경영을 위한 최고의 도구 중 하나

예산과 예산 편성을 재무나 회계 관리 담당자들만의 도구라고 생각해서는 안 된다. 이 두 가지는 관리자들, 즉 모든 리더들에게 가장 중요한 도구 중 하나다.

특히 예산은 수익 부서, 비용 센터, 유통 부서, 각 사업 부서와 자회사 등 결과를 책임지는 단위를 관리해야 하는 리더들을 위한 도구로 사용되어야 한다. 여기에는 다음과 같이 여러 가지 이유가 있다.

- 예산은 노련한 관리자들이 전체적인 계획과 업무를 '대략적으로' 조직하기 위한 최고의 도구다. 또한 경험이 없는 관리자나 새로운 자리에 앉게 된 관리자들이 회사나 자신의 책임 영역을 파악할 수 있는 최고의 도구이기도 하다. 사업의 성질과 맥락 그리고 '적법성'에 익숙해지고 예산의 관점에서 사업을 배우는 데 이보다 더 좋은 도구는 없다. 유감스럽게도 대부분의 기업에서는 새로운 직원들을 투입하고 적응시키는 과정에서 이 방법이 완전히 간과되고 있다. 그 이유는 나에게도 수수께끼다. 적응 기간과 연수 과정에서 직원들에게 전달되는 다른 모든 것들이 아무리 중요하다고 해도 한 분야의 예산을 다뤄보고 자신이 제안한 예산이 퇴짜를 맞고 한두 번 정도 수정을 거친 경험이 있어야만 그 리더는 해당 사업을 어느 정도 이해했다고 볼 수 있다.

- 예산은 핵심 자원, 특히 인적자원을 생산적으로 투입하기 위한 최고의 수단이자 자원을 생산적으로 만드는 유일한 수단이다.

- 예산은 한 영역의 모든 활동 그리고 기업 전체의 활동을 사전에 조정하는 최

고의 도구다. 만일 기업 내 각 부분이 조화를 이루며 원활하게 돌아가지 않으면, 대부분은 이를 조직의 문제로 여겨 새롭게 조직을 구성하려 한다. 하지만 정말로 조직에 문제가 있는 경우는 드물다. 이보다는 조화를 이루기 위한 방법으로 예산을 투입하는 것이 조직을 변화시키는 것보다 더 쉬운 방법이다.

● 예산은 한 영역의 인력과 그 리더들을 통합하기 위한 최고의 수단이다. 일반적으로 통합에 대해서는 많이 이야기하지만, 대부분은 이를 기업 문화의 문제로 본다. 직원들이 스스로를 회사와 동일시해야 하고 '대가족'이 되어야 한다는 것이다. 하지만 예산과 예산 편성을 '통합의 수단'으로 여기고 활용하려는 기업은 여전히 소수에 불과하다.

● 예산은 자신의 계획을 어느 시점에 어떻게 수정해야 하는지, 수정할 수 있는 편차는 어디에 있는지, (그리고 이보다 훨씬 중요한 것은) 예산 편성의 기반이 되었던 환경과 예측이 어떤 방법으로 변화했는지를 알 수 있는 유일한 수단이다.

● 그리고 결정적으로 예산은 효과적이고 좋은 커뮤니케이션의 가장 중요한 토대 중 하나다. 무엇에 대해 소통해야 할지 모르는 상태에서 커뮤니케이션에 대한 강좌를 여는 것은 별 의미가 없다. 그리고 예산과 예산이 가져오는 모든 효과와 결과는 이것을 커뮤니케이션의 대상으로 만들기에 충분한 중요성을 가지고 있다.

이것이 바로 예산과 예산 편성을 중요하게 고려해야 할 충분한 근거이자, 예산을 재무 전문가에게만 맡겨서는 안 되는 이유이다. 실제로 예산을 다룰 수 있는 리더들이 많아지면, 예산 관련 업무에 대한 가치가 올라가는 동시에 그에 대한 이해도 역시 몇 배로 높아질 것이다.

● **왜 데이터는 넘치는데 정보는 부족한가?**

오늘날 데이터가 부족한 기업은 없을 것이다. 오히려 지금 우리에게는 데이터가 너무 많다. 반면 정보는 여전히 부족하다. 모든 리더들이 데이터를 정보로 만드는 방법을 알 거라고 생각해서도 안 된다.

물론 예산 하나만으로 이 문제를 해결할 수는 없다. 하지만 예산은 해결책에 더 가까이 다가갈 수 있는 여러 도구들 중에 하나다.

앞으로 설명할 실무 문제들은 사실 자명한 것이어야 하지만, 실제로는 그렇지 않다는 사실을 우리는 경험을 통해 알고 있다. 다음의 조언들은 예산 편성은 물론이고 예산의 집행과 감독에도 도움이 되는 내용이다.

정보는 언제나 차이에서 만들어진다

그레고리 베이트슨Gregory Bateson은 "정보는 차이를 만든다"라고 말하며, 차이를 정보의 중요한 요소로 파악했다.[88] 정보는 차이를 통해 드러나는 무게감 있고 의미 있는 특징이다.

따라서 예산은 항상 가장 중요한 항목을 비교하여 그 차이점을 제시할 수 있어야 한다. 이는 예산을 감독을 할 때가 아니라 예산을 편성하는 순간부터 나타나야 하는 요소다.

무엇을 무엇과 비교하느냐는 상황에 따라 다르다. 하지만 근본적으로는 이전 분기, 결과, 비슷한 다른 기업의 부서, 벤치마킹 그리고 다른 예산 포지션이 비교 대상이 된다. 특히 이는 예산의 틀에서 구조적인 변화를 계획하고 있는 경우 훨씬 중요해진다.

숫자에는 해석이 필요하다.

대부분의 경우 지출이 늘어난 것은 단순히 더 많이 소비한 것이 아니라 '다르게' 소비되었기 때문이다. 말하자면, 구입한 물건의 조합이 바뀐 것이다. 품질과 가격, 생산량과 요금, 지시 구조 그리고 고객들의 주문 태도도 달라진다. 이러한 것들을 구분해 설명을 해야 한다. 대부분의 사람들은 숫자가 객관적인 것이라고 생각하지만, 사실은 그렇지 않다. 숫자는 해석이 필요하고, 그 해석의 여지는 대부분 상당히 크다. 그래서 설명과 코멘트가 중요한 것이다.

긍정적인 편차도 부정적인 편차처럼 분석한다

부정적인 편차를 구체적으로 들여다보는 것은 당연한 일이다. 하지만 많은 사람들이 부정적인 편차에 집중하느라 긍정적인 편차를 잊어버린다. 기대보다 더 일을 잘하고, 예산 편성을 잘한 영역은 어디인가? 또 그 이유는 무엇일까? 조직이나 기업 내에서 이런 질문을 하는 경우는 매우 드물다.

긍정적인 편차는 특별한 기회가 찾아왔거나 지금까지 인식하지 못한 강점을 가지고 있다는 상당히 신뢰할 만한 자료이다. 만일 긍정

경영의 본질

적 편차를 보기 위해 특별한 노력을 기울이지 않으면 이 강점들은 그대로 덮이고 만다. 따라서 부정적인 편차뿐만 아니라 긍정적인 편차도 찾아내서 회의를 준비할 것을 회계 담당자들에게 요구할 필요가 있다. 긍정적인 편차가 발견된 영역에는 큰 성과를 기대할 수 있기 때문에 더 많은 투자를 하고 정성을 기울일 가치가 있다. 예산은 바로 이 배분 과정을 조정하는 수단이다.

모든 예산은 구조적인 정보를 포함한다

예산에 있어 구조적 정보란 예산 지위 간의 비율과 시간의 비교, 그리고 그 변화를 의미한다. 가장 중요한 항목은 색인 번호로 표시하고, 각 항목에 대한 근거를 별도로 기록해두어야 한다.

올바른 그림을 그리기 위해서는 이전 분기의 수치와 비교하는 것만으로는 충분하지 않다. 최고의 방법은 예컨대 36개월 혹은 48개월 이상의 평균치를 참고해 비교하는 것이다.

이 유동적인 평균과 그 흐름은 발전과 추측의 평가를 위한 근본적인 정보를 전달한다. 이는 데이터 자료에 있는 샘플과 패턴을 발췌하며, 이 패턴은 정보를 전달한다. 유동적인 평균은 물론 패턴을 찾을 수 있는 여러 가지 방법 중에 하나에 불과하다. 이따금은 전문 지식이 있어야 사용할 수 있는 방법들도 있다.

지표의 예산편성

(수익, 지출과 같은) 절대적인 예산 수치 외에도 추출해서 예산을 편성해야 하는 지표들이 있다. 작은 기업과 큰 기업, 생산 기업과 서비스

기업은 본질적인 차이가 있기 때문에 각각의 상황에 따라 다르긴 하지만 어떤 경우에도 놓치지 말아야 할 몇 가지 지표들이 있다.

가장 먼저는 3부에서 기본 목표 영역의 목표로서 언급한 바 있는 영역에 해당하는 지표들이다. 독자들의 기억을 상기시키기 위해 여기에서 한 번 더 언급하고자 한다.

- 시장 상황과 여기에 해당하는 모든 것: 소비자 유용성, 품질, 시장 점유율 등
- 혁신 능력: 제품 출시 시기, 성공률, 전환점
- 생산성: 전체 요소의 생산성과 자금의 생산성, 물리적 자원, 노동, 시간, 지식 같은 세부 요소
- 인적자원: 이직률과 결근률 등
- 유동성과 현금 흐름
- 이자와 세금 전 총자산에 대한 수익률부터 차별화되고 구조화될 수 있는 수익률

이 주제의 각 요소에 대해서는 전문적이고 확장된 지표 시스템을 개발할 수 있다. 하지만 그 기초에 대해서는 모든 리더가 알고 있어야 한다.

● 예산관리 특별 조언

예산은 원하는 결과를 얻기 위한 도구다
효과적인 예산을 위한 시작이자 열쇠는 언제나 다음의 질문이어야

한다. '우리의 핵심 활동 분야에서 우리가 얻고자 하는 결과는 무엇인가?' 예산은 결코 과거의 반올림이 되어서는 안 된다. 과거를 토대로 예산을 추정한 모든 기업은 언제가 됐든 어려움에 봉착하게 된다. 따라서 예산은 곧 의지의 표현임을 잊어서는 안 된다.

예산은 장기적인 계획과 의도, 전략, 창의성과 혁신, 기업의 정리, 자원의 전환 등 모든 것을 종합하고 정리할 수 있는 수단이다. 따라서 예산과 관련해서는 다음과 같은 질문을 해야 한다. '다음 분기에 우리가 의도하는 바를 실현하기 위해 무엇을 해야 하는가?'

예산은 전체적인 맥락을 보여주는 기호일 뿐이다

예산은 사실상 항상 화폐 단위로 표현된다. 그리고 바로 이 점 때문에 오해가 생기기도 한다. 하지만 예산을 나타내는 돈의 크기는 양적인 관계를 나타내는 일종의 기호로만 이해해야 한다. 그래서 양적인 맥락의 변화 없이 돈의 크기만을 수정하는 것은 아무런 의미가 없다.

예산은 조직의 우선순위를 결정하는 수단이다

좋은 예산은 기대하고, 바라는 결과 그리고 그 결과를 얻기 위해 필요한 도구와 대책과의 근본적인 관계를 신중하고 합리적으로 고려할 때 나올 수 있다.

만일 예산을 지출 관리의 도구로만 이해한다면, 그 예산은 결코 효과적일 수 없다. 그렇게 되면 대부분의 직원들은 예산을 중요하지 않고, 관료적인 것으로 인식하며 구속으로 여기게 될 것이다. 이보다 더 중요한 예산의 기능은 지출 발생, 지출 원인 그리고 지출 계획에 대해 심사숙고한 결과물이다. 또한 이미 언급했듯이, 자원의 투입을 조정함으로써 조직의 우선순위를 결정하는 수단이기도 하다.

제로베이스에서 다시 예산을 편성하라

어리석고 위험한 반올림 계산을 차단하고 모든 활동을 성실하게 고려하기 위해서는 지금까지의 의무, 습관, 상황을 떠나 한 영역에 대한 예산을 근본적으로 새롭게 세우는 것이 필요할 때가 있다.

이는 시간이 들고 어려운 일이지만 그만큼의 효과가 있다. 그래서 제로베이스 예산 편성은 선택적으로 실행해야 한다. 매해, 모든 영역에 대해서가 아니라 더 긴 기간을 두고 각 영역에 대해서 실행해야 하는 것이다. 그리고 무엇보다 실제로 중요하고 성공에 결정적인 활동들에 대해서 이루어져야 한다.

생애 주기 예산 편성

예산은 일반적으로 12개월 주기를 포괄하며 이것은 원칙적으로 필요하고 올바른 방법이다. 하지만 모든 사업의 과정들을 12달 주기로 압축할 수는 없다. 그럼에도 억지로 끼워 넣으면 자연스럽고 논리적인 관련성이 깨지는 결과가 나타날 수 있다. 여러 분기에 걸친 예산 편성은 12개월 주기에 집중하는 것만큼 효율적이지는 않겠지만, 경우에 따라 필요한 만큼 임의의 기간을 설정해야 한다.

큰 비용 초과에 대한 주된 이유를 단순이 무절제하고 감독이 부족했기 때문이라고 볼 수 없다. 이는 예산의 후속 비용에 대해 고려하지 않기 때문일 수도 있다. 이것이 어느 날 갑자기 외부에 의한 강제의 늪에 빠지게 되는 이유다. 과거에 무언가를 결정했으면 당연히 그에 대한 결과도 허용해야 한다. 더 정확히 말하자면 그 결과를 받아들여야 한다. 바로 여기서도 우리는 감시 및 감독 위원회를 통한 예산 허가가 기본적으로 왜 무의미한지를 볼 수 있다. 더 이상 결정을할 수 없고 강제로 허가를 해야 하기 때문이다.

이와 관련하여 잘못된 예산 편성을 가장 잘 보여주는 사례는 과거미국 국방부를 통해 볼 수 있다. 이는 국가 행정기관에서 흔히 볼 수있는 현상이지만, 다른 많은 조직들에게서도 발견되고 있다. 새로운무기 체계를 마련하는 과정에서 첫 해의 비용을 예산 편성에 넣어버리는 것이다. 이렇게 되면 초반의 비용만 파악되고 그 누구도 이어지는 비용에 대해서는 분명하게 알 수 없다. 이는 로버트 맥나마라 Robert McNamara가 등장한 이후에나 수정되어 생애 주기 예산 편성으로 바뀌었다.[89] 오늘날에는 무기 체계를 도입할 때 전 생애에 걸친전체 비용을 고려하여 예산 편성을 한다. 수리, 정비, 부품, 훈련 비용, 조종 인력, 시스템의 폐기까지가 포함되는 것이다.

물론 이 경우 많은 실수가 있을 수 있다. 대부분 추정을 토대로 예산을 편성해야 하기 때문이다. 하지만 그렇기 때문에 단순히 12개월에 대한 예산 편성으로서만 아니라 관련된 모든 것들을 고려하는 보다 목적성 있는 형태가 나올 수밖에 없다.

일반적으로는 언제나 다음의 전제를 가지고 예산을 편성해야 한다. 실제적으로 본질적인 지출은 실패할 것이 아니라 성공을 거둘 것에서 발생한다는 전제다. 성공에서 높은 후속 비용이 발생하고, 이것은 당연한 일이다. 그렇기 때문에 특히 성공의 후속 비용에 대비해야 한다. 물론 실패로 인해 망할 수도 있다. 하지만 이보다 더 비극적인 것은 성공을 거뒀지만, 그 성공의 비용을 감당할 수 없는 경우일 것이다.

운영 예산과 혁신 예산

마지막 생각과 직접적으로 관련되어 계속 증명되고 사실은 우리에게는 두 가지 서로 다른 예산이 필요하다는 것이다. 이들은 전혀 다른 목적을 가지고 있고, 따라서 예산 편성의 어려움도 서로 다르다.

첫 번째 예산은 우리가 생각하는 일반적인 예산, 즉 운영 예산이다. 기존에 있는 현재 진행 중인 사업과 이미 알고 있고 친숙한 것들에 대한 예산을 세우는 일이다. 운영 예산의 경우도 단순히 반올림 계산을 해서는 안 된다. 하지만 이 경우에는 과거 그리고 현재의 수치들이 최소한 부분적으로는 신뢰할 만한 근거가 될 수 있다. 운영 예산의 핵심 질문은 다음과 같아야 한다. '이 사업을 계속 성공적으로 이어나가기 위해서 필요한 최소한의 자원은 얼마인가?' 여기에서는 전통적인 경영적 사고방식 전체가 활용되고, 또 활용되기에 알맞다.

두 번째 예산은 매우 진보적인 기업들에서만 사용되는 기회 예산, 즉 새로운 혁신을 위한 예산이다. 혁신 예산을 세울 때는 경험적 수치들에 기대어서는 안 된다. 새로운 것에 대한 예산이므로 경험이 있을 수 없기 때문이다. 그래서 이 예산은 꽤 큰 불확실성을 갖고 있으며, 그렇기 때문에 다른 예산과 섞어서는 안 된다. 그렇게 되면 첫째, 운영 예산을 무력하게 만들 것이고 둘째, 기회의 불확실성을 숨길 것이다. 기회 예산을 세울 때는 두 가지 질문을 던져야 한다. '첫째, 우리가 자원을 투입하기에 옳은 가능성, 기회, 혁신인가? 둘째, 만일 옳다면 그것이 실제로 유용하게 쓰여 큰 성공을 거두기 위해서 우리가 투입해야 할 자원의 최대는 얼마인가?'

그토록 많은, 선의의 그리고 기본적으로 올바른 방향의 공공 프로그램들이 실패하는 근본 이유는 너무 적게, 너무 늦게 그리고 너무 많은 다양한 전선에 분산을 시켰기 때문이다(이는 경제 프로그램에도 똑같이 적용된다). 새로운 계획의 성공을 위한 열쇠는 과장되게 말하자면 그야말로 전력 질주를 하는 것이다. 적은 것에 온전히 집중하고 전력을 다해야 한다는 의미다.

필수항목 예산

신중하고 믿을 만한 예산 편성은 언제나 큰 문제 앞에 놓일 것이다. 고려하고 심사숙고해야 할 다양한 상태의 숫자들이 바로 그것이다. 그래서 다음과 같은 질문을 던지는 게 의미가 있을 것이다. '10~20퍼센트의 확률로 성공에 결정적인 상태에 있는 수치는 무엇인가? 우리가 제대로 다뤄내기만 하면 다른 모든 것들을 소용돌이치게 만들 예산은 무엇인가?' 일반적인 기업에서는 우편 비용이나 통화 비용을 구체적으로 편성하는 것이 별 의미가 없을 것이다. 하지만 통신 판매업에서 규모는 물론이고, 활용의 측면에서도 이것은 성공에 결정적인 예산 수치다. 공간 활용이 성공의 결정 요소인 기업은 별로 없다. 하지만 마트 체인 기업의 경우에는 결정적인 요소가 된다.

필수항목 예산은 1920년 알프레드 슬론의 리드로 제네럴 모터스에 도입되었고, 1960년대에 미 국방부에서 완성되었다. 개관이 불가능한 수백만 개의 예산 항목 가운데 정말로 중요한 것은 몇 백 개에 불과하다는 것을 알아차린 것이다.

뿐만 아니라 이는 예외적인 경우에 매니지먼트를 적절히 투입하는 기초가 된다. 여기에 대해서는 거의 이야기를 하지 않지만 그렇다고 그 유용성이 줄어든 것은 아니다.

개인에 대한 예산

예산이 최종적으로 어떻게 세워졌고, 어떤 모습을 하고 있든 실제로 일을 할 수 있는 건 사람밖에 없다. 그리고 이는 사람이 가장 중요한 자원이라는 입발림에도 여전히 대부분의 상황에서 고려되지 않는 부분이기도 하다. 얼마의 돈을 사람을 위해 지출해야 하는지에 대해서는 예산을 세운다. 개인 비용에 대한 예산도 세운다. 하지만 개인의 성과에 대한 예산은 세우지 않는다.

최종적으로 성과를 가져올 수 있는 유일한 자원은 바로 사람이다. 이 책의 모든 부분에서도 그렇듯 여기에서 말하는 것은 그냥 사람이 아니라 한 인격체로서의 개인을 의미한다.

만일 모든 예산 뒤에 그리고 심지어 모든 예산 항목 뒤에 이름, 즉, 책임자의 이름이 없다면 결코 효과적인 예산을 편성할 수 없다. 이것은 누구의 성과이며, 어떤 결과를 가지고 왔으며, 얼마만큼의 책임을 졌는가? 이것이 바로 이와 관련한 핵심 질문이 될 것이다.

이를 위해 가장 중요한 도구가 바로 3장에서 언급한 '과제'다. 즉 예산을 할당해야 할 대상은 일차적으로 비용이 아니라, 개인의 강점인 것이다. 이것이 바로 일이 제대로 실행될 수 있게 하는 유일한 방법이다.

최악의 경우를 위한 예산

마지막으로 나는 언제나 그리고 어떤 상황에서도 최악의 경우를 대비한 예산을 세울 것을 간곡히 제안한다. 여기에는 세 가지 이유가 있다.

첫째, 경제와 사회에 안전한 것이란 없다. 언제나 기습 상황을 예상해야 하고, 그 어떤 예측도 온전히 신뢰할 수 없다. 만일 최악의 경우가 발생했을 때 어떤 상황이 펼쳐질지, 그리고 그런 상황을 대비해 오늘부터 무엇을 준비해야 하는지를 제때 고민했다면 파산의 상황은 피할 수 있을 것이다. 이는 부정적인 인식이며 그렇기 때문에 기업은 이런 생각을 하지 말아야 한다는 주장에 설득되어서는 안 된다. 이것은 신뢰할 수 있는 매니지먼트 그 자체이며, 진정한 리더십의 핵심이다. 리더십은 스트레스 상황에서 침착함을 유지하는 것이다. 하지만 이는 자신 앞에 놓인 스트레스 상황이 무엇인지를 아는 사람만이 할 수 있는 일이다. 철저하게 고민하고 필요한 모든 것을 준비해둔 사람들 말이다.

두 번째 이유는 최악의 경우 예산을 세우는 것만으로도 기업이 어떤 부분에서 얼마나 유연한지, 대응해야 한다면 어느 부분에 대응을 해야 하는지를 알아낼 수 있기 때문이다. 유동성에 대한 이야기는 당연히 많이 언급된다. 하지만 기업의 어느 부분에 유동성이 있고 이를 경영에 어떻게 활용해야 하는지를 근본적으로 고민하려는 노력을 기울이는 사람은 소수에 불과하다. 이것은 그럴듯한 말의 문제가 아니라 모든 사업 활동에서 고민해야 할 문제다. 이를 위한 최고의 도구가 바로 최악의 경우 예산이다.

최악의 경우 예산을 세워야 하는 세 번째 이유는 지금과 마찬가지로 이것이 사업과 그 내부의 관계들을 정말로 철저하게 고민해볼 수 있는 최고의 방법이기 때문이다. 이러한 연습을 하고 나면 이전보다 자신이 속한 기업이나 조직을 더 잘 이해할 수 있게 된다.

● 숫자 뒤에 있는 개념

대부분의 기업과 그룹에서 전체 예산은 결국 한 페이지 혹은 몇 페이지로 요약될 것이다. 물론 그래도 괜찮다. 하지만 이는 그 뒤에 있는 가정과 고민 그리고 개념들이 깨끗하고, 정확하게 기록되어 있을 경우에만 해당하는 이야기다. 이것이 없는 예산 감시는 의미가 없다. 이것들을 기록하지 않으면 몇 주만 지나도 예산 편성 과정에서 고려했던 것들을 모두 잊어버린다. 그것의 결과는 결국 모두가 자기 나름대로 숫자를 해석하고, 책임을 전가하며, 변명거리를 찾는 현상으로 나타난다. 명확한 생각이 지배하는 것이 아니라 수사학이 지배하고, 변명거리를 찾아내는 데 가장 큰 상상력을 발휘한 사람이 '승리'를 거두는 상황이 되는 것이다.

기업과 그 문화는 짧은 시간 안에 방어적 자세로 물들고 만다. 구성원들은 무엇이 안 되는지, 그리고 왜 안 되는지를 정확히 알게 되고 동시에 괴로움과 냉소주의, 무관심이 생기기 시작한다. 또 불공정한 대우를 받는다고 여긴다. 이에 대해 기업은 대대적인 조직문화 프

경영의 본질

로그램으로 대응한다. '배우는 조직'을 만들기 위해 노력하면서 수없이 다양한 방법으로 해결책을 찾는 것이다.

하지만 문제를 더 쉽게, 보다 잘 해결할 수 있는 방법은 다른 데 있다. 예산에서의 숙련된 전문성, 철저함, 신중함을 적용하는 것. 즉, 효과적인 매니지먼트를 가동하는 것이다.

20

성과 평가

성과 평가는 놀라울 정도로 많은 리더들이 껄끄럽게 생각하는 도구다. 리더들은 자신과 직원들에 대한 평가를 거부하고, 무의미하다고 여기지만 여기에 대해서는 흔쾌히 말하려고 하지 않는다. 리더들은 매년 한 번씩 주기적으로 돌아오는 직원이나 자신에 대한 평가를 마치 불필요한 관습처럼 여기고 처리한다. 실제로 이런 평가를 지지하지도 않는다. 그래서 귀찮은 의무를 최소한의 시간과 생각의 투자로 마무리하는 것이다. 이런 까닭에 직원들의 평가에 대해 추가적으로 연수를 해도 도움이 되지 않는다. 왜 그런 것일까?

나는 지금까지 활동을 하면서 성과 평가의 도구에 대해 모든 지위의 리더들과 대화를 나눈 결과 다음과 같은 문제점을 발견할 수 있었다. 리더들은 도구로서의 성과 평가를 거부하는 것이 아니라 성과 평가라는 시스템을 강력하게 거부하고 있었다.

리더들은 이와 관련된 성과 평가의 과정을 평가의 복잡성을 더 키우고 다른 한편으로는 개인적인 성과 평가를 방해하는 거대한 관료제의 일부로 느끼고 있었다.

하지만 성과 평가 자체과 성과 평가를 위한 방법론을 구분하면 대부분의 리더들은 성과 평가를 중요하면서도 유용한 것으로 여긴다는 사실을 분명하게 알 수 있다.

그렇다면 문제는 어디에 있는 것일까? 전형적으로 사용되는 체계는 관리자들이 성과와 성과자에 대한 질문에 답을 하기 위해 실제로 필요로 하는 체계와 정반대인 것 같다. 그 이유는 오늘날 진행되고 있는 성과 평가가 원래 임상심리학에서 개발된 이론과 방법론을 따르고 있다는 사실을 안다면 금방 명확해진다. 더욱이 이것을 개발한 사람들은 의사와 같이 생각하는 사람들이기 때문이다. 임상심리학은 전통 의학과 마찬가지로 사람의 질병에 초점을 맞추는 학문이다. 따라서 개인에게 부족한 것, 그 개인의 약점과 결핍에 집중할 수밖에 없다. 이 경우에는 환자의 치유를 위한 올바른 처치, 그러니까 질병 증상의 제거가 목적이 된다. 그래서 의사와 환자의 관계는 처음부터 단절, 즉 끝을 향하고 있는 것이다. 환자에게는 최대한 빨리 치료해 주는 의사가 무엇보다 중요한 것이 당연하다.

하지만 경영에서의 상황은 정확하게 이와는 정반대다. 관리자는 사람들의 강점에 집중해야 하고, 직원들과의 관계 역시 단절이 아니라 장기적이고 연속적인 관점에서 봐야 하기 때문이다.

이로써 임상 분야에서 만들어진 평가 시스템과 그에 따른 질문을 넘겨받는 것은 경영 분야에서 유용하지 않으며, 의도가 어떻든 오히려 피해를 일으킬 수밖에 없다는 사실 또한 명확하게 알 수 있다.

● 일반적인 기준이란 없다

　　임상 분야에서의 질문은 기본 평가 기준에 관한 것이며, 임상 분야에서 이는 당연한 일이다. 질병의 증상이란 그 질병이 알려지고 치료법이 개발되면 모든 사람에게 동일히게 적용할 수 있는 기준으로 설명해야 하기 때문이다. 예를 들어, 홍역, 감기, 홍열과 같은 질병에서는 모든 사람에게 어느 정도 동일한 증상이 나타나고 그런 증상을 표준 평가 척도로 정리할 수 있다. 이것이 의학에서 질병의 복잡성을 해결하는 방법이다. 그래서 특정한 증상을 최대한 정확하게 기록하고 묘사하며, 가능하다면 수량화하는 것이 의학에서는 놀라운 진보인 것이다. 이렇게 해놓으면 모든 표준에 대한 양적 특징이 정해지고, 만일 이 수치가 각각의 정해진 정상 범위 안에 있으면 그 사람은 건강한 것이 된다. 많은 의학 실험들은 이러한 패턴을 따라 이루어진다.

　　이러한 과정이 의학 그리고 더 나아가서는 다른 많은 분야에 유용할지는 모르겠지만 경영에서는 전혀 그렇지 않다. 내가 여러 차례 강조한 바와 같이 조직이나 기업의 경영에서 중요한 것은 표준화할 수 있는 영역이 아니라 주어진 과제와 각 개인이 가지고 있는 특징이다.

　　조직에 요구되는 표준 목록에는 전형적으로 인간관계, 스트레스 대처 능력, 결정 능력, 창의력, 혁신 능력 그리고 협동 능력과 같은 성향과 능력들이 포함되어 있다. 이러한 요소 그리고 이와 비슷한 요소들은 거의 모든 조직의 표준 목록에서 찾을 수 있고, 이는 특히 리더

위치에 있는 이상적인 직원의 모습을 묘사할 때 가장 활발하게 활용된다. 어떤 경우에는 이 목록이 전형적으로 리더들이 갖추고 있어야 할 능력이 무엇인지에 대한 답이 되기도 한다. 하지만 특정 개인의 성과를 평가하는 데 있어서 이 목록은 그리 도움이 되지 않는다.

이러한 표준 목록을 사용하는 것은 성과 평가를 하는 데 적합하지 않을 뿐만 아니라 리더들이 거부할 수밖에 없는 상황으로 이어진다. 각각의 상황에 전혀 필요하지도 않은 능력까지 평가해야 하기 때문이다. 이렇게 되면 혁신 능력이 전혀 필요하지 않은 곳에서 '혁신 능력'을 평가해야 하는 상황이 발생한다. 결정을 해야 할 일이 드물거나 그다지 중요하지 않은 결정을 하는 직원에 대해 '결정 능력'을 평가해야 하는 상황도 생긴다. 바로 이 부분에서 리더들은 의미가 없다고 느끼고, 부당하다고 생각하는 것이다. 이런 평가는 임금 변화에도 영향을 주지 못할뿐더러, 승진 결정에도 아무런 도움이 안 된다.

따라서 성과 평가와 관련해서는 다음과 같은 질문을 던져야 한다. '이 특정 조직의 특정 위치와 특정 상황에서 리더는 무엇을 필요로 하는가?'

하지만 몇 가지 요소는 일반화할 수 있다. 대부분은 상황에 따라 중요성이 달라지겠지만 말이다. 스포츠에서는 컨디션과 힘이 언제나 중요하다. 하지만 이 또한 일반화할 수 있는 것은 여기까지다. 어떤 컨디션과 어떤 힘을 이야기하는 것인가? 100미터 달리기와 마라톤에 필요한 컨디션은 그 유형부터가 다르다. 그래서 이 두 종목의 경우 전혀 다른 훈련을 해야 한다. 예를 들어 역도 선수의 힘은 높이뛰기 선수의 힘과 전혀 다를 것이다. 각 종목에 대해서는 어떤 능력을 갖춰야 하며 따라서 어떤 성과를 올리기 위해 훈련을 해야 하는 지를 상당히 정확하게 구분해 설명할 수 있을 것이다. 하지만 이것을 종합하고, 응집시키고, 일반화해버리면 모든 것은 다시 쓸모를 잃게 된다.

스포츠 선수에게 필요한 능력도 일반화해서 정리할 수 없다. 이 또한 각 선수별로 정리해야 한다. 추상적인 것이 구체적인 능력을 평가하고 그에 따라 특수한 훈련이 이어져야 하기 때문이다. 리더의 위치에 있는 모든 직원들에게도 마찬가지다. 더 높은 위치에 있는 리더일수록 그 개인성은 더 중요해진다.

성과 평가에서 표준적인 요소들을 사용할 경우 그 대상에 대한 표준적인 평가가 나올 수밖에 없다. 대부분의 평가 요소에서 중간 수준의 평가가 나오는 것이다.

그 이유는 분명하다. 첫째, 직원들에게 피해를 주고 싶지 않기 때문이다. 성과 평가란 어떻게든 직원들의 임금에 영향을 줄 수 있기 때문에 까다로울 수밖에 없다. 시스템의 요구에 따라 해당 직원과 그 직원의 과제에 적용할 수 없는 요소들을 평가하기는 하지만 그것이 직원에게 피해를 주어서는 안 된다.

둘째로 평가를 받는 직원 쪽에서도, 평가를 지시한 상사 쪽에서도 어려움이 발생해서는 안 된다. 누군가에게 좋지 않은 평가를 하고 나면 자신의 상사와 인사과에도 그 이유를 설명해야 한다. 게다가 이 평가로 해당 직원 더 나아가 근로자 대표 협의회와도 문제가 생길 수도 있다. 어떤 직원을 좋게 평가한 경우에도 해당 직원의 임금 인상과 승진 요구를 받아주어야 하고, 또 다른 한편으로는 좋은 평가의 근거를 상사에게 설명해야 한다. 뿐만 아니라 이렇게 좋은 직원이 많은데 왜 부서의 성과가 없는지에 대한 질문이 나올 가능성도 염두에 두어야 한다.

결국 어떤 경우에도 어려움은 피할 수 없다. 이런 이유 때문에 리더들은 결국 중립적이고, 책임을 지지도 않아도 되는 평가를 하게 된다. 평가 체계를 만드는 과정에서 얼마나 막대한 비용이 들었든, 얼마의 부채를 지고, 얼마를 더 지출해야 하든, 결국 그 누구도 원치 않는 결과를 얻게 되는 것이다. 조직의 실효성을 극대화하는 데 전혀 작용하지 못하는 무의미한 평가 말이다.

● 빈 종이 한 장

성과 평가의 실효성을 위해 정말로 필요한 것은 무엇일까? 그리고 어떻게 해야 이것이 대변혁의 시대에 복잡성과 과제들을 극복하기 위한 도구가 될 수 있을까?

조직은 평균적인 규모에 대한 정보를 필요로 하지 않는다. 조직에 필요한 정보는 조직에서 누가 어떤 특별한 강점을 가지고 있고, 그것으로 어떤 결과를 이루었으며, 이룰 수 있느냐이다. 앞에서 언급했듯이, 누군가의 강점은 그 사람이 지금까지 이룬 성과를 토대로 할 때 가장 신뢰할 수 있는 평가를 내릴 수 있다.

이것을 알아내는 것이 성과 평가의 원래 목적이다. 리더들이 정확하게 이것을 알아낼 수 있는 환경이 조성되면 성과 평가에 대한 이의 제기는 사실상 사라질 수밖에 없다. 강점 지향적인 평가가 있어야 구체적인 인사 배치는 물론이고 각각의 직원들에 대한 합리적인 임금과 승진을 위한 기초를 마련할 수 있다.

이를 위한 도구로 나는 백지를 추천한다. 체크리스트도 어떤 도표도 없는 하얀 백지 위에 직원과의 대화 내용을 바탕으로 그 사람의 성과에 대한 평가를 적는 것이다. 백지를 앞에 두고 있으면 평가 대상이 되는 직원에 대해 생각을 할 수밖에 없다. 평가 항목표에 체크를 하고, 프로필 서류의 빈칸을 채우는 것으로는 불가능한 일이다. 아무 의미 없는 기계적인 평가가 아닌 것이다. 하지만 이때 상황에 따라 간과할 가능성이 있으므로, 중요한 항목들을 모아둔 체크리스트는 도움이 될 수 있다. 여기에는 올바른 매니지먼트 그리고 대변혁과 관련이 있는 주제들이 포함될 것이다.

이 과정을 실제적으로 활용하다 보면 평가 대상인 직원에 대해 기본적으로 얼마나 무지한지, 한 해 동안 얼마나 교류가 없었는지, 이 관계가 얼마나 표면적이었으며, 인적자원이라는 말 '뒤'에 숨어 있는 그 사람에 대해 사실상 아무것도 모르고 있었는지를 알게 되는 경우가 대부분이다.

성과 평가의 결과는 여러 가지여야 한다. 첫째, 성과는 사람과 관계없이 평가되어야 한다. 성과는 진공상태의 공간에서가 아니라 사전에 설정해놓은 목표와 관련해서 나오는 것이기 때문이다. 성과에 대한 이야기는 목표에서부터 시작해야 한다. 그렇지 않으면 성과가 아니라 업무와 관련된 문제가 된다. 여기에 대해서는 이미 3부에서 다룬 바 있다.

두 번째는 성과자의 개인적이고 특수한 강점과 약점이다. 반복해서 이야기하지만 나는 개인적이고 특수하다는 점을 강조했다. 이 사람이 특히 잘하는 것과 그렇지 않은 것은 무엇인가? 어디에서 그 사실을 알 수 있으며, 나는 그 이유를 어떻게 설명할 것인가? 단계적으로 나타나거나 추정만 할 뿐이지만 조금 더 정확하게 확인해봐야 하는 잠재적인 강점은 없는가? 이 추측을 강화하거나 반증하려면 과제를 어떻게 설정해야 하는가? 이는 성실하게 세우고 답해야 할 유형의 질문들이다. 이때는 평가표나 프로필 서류가 도움이 되지 않는다. 그런 자료들은 근본적인 것들을 볼 수 있도록 돕는 대신 오히려 방해하기 때문이다. 이것이 바로 성과 평가를 도구로 사용해야 하는 이유이다.

성과 평과의 목표와 목적을 분명하게 이해하고 있어야 한다는 것을 차치하고 보더라도 평가를 위해서는 무엇보다 판단력이 필요하다. 성과 평가의 형식화를 통해 광범위하게 대체하고자 하는 것도 바로 이것이다. 그리고 이것이 바로 성과 평가를 '생동감 없게' 만들고 형식적인 관습으로 여겨지게 만드는 요인이기도 하다.

판단력은 강화하고 훈련할 수 있다. 통제에 대한 챕터에서 내가 이미 한 말이기도 하다. 젊은 사람들의 판단력은 결코 뛰어날 수 없다. 판단에는 경험이 필요하기 때문이다. 하지만 판단력은 발전하고 학습할 수 있다. 이는 다른 분야에 대한 평가와 마찬가지로 사람을 평가하는 데도 적용된다. 어느 정도 수준까지는 음악이나 그림을 평가하는 법을 배울 수 있다. 산에서 눈사태가 발생할 위험성을 판단하는 법을 배울 수도 있다. 마찬가지로 의사는 환자의 질병을 진단하는 부분에서 판단력을 키울 수 있다. 여기에 대해 이의를 제기하는 것이 위험한 트렌드가 되어버린 것 같다. 그렇지 않았다면 판단력을 허위 정량화로 대체하려고 시도하는 시스템과 과정이 발달하지 않았을 것이다.

● 제일 좋은 평가 방법

성과 평가를 위한 최고의 방법은 실시간 원칙에 따른 연속적인 평가다. 이 방법은 득히 오늘날의 지식 조직에 적합하다. 직원이 비교적 큰 과제, 즉 임무를 언제 수행하든, 이에 대한 평가는 이루어져야 한다. 하지만 이를 위해 세분화된 시스템이 필요한 것은 아니다. 오히려 반대로 단순한 평가표와 짧은 코멘트면 충분하다. 대부분의 지식근로자들은 동시에 혹은 순차적으로 여러 명의 상사를 두고 있다. 원칙적으로는 과제별로 리더가 다를 수 있고 그 아래로는 전혀 다른 분야의 프로젝트 리더가 있다. 이를 통해 직원이 서로 다른 상사들에게 평가를 받을 수 있는 기회가 생기고 이로써 임의의 주관성을 제거할 수 있다. 이런 방법으로 직원은 서로 다른 실무와 관련하여 여러 차례에 걸쳐 여러 사람에게 평가를 받을 수 있다.

● 표준화된 평가 방식이 필요한 경우

표준 평가는 여러 명의 혹은 많은 사람들이 근본적으로 같은 과제를 수행할 때 신뢰할 수 있고 유용하다. 예를 들자면 보험업의 외근직, 마트 혹은 백화점의 동일한 부서에서 일하는 판매직 등이 여기에 해당한다. 하지만 어렵지 않게 알 수 있듯, 이들은 리더가 아니다. 리더 영역에서의 사례로는 체인이 동일한 유형이라는 가정 하에 마트 체인의 지점장이나 은행 혹은 그 비슷한 사업장의 지점장을 들 수 있다.

표준화된 평가 문항을 가진 일반적인 평가 시스템, 아니 일반적인 평가의 원리가 그나마 가장 유용하게 사용될 수 있는 경우가 바로 이러한 경우일 것이다. 그럼에도 나는 여기에서도 이를 만류하고 싶다. 같은 과제라도 동일하게 수행하는 경우가 없기 때문이다. 이것이 가장 놀랍고 중요한 부분이다. 그리고 동시에 우리가 계속 간과하는 부분이기도 하다. 온전히 혹은 광범위하게 비교 가능한 과제라도 사람들은 모두 다른 방식으로 결과와 성과를 도출한다. 그래서 동일한 평가 기준을 가지고 개인적인 과정을 어렵게 하거나 차단하면, 능력치는 하향 곡선을 걷는다. 개인적인 강점을 더 이상 표출할 수 없기 때문이다. 하지만 이런 방식은 비인간적일 뿐만 아니라 기업에게도 손해가 된다. 이러한 유형의 평가 과정을 허용해야 할 근거가 조금도 없는 것이다.

이는 판매를 하는 사람들을 통해서도 분명하게 관찰할 수 있다. 어떤 업계에서든 뛰어난 판매자들 사이에서도 결과를 만들어내는 태도의 범위가 얼마나 넓은지를 볼 수 있다. 한 사람은 자신의 전문적인 지식을 투입해 결과를 얻어내는 반면 또 어떤 사람은 애교와 유머를 사용한다. 자신의 오랜 관계들을 관리하는 법을 잘 아는 사람도 있고, 어떻게, 무엇으로 성과를 거두는지를 스스로 모르는 사람도 있다. 이 모든 것을 우리는 판매업에서 관찰할 수 있다. 하지만 이는 업무는 물론이고 리더십의 과제에도 동일하게 적용된다.

● 사람을 보는 눈은 결코 직감에서 오지 않는다

인간에 대한 이해가 뛰어난 것처럼 보이는 사람들이 있다. 우리는 인사 배치에서 높은 점수를 받은 사실을 토대로 이같은 결론을 내린다. 그러니까 타인에 대한 특별한 '눈' 혹은 특별한 '감각'을 가진 사람이라는 것이다.

하지만 자세히 들여다보면 전혀 다른 문제가 등장한다. 이들은 자신들과 함께 일하는 사람들의 평가를 무척 신중하게 여긴다. 하지만 이를 위해 사용되는 수단은 '고도로 발달된' 평가 시스템이 아니라 자신들의 눈에 띈 것, 메모해둘 가치가 있다고 생각되는 모든 것들을 기록하는 '작고 검은 노트'다. 이들은 이와 같은 작업을 결코 성과 평가를 해야 할 시기에, 1년에 딱 한 번 하지 않는다. 이들은 자신의 직원들에 대해 눈에 띄는 것을 꾸준히 기록한다.

더 구체적으로 들여다보면 이런 사람들은 매우 신중하게 그리고 성실하게 특정한 과제에서 정말로 중요한 것이 무엇인지에 대해 계속 질문을 던진다는 사실을 알 수 있다. 이런 리더들은 무엇을 임무 혹은 과제로 표현해야 하는지에 대해 명확하게 이해하고 있다. 또한 이들을 적정한 위치에 배치하기 위해서는 각자의 강점이 중요하다는 것도 알고 있으며, 약점에 대해서는 왜 해당 분야에 이 사람을 배치하면 안 되는지에 대해 정보를 얻는 정도에서 그친다. 이러한 리더들은 일반화가 아니라 구체적인 각 사람의 개인화에 관심을 갖는다.

무엇보다 이들이 노트에 기록하는 것들은 대부분 '결정적 사건'이라고 표현할 수 있는 것이다. 자신과 관계가 없는 경우 대부분은 사람들은 이런 사건을 그냥 무심하게 지나치며 큰 의미를 부여하지 않을 것이다. 하지만 전체적인 맥락에서 그리고 노련한 리더들의 눈에 이는 실제로 이 사람이 어떤 사람인지에 대한 답을 줄 수 있는 결정적 사건이다. '사람들이 보지 않을 때 이 사람은 어떻게 행동하는가? 출장을 함께 간 직원과 동료들에게는 어떻게 대하는가? 이중적인 의미를 가진 유머에는 어떻게 반응하며, 통합의 기회가 주어졌을 때는 어떻게 행동하는가?'

이쯤에서 나는 빈경제대학에서 일하는 나의 동료, 경제심리학자인 린다 펠츠만Linda Pelzmann에게 감사의 인사를 전해야 할 것 같다.[90] 헝가리 상인들이 사업 파트너가 될 가능성이 있는 사람을 평가하기 위해 사용했던 오래된 규칙을 알려주었기 때문이다. 첫째, 술에 취한 모습을 경험해봐야 한다. 이때는 진실을 감출 수 없기 때문이다. 둘째, 이 사람과 유산을 나눠야 한다. 자신의 탐욕을 드러낼 것이다. 셋째, 그 사람과 함께 잡혀봐야 한다. 이성을 잃고 타인을 곤경에 빠뜨리는지를 볼 수 있다. 물론 이러한 상황을 경험할 기회는 절대 주어지지 않겠지만 이 규칙은 무엇이 중요한지를 우리에게 분명히 보여준다.

인간에 대한 이해를 갖고 있는 사람들은 다른 사람을 '첫 눈에' 알아보는 능력을 갖춘 사람이 결코 아니다. 혹은 공감 능력이 특별히 뛰어나거나 누군가의 탁월한 능력, 영향력, 인격 등을 직감적으로 알아차리거나 느낄 수 있는 비과학적이고 단순한 그리고 가끔은 말도 안 되는 문서를 통해 주기적으로 등장하는 주장들과 정반대인 것이다. 오히려 이는 여러 해에 걸쳐 계속해서 심화되고 끊임없는 질문을 통해 사람들을 관찰한 결과이다.

● 나의 위치를 안다는 것

성과 평가가 합당한지, 성과의 평가에 근본적으로 반대하는 흐름에는 어떻게 대응해야 하는지에 대한 질문 없이 성과 평가에 대한 이야기를 할 수는 없다.

물론 평가받기를 원하지 않는 사람도 있다. 이들에 대해서는 어떻게 하는 것이 좋을까? 이에 대한 답은 상당히 단순하다. 받아들이기가 어렵고, 때로는 아예 불가능할 수는 있지만 말이다. 진정한 실행자들은 자신들이 어디에 서 있는지를 알기를 원한다.

자신의 위치를 알고 싶지 않은 사람은 그럴 만한 이유가 있다. 그리고 그 이유를 긍정적으로 여기거나 받아들일 조직은 없을 것이다. 교육을 통해 해결할 수 있는 일시적인 무지를 제외하고 본다면 평가를 거부하는 이유는 딱 하나다. 성과가 좋지 않기 때문이다.

성과가 좋은 사람들은 자신의 성과가 어떤 상태인지, 더 나은지 아니면 뒤처져 있는지를 알고 싶어 한다. 이것이 스포츠 선수에게는 훈련의 의미일 것이고, 음악가, 아티스트 그리고 다른 예술가들에게는 연습의 의미일 것이다. 어쩌면 성과가 좋지 않은 사람들이 진실을 보려 하지 않고, 알고 싶어 하지 않는 것은 이해할 수 있다. 하지만 조직에서 이것을 용인해서는 안 된다. 누군가가 이것을 개인적으로 어떻게 여기느냐는 개인의 결정이다.

성과 평가를 거부하는 태도를 학문적으로 풀어낸 것처럼 보이는 설명 중에 하나가 성적을 두고 벌이는 경쟁이다. 여기에서 교육학자들의 전문 영역을 건드리고 싶지는 않다. 하지만 한 가지는 분명하다. 이 세상에는 성공과 실패가 있고 목표의 달성과 실패가 존재한다

　　　　　　　　　　　　　　　　　　　경영의 본질

는 것 그리고 성과의 개선을 위한 방법이 있다는 것을 상대적으로 일찍 배우지 못한 사람은 사회와 그 사회의 조직에서 평생 어려움을 겪는다는 사실이다. 이러한 경험을 성적을 통해 제공하는 게 낫느냐 혹은 다른 방식을 통해 제공하는 것이 낫느냐는 전문가들이 풀어야 할 문제다. 어쨌거나 성과를 달성한 것과 달성하지 못한 것, 좋은 성과와 나쁜 성과의 차이는 오해가 생기지 않도록 명확하게 다루고 표현해야 한다. 분명한 실패도 경험할 수 있어야 한다.

긍정적인 생각과 강점 지향의 원칙은 어떤 경우에도 미화되고, 수사학적으로 만들어져서 나쁜 성과가 더 이상 존재할 수 없다고 오해되어서는 안 된다. 이것은 사람과 그 사람의 수행 능력의 심적이고 정신적인 잘못된 발전으로 끝날 것이다.

올바른 사람들은 자신들의 위치가 어디인지를 알고자 한다. 이런 사람들만이 조직에서 활용될 수 있다. 성과 평가에 대한 포기 그리고 이를 통해 만들어낸 획일주의는 인간성이나 연대 의식과는 반대되는 개념이다. 사람들로부터 실효성과 성공의 기회를 빼앗기 때문이다.

시스템 개선

유기체가 체계적으로 쓰레기를 스스로에게서 떼어내는 것은 자연이 만들어낸 시스템이다. 이를 보여주는 사례가 포유류와 인간의 신장, 장 그리고 피부다. 마찬가지로 각각의 세포도 유해 물질을 제거하는 메커니즘을 가지고 있다. 그래야만 유기체는 건강을 유지하며 기능할 수 있기 때문이다. 체계적이고 지속적인 정화 작업 없이는 생존도 불가능하다.

● **시스템 개선을 위한 필수 사항**

조직의 개선과 순조로운 기능을 위해서는 다소 아날로그적인 것이 필요하다. 대변혁 시대의 복잡성을 정복하기 위해서는 생존에 필수적인, 체계적인 시스템 개선의 메커니즘이 필요하다. 모든 기관에는 낡은 것과 과잉된 것을 제거하는 프로세스가 있을 것이다.

경영의 본질

체계적인 쓰레기 처리에 대한 아이디어는 조직에서도 강력하고 효과적인 방법으로 쉽게 구현해낼 수 있다.[91] 이 방식의 적용은 비대한 기업과 부실한 기업, 비효율적인 기업과 효율적인 기업, 느린 기업과 빠른 기업, 게으른 기업과 생기 넘치는 기업의 결정적인 차이를 만들어낸다.

사람과 조직은 너무 많은 것을 하려는 경향을 가지고 있다. 다양한 것을 너무 많이 하려고 하고, 어디에도 유용하지 않은 것을 너무 많이 하려고 한다. 스스로 너무 많은 짐을 지는 것이다. 다소 과장된 의미에서 조직이라고 할 수도 있는 인간은 '습관의 동물'이고 '햄스터'다. 모든 것을 챙기고 모으는 습관을 가졌고 체계적으로 쓰레기와 유해 물질을 처리할 수 있는 '조직'을 가지고 있지 않기 때문이다.

● 개념부터 방법까지

이 방법은 아이디어만큼이나 단순하다. 주기적으로 다음과 같은 질문을 던지면 되기 때문이다. '오늘 우리가 할 일 가운데 이미 하고 있던 일이 아니라면 시작하지 않았을 일은 무엇인가?'

그리 좋은 문장이라고 말할 수는 없지만, 어쨌거나 이는 매우 효과적인 질문이다. 주의해야 할 점은 이것이 '당시에 시작하지 말았어야 하는 것은 무엇인가?'라는 물음이 아니라는 사실이다. 비슷한 질문처럼 들릴 수 있지만 이런 질문을 하는 것은 비생산적이다. 첫 번째 질문이 미래를 향하고 있다면, 두 번째 질문은 과거를 다루고 있기 때문이다. 지나간 것에 대해 생각하는 것은 흥미로울 수는 있으나 이 맥락에서는 그리 유용하지는 않다. 만일 이미 진행 중인 것이 아니라면 시작하지 않을 일은 무엇인가? 그래서 우리가 떼어내야 할 것은 무엇인가? 지금 당장 그만 두고 멈춰야 할 것은 무엇인가? 이것이 더 나은 미래를 위한 행동을 이끌어낼 질문들이다.

이 '체계적인 쓰레기 처리'의 의미는 사람과 조직의 일반적인 행동 양식과 대조해보면 분명하게 드러난다. 원래 하고 있던 일에 매년 새롭고 추가적인 일을 더하는 행동 말이다. 이에 대한 이유도 그럴싸하다. 현대적이고 싶다거나, 혁신적이고 싶다거나, 최대한 놓치는 것이 없었으면 좋겠다거나 뭐 그런 이유들이다. 하지만 이것은 결국 '자신의 쓰레기 더미 속에서 압사'당하고 마는 확실한 지름길이다. 활기찬 기업들은 이와 같은 행동 양식을 체계적으로 뒤집고 다음의 질문을 던진다. 우리가 떼어내야 할 것은 무엇인가? 더 이상 하지 말아야 할 것은 무엇인가?

이 질문을 체계적이고 끈기 있게 적용한 것이 바로 태만하고 관료주의적이었던 제너럴 일렉트릭을 전 세계에서 가장 모범적으로 운영되고, 가장 활기차며, 높은 이익을 올리는 기업으로 성장시킨 기폭제였다.[92] 1980년대 제너럴 일렉트릭이 방향을 전환하게 된 중심에는 세계 시장에서 최소 2위 이상의 성적을 거두지 못하고 있는 사업 영역에서 발을 빼자는 80년대 초반의 결정이 있었다. 어떤 사업 영역은 즉각적으로 정리할 수 있었지만 공급 및 보증 의무를 채우느라, 부품을 유지하느라, 성실한 고객들에게 등을 질 수 없는 등의 이유로 정리하는 데만 10년 이상이 걸리는 사업 영역도 있었다. 각 사업 영역에서 목적을 달성하기까지 매우 오랜 시간이 걸리기는 했지만 그럼에도 1980년대 초에 이러한 결정을 내리지 않았더라면 제너럴 일렉트릭은 여전히 이 사업들이 조직에 가져오는 결과와 부담들 그리고 무엇보다 수익 능력을 안고 오늘날까지도 이 사업들을 이어가고 있었을 것이다.

이와 같은 대기업에서 가능한 것은 거의 모든 조직에서도 성공할 수 있다. 그 방법을 고민하고 체계적으로 적용하기만 한다면 말이다.

기업은 약 3년에 한 번씩 상품, 시장, 고객 그리고 기술과 관련해 '만일 이미 진행 중이지만 않았더라면 더 이상 시작하지 않을 일은 무엇인가?'라는 질문을 던져야 한다. 그리고 매년 조직에서 이루어지고 있는 다른 모든 것들에 대해서도 같은 질문을 던져야 한다. 모든 행정 처리 과정, 컴퓨터 시스템, 컴퓨터 프로그램, 사용되고 있는 서류, 작성하고 있는 리스트, 만들어낸 보고서, 하고 있는 모든 회의 등 결과를 만들어내지 못한 지 오래 되었음에도 익숙해서 그냥 하던 대로 이어가고 있는 것들에 대해서 질문을 던져야 한다. 서류의 전체 흐름에 대해서도 마찬가지다. 과정, 프로그램 그리고 사용되고 있는 방법 등에 대해서도 질문을 해야 한다.

이 모든 것들은 대부분 그것을 도입하던 시점에 유용하고 쓸모가 있었을 것이다. 그렇기 때문에 '당시에 시작하지 말았어야 하는 것은 무엇인가?'라는 질문은 목적에 부합하지 않는다. 무언가를 시작하던 당시에는 그것을 시작할 만한 이유가 있었을 것이고, 고민을 했을 것이고, 더 나은 대안이 없었을 것이다. 하지만 행정 절차와 매니지먼트 프로그램만큼 빠르게 뒤처지고, 빠르게 익숙해진 관습만큼 질긴 생존력을 가진 것도 없다.

물론 상품, 시장, 고객 그리고 기술, 특히 발전이 빠른 분야에 대해

3년이 아니라 1년에 한 번씩 점검을 하는 것도 좋다. 그래서 안목을 가지고, 각 사업의 특성에 따라 시간 간격을 신중하게 설정해야 한다. 하지만 3년이 넘었다면 그 어떤 사업 분야에서도 무엇이 의미가 있고, 그 사이에 쓰레기와 짐이 된 것이 무엇인지를 점검하는 일에 있어서 더 이상 지체해서는 안 된다. 이 질문은 전체로서의 기업을 위해 반드시 필요한 것이지만 동시에 모든 리더들이 당연하고 정기적인 도구여야 한다. 부서와 자기 자신을 위해서 말이다.

가장 좋은 방법은 매년 하루를 할애하여 가장 가깝고 중요한 직원들과 함께 이 문제에 대해 회의를 하는 것이다. 이때 이 질문 하나만을 다뤄야 하며, 같은 날 또 다른 수많은 일정들을 소화해서는 안 된다.

이 질문을 처음으로 던지면 사람들은 어리둥절한 표정을 지을 것이다. 무슨 말을 해야 할지 전혀 알 수 없기 때문이다. 이전까지 이들이 가장 많이 받은 질문은 "우리가 더 해야 할 일은 뭐죠?"이지 "더 이상 하지 말아야 할 일은 뭘까요?"였던 적이 단 한 번도 없었을 것이다. 그러므로 처음에 다소 불안하거나 소극적인 분위기가 있더라도 이를 견디고 '쓰레기 처리'에 대한 질문을 왜 던졌는지 설명을 해주어야 한다. 그러면 직원들이 (특히 훌륭한 직원들이) 제거해야 할 쓰레기 후보로 얼마나 많은 것들을 언급했는지를 상당히 빠르게 알게 될 것이다. 이 회의에서는 긴 리스트가 나올 것이다. 이후에 이런 질문을 던져서는 안 된다. "이걸 없앨까요, 말까요?" 우리가 던져야 할 질문은 딱 하나다. "어떻게 해야 최대한 빨리 이것들을 정리할 수 있을까요?"

경영의 본질

어떤 것들은 즉각적인 '쓰레기 처리' 결정을 내릴 수 있지만 또 어떤 것들은 몇 년이 필요하기도 하다. 하지만 어쨌거나 중요한 것은 시작했다는 사실이고, 옳은 길을 가고 있다는 사실이다. 그리고 무엇보다 직원들의 생각을 전혀 다른 방향으로 전환시켰다는 것이다.

조직을 정화하고 해독하며, 불필요한 짐으로부터 해방시키고, 조직 내의 관습을 극복하는 길로 나아간 것이다.

● 더는 하지 말아야 할 일

체계적인 쓰레기 처리는 최소한 세 가지의 광범위한 결과를 가져오는 열쇠가 되어줄 것이다. 첫째는 실제로 효과적인 린_{Lean} 경영 그리고 업무 절차의 재설계다. 둘째는 효과적인 변화의 매니지먼트와 혁신이고, 셋째는 기관의 핵심을 효과적으로 다루고, 근본적인 사업과 조직의 목적을 정의하며, 비즈니스 미션을 얻는 결과이다.

린 경영과 업무 절차의 재설계를 제대로 이해한다면 우리가 하는 모든 업무를 어떻게 하면 더 저렴하고 빨리 진행할 수 있을지에 대한 질문은 할 필요가 없다는 것을 알 수 있다. 오히려 이것은 다음의 질문으로 시작한다. '우리가 더 이상 하지 말아야 할 것은 무엇인가?'

컴퓨터와 텔레커뮤니케이션의 시대에는 거의 모든 것을 '더 저렴하게, 더 빨리' 할 수 있다. 무언가를 약 50퍼센트 정도 더 빠르게 혹은 더 절약해서 진행하는 것은 만일 그것이 더 이상 하지 말아야 하는 것이라면 100퍼센트 잘못된 것이다.

효과적인 변화의 매니지먼트 그리고 올바른 혁신 매니지먼트는 조직을 짐으로부터 해방시키지 않고는 생각조차 할 수 없다. '더 이상 하지 말아야 할 것은 무엇인가?'라는 질문보다 더 빠른 그러면서 도 동시에 급진적인 변화를 가져올 수 있는 것은 없다. 조직에 변화를 가져올 수 있는 최고의 방법은 '잘못된 일을 그만하는 것'이다. 그리고 이는 동시에 그 무엇보다 가장 저항이 적은 방법이다.

무언가 추가적이고 새로운 것을 해야 할 때 사람들이 공개적으로 혹은 비밀리에 저항을 하는 것은 충분히 이해할 수 있는 일이다. 반면 아무것도 하지 않는 것은, 이로 인해 일자리를 위협받는다고 생각하는 사람들을 제외하면 훨씬 더 쉬운 일이다. 실제로 일자리에 대한 위협이 '쓰레기 처리'와 관련이 있다면 당연히 이 대책을 신중하게 준비해야 한다. 그리고 빠르게 진행해야 한다. 대상자들을 업무 과정에서 제거하는 것이 중요하기 때문이다.

하지만 가장 중요한 것은 조직 정화에 대한 질문이 언제나 문제의 핵심, 즉 다음의 질문에 부딪친다는 것이다. "우리가 이것을 하는 이유는 무엇인가? 이 행정 절차, 이 회의, 이 서류의 목적은 무엇인가?" 이렇게 되면 결국 조직의 활동이 가진 기본 목적에까지 이르게 된다.

물론 기업의 설립 목적은 고객과 다른 '수혜자'들에게 올바른 성과를 가져다주고, 상품과 서비스를 개발하고, 생산하고, 판매하고, 아픈 사람을 치료하는 데 있으며 어쩌면 더 나아가 생태 시스템의 파괴를 막는 데 있을 수도 있다. 회계 제도, 정보학, 인사 시스템, 행정 등은 조직의 원래 주된 목적이 가져오는 결과인 것이다. 우리는 이것을 절대로 잊어버려서는 안 된다. 원래의 목적을 달성하는 데 필요한 도움의 기능들은 제국주의적 독립을 이루려는 경향을 가지고 있기 때문이다. 그래서 우리는 이 도구들을 계속해서 근본적인 주 목적 아래에 두고 질문을 던져야 한다. 그 기반이 있어야 조직은 생동감 있고, 빠르고, 생산적인 조직을 만들고 유지하기 위해 움직일 수 있다.

그리고 그렇게 해야만 효과적으로 목적을 달성하고 본질에 집중할 수 있다.

● 버릴 수 없는 부분이라면

체계적인 '쓰레기 처리'의 방법은 리더십 그리고 직원들에 대한 개인적인 실효성을 얻을 수 있는 가장 쉽고 동시에 빠른 방법이다. 효과적인 리더들은 1년에 하루를 정해서 근본적으로 그리고 성실하게 다음의 물음에 대한 답을 찾는다. 이미 내가 특정 수준 이상으로 성장해서, 다른 방향으로 성장하기를 원해서, 더 나은 다른 방법이 있어서, 내가 해야 할 더 중요한 일 때문에, 내가 나이가 들었으므로, 다른 우선순위에 집중해야 하기 때문에 더 이상 하지 말아야 할 일은 무엇인가? 이 질문과 함께 이들은 체계적으로 이 문제들을 다루기 시작한다. 이에 따라 기간 설정을 다시 하고, 시간을 다르게 쓰고, 업무 영역의 구조를 바꾸고, 새로운 기술을 사용하기 시작한다. 짧게 말해, 짐을 내려놓는 것이다. 그리고 이를 통해 새로운 것에 성공의 기회가 찾아왔을 때 필요한 공간을 만들어둔다. 이렇게 덜 생산적인 사용 목적에서 보다 생산적인 사용 목적으로 자원의 투입 방향을 바꾸는 것이다. 이것은 끝이 없는 과제이자 계속해서 새롭게 시작해야 하는 과제다. 더 나아가 이것은 젊고, 호기심 가득하고, 건강한 상태를 유지할 수 있는 방법이기도 하다. 동시에 이들은 직원들에게도 같은 방법을 사용하도록 가르친다. 특히 직원들과 함께 목표를 합의하면 내년에 무엇을 달성해야 하는지가 쓰여 있는 리스트를 받는 것으로는 만족하지 않는다. 이들은 다음 해에 포기해야 할 것, 멈춰야 할 것이 무엇인지 적혀 있는 또 다른 리스트를 요구한다. 이는 내가 목적에 대한 단락에서 이미 언급한 바 있다.

매니지먼트 외적으로도 이 방법은 체계적으로 적용된다. 실제로 뛰어난 음악가들은 이와 동일한 효과를 가진 단순한 규칙을 따르는 방법을 배웠다. 레퍼토리에 새로운 작품을 추가할 때 지금까지 해왔던 작품 하나를 삭제하는 것이다. 아무리 뛰어난 재능이 있다고 해도 여러 작품을 한꺼번에 훌륭하게 그리고 정말로 완벽하게 연주할 수 있는 사람은 없다는 걸 알고 있기 때문이다. 서로 다른 여러 개의 곡을 중간 정도 수준으로 연주할 수는 있겠지만 정말 높은 수준의 연주를 할 수 있는 것은 몇 곡 되지 않는 것이다.

- ## 마지막 하나의 단계

어쩌면 '쓰레기 목록'에 적힌 모든 것을 완전히 포기할 수 없을 수도 있다. 그러면 다른 방법이 있다. '완전히 포기'하는 것이 언제나 해결책인 것은 아니다. 가끔은 '아웃소싱'이나 '재조명Refocus'이 답이 될 수도 있다. 어쩌면 나중에 최종적인 포기가 가능할 때까지 무언가를 최소한의 비용으로 운영하자는 결론에 이를 수도 있다. 상황에 따라 무언가를 새롭게 그리고 다르게 배치해야 하는 것이다.

가장 단순하지만 동시에 가장 좋지 않은 것은 거의 대부분이 지금까지 해왔던 대로 계속 일을 이어가는 것이다. 이는 무기력과 관성의 원인이 된다. 반면 낡은 것을 포기하고 짐을 제거하는 일은 조직의 재활성화와 자기 혁신을 가져다준다. 내부에서부터 비롯되는 정화와 자기 정화는 생명이 있는 자연의 기본 원칙이다. 이것을 도구로, 당연한 방법으로 만드는 사람은 공통경비에 대한 가치 분석을 더 이상 필요로 하지 않으며, 그 사람은 기업 문화와도 아무런 문제가 생기지 않는다. 그리고 대변혁을 위한 과제들에도 최고의 무장을 하게 된다. 〈그림 2〉에서 나타내는 것처럼 회색 선에서 색으로 표시된 선으로 갈아타는 것은 지금까지의 것들을 포기하고 새로운 것을 위한 자리를 마련한다는 의미이기 때문이다.

이 도구는 매일 사용하는 것이 아니기 때문에 쉽게 간과하거나 잊어버리기 쉽다. 그래서 효과적인 리더들은 실행을 보장하는 작은 트릭의 도움을 받는다. 혼자 혹은 직원들과 함께 이 도구를 사용하고 싶은 날을 달력에 표시해두는 것이다. 더 중요한 일 때문에 미루는 일이 있더라도 이날을 절대 달력에서 삭제하지 않는다. 한 번 더 강조하지만 여기서 우리는 도덕성이나 특별한 성향을 요구하며 사람을 바꾸려는 것이 아니다. 학습 능력이 있고, 생동감이 넘치며, 혁신적이고, 역동적인 것, 앞으로도 이를 유지하며 이렇게 생각하는 것은 물론 좋지만 어려운 일이다. 반면 1년에 한 번 특별한 실행 방법을 활용하는 것, 도구를 사용하는 것은 상당히 쉬운 일이다. 바꿔야 할 사람은 없다. 일정 하나만 지키면 된다.

효과적인 경영을 위한 진정한 척도

이 도구를 다루는 것은 한 조직이 가진 방법적 능력의 핵심이다. 이것은 리더십의 전문성이 가지고 있는 기술적인 측면의 시금석이기도 하다. 도구와 그것의 전문적인 투입은 실효성과 효율성 사이에 다리를 놓는다. 원칙과 과제는 무엇이 '타당한 일'인지를 결정한다. 반면 도구는 타당한 일을 '제대로 하기' 위한 도구다.

전자공학과 디지털화의 빠른 발전은 전문성을 위한 일곱 가지 도구들의 의미를 결코 바꿀 수 없다. 오히려 이는 이 일곱 가지 도구들을 더 중요하게 만들고 동시에 이 도구들의 사용을 더 용이하게 해줄 것이다. 이 도구들을 지배하지 않고는 실효성도, 생산성도, 수익성도 나타날 수 없다. 합리적인 팀워크도 불가능하며 혁신도 없고, 변혁의 정복도, 기회의 사용도 불가능할 것이다. 일곱 가지 도구들을 다루는 것은 원칙적으로 모두가 스스로 학습할 수 있다. 이를 위해 특별한 안내서가 필요한 것도 아니다. 하지만 이 도구들을 사용하기 위해서는 끊임없는 연습을 통해 완성도를 높이는 과정이 필요할 것이다.

매니지먼트 도구들은 각각의 영역에서 전문성이 갈수록 커지고, 어려워지며 복잡해지는 과제들을 정신적, 감정적, 육체적 균형을 잃지 않고 수행할 수 있는 페달이다. 도구들을 올바르게 투입하는 것은 한편으로는 길수록 커지는 요구 속에서 부정적인 스트레스를 통제할 수 있고 동시에 긍정적인 스트레스가 주는 힘과 에너지를 과제를 수행하고, 한계를 넘어서는데 사용할 수 있는 유일한 방법이다.

스트레스 연구 분야의 선구자인 한스 셀리에Hans Selye는 이러한 유형의 스트레스를 '유익 스트레스'라고 정의한다. '도구'를 지배하는 것은 여기에 '날개를 달아주는' 스트레스를 경험할 수 있는 전제조건이라는 것이다. 필요한 무기를 갖지 않은 채 성과를 내는 것은 부정적인 스트레스를 불러일으킨다. 이것이 바로 '디스스트레스Disstress'다. 이것은 우리를 괴롭힌다. 하지만 오늘날 무척이나 진부한 "스트레스를 받으시나요?"라는 질문에 침착하게 "스트레스요? 할 일이 많긴 하지만 스트레스는 없어요."라고 대답할 수 있다면 그 사람은 방법적 전문성이 뛰어난 사람이자 "자신의 기술을 지배하는" 사람일 것이다.

이것은 자기 확신과 개인적인 주체성을 위한 가장 중요한 기초들이다. 내가 결과 지향의 원칙에서 이미 말한 것과 같이, 이것은 자신의 실효성에 대한 기쁨의 원천이기도 하다. 그래서 그 사람은 무언가를 계획하거나 과제 앞에 선다. 그리고 그것을 할 수 있다는 자신감을 가지고 그 문제를 해결한다. 바로 여기에 특정 리더들의 비밀 같은 무언가가 숨어 있다. 가끔은 비인간이거나 초인간적인 것처럼 보이는 작업량을 처리하면서도 인간적인 사람의 모습, 침착하고 여유있게 사는 모습을 잃지 않는 리더들 말이다.

MANAGEMENT

5

시스템

22

올바른 경영은
하나의 기술이다

나는 이 책을 통해 잘못 알려져 있는 수많은 오해들과 혼란 그리고
잘못된 가르침들이 정리되기를 바란다. 이러한 오해들이 이토록 끈
질기게 이어지고 있는 이유는 아마도 매니지먼트, 즉 경영이런 것의
성격이 근본적으로 모호하기 때문일 것이다. 매니지먼트란 무엇일
까? 예술일까? 학문일까?

경영을 하나의 직업으로 여기라는 나의 제안은 너무나도 자명하
다. 이 생각에는 논쟁의 여지가 없다. 이에 대한 반응은 거부감에서
회의적인 인식, '이제야 제대로 설명하는 사람이 나타났네'라는 의미
에서의 긍정적인 놀라움까지 매우 다양하다. 그래서 나는 관심 있는
독자들을 위해 매니지먼트에 대한 이해와 관련해 몇 가지 근본적인
질문들을 다뤄보고자 한다.

경영이란 직업이라는 나의 의견에 접근하는 가장 좋은 방법은 경

영을 의사나 엔지니어 같은 직업처럼 일종의 실무의 한 분야로 이해하는 것이다. 일차적으로 중요한 것은 이론의 옳고 그름이 아니라 행동의 성공 여부다. 훌륭한 의사를 만드는 것은 진단이 아니라 환자의 치료 여부다. 이때 환자의 쾌유는 진단의 옳고 그름과 관련이 있다는 사실은 굳이 강조할 필요가 없을 것이다. 하지만 중요한 것은 이해와 설명이 아직 충분하지 않다는 사실이다. 적용하고 행동하는 것은 모든 직업에서 떼어낼 수 없는 부분이다. 이것이 직업과 학문을 구분하는 결정적인 차이이다. 리더들은 분석의 옳고 그름에 따라 보상을 받는 것이 아니다. 이들은 행동의 결과에 대한 보상을 받는다.

이미 1부에서 나는 직업으로서의 경영과 사명 그리고 비전문가의 업무로서의 경영을 분명하게 구분하여 설명했다. 하지만 실무 분야로서의 조직 경영이나 기업 경영을 구분하면서 동시에 기술로서의 경영, 학문으로서의 경영, 상식으로서의 경영과의 관련성을 설명할 필요가 있다는 생각이 들었다.

내가 이 책에서 경영이라고 언급하는 것은 사실 기술, 말하자면 일종의 행동의 기술과 같은 것이었다. 기업의 기술, 부유하거나 강해지는 기술 혹은 성공하는 기술 같은 것 말이다. 이러한 의미의 기술에 능통한 사람들은 역사적으로 늘 있었고, 앞으로도 있을 것이다. 하지만 이것은 개별적인 현상이다. 이들은 행동을 통해 가능성을 보여주지만, 그것 하나만으로 세상이 바뀌는 것은 아니다. 세상의 변화는 이 가능성을 모방할 수 있을 때 나타난다.

대부분의 진보는 바로 내가 이 책에서 제안하고 있는 방식, 바로 기술을 일반적인 의미의 직업으로 만드는 방식을 통해 이루어졌다.

더 구체적으로 설명하자면, 특정 기술 가운데 가르칠 수 있고, 배울 수 있는 것을 많은 사람들이 접근할 수 있도록 교육을 활용하는 것이다. 물론 이를 모든 분야에 적용할 수는 없다. 예컨대 의료와 건축이 바로 이런 분야에 속한다. 그렇다고 기술의 중요성이 줄어든 것은 아니다.

아마도 새로운 지평을 열고 새로운 척도를 세우는 것은 언제나 기술과 기술자들의 몫이었을 것이다. 이렇게 본다면 이들은 발전의 방향을 알려주는 지침이었을 것이다. 하지만 발전 그 자체와 그것의 실현은 소수의 사람만이 가지고 있던 기술이 많은 사람들에게 알려지며 하나의 직업이 되었을 때 가능한 일이었다.

기술에서 직업으로의 전환은 저절로 일어나지 않는다. 수많은 저항과 장애물 그리고 곤경들이 앞을 가로막기 때문이다. 이 가운데 나는 특히 세 가지를 강조하고 싶다.

첫 번째로, 기술에서 직업으로의 전환을 시도할 때 이에 대한 저항이 일어나는 것을 볼 수 있다. 그 이유는 기술이 세속화되는 것을 막고 기술이 그저 기술로 남아 있기를 바라기 때문이다. 놀라운 것은 아직도 기업이나 조직을 경영하는 것이 특별한 재능과 성향의 문제이고, 평범한 사람은 절대로 갖출 수 없는 능력이라고 말하는 사람들이 매우 많다는 사실이다. 경영은 학습할 수 있는 것이 아니라 결국 가지고 태어나는 재능이어야 한다는 것이다. 아직도 기업이나 조직을 경영하는 것에 대해서는 무언가 비밀스럽고 도달 불가능한 아우라가 만들어지고 있는 현실이다.

기업 경영이 사명이고, 리더란 선택된 존재라는 생각에 대한 '열린

경영의 본질

창문'이 여기 있다. 여기에 적극적으로 기여하는 것은 넘쳐나는 관련 참고문헌들이다. 심지어 배움을 통해 얻은 지식과 경험으로 특정한 지위에 올랐다는 것이 생애 전반에 걸쳐 분명하게 드러나는 사람들조차 가장 높은 자리에 앉으면 그동안 지나온 길을 신비화하려는 경향이 있다. 결정적으로 그 과정에서 많은 것들을 힘들게, 고통스럽게 배워야 했다는 사실을 부끄러워하는 사람들도 있다. 그것이 자신이 이뤄낸 성과를 가장 긍정적으로 보여주는 증거인데도 말이다.

천재가 특별한 성과를 이루어내는 것은 특별한 일이 아니다. 천재성을 가진 사람은 신이, 자연이 혹은 유전자가 우연히 그 사람에게 준 무언가를 사용하는 것 외에는 할 수 있는 것이 없다. 하지만 특별한 재능을 갖지 않은 사람이 인생 가운데 고유의 성과라고 할 수 있는 무언가를 이뤄냈다면 그것은 매우 특별하다고 할 수 있다.

경영과 관련된 잘못된 인식 두 번째는 기술을 학문으로 만드는 시도에서 드러난다. 하지만 기술을 학문으로 만드는 것은 결코 모든 영역에 적합하지 않다. 잘못 이해한 학문, 더 정확하게 학문화 현상은 경영학에서도 결코 간과할 수 없는 문제다. 좋은 학문에 대해서는 당연히 이의를 제기할 것도 없고, 오히려 지금 경영 분야에서 가장 필요로 하는 것이다. 하지만 좋은 학문과 나쁜 학문은 반드시 구분해야 한다. 그리고 학문화는 후자에 속한다.

사이비 학문이 쉽게 자리매김을 할 수 있는 것은 학문에 대해 갖는 보편적인 믿음의 결과다. 매니지먼트 역시 이런 흐름에서 자유로울 수 없다. 학문적 통찰을 전파하려는 요구와 사람들이 일반적으로 학문에 대해 이해하는 것 사이에는 엄청난 불균형이 존재한다. 몇 십 년간 학문론이 높은 수준에 이르렀지만, 대학 교육을 받은 사람들 중에도 학문론에 대해 공부한 사람은 소수에 불과하다. 만일 관리자들 중 다수가 학문 그리고 학문화라는 꼬리표를 달고 '비법'이라고 알려진 것들을 잘 구분할 수 있다면 큰 변화가 생길 것이다. 이 영역에 대한 무지는 경영 분야에 엉터리 이론이 들어오고, 사이비 학문에 근거한 난센스가 지배하게 되는 이유 중 하나다.

나는 매니지먼트 자체가 학문이라고 생각하지 않는다. 앞서 말했듯이, 매니지먼트는 실무다. 하지만 오늘날에는 학문적 지원이 없이는 상상조차 할 수 없는 실무다. 경영과 의학의 유사성을 살펴보다 보면, 문외한들이 어떤 점을 주의해야 하는지 분명하게 알 수 있다. 일반의이기도 하지만 실질적인 전문의이기도 한 의사라는 직업은 실무다. 하지만 대학 교육과 수많은 학문들의 지원 없이는 생각할 수 없는 실무다. 대부분의 의사들은 학문과 관련된 다양한 교육을 받고 학문을 활용하지만, 그들은 학자는 아니며 학자가 되지도 않는다. 매니지먼트도 마찬가지다. 학술 기관이나 연구소 혹은 경제 분야에서 연구 부서를 이끄는 사람 역시 학자가 아니라 관리자다. 학문적인 일을 할 수 있고, 학문적 일을 하게 될 일이 많겠지만 그들을 학자가 아니다.

학문과 매니지먼트의 목표는 전혀 다르다. 이 사실을 놓치면 결코 좋은 학자도, 좋은 관리자도 될 수 없다. 학문의 목표는 앎이고, 매니지먼트의 목표는 이익을 추구하는 것이기 때문이다. 학문은 진실을 추구한다. 하지만 매니지먼트는 실효성을 추구한다. 학문은 보편타당성을 위해 노력하지만 관리자는 개개의 사건을 다룬다. 관리자의

경영의 본질

목표는 앎을 얻는 것이 아니라, 그 앎을 사용하는 것이다. 발견이 아니라 적용에 있는 것이다. 학문은 '이것이 진실인가?'라고 묻는다. 하지만 관리자는 '이것이 기능하는가?'라고 묻는다.

이 구분을 통해 이론과 실제 그리고 이를 통해 학자들과 관리자들 사이에 공공연하게 존재하는 많은 문제와 오해들이 상대적으로 쉽게 해결될 수 있으리라고 생각한다. 무엇보다 이런 실무적인 시각을 가져야만 학문으로부터 매니지먼트가 요구해야 하고, 기대할 수 있는 것이 무엇인지를 결정할 수 있다.

실무로서의 매니지먼트가 가진 성격은 사람들이 이야기를 듣게 하고 이해받기를 원하는 경우, 매니지먼트와 어떻게 소통해야 하는지 그 방법 또한 결정한다. 그 반대의 경우도 마찬가지다. 이렇게 이해하고 나면 매니지먼트에 결코 중요하지 않은 이론들이 어떻게 유입되었는지도 쉽게 이해할 수 있다. 예를 들어 수학과 물리학의 카오스 이론이 카오스 매니지먼트로 바뀐 것이나, 중요한 자연과학 이론이 기업에 도움이 되지 않는 트렌드로 바뀐 이유를 알 수 있다. 물리에서 비롯된 시너지라는 개념도 마찬가지다. 이 개념을 그대로 받아들인 탓에 유용하지도 않고 오히려 유해한 개념이 되어버렸기 때문이다.

마지막으로, 매니지먼트와 소위 상식이라고 하는 것의 관계를 살펴보자. 실무자들이 상식을 중요하게 여기는 것은 당연한 일이다. 하지만 많은 실무자들은 자신들이 높이 평가하고 싶은 것을 과소평가하는 방식으로 상식을 사용하고 있다. 상식의 가치를 평가한답시고 필요하지도 않고 정당성도 없는 이론과 학문들을 평가절하하고 있기 때문이다.

이것이 필요하지 않은 이유는 상식은 학문의 대안이 아니기 때문이다. 현대 과학 이론에 따르면 상식과 학문은 매우 밀접한 관계에 있다. 여기에 대해서는 많은 학자들도 동의할 것이다. 이에 대한 근거는 20세기의 저명한 철학자 중 한 명인 칼 포퍼Karl R. Popper의 글에서 찾아볼 수 있다. 포퍼는 좋은 학문이란 상식이라고 강조해서 이야기했다. 포퍼는 임의의 상식이 아니라 비판적인 상식에 대해 이야기했다. 아무리 경험이 많고 성공적인 사람이라고 해도 그가 어느 순간에 깨달은 모든 것이 합리적인 상식은 아니라는 것이다.

상식은 좋은 매니지먼트를 위해 없어서는 안 될 요소이며, 아마도 학문보다 더 중요할 것이다. 하지만 가장 중요한 것은 상식만으로는 충분하지 않다는 사실이다. 상식에는 한계가 있다. 수많은 '열정적인 실무자'들이 간과하기 쉬운 부분도 바로 이것이다. 매니지먼트에는 상식만으로 해결할 수 없는 많은 물음과 질문들이 존재한다. 그리고 이것은 대기업에만 해당하는 문제가 아니다. 여기에는 예컨대 기술의 문제뿐 아니라 갈수록 커지는 기업 전략에 대한 물음들, 즉 조직구조, 회계, 논리학, 정보학 그리고 상품의 문제 등도 포함된다. 또한 조직사회의 결과와 관련이 있는 다른 문제들도 훌륭한 학문이 없이는 해결할 수 없다.

내가 매니지먼트를 직업으로 여기라는 제안을 한 것은 신중함과 성실함 그리고 철저함, 즉 전문가다운 책임으로서의 전문성을 요구하기 위해서다. 매니지먼트가 하나의 실무 영역으로서의 성격을 가질 수 있는 것은 그것이 기술과 학문 그리고 상식의 접점에 놓여 있기 때문이다. 주어진 과제를 해결할 뿐 아니라 행동을 설명해주는 합리적인 실무라는 것은 존재한다. 매니지먼트가 해야 할 일이 바로 그것이다. 그래야만 사회적, 정치적 그리고 윤리적 정당성을 가질 수 있기 때문이다. 매니지먼트에 대한 이러한 이해는(앞에서 나는 이것을 헌법적 접근이라고 불렀다) 사람이나 조직으로부터 최고의 성과를 끌어낼 수 있는 유일한 방법이라고 나는 생각한다.

올바른 경영의
이해와 적용

이 장에서 나는 건축의 원리와 리더십 바퀴의 효과를 토대로 첫 장에서 소개한 기본 모델의 원리와 그 적용 방법에 대해 설명하고자 한다. 이 장에는 전문적인 실효성을 위해 필요한 행동의 기준에 대해 살펴볼 것이다. 여기에서 나는 한 번 더 '규범적 경험주의'에 대한 나의 입장을 다시 한 번 언급하려 한다. 나는 무언가가 실제적이고 경험적으로 입증되었다면, 상황이 근본적으로 변화하기 전까지는 그것을 규범으로 만드는 것이 합리적이라고 생각한다.

'올바르고 좋은 매니지먼트를 위한 기본 모델' 혹은 '리더십 바퀴'는 '일반 매니지먼트 모델General Management Model', '통합 매니지먼트 시스템Integrierte Management System' 내가 제안하는 매니지먼트 시스템의 세 가지 핵심 하위 체계 중 하나다. 이 세 가지는 능력 있는 조직,

신뢰할 수 있게 기능하는 조직이라는 공통의 목적을 가지고 있다.[93]

올바르고 좋은 매니지먼트를 갖는 것은 광범위한 주장이다. 이 의미를 이해하려면 처음에 언급했던 혼잡스러운 트렌드 열풍과 논리적이지 않은 수많은 경영학 관련 문헌들, 그리고 그 어떤 학문 영역에서도 볼 수 없고 인정받는 직업 분야에서도 보기 힘든, 바벨탑만큼이나 기괴하고 혼란스러운 개념들을 떠올릴 필요가 있다. 또한 단순히 돈과 재정으로만 운영되는 기업 경영이 야기하는 심각한 문제에 대해서도 이해해야 한다. 이것이 바로 단기적인 시각의 생각과 행동을 가져온 원인이었고, 동시에 금융위기와 환경적, 사회적으로 자원을 잘못 분배한 원인이기 때문이다.

옳은 것을 올바르게 하는 것이 1967년 드러커가 경영에 대해 밝힌 생각이었다. 오늘날의 상황은 그때와 비교하면 근본적으로 달라졌다. 경제학, 경제, 경영학 그리고 사회학은 여전히 중요하지만 그것만으로는 충분하지 않다. 경영에 있어서 경제적 측면도 중요해졌다. 이 책에서 주장한 것처럼 경영을 조직과 사회의 시스템이 제대로 기능하도록 만드는 사회적 기능의 하나로 이해한다면, 경영에는 무엇보다 복잡성과 끊임없는 변화, 점점 더 증가하는 네트워킹을 정복하는 것도 포함된다. 오늘날 조직은 특히 대변혁의 과제에 맞설 수 있어야 한다. 이는 복잡한 시스템과 불확실성, 예측 불가능하고 이해 불가능한 상황을 다루는 법을 배워야 한다는 것을 의미한다. 그러므로 경영은 아무리 어려운 조건에서라도 능력을 입증하며 중요한 부분에서 새로운 것을 발견해야 한다.

이를 위해서는 특정한 통찰이 필요한데, 나는 그것이 복잡성 과학, 시스템 이론, 사이버네틱스, 생체공학에 있다고 생각한다. 그중에서 자기 조절, 자기 조직, 자기 재생 그리고 자기 발전 등의 능력을 개발하는 학문인 사이버네틱스는 매니지먼트와 특별한 관련이 있다. 이를 위해 중요한 해결 원리는 생체공학의 연구 결과에서 끌어낼 수 있다.

피터 드러커는 개념적으로 그리고 내용적으로 선구자적인 업적을 남겼고, 수많은 유용한 기본 개념들을 정립했으며, 40권 이상의 독보적인 저서를 남겼다. 드러커의 기본 개념을 구조적으로 발전시킨 것은 한스 울리히와 발터 크리히의 연구팀이었다. 1970년대 초부터 나는 그 팀의 구성원으로서 함께 체계 지향적인 매니지먼트 모델을 개발했다. 기초 연구를 위한 스위스 국립과학재단의 두 가지 연구 프로젝트의 틀에서 나는 울리히 교수의 밑에서 박사학위를 받았고, 대학 교수 자격을 취득했다.

나의 연구 결과들은 무엇보다 당시 지배적이던 경영학 강의들이 얼마나 기초가 없는지를 분명하게 보여주었다. 하지만 이렇게 중요한 사회적 기능을 가진 분야에 탄탄한 기반이 없다는 사실을 받아들이고 싶지 않았다. 이런 이유에서 나는 나의 학문적 기반을 바탕으로 복잡성의 조건 하에서의 올바르고 좋은 매니지먼트를 위한 이론과 실제를 개발했다. 이것을 통해 리더들이 대변혁 시대의 새로운 과제들에 효과적으로 대처할 수 있기를 바랐다.

이 목적을 위해 나는 피터 드러커와 사이버네틱스 학자인 스태포드 비어Stafford Beer, 로스 애슈비Ross Ashby, 프레데릭 베스터

Frederic Vester, 디트리히 되르너Dietrich Dörner, 하인츠 폰 푀르스터Heinz von Foerster 그리고 루퍼트 리델Rupert Riedl, 알로이스 갤바일러Aloys Gälweiler, 볼프강 메베스Wolfgang Mewes, 발터 크리히 그리고 그 외 수많은 학자들의 연구를 토대로 당시 장크트갈렌센터의 매니지먼트 모델과 체계 지향적 매니지먼트 강의를 추가하고 확장했다. 한스 울리히는 이 강의의 개발부터 마무리까지 밀접하게 관련이 되어 있다.

피터 드러커와는 긴 세월에 걸쳐 개인적으로 교류를 했다. 2005년 11월에 세상을 떠난 드러커는 세상을 떠나기 몇 달 전, 나와의 마지막 만남에서 내 연구의 진행 정도와 앞으로의 진행 계획을 모두 알고 싶어 했다. 그와 함께 이야기했던 주제 가운데 하나는 조직과 사회의 기능에 대한 것이었다. 이 주제에 대해 드러커는 지난 2003년《기능하는 사회The Functioning Society》라는 제목으로 책을 출간했고, 2004년에는 나의 기념 논문집의 서문을 썼다.[94] 드러커는 바로 이 지점에 대한 연구를 계속해나갈 것을 나에게 강조했다.

이 책에서 소개된 시스템은 40여 년 동안 모든 계층과 경제 부분의 관리자 및 공공기관 리더들을 위한 내부 및 외부 교육 프로그램의 틀 안에서 진행된 실제 테스트를 바탕으로 한 것이다. 여기에 컨설팅과 거버넌스 위임의 틀에서 나의 매니지먼트 시스템도 더해졌다. 이를 통해 과학과 실천 사이의 긴밀한 상호작용을 통해 개념, 논리 및 구조를 개선하고 확장할 수 있었다.

중요한 전문 교육 및 직업 교육은 해당 분야를 올바르고 훌륭하게 해내는 것을 목표로 해야 한다. 이는 특히 경영 분야에서 매우 중요한데, 한 조직의 기능은 경영의 전문성에 의해 결정되기 때문이다.

이런 이유에서 이는 사회적으로도 매우 중요하다.

● **올바른 실행 vs. 최고의 실행**

올바른 행동은 올바른 생각을 전제로 하고 이것은 또 올바른 인식과 올바른 시각 그리고 올바른 행동의 전제가 된다. 나의 매니지 먼트 시스템과 여기에 속한 모델들은 사고의 시스템인 동시에 매니지먼트 시스템이다. 사고의 체계로서의 특성은 내가 지식 조직자라고 부르는 것과도 맞닿아 있다. 이것은 데이터에서 정보로, 정보에서 지식으로 이어지며, 이 지식을 끊임없이 업데이트하며 매니지먼트에 맞게 배치하고 연결하며 효과적인 행동에 활용할 수 있게 하는 조직의 혈관이다.

이와 같은 의미에서 보면 리더십 바퀴 역시 지식 조직자라고 할 수 있다. 이것은 생각뿐 아니라 그것이 적용되는 영역에서 어떻게 행동을 해야 하는지에 대한 이정표 역할을 한다.[95]

나는 매니지먼트 강의를 위해 시스템 사이버네틱스 모델을 사용하는데, 그 안에 복잡성을 정복하기 위한 사이버네틱스 능력이 이미 포함되어 있기 때문이다. 이 기본 구조에는 중요한 세 가지 요소인 시스테믹, 내용 그리고 그래픽이 있다.

시스템 사이버네틱스에 근거한 올바른 매니지먼트는 분명한 개념과 내용을 가진 논리적인 구조를 필요로 한다. 이 논리적 구조를 나는 시스템학이라고 표현한다. 시스템학이 맞으면 매니지먼트가 옳은지의 여부는 개념과 내용에 의해 결정된다. 많은 독자들이 이 부분에서 어려움을 겪을 수도 있다. 가령 나는 피터 드러커가 일찍부터 사용했던 많은 개념들이 여전히 옳다고 생각한다. 하지만 매니지먼트 트렌드에 사용되는 많은 용어들이 혼란스럽게 사용되면서 그 내용이나 개념 자체가 여전히 어지럽게 사용되고 있다. 올바른 기업 경영과 그것을 토대로 하는 경영 교육의 가장 큰 과제 가운데 하나는 논리학과 시스템학을 바탕으로 반드시 필요하지만 잘못된 내용들로 가득 차 있는 경영학의 개념들을 대대적으로 정리하는 것이다. 내가 이 책에서 명확한 근거를 가지고 옳다고 여기는 내용들에 무게를 실은 이유도 바로 이 때문이다.

● 바빌론적 혼란의 끝

여기에서는 서문에서 언급했던 운영 시스템에 대해서 짧게 언급을 하고자 한다. 내가 제시하는 해결책이 옳다고 가정해보자. 그렇다면 이것이 가져오는 파급 효과는 다음과 같을 것이다. 나의 매니지먼트 시스템은 조직에 있어서 컴퓨터의 운영 시스템과 같은 역할을 한다. 즉 수많은 기계와 인터페이스 간의 호환을 가능하게해준다.

지금까지 내가 알게 된 거의 모든 조직들은 이 책의 초반에서 언급했던 바빌론 신드롬의 쳇바퀴에 사로잡혀 앞으로 나아가지 못하고 있었다. 공통된 개념도 공통의 언어도 없기 때문에 매니지먼트에 대한 공통의 이해도 없는 상태였다. 공통의 교육이 없으니 소통의 어려움은 더 커지고, 갈등이 생기고, 공통의 문화도 존재하지 않았다. 이를 위해 무엇을 했고, 얼마나 많은 비용을 들였는지는 아무런 의미가 없었다.

이 상황을 이해할 수 있다면 해결책은 분명하다. 이전에는 서로 폐

쇄적이었던 요소들이 기능하는 시스템으로 바뀌고, 효과적인 커뮤니케이션이 가능해지고, 실효성의 문화가 만들어지는 것이다.

리더십 바퀴

'실효성의 기본 모델'은 다음 쪽의 〈그림 4〉와 같다. 이것을 단순화한 버전은 1장에서 찾아볼 수 있다.

이 모델의 논리는 내 모든 시스템이나 도구들과 마찬가지로 리더십 바퀴가 공개되기 훨씬 전부터 강의 그리고 컨설팅을 통해 테스트해온 것이다.

〈그림 4〉에서 볼 수 있는 각각의 과제와 도구의 내용들은 이 책의 각 장에서 자세하게 다루었다.

리더십 바퀴를 사용하기 위해서는 머리말에서 이미 언급한 바 있듯이 경영을 합리적으로 이해하는 과정에서 늘 대두되는 두 가지 기본 질문들을 먼저 풀어야 한다. 첫 번째 질문은 효과적인 경영을 위한 과제와 연관이 있으며, 두 번째 질문은 리더십 바퀴의 적용 과정에서 나타나는 단계별 어려움과 관련이 있다.

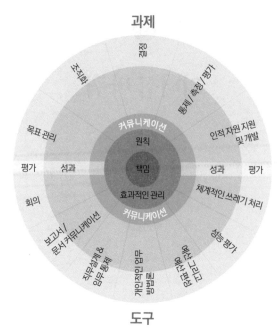

과제

전략

통제 / 측정 / 평가

조직화

인적 자원 지원 및 개발

커뮤니케이션

목표 관리

원칙

책임

평가   성과

성과   평가

회의

효과적인 관리

체계적인 쓰레기 처리

커뮤니케이션

보고서/
문서 커뮤니케이션

업무 통제

직무 설계 &

개인적인 업무 방법론

성능 평가

예산 관리

예산 편성

도구

〈그림 4〉 리더십 바퀴: 리더들이 항상 필요로 하는 실효성의 기본 모델

● **뛰어난 실무자가 무능한 관리자가 되는 이유**

가장 흔한 '장애물' 중 하나는 많은 사람들이 매니지먼트 과제를 실무 과제와 혼동하면서 나타난다. 나의 매니지먼트 시스템은 보편적이고 변하지 않는 특징을 바탕으로 만들어졌기 때문에 모든 조직의 매니지먼트 과제에 동일하게 적용할 수 있다. 하지만 매니지먼트를 필요로 하는 실무 과제들은 사회나 조직만큼이나 다양하다. 실무 과제가 변수라면, 매니지먼트는 상수다. 이것이 바로 올바른 매니지먼트가 실효성에 막대한 영향을 끼칠 수밖에 없는 이유 가운데 하

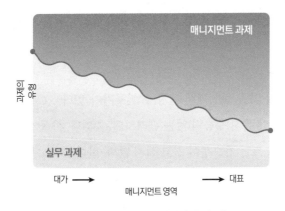

〈그림 5〉 실무 과제는 변수, 경영 과제는 상수다.

나다. 그 안에서 충분히 훈련되고 조직에서 기본이 될 만큼 말이다.

그러므로 엄청난 혼란과 오해는 매니지먼트 그리고 그 매니지먼트가 적용되는 실무 영역에 대한 구분이 깔끔하지 않기 때문에 일어난다. 혼란의 출처는 경영학과 MBA 과정이다. 마케팅이나 재무, 인사를 공부한 사람은 자신이 매니지먼트에 대한 지식을 가지고 있거나 좋은 관리자라고 착각하는 경향이 있기 때문이다. 한쪽에는 매니지먼트, 다른 한쪽에는 경영학과 MBA 과정이 있다면 이들의 공통점은 그리 많지 않다.

기업에서 전형적으로 나타나는 실무 영역으로는 마케팅, 재무, 금융, 인사, 정보기술, 제품 개발, 생산 그리고 그밖에 많은 것들이 있다. 여기서 필요한 것은 두 가지다. 첫째, 매니지먼트는 실무 과제를 수행할 때 필요한 것과는 전혀 다른 지식과 경험을 요구한다. 매니지먼트와 실무 과제라는 두 가지 요소는 서로 관련이 있고 결과를 얻기 위해서는 협력해야 하지만, 그럼에도 근본적으로 서로 다르며 서로 다른 지식과 능력을 요구한다. 둘째, 매니지먼트는 매니지먼트를 적용하는 실무 과제와 상관없이 변함이 없다.

예를 들어 약품 산업에서 훌륭한 연구자가 있다. 그 사람은 실무 전문가이지만 동시에 능력 없는 관리자일 수 있다. 사실 실무 전문가이기 때문에 그럴 가능성이 결코 적지 않다. 반대로 제아무리 훌륭한 리더라고 해도, 약품 연구라는 전문 분야를 이해하지 못한다면 어쩔 수 없다.

전문 영역에는 매니지먼트가 필요하다. 그리고 그 영역이 어려울수록, 올바르고 좋은 매니지먼트의 필요성은 더 커진다. 다른 한편으로 매니지먼트를 전문적으로 적용하기 위해서 리더들은 전문 영역에 대한 높은 수준의 지식을 가지고 있어야 한다. 전문가들이 전문 지식을 가지고 있다고 그걸로 좋은 관리자라고 생각하는 것은 흔히 하는 착각이다. 마찬가지로 큰 실수 중에 하나는 전문적인 관리자라면 모든 기업, 심지어 모든 조직을 이끌 수 있을 것이라고 생각하는 것이다.[96]

● **언제나 같지만 어려움은 늘 다르다**

많은 사람들이 매니지먼트 유형은 하나가 아니라 다양하다고 이야기하지만, 이 말을 자세히 들여다보면 눈속임임을 알 수 있다. 사람들이 이렇게 생각하는 이유는 매니지먼트를 적용하는 상황의 어려운 정도가 저마다 다르다는 사실을 간과하기 때문이다.

상황이 다르다고 저마다 다른 매니지먼트가 필요한 것은 아니다.

이 또한 일반적으로 잘못 생각하고 있는 부분이다. 올바르고 좋은 매니지먼트가 자리 잡았다면 상황에 따라 등급별 매니지먼트를 적용할 수 있으면 된다. 이런 이유에서 우리는 올바르고 좋은 매니지먼트를 마스터해야 한다. 예를 들어 도로 위에서 올바른 자동차 운전의 원칙은 언제나 동일하다. 반면 운전의 어려움은 인적이 드문 국도를 달리는지, 차량이 많은 대도시의 도로를 달리는지에 따라서 다르다. 브레이크를 밟고, 기어를 바꾸고, 방향을 바꾸는 것 등은 근본적으로 달라질 것이 없다. 하지만 그것을 조작하는 어려움의 정도는 두 가지 상황에서 전혀 다르게 나타날 것이다.

변화와 혁신의 매니지먼트라고 결코 완전히 새롭고 전혀 다른 매니지먼트를 요구하지 않는다. 다만 매니지먼트를 운용하는 기술의 완벽성이 필요할 뿐이다. 그래서 알고 있는 것에 대한 매니지먼트와 새로운 것에 대한 매니지먼트를 그래픽의 형태로 구분해놓았다.

효과적인 혁신의 매니지먼트를 위해서는 별다른 과제나 도구가 필요한 것이 아니다. 이것은 매니지먼트에 얼마나 능숙한가의 문제다. 왜냐하면 결국 이것은 새로운 전문 영역에 대한 매니지먼트의 적용이고 그래서 경험이나 패턴이 있지 않기 때문이다. 이 상황은 산을 오르는 것과도 비교해서 설명할 수 있다. 새로운 등산로를 오른다고 해서 아는 등산로를 오를 때와 다른 능력이 필요하지는 않다. 하지만 처음 등반을 할 때는 기술을 다룰 수 있는 뛰어난 능력과 장비 그리고 최고의 준비와 컨디션이 필요할 것이다.

국제적이고 다문화적인 매니지먼트는 신비로울 것이라는 생각에 대해서도 능숙하고 올바르며 좋은 매니지먼트를 기반으로 질문을 던질 수 있다. 물론 단순하게 국내 혹은 심지어 지역에 국한되어 활동하는 기업들과 달리 국제적으로 활동하는 기업들이 다른 것들을 요구받는다. 후자의 경우에는 예컨대 외국어 능력이 필요할 것이다. 하지만 국제적인 매니지먼트나 국내적인 매니지먼트란 존재하지 않는다. 올바르거나 올바르지 못한 매니지먼트, 좋거나 나쁜 매니지먼트가 있을 뿐이다. 글로벌 기업에서는 효과적이고 올바른 매니지먼트가 영어로 이루어지지만, 그것이 국내 기업의 매니지먼트와 다르다고 할 수는 없다. 올바르고 좋은 매니지먼트는 문화와 관련이 없으며 보편적이다. 나라에 따라 인기는 다를 수 있어도 올바른 골프나 체스 플레이가 문화의 영향을 받지 않는 것과 마찬가지다.

● 모든 경영자에게 언제나 필요한 것

많은 리더들이 리더십 바퀴에 포함되어야 할 추가적인 과제나 도구들이 있지는 않은지 묻곤 한다. 하지만 다음의 이유에서 나는 이 모델에 대한 다른 과제나 도구를 추가하는 것을 적극적으로 만류하고 싶다.

여기에서 소개한 리더십 바퀴의 요소들은 실용적이고 수월하게 적용할 수 있는 것들로, 전문적인 실효성을 위해 언제나 그리고 어디서나 모든 리더들이 수행해야 하는 것들이다. 이 기본 요소들을 이론적, 내용적으로 완전히 마스터하여 서로 다른 어려운 상황에서 활용할 수 있다면, 그 사람은 매니지먼트라는 자신의 직업을 올바르게 그리고 효과적으로 수행할 수 있다고 볼 수 있다. 다른 직업들과 마찬가지로 매니지먼트도 연습과 경험이 쌓일수록 점점 나아질 수 있다.

그래서 갈수록 어려워지는 매니지먼트 문제를 능숙하게 처리하고 언젠가는 훌륭하게 마스터할 수 있는 것이다. 이 과정에서 도움을 주는 것이 바로 리더십 바퀴다. 올바르고 좋은 매니지먼트와 관련된 요소들을 언제나 포함하고 있기 때문이다. 만일 매년 새로운 무언가를 배워야 한다면, 경험은 축적되지 못할 것이다.

하지만 모델의 시스테믹을 바꾸지 않고 리더십 바퀴를 구체화하는 것이 실제로 도움이 된다면, 그렇게 해도 좋다. 이것이 내 모델이 가지고 있는 결정적인 힘이다. 추가적인 과제 혹은 추가적인 도구는 〈그림 6〉에서처럼 추가할 수 있지만, 그래도 이 모델의 원리는 바뀌지 않는다. 나의 실효성 모델은 열려 있을 뿐만 아니라 융통성이 있다. 진화 능력이라는 사이버네틱스의 핵심 기능을 갖추고 있기 때문이다.[97]

> ❝
> 모든 리더들이 언제나, 어디서나
> 필요로 하는 것은 무엇인가?

리더십 바퀴는 실제로 적용하며 조절할 필요는 없다. 하지만 개별적이고 특수한 조직 단위와 기능 영역에 따라서는 약간의 조절이 필요할 수도 있다. 이 목적을 위한 조절도 가능하다.

이미 2부에서 언급했듯이, 어떤 부서에 필요한 과제를 명확하고 분명하게 강조하고 싶다면 새로운 과제를 추가해야 할 수도 있다. 그럴 경우에는 새로운 과제를 추가하기 위한 기준을 지켜야 한다. 그렇

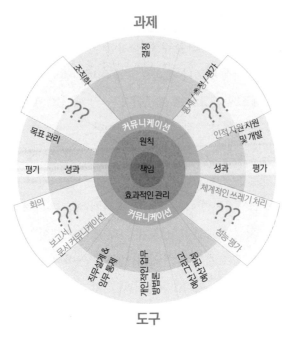

결정

조직화

???

???

제시 (측정 / 평가

목표 관리

인적자원 지원
및 개발

커뮤니케이션

원칙

평가 성과

책임

성과 평가

효과적인 관리

체계적인 쓰레기 처리

회의

커뮤니케이션

???

???

보고서 /
문서 커뮤니케이션

성능 평가

직무설계 &
업무 통제

개인적인 업무
방법론

목표에
따른 관리

목표에
따른 관리

도구

〈그림 6〉 필요할 경우 리더십 바퀴에 다른 요소를 추가할 수 있다.

지 않으면 리더십 바퀴의 목적과 구조를 해칠 수 있기 때문이다.

뿐만 아니라 새로운 과제나 도구를 추가를 할 때는 전문 과제 영역을 침범하지 않도록 주의해야 한다. 나는 사람들이 이런 실수를 저지르는 것을 여러 차례 목격했다. 예를 들어 마케팅은 생산, 인사와 같이 나의 매니지먼트 모델에 속하지 않는다. 이것은 매니지먼트를 적용해야 하는, 즉 '매니징'이 필요한 분명한 전문 과제이기 때문이다.

〈그림 7〉은 리더십 바퀴의 확장을 통해 이를 조직의 다양한 계급별 영역에 효과적으로 사용하는 모습을 보여준다. 가장 안쪽의 중심 원은 리더십 바퀴를 자기 자신에게 적용하는 것, 즉 셀프 매니지먼트

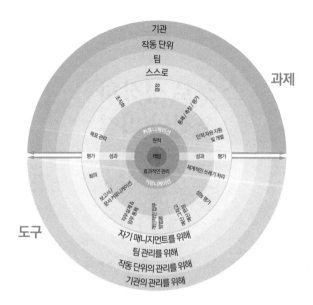

기관

작동 단위

팀

스스로

과제

목표 관리

커뮤니케이션
원칙

인적 자원 지원
및 개발

평가   성과

책임

성과   평가

효과적인 관리
커뮤니케이션

체계적인 쓰레기 처리

회의

보고서/
문서 커뮤니케이션

성능 평가

자기 매니지먼트를 위해

팀 관리를 위해

작동 단위의 관리를 위해

기관의 관리를 위해

도구

〈그림 7〉 다양한 영역에서의 과제와 도구의 사용

를 의미한다. 그다음 원은 자신이 이끄는 팀에 적용하는 것이고, 그다음은 운영 단위, 부서, 영역, 비즈니스 단위 그리고 최종적으로 경제 기업과 같은 조직 전체에 활용하는 것을 나타낸다.

리더십 바퀴는 개인적인 활용에서 개인 그리고 조직 전체에 대한 활용으로 확장된다. 가장 안쪽에 있는 원이 보여주는 개인적인 목표는 가장 바깥에 있는 원에서 기업 전략이 될 것이고, 그다음으로는 기업 구조, 기업 의사결정, 기업 경영 그리고 기업 인적자원 매니지먼트가 될 것이다.

24

스스로 성장하는
조직의 비결

사람과 조직이 스스로 조직을 하고 조절하게 하려면 어떻게 해야 할까? 이와 관련해서는 기본 모델이 두 가지 영역에서 효과를 발휘할수 있다. 한편으로는 개인과 개인으로 이루어진 그룹 그리고 또 다른한편으로는 조직 전체 그리고 사무 분야, 기능 영역, 지사와 같은 구조적 단위에서 효과적으로 적용할 수 있다. 이 적용 형태를 통해 '리더십 바퀴'는 그 실효성을 넘어 자기 조절, 자기 조직, 자기 갱신의 사이버네틱스 능력을 넘어 시스템의 모세혈관까지 그 토대가 되어줄것이다.

● **효과적인 시스템은 살아 있는 유기체와 같다**

업무 방법론에 대해 설명하면서 언급했듯이, 관리자들의 실제 교육은 지금까지 거의 직원들과의 관계에 치우쳐 있었다. 즉 탑다

524   **경영의 본질**

운 방식의 위계질서에 따른 것이다. 지배적인 주제는 '직원들을 더 잘 이끌기 위해서 나는 무엇을 해야 하는가?'라는 것이었다. 물론 이 주제 역시 중요하다. 하지만 이것은 관리자가 가지고 있는 체계를 결코 포괄하지 못한다. 그도 그럴 것이 모든 리더는 직책과 개인의 매우 광범위한 네트워크 속에서 일을 하며, 그렇기 때문에 이 시스템을 전체적으로 그리고 포괄적으로 매니징하면서 그 생각과 행동을 참작해야 한다. 〈그림 8〉에서는 한 리더의 실제 시스템이 어떤 형태인지를 보여준다. 이 그림은 다음과 같이 해석할 수 있다. 리더는 리더 자신으로서(1) 직원들을 매니징해야 하고, 자신의 상사(2) 그리고 자신의 동료(3)를 '매니징'해야 하고, '협력자'(4)들과 최종적으로 자신을 둘러싼 외부 세계(5)를 매니징해야 한다. 외부 세계에는 자신이 속한 조직의 구성원이 아닌 모든 사람들, 예를 들어 고객이나 파트너, 조달자, 언론 혹은 외부 서비스 등이 포함된다. 이 요소들의 관계가 서로 다르게 표시되어 있는 것에 주의해야 한다.

여기에는 논리적으로 보면 리더의 개인적인 관계들도 포함된다. 이때 가장 중요한 것은 이것으로 일과 삶의 균형을 의미하는 소위 '워라밸'의 균형이라는 불행한 환상이 아주 자연스러운 방식으로 해결된다는 사실이다. 왜냐하면 처음에 이것이 발생하는 이유는 삶과 직업을 당연하게 통합시키는 대신 '라이프'를 리더들의 사고와 행동 체계에서 제외하는 것이 파괴적인 트렌드가 되어버렸기 때문이다. 위험한 분리에 시달리는 많은 사람들은 이와 관련된 틀의 재구성만으로도 도움을 받을 수 있다.

목적에 따라 이 다섯 가지 적용 분야는 모두 기본 모델을 통해 관

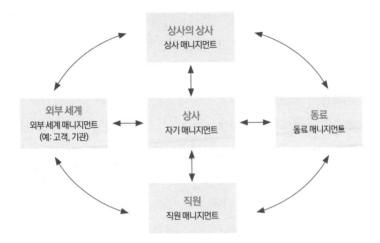

〈그림 8〉 모든 리더는 서로 간에 다른 관계를 가지고 있는
5개 적용 영역으로 구성된 한 시스템에서 일한다.

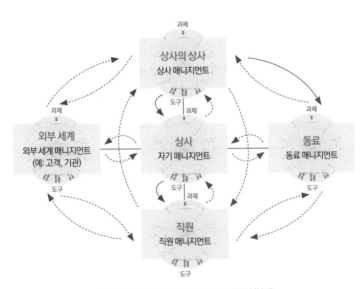

〈그림 9〉 효과적인 자기 조절 그리고 자기 조직의 '분자'

리되며, 적용 영역에 따라 이 단어를 따옴표 안에 넣을 수도 있을 것이다. 그러니까, 의미에 맞게 사용할 수 있다는 것이다.

분야에 따라 전문 내용은 바뀌지만 매니지먼트의 내용 자체는 변하지 않는다. 만약 가족에게 이 시스템을 적용한다면 '관리'라는 단어를 사용하지는 않을 것이다. 하지만 가족 관계 속에서도 이런 시스템을 항상 '생각하는 것'은 의미가 있다. 다양한 관계의 품질이 다양한 화살표를 통해 묘사된 것도 눈여겨보길 바란다.[98]

여기에서 묘사된 관계들은 이미 적용된 자기 조직이다. 왜냐하면 이들은 '스스로 조직하고 스스로 조절할 수 있는 시스템을 조직하라'라는 결정적인 원칙을 구현하고 있기 때문이다. 이것은 시스테믹과 리더십 바퀴의 내용을 통해 저절로 이루어진다. 이 방식으로 인터페이스에 대한 매니지먼트의 호환성도 만들어진다. 동일한 개념, 동일한 언어, 동일한 논리, 동일한 내용 그리고 동일한 이해는 시스템 안에 '도입'되는 것이 아니라 살아 있는 유기체와 마찬가지로 시스템 안에 편입되어 있는 것이다.

그래서 나는 이 시스템을 실효성의 '분자' 혹은 '효과적인 자기 조직의 분자'라고 한다. 이 하위 시스템은 스스로 연결하고, 귀납적으로 복제하는 능력을 가지고 있다. 모든 리더는 결국 또 상사를 갖고 있고, 이 상사는 동료들과 직원들을 가지고 있는데, 여기에 '사장'이라고 묘사되는 관리자도 속하기 때문이다.

이 분자는 조직 전체로 확장되고, 이를 통해 고유의 호환성을 만들어낸다. 기본 모델의 보편성 때문에 이 분자는 조직의 모든 영역과 위치에서 성장할 수 있다. 이로써 적응 능력은 조직을 통해 새로 나

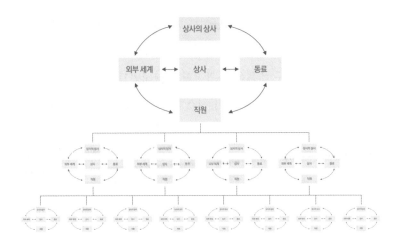

〈그림 10〉 효과적인 자기조직의 롤 아웃

타나는 효과성이라는 특성이라고 정의할 수 있다.

〈그림 10〉은 '실효성의 분자'가 어떻게 관습적인 조직 체계 도표에 삽입되는지를 도식적으로 보여준다. 이해를 위해 이 도표를 골랐을 뿐, 이것으로 미래의 조직들이 이렇게 정리되어야 한다고 말하고 싶은 것이 아니다. 오히려 나는 이렇게 발전하지 않을 것이라고 생각하고 있다.

● **모든 조직에 적용되는 기본 모델**

'분자'는 가장 복잡한 형태의 조직 구조와 모든 기관으로도 확장된다. 이는 다시 사회 전체에 속하거나 전체를 조직한다.

〈그림 11〉은 이중적으로 해석할 수 있다. 목적과 관심에 따라 내부에서 외부로 혹은 외부에서 내부로 읽을 수 있다는 뜻이다. 가장 안

경영의 본질

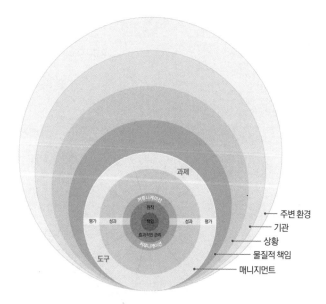

〈그림 11〉 사회의 모든 분야의 조직에 대한 리더십 바퀴의 적용

에 있는 것은 리더십 바퀴로, 세포핵과 같은 역할을 한다. 이를 중심으로 마치 양파 껍질처럼 나머지 하위 체계들이 놓인다. 가장 먼저는 전문 과제들이고, 그다음은 과제들이 발생하는 상황이다. 그래서 많은 전문 과제들은 성장과 후퇴에 따라 다르고, 혁신과 정리에 따라 다르다. 그다음으로 이어지는 것이 전체로서의 기관 그리고 최종적으로 그것을 둘러싼 환경이 있다. 껍질은 적용 목적의 필요에 따라 다양하게 추가되고 확장될 수 있다. 시스테믹을 가진 핵심 모델은 모든 변화에도 언제나 주어지는 상수이다.

　모든 사회의 두 가지 근본적으로 다른 분야에서도 모델은 보편적인 유효성을 갖는다(이와 관련해 〈그림 12〉를 참고하라), 이 두 개의 분

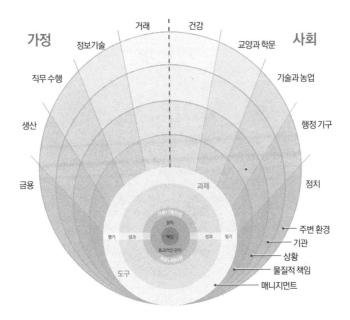

〈그림 12〉 이윤 추구에 따라 구분되더라도 실효성은 사회의 모든 분야에 필요하다.

야는 경제적 이득의 기능이라는 기준에 따라 구분된다. 효과적인 관리의 모델인 리더십 바퀴는 그 보편성 때문에 두 분야 모두의 실효성을 위해 필수적이며 체계적으로 변화가 없다.

왼쪽에 보이는 것은 경제의 세계다. 이 세계는 경제적인 이득의 의미에서 생산적이어야 한다. 하지만 주주가치의 의미에서가 아니라 올바르고 좋은 소비자를 위한 이익이라는 측면에서 결과다. 이 안에는 장기적인 성공과 조직의 생존 능력을 보장하기 위한 기준들이 있다.

오른쪽에 보이는 것은 수많은 다양한 사회적 조직들이 있는 비영리의 세계다. 마찬가지로 재정적인 물질을 필요로 하기는 하지만 그 물질의 출처가 시장이 아니라 국가나 개인적인 후원자들인 경우다. 두 영역 모두 세분화된다. 경제는 예컨대 다양한 경제 영역으로 세분화되고, 이는 분야나 조직의 유형에 따라 분류된다. 비영리 영역은 〈그림 12〉에서 볼 수 있듯이 다양한 사회의 분야들로 세분화된다.

이 그림은 영역에 따라 시스테믹 안에서 귀납적으로 반복되는 기본 모델의 역동적 배열이 어떤 잠재력을 가지고 있는지 보여준다. 항상 그리고 어디에서나 근본적이고, 신뢰할 수 있고, 가장 효과가 크고, 가장 경제적인 것에 대한 매니지먼트의 집중과 강화 그리고 이렇게 조직과 지역 사회 그리고 사회 전체의 기능, 그리고 조직에서 살아가며 일하는 사람들을 위한 것 말이다.

올바르고좋은경영의파급력

올바르고 좋은 매니지먼트의 파급력은 도구의 기술적인 현실에서부터 조직의 철학, 윤리적 가치 그리고 사회에까지 이른다. 다시 말해 매니지먼트의 의미, 책임 그리고 윤리에 대한 질문만 하는 것이 아니라 이것이 리더들의 실행과 관련이 있고, 생각과 행동을 이끌도록 답을 줄 수도 있다는 뜻이다. 이것은 실효성의 사회방법론에 속한다.

실효성과 의미의 경험

효과적인 일과 관리는 가장 강력한 동기, 즉 개인적인 의미 발견을 이끌어내는 가장 중요한 방법이다.

삶의 의미라는 가르침을 만들어낸 빅터 프랭클에 따르면 인간은 의미의 탐색을 통해 동기를 얻는다고 한다. 프랭클에 따르면, 인간은 의미를 찾는 존재이며, 의미를 찾는 것은 인간을 끊임없이 움직이게 만드는 힘이다. 하지만 프랭클은 의미란 그 누구에게서도 주어질 수 없고, 모두가 스스로 찾아야 한다고 말한다.

하지만 인간은 의미를 받아들일 수도 있다. 여기에 나는 나쁘고 잘못된 매니지먼트의 가장 큰 위험이 도사리고 있다고 생각한다. 의미를 찾는 인간의 노력을 좌절하게 만들고 이를 통해 가장 큰 힘의 원천 그리고 최종적으로 삶의 토대를 파괴할 수 있기 때문이다. 프랭클은 모든 사람이 의미를 찾는 과정을 통해 동기를 얻고, 이를 스스로 찾아야 한다고 말했지만 더 나아가 모든 사람은 의미를 찾을 수 있으며, 모든 사람의 삶에는 의미가 있다고 말했다. 그러므로 리더들의 가장 중요한 과제 중에 하나가 모두가 자신의 개인적인 의미를 찾을 수 있도록 기회를 만들어주는 것이다. 프랭클에 따르면 인간은 세 가지 길을 통해 의미를 찾는다. 과제에 대한 헌신, 사람에 대한 사랑 그리고 어려운 운명을 품위 속에서 견디고 극복하는 것이 바로 그것이다. 두 번째와 세 번째 방법은 개인적인 삶과 인간의 한계 상황에서 중요하다. 반면 올바르고 좋은 매니지먼트가 중요한 것은 첫 번째 길이다. 사람은 하나의 과제에 헌신하고 작품을 만들어내고, 과제를 수행하고, 성과를 거두는 것을 통해 의미를 찾는다. 짧게 요약하자면 자신들 밖에 있는 무언가에 기여를 하는 것을 통해 의미를 찾는 것이다. 이로써 프랭클은 넓게 퍼져 있던 자기 심적 자아실현이라는 인식을 바꾸었다. 프랭클은 의미를 찾는 행위가 자기 초월성, 다시 말해 자신의 한계를 넘고 이를 통해 가장 높은 자아실현을 이루는 것과 관련이 있다는 사실을 설득력 있게 보여주었다. (대부분의 경우 스스로 한계라고 생각하는 것에 불과하지만) 개인의 한계를 넘어서는 것은 대부분의 사람에게 가장 큰 성취감을 주는 의미의 경험 중 하나인 것이다.

❝

효과를 발휘하는 것은
의미 동기화를 이끌어낸다.

사람이 가진 관심의 중심에는 자기 자신이 있다는 것이 수많은 '자아실현의 가르침'들의 주장이었다면, 프랭클은 정반대의 주장을 펼치고 있다. 의미 동기화를 위한 열쇠는 그러므로 효과를 발휘하는 것, 올바르고 좋은 매니지먼트에 있으며, 동시에 이것은 진정한 리더십의 열쇠이기도 하다.

책임과 윤리

리더십 바퀴의 중심에는 책임 그리고 그것과 연결된 윤리가 핵심으로 자리 잡고 있다. 매니지먼트의 의미와 기능이 불확실하고, 변화하는 트렌드에 영향을 받아 계속 바뀌는 한 책임과 윤리에 대한 근본적인 물음에는 적합한 해결책을 찾을 수 없다. 하지만 올바르고 좋은 매니지먼트가 무엇인지가 명확하면 해결책도 명확해진다. 이를 토대로 할 때 매니지먼트의 올바른 책임과 올바른 윤리가 어때야 하는지도 명확하게 이야기할 수 있다. 원칙은 이미 있다. 하지만 결정은 스스로 해야 한다.

관리자들은 첫째로 자기 자신과 자신의 능력 그리고 성과에 대해 책임을 가져야 한다. 둘째로 다른 사람, 직원 그리고 그들의 능력 그리고 성과에 책임을 가져야 한다. 셋째, 관리자들은 기관과 기관의 능력 그리고 이 책에서 보여주고 있는 기준에 따른 성과에 책임을 가져야 한다. 관리자들은 모든 사람이 각자의 강점을 활용해 성과를 낼 수 있게 하는데 책임을 가지고 있다. 이 세 가지의 일반적인 책임은 기관의 목적에 따라 평가할 때 구체성을 갖게 된다. 리더의 책임은 이 구체성에 따라 평가해야 하기 때문이다.

리더는 이 책에서 묘사된 것처럼 리더의 기능을 최고의 전문성을 가지고 수행할 책임이 있다. 올바르고 좋은 매니지먼트를 지향해야 하며, 자신이 가진 강점에 맞게 이것을 계속 발전시켜야 하며 더 크고 더 어려운 과제들을 대비해야 한다.

직접적으로도, 간접적으로도 영향을 줄 수 없는 것에 대해서는 책임을 질 수가 없다. 리더는 사람을 바꿀 책임이 있는 것이 아니며, 각자의 성향을 바꿀 책임은 더더욱 없다. 자기 자신을 스스로 바꾸는 것은 개인의 자유이며, 그것은 개인이 결정할 몫이다. 올바른 매니지먼트의 전제조건은 결코 모든 것을 다 잘하는 천재도, 성자도 아니다. 이러한 생각에 따른 요구들은 올바른 매니지먼트와는 정반대되는 결과를 가져온다.

그래서 도덕성과 관련해서는 좋은 양육과 예의 바름에서 비롯된 평범한 수준 이상의 것을 요구해서는 안 된다. 이는 리더들에게도 동일하게 적용된다. 이에 대한 해결책은 각자에게 있지만, 이는 일반적으로 사람들이 이해하는 것과는 다르다. 도덕성이 결정적인 것이 아니라 실행이 중요한 것이고, 동기가 중요한 것이 아니라 행동이 중요하며, 의도가 아니라 결과가 중요하기 때문이다.

더 나아가 리더는 리더에게 요구되는 전문 지식과 매니지먼트 지식을 갖추어야 할 책임이 있다. 그렇지 않으면 리더로서의 능력이 약화되기 때문이다. 리더에게는 존재와 외관, 내용과 포장, 올바른 것과 틀린 것 그리고 기능하는 것과 트렌드를 구분할 것을 요구해야 한다. 리더가 이를 구분하지 못하면 이 리더는 아직 전문성을 충분히 갖추지 못한 것이고 상황에 따라 기관의 위험 요소가 될 수 있다.

중요한 지위에 있는 리더는 최종적으로 타협이 필요할 것이란 걸 알기에 자신의 결정의 방향을 다음의 질문에 따라 정해야 한다. 이 상황에서, 이

기업을 위해 옳은 것은 무엇인가? 결정은 일반적인 인기, 트렌드, 시대정신에 따라 하는 것이 아니다. 리더는 매니지먼트가 사회에서 가장 중요한 기능이며, 그렇기 때문에 옳아야 한다는 인식에 따라 행동해야 한다.

리더는 공식적으로 이 책에서 소개하는 기준에 부합하며 사람들이 이해할 수 있는 방식으로 기업의 지도부를 대표할 책임을 가지고 있다. 책임은 장엄한 교회 설교를 통해 지는 것도, 프로파일링 관습을 통해 지는 것도 아니다. 책임은 결과와 모범을 통해서 지는 것이다. 이것만이 사람들을 설득할 수 있기 때문이다. 대기업의 대표들은 특별한 책임을 진다. 언론을 통해 모두에게 보여지는 자리이기 때문이다. 경제와 매니지먼트에 대한 사람들의 인식은 옳든 틀리든 대기업에 의해 결정된다. 이들은 경제 전반을 대표하는 것으로 인식되기 때문이다.

리더는 자신의 행동이 경제에 대한 적대심을 불러일으키지 않게 할 책임을 가지고 있다. 또한 미래에 대한 부담이나 기능하는 경제의 제한을 야기하지 말아야 할 책임을 진다. 더 나아가 자신의 행동을 통해 건강한 기업은 원활하게 돌아가는 경제를 필요로 하며, 이런 경제는 제대로 작동하는 사회를 필요로 한다는 것을 보여줄 책임이 있다.

리더는 경제가 너무 중요해서 리더에게 맡겨야 하는 것이 아니라 능력 없는 리더들에게 맡기기에는 경제가 너무 중요하다는 것을 이해할 수 있게 해야 할 책임이 있다.

이 책에서 나는 올바르고 좋은 기업 경영을 위해 다른 모든 직업들과 마찬가지로 같은 요구를 한다면, 모두가 잡을 수 있는 거대한 기회를 보여주고 싶었다. 이 가운데 무엇이 트렌드로 여겨지고, 무엇이 전통적인 것으로 여겨지든, 어떤 것이 언론의 관심을 받고 받지 않든, 어떤 것이 지루하고 어떤 것이 흥미롭든, 그것은 상관없다. 무엇보다 중요한 것은 이것이 의미를 가져야 한다는 것이다.

올바르고 좋은 기업 경영은 사회의 기능과 인간의 노련함을 이루어줄 열쇠다. 올바른 기업 경영은 그것이 무엇인지 알기만 하면 쉽게 배울 수 있다. 올바른 경영을 잘 알 수 있는 기회가 더 많은 사람에게 주어질수록 그만큼 사회의 조직은 더 잘 기능하게 된다.

100년 전, 조직 그중에서도 특히 경제 기업들이 오늘날 어떻게 기능하게 될지를 상상할 수 없었던 것처럼 100년 후에는 오늘날의 기능 방식을 비웃게 될 것이다. 대부분의 조직에게는 지금이 새로운 시대의 시작이다. 대변혁을 통해 기업과 조직은 누구도 경험하지 못했던 과제를 안게 되었고, 새로운 시대에 이 과제를 해결할 수 있는 방법은 오직 올바르고 좋은 매니지먼트밖에 없다.

모든 사람은 올바른 경영과 자기 경영을 통해 자신이 가진 재능과 강점 그리고 경험 그 이상의 것을 할 수 있다. 자신이 상상하는 것보다 더 큰 것을 말이다.

비축되어 있는 성과, 지능 그리고 창의성, 인간적인 에너지의 방출은 오늘날 모든 사회들이 가지고 있는 과제들의 해결책에 속한다. 비축되어 있는 성과의 방출이 의미하는 바는 이제 더 이상 일하는 것이 아니라 효과적으로 일하는 것이다. 스스로 그리고 다른 사람을 올바르게 관리하라는 뜻이다. 여기에 필요한 비용은 '0'이다. 투자가 필요없다. 하지만 올바른 인식과 올바른 지식, 올바른 정보, 효과성이 필요하다는 인식 그리고 그것을 하려는 의지는 필요하다.

"네가 할 수 있는 것을 네가 가진 것으로, 네가 있는 곳에서 하라."

테오도어 루스벨트

경영의 본질

1 말릭, 프레드문트 《올바른 기업 지배구조. 효과적인 기업 감독으로 복
   잡성 정복하기(Die richtige Corporate Governance. Mit wirksamer
   Unternehmensaufsicht Komplexität meistern)》, 프랑크푸르트/뉴
   욕, 2009년. 초판은 《효과적인 기업 감독 – 변혁의 시대의 기업지배구
   조(Wirksame Unternehmensaufsicht – Corporate Governance in
   Umbruchzeiten)》, 프랑크푸르트 암 마인에서 1997년에 출간되었다.

2 '대변혁(Great Transformation)'이라는 개념은 1944년, 칼 폴라니(Karl
   Polanyi)가 시장경제와 민족국가의 전파를 위해 사용했다. 피터 드러커 역
   시 《자본주의 이후의 사회(Post Capitalist Society)》에서 변혁에 대해 이
   야기를 했다. 드러커는 이 책에서 자본주의에서 지식사회로 그리고 민족국
   가에서 다민족 대형 국가로의 변혁에 대해 이야기했다. 나는 지수적으로 상
   승하는 복잡성과 전 세계적으로 연결된 시스템의 형성 그리고 역동성을 통
   해 스스로 속도를 높이고 있는 변혁을 특징으로 하는 일반화된 21세기의 변
   혁 과정을 뜻하는 것으로 이 개념을 사용하고 있다.

3 이과 관련해서는 페터 베르거, 페터 아이그너, 안드레아스 레쉬(편집자) 《경
   제 변혁의 여러 얼굴. 혁신 역사에 대한 기여(Die vielen Gesichter des
   wirtschaftlichen Wandels. Beiträge zur Innovationsgeschichte)》, 디터
   슈티펠 기념 논문집, 기업 역사를 위한 오스트리아 사회 출간, 29권, 빈, 베
   를린, 2011년을 참고하기 바란다.

4 나는 복잡한 사회생산적 시스템의 구성과 조종에 대한 논문으로 박사학위
   를 받고 '복잡한 시스템의 매니지먼트 전략(Strategie des Managements
   komplexer Systeme)'으로 교수 자격을 취득했다. 이는 같은 제목의 책으

로도 출간되었다. 베른/슈투트가르트/빈, 1984년. 10쇄. 베른/슈투트가르트/빈, 2008년.

5 책의 가독성을 개선하기 위해 당연하게 여겨지는 명사에 대해서는 앞으로는 명사의 남성 형태에 여성 형태를 별도로 표기하지 않는다.

6 피터 F. 드러커,《자기 경영 노트(The Effective Executive. The Definitive Guide to Getting the Right Things Done)》, 1966년, 뉴욕, 독일어로는《이상적인 리더, 리디의 높은 학교(Die ideale Führungskraft. Die hohe Schule des Managers)》(뒤셀도르프, 빈, 1979년)라는 제목으로 출간되어 혼란을 낳았다. 지금은 다음의 제목으로 바뀌었다.《효과적인 리더: 리더십의 효과성과 실행력 얻기(The Effective Executive: Effektivität und Handlungsfähigkeit in der Führungsrolle gewinnen)》, 뮌헨, 2014년. 이 책의 서론에서 언급된 F. 말릭(Malik)의 책도 참고하라.

7 드러커, 피터 F.,《우리에게는 중급 경제가 필요하다(We need Middle Economics)》, 서론: 전쟁, 발터/갈러, 클라우스/슈타델만, 페터(편집자): 올바르고 좋은 매니지먼트. 시스템에서 실전으로, 프레드문트 말릭을 위한 기념 논문집, 베른/슈투트가르트/빈 2005년, p. 15~18. 1980년 말, 나는 'Austrian Industries'의 (오스트리아 국유 산업의 후계 기업) 최고 경영자들을 위한 강연에 피터 드러커를 초대했다. 당시 나는 이 기업의 재정난 해결과 재건에 참여하고 있었다. 그 후로 우리는 계속해서 만남을 이어갔고, 교류할 기회를 가졌다.

8 민츠버그의《관리 업무의 성격(The Nature of Managerial Work)》.

9 결정적으로 나는 칼 포퍼의 글에 대한 공부에서도 영향을 받았다.

10 의미에 대한 나의 이해는 빅터 프랑클(Victor Frankl)의 설명에 따른 것이다. 구체적인 내용은 나의 책《한계가 아무것도 아니라면 – 매니지먼트와 등반(Wenn Grenzen keine sind. Management und Bergsteigen)》, 프랑

크푸르트/뉴욕, 2014년에서도 찾아볼 수 있다.

11 이와 관련해서는 〈커리어 슈피겔(Karriere Spiegel)〉의 2013년 12월 14
일 기사 http://www.spiegel.de/karriere/berufsleben/feel-good-
manager-sollen-beistart-ups-fuer-gute-laune-sorgen-a-935091.
html 혹은 〈차이트(Die ZEIT)〉의 2013년 8월 10일 기사 http://www.
zeit.de/2013/31/beruf-feel-good-manager 혹은 〈NZZ〉의 2014
년 2월 13일 기사 http://news.jobs.nzz.ch/2014/01/13/arbeitswelt-
mitarbeitermotivation/ 혹은 〈FAZ〉의 2013년 12월 27일 기사 http://
www.faz.net/aktuell/beruf-chance/arbeitswelt/feel-good-
manager-animateure-im-grossraumbuero-12708690.html를 참고
하라.

〈차이트(Die ZEIT)〉의 〈완벽한 인생〉 시리즈(2014년 4월 7~12일)도 참고
하라. http://www.zeit.de/serie/perfektes-leben. 여러 저자들이 '치료
사 및 사회학자 그리고 심리학자와의 대화에서 비롯된 잡생각의 정리' 혹은
'자아 실현'에 대한 논쟁 혹은 '일과 삶의 균형' 등을 다루고 있다. 여기에서
는 많은 접근법들이 올바른 방향으로 가고 있지만 그러다 새로운 개념과 새
로운 심리학 가설들에 부딪힌다. 여기가 아니면 어떤 잘못된 장소에서 해결
책을 찾겠는가? 반면 눈에 띄게 다른 점은 〈브랜드 아인스〉에서 가브리엘
피셔(Gabriele)와 볼프 로터(Wolf Lotter)의 지식사회에서의 새로운 일에
대해 묘사한 것이다. 〈핵심은 집중〉, 2014년 4월 판을 참고하라.

12 소위 변혁적인 관리법에 대한 숙고의 목소리가 커지고 있다. 예를 들어 파비
올라 H. 게르포트와 츠벤 C. 포엘펠의 《시작점으로 돌아가라!(Zurück auf
Los!)》의 인력 관리. 인력 관리자들을 위한 전문 매거진, 2014년 4월, 18페
이지 이하에서 찾아볼 수 있다.

13 바바라 투흐만의 교훈적인 책 《지도자들의 바보짓: 트로이 목마에서부터 베

트남까지(Die Torheit der Regierenden: Von Troja bis Vietnam)》만 봐도 신중함과 책임을 통한 '리더십'을 다루기에 충분할 것이다.

14 이와 관련해서는 그로스, 요한네스《국가 지도자의 크기(Größe des Staatmann)》의 '이야기들로 둘러싸여. 요아힘 페스트 기념 논문, 베를린, 1986년, p. 75~88 그리고 슈나이터, 볼프 〈승자들〉, 함부르크, 1992년, p. 42 이하 참고.

15 이러한 번역의 정확성은 특히 그리고 무엇보다 매니지먼트 문헌에서 눈에 띈다. 그래서 예를 들어 피터 드러커의《The Effective Executive. The Definitive Guide to Getting the Right Things Done》(뉴욕, 1966년)은 약 10년 간 독일에서《이상적인 리더. 관리자의 높은 학교(Die ideale Führungskraft. Die hohe Schule des Managers)》(뒤셀도르프, 빈, 1979년)로 출간되어 혼란을 야기했다. (이와 관련해서는 미주 1번 참고.)

16 전문가들은 이미 우리 일상의 심리학화를 매우 비판적으로 보고 있다. 특히 장기적으로는 전문가들이 자신의 문제 해결능력을 위임하는 것이 문제가 된다. 빅토르 라우(Viktor Lau)는 인사문제에 있어서의 심리학 붐을 비판했다.《Schwarzbuch Personalentwicklung. Spinner im Nadelstreif》, 슈타인바이스 에디션, 슈투트가르트, 2013년. 이것은 인사문제의 더 나은 기초 수립을 위한 의견 표명이다. 저자가 특정 부분에서 다소 과장하고 있기는 하지만 말이다. 저자는 복잡한 시스템의 매니지먼트, 특히 대변혁의 복잡한 시스템에서의 매니지먼트를 위해 불기피한 시스템 이론들이 안타깝고 혼란스럽다고 보고 있다. 무엇보다 이와 관련해서는 슈필커의 글, 마틴/뢰들, 하이코/홀만, 데플레프의《Akte Personal. Warum sich die Personalwirtschaft jetzt neu erfinden sollte》, 베르텔스만 재단, 귀터스로, 2013년을 참고하라.

17 머, 디터 E.《Tiefenschwindel》, 함부르크, 1986년, p. 375 이하.

18 말릭, 프레드문트《복잡한 시스템의 매니지먼트 전략(Strategie des Managements komplexer Systeme)》베른/슈투트가르트/빈, 1984년 참고. 개정판, 1996년 p. 543 이하.

19 마리 폰 에브너-에쉔바흐〈Gesammelte Schriften), 1권, 베를린, 1893년, 21p.

20 이와 관련해서는 특히 슈필커, 마틴/뢰들, 하이코/홀만, 데틀레프《Die Akte Personal: Warum sich die Personalwirtschaft jetzt neu erfinden sollte》, 베르텔스만 재단, 귀터스로, 2013년 참고.

21 이와 관련한 참고문헌으로는 바츨라비크, 파울《Gebrauchsanweisung für Amerika》뮌헨/취리히, 1978년 그리고 1984년이 있으며, 오테, 막스〈사업가들을 위한 아메리카(Amerika für Geschäftsleute), 프랑크푸르트 암 마인, 1996년, 최신판 1998년이 있다.

22 더 깊은 내용은 하이에크, 프리드리히 아우구스트 폰,《Die Verfassung der Freiheit》, 튀빙겐, 1971년, p. 221부터 참고하라. 3권으로 구성된 후기작《Law, Legislation and Liberty》, 런던, 1973~1979년도 참고할 것.

23 말릭, 프레드문트,《매니지먼트. 기술의 알파와 오메가》(프랑크푸르트/뉴욕, 2차 개정판, 2013년, 초판, 2007년.),《Unternehmenspolitik und Corporate Governance. Wie Organisationen sich selbst organisieren》(프랑크푸르트/뉴욕, 2차 개정판, 2013년, 초판, 2008년),《Strategie. Navigieren in der Komplexität der Neuen Welt》(프랑크푸르트/뉴욕, 2013년 2차 개정판, 2011년 초판),《Die richtige Corporate Governance. Mit wirksamer Unternehmensaufsicht Komplexität meistern》(프랑크푸르트/뉴욕, 2009년),《Strategie des Managements komplexer Systeme》(베른/슈투트가르트/빈, 1984년, 최신판 2010년).

24 하이에크, 프리드리히 아우구스트 폰,《Die Verfassung der Freiheit》, 튀

빙겐, 1971년, p. 195부터.

25 포퍼, 칼 R., 《On the Sources of Knowledge and Ignorance》의 'Conjectures and Refutation', 런던, 1963년, 4차 개정판, 1972년, p. 25 와 비교하라.

26 마우허, 헬무트/말릭, 프레드문트/파르쉬치안, 파르잠 《Maucher und Malik über Management: Maximen unternehmerischen Handelns》, 프랑크푸르트/뉴욕, 2012년.

27 피터 F. 드러커가 1946년 제너럴 모터스를 주제로 쓴 《The Concept of Corporation》을 참고하라.

28 드러커, 피터, 《Zaungast der Zeit》, 뒤셀도르프/빈, 1979년, 227p.부터. 피터 F. 드러커의 작품에 대해서 나는 많은 기고문을 썼는데, 이 중에는 〈노이에 취리히 차이퉁(Neue Zürcher Zeitung)〉에 2009년 11월 19일에 실린 '피터 드러커로부터 위기 관리 배우기(Von Peter Drucker für die Krisenbewältigung lernen)'가 있다. 드러커, 피터/파쉐크, 피터, 《Kardinaltugenden effektiver Führung》의 'Konservatismus und effektives Management. Wege aus der Orientierungskrise'도 참고하라.

29 리더십 바퀴는 나의 전체적인 매니지먼트 시스템의 핵심으로, 시리즈로 출간된 나의 저서 《Management: Komplexität meistern》에서 구체적으로 설명해놓았다. 특히 2권 《Unternehmenspolitik und Corporate Governance. Wie Organisationen sich selbst organisieren》, 프랑크푸르트/뉴욕, 2차 개정판, 2013년, 초판 2008년을 참고하라.

30 말릭, 프레드문트 《Strategie des Managements komplexer Systeme》, 베른/슈투트가르트/빈, 10차 확장 개정판, 2008년. 이 질문에 대한 최고의 연구는 프리드리히 폰 하이에크의 것이다.

31 이것은 수학적 카오스 이론의 기본 관점 중 하나로, 이 자체로는 새로운 것이 아니다. 이것은 18세기 스코틀랜드의 윤리철학자들을 통해 생긴 즉흥적 질서의 사회 이론에서 가장 중요한 초석이며, 이것은 프리드리히 폰 하이에크를 통해 현대 사회와 조직에 적용되었다.

32 높은 수준의 시스템학과 근본주의를 가진 네 번째 방법이 있는 나라는 아직 많지 않다. 이것은 군대 교육이다. 특히 이것은 스위스에서 아주 중요했지만 여기에서도 의미를 잃어버렸다.

33 프랭클, 빅터,《Der Mensch vor der Frage nach dem Sinn》, 뮌헨/취리히, 3차 개정판, 1982년.

34 말릭, 프레드문트,《Wenn Grenzen keine sind. Management und Bergsteigen》, 프랑크푸르트/뉴욕, 2014년.

35 셔우드, 로버트 E.,《Roosevelt and Hopkins. An Intimate History》, 뉴욕, 1948년 참고.

36 벨저-뫼스트, 프랑크《프로필》, 16번, 1999년, p. 174 참고.

37 슈나이더, 볼프《승자들》, 함부르크, 1992년 참고.

38 《Psychological Review》, 1956년, 63번, p. 81~97 참고.

39 최근에는 라인하르트 K. 슈프렝거의《신뢰가 관리한다. 기업에서 정말로 중요한 것(Vertrauen führt. Worauf es im Unternehmen wirklich ankommt)》이 있다. 이는 2002년에 출간되었다. 1980년대 중반에 내가 리더, 특히 최고 경영자들을 대상으로 신뢰를 주제로 한 세미나를 열었을 때 매니지먼트와 관련된 신뢰에 대한 연구라고는 데일 잰드의 것이 유일했다. 내가 1994년, 이것을 주제로 8월 월간 레터를 쓸 때만 해도 관련된 연구를 전혀 찾을 수 없었다. 피터 드러커와 생 갈렌 모델에도 신뢰와 관련된 접근법은 많지 않았다. 2000년대에 들어서고 나서야 갑자기 신뢰에 대한 글들이 쏟아지기 시작했고, 흥미롭게도 이를 쓴 저자들은 대부분 이전에 단 한

주   **545**

번도 신뢰에 대한 글을 쓴 적이 없는 사람들이었다. 계속해서 나는 신뢰에 대한 책을 더 많이 써야한다는 거을 깨달았다. 하지만 내가 중요하게 여기는 것은 신뢰 그 자체가 아니라 효과적인 매니지먼트에 중요한 의미를 지니는 측면에서의 신뢰다.

40 앞의 주석 참고.

41 예외 중에 하나가 잰드, 데일 E.,《Wissen, Führen, Überzeugen》, 하이델베르크, 1983년, p. 46 이하이다.

42 크레이, 에드,《General of the Army. George C. Marshall, Soldier and Statesman》, 뉴욕, 2000년.

43 고메즈, 피터/말릭, 프레드문트/윌러, 칼-하인츠,《Systemmethodik: Grundlagen einer Methodik zur Erforschung und Gestaltung komplexer soziotechnischer Systeme》, 2권, 베른/슈투트가르트, 1975년 그리고 말릭, 프레드문트,《Strategie des Managements komplexer Systeme》〈〉, 베른/슈투트가르트, 빈, 10차 확장 개정판, 2008년.

44 린데만, 한네스,《Allein über den Ozean》, 베를린, 1993년.

45 슐츠, 요한네스 하인리히,《Das autogene Training》, 슈투트가르트, 20차 개정판, 2002년.

46 더 자세한 내용은 나의 저서《Wenn Grenzen keine sind》를 참고하라. 하지만 최근에는 자기 트레이닝과 관련해 충족할 수 없는 기대들이 있다는 것을 짚고 넘어가고 싶다.

47 얼마 전부터 '마음챙김(Mindfulness)'이 '주의'라는 개념으로서 주목을 받고 있다. 무엇보다 번아웃 예방과 번아웃 치료와 관련해서 말이다. 기본적으로 나는 이를 환영하는 바이다. 하지만 오랫동안 그리고 지난 세기부터 '마음챙김 마이너리티'를 적용해 온 것들을 발견하게 된다. 1960년대에는 이와 비교할 만한 '마음챙김 유행'이 있었지만 곧 사라졌다. 결정적인 것은 매

경영의 본질

니지먼트에서 이것을 무엇을 위해 적용하느냐, 매니지먼트에 적당한 맥락이 있느냐의 여부다. '일단 편안해지면 그다음에 하자'라는 비생산적인 생각으로 이어져서는 안 된다. 나는 이 개념의 독일어 번역이 혼란을 야기할 수 있다고 생각한다. '마음챙김'은 주의와 관계가 없으며, 오히려 '자기 자신에 대해 인식하는 것'과 가깝기 때문이다. '자기 인식'이라는 개념에서가 아니라 '자기 의식'이라는 개념에서 말이다. 이 두 가지에는 큰 차이가 있다.

48 이와 관련해 많은 스포츠 문헌과 '내면 게임'에 대한 문헌 참고.

49 장 피아제, 예컨대 《Einführung in die genetische Erkenntnistheorie》, 프랑크푸르트 암 마인, 1973년. 피아제의 발달 단계가 심리 분석과 공통된 것이 없다는 점에 유의하라.

50 삶의 의미라는 가르침의 창시자인 빅터 프랭클은 일부 설득력 있는 방식으로 자신의 의사로서의 업무 사례들을 보고하고 있다.

51 빅터 프랭클은 '정신의 그럼에도 힘'을 특징 짓고, 자신을 정상에 오르게 한 것이 두려움이었다고 설명하고 있다. "나의 모든 것에 만족을 해야 하는 것일까? 두려움보다 더 강해질 수는 없을까? 네스트로이는 《유디트와 홀로페르네스》라는 연극 작품에서 이미 이러한 질문을 던지지 않았던가? '이제 나는 궁금하다, 누가 더 강한지. 나인가, 나인가?'" 《Bergerlebnis und Sinnerfahrung》, 6차 개정판, 2008년, p. 5.

52 여기에 대해서는 무엇보다 침머, 디터 E., 《Die Elektrifizierung der Sprache》, 뮌헨, 1997년, 설, 존 《Minds, Brains and Science》, 캠브릿지, 1984년, 에클스 존 C., 《Die Evolution des Gehirns – die Erschaffung des Selbst》, 뮌헨, 3차 개정판, 1994년, 포퍼, 칼 R./에클스, 존 C., 《The Self and its Brain》, 뉴욕, 1977년 그리고 이 각각의 책에서 언급하고 있는 참고문헌을 보라.

53 이것의 촉진제는 1990년대에 빠르게 베스트셀러가 된 대티얼 골맨(Daniel

Goleman)의 책이었다.

54 논리적인 지능을 넘어서 지능에는 여러 가지 유형이 있다는 것은 무엇보다 호워드 가드너(Howard Gardner)의 글을 통해 증명되고 있다. 이와 관련해 또 흥미로운 것은 마르텐스, 엔스우베/쿨, 율리우스의 《자기 동기 부여의 기술(Die Kunst der Selbstmotivierung)》, 슈투트가르트-바이힝겐, 2013년이다.

55 테오도어 루스벨트의 원문 인용은 다음과 같다. "Do what you can, with what you've got, where you are." 루스벨트 테오도어 《Theodore Roosevelt, an Autobiography》, 9장, 1913년.

56 드러커, 피터, 《The Practice of Management》, 뉴욕, 17차 개정판, 1995년. 드러커는 목표로서의 매니지먼트의 아버지이지만 드러커는 이를 〈목표와 자기 통제를 통한 매니지먼트〉라고 이야기하고, 그것을 의미하고자 했다. 후자가 없었다면 목표 관리는 기능할 수 없었다.

57 목표를 통한 관리가 잘 기능하는 곳에서 나는 종종 잘못된 발전을 발견한다. 목표에 집중하느라 자신에게 주어진 과제를 등한시하는 것이다. 이는 심지어 높은 지위의 리더들에게서도 나타나는 양상이다. 올바르고 좋은 경영이란 당연히 과제를 수행하는 것뿐만 아니라 목표를 달성하는 것도 포함된다. 목표는 우선순위와 핵심, 방향, 강조점을 설정한다. 하지만 이 때문에 과제 자체가 등한시되어서는 안 된다. 리더는 이를 당연하게 여겨야 한다. 그렇지 않으면 목표를 통한 관리는 유해한 부작용을 가져와 소위 행위의 기준을 마주하게 될 것이다. 방법론적 원칙은 다음과 같다. 과제는 다음의 경우에 잘 수행될 수 있다.

58 재정적인 사고의 지배를 통해 중심에 선 변종이 '정량화 할 수 없으면 관리할 수 없다(You cannot manage what you cannot quantify).'이다. 나는 다른 사고를 제안한다. 올바르게 이해한 매니지먼트는 더 이상 정량화가 불

가능한 곳에서부터 시작된다. 이 경우, 무엇보다 복잡성이 크기 때문이다. 그 다음에서야 필요한 것이 좋은 리더와 기업가를 특징 짓는 능력들이다. 경험, 판단력, 위험의 기업가적 처리 등이 여기에 해당할 것이다. 정량화가 가능한 동안에는 단순하고, 메커니즘적인 매니지먼트 형태만으로도 충분하다.

59 드러커, 피터, F.,《매니지먼트》, 뉴욕, 1974년, 5차 개정판, 1994년, 112p.

60 최근에는 비전에 대한 이야기가 줄어들었다. 비전이라는 개념은 논의에서 거의 사라졌다. 최첨단에 속한 것으로 개발되어서가 아니라, 갈수록 많은 사람들이 이것이 근본적으로는 과도하다는 것을 알아차렸기 때문이다. 그리고 더 중요한 이유는 이것을 통해 기업의 근본적으로 잘못된 조정과 인사 정책에서의 잘못된 결정이 야기되었던 것에 있다.

61 조직 문제의 해결책과 관련한 나의 경험에 따르면 비교 불가능할 정도로 결실이 큰 조직 구조는 '실용적 시스템 모델(Viable System Model, VSM)' 이었다. 이는 매니지먼트 사이버네틱스의 창시자인 스태포드 비어가 제시한 것이다. 스태포드 비어는 사이버네틱스를 '효과적인 조직의 과학 (The Science of Effective Organization)'으로 이해했다. 이를 위해 중요한 스태포드 비어의 저서와 기타 글들은 참고 문헌에 담아놓았다. 나의 저서《매니지먼트: 기술의 알파와 오메가(Management: Das A und O des Handwerks)》에도 조직화와 관련해 촘촘한 개관을 담고 있다.

62 이와 관련해서는 내 저서《Die richtige Corporate Governance. Mit wirksamer Unternehmensaufsicht Komplexität meistern》, 프랑크푸르트/ 뉴욕, 2008년의 2부를 참고하라.

63 4부 참고.

64 이와 관련해서는 에드거 퍼여(Puryear Jr. Edgar F.), 《Nineteen Stars. A Study in Military Character and Leadership》의 교훈적인 설명을 비교해 보라. 뉴욕, 1971년, 361p.부터 참고.

65 이와 관련해서는 에드거 퍼여(Puryear Jr. Edgar F.), 《Nineteen Stars. A Study in Military Character and Leadership》, 뉴욕, 1971년, 361p.부터 참고.

66 이와 관련해서는 드러커, 피터, F., 《Adventures of a Bystander》, 뉴욕, 1978년, 2차 개정판, 1994년, p. 256부터, 특히 p. 287 참고.

67 특히 적합한 것이 시스템 네트워크의 사이버네틱스 민감 모델이다. 이 모델의 창시자 중 한 명은 프레데릭 베스터(그의 책 《Die Kunst, vernetzt zu denken》 참고)다. 또 한 명은 디트리히 되너(그의 저서 《Die Logik des Misslingens. Strategisches Denken in komplexen Situationen》, 1989년 참고.)이고, 무엇보다 되너의 《Lohhausen: Vom Umgang mit Unbestimmtheit und Komplexität》 (편집자), 베른, 1983년을 참고하라. 베스터와 되너 그리고 이들의 팀은 연구를 통해 기초적인 발전에 영향을 미쳤다.

68 드러커, 피터, F., 《The Effective Decision》의 'Harvard Business Review' 참고. 1967년 1월/2월. p. 94.

69 투흐만 바바라 《Die Torheit der Regierenden》, 프랑크푸르트 암 마인, 3차 개정판, 1984년.

70 과학의 반박 기준을 어떻게 매니지먼트 실제에 적용할 수 있는지는 나의 제안이다. 칼 포퍼나 한스 알베르트의 글에 익숙하다면, 그 맥락을 쉽게 파악할 수 있을 것이다.

71 하지만 이것은 새로운 관점은 결코 아니다. 목표에 의한 매니지먼트의 '창시자'인 피터 F. 드러커는 무엇보다 처음부터, 즉, 이미 1955년부터 자신의 저서 《The Practice of Management》를 통해 이것을 분명하게 보고 있었다. 이 책의 11장은 '목표의 의한 매니지먼트'가 아니라 '목표와 자기 통제에 의한 매니지먼트'다.

72 여기에서 나는 2부에서 이미 인용한 조지 A. 밀러의 통제 간격에 대한 기사를 떠올리게 된다. 밀러가 주장한 '7 플러스 마이너스 2의 마법 숫자'는 '과부하(overload)', 즉, 이 책에서 말하는 '정보 과부하'로 이어지고 이것은 사고가 '인간의 실패'로 묘사되는 주요 원인 중에 하나다. 인식 및 인지 심리학과 인간 공학이 여기로 흘러들어 간다. 기술에서 엔지니어와 디자이너는 이것을 유의하는 것을 당연하게 여기고, 설계와 디자인에서 기술적인 기계를 고려한다. 이보다 더 중요하다고는 할 수 없겠지만, 매니지먼트에서도 이는 못지 않게 중요하다. 매니지먼트에서는 이를 잘 고려하지 않는다. 하지만 효과적인 매니지먼트는 통제 간격을 10 그리고 그 이상까지 끌어올릴 수 있다.

73 철학-인식론적 문헌에는 이 문제를 해결하기 위한 수많은 제안들이 존재한다. 나는 비판적인 이성주의의 입장을 선호한다. 특히 한스 알베르트(Hans Albert)의 실전을 위한 연구를 좋아한다. 하지만 이 해결책은 일반적으로 받아들여지지 않는다. 내가 보기에 최근에는 오히려 비이성적이고, 비이론적이며, 실용적이지도 않은 주관주의적, 상대주의적 학문의 변종들이 지배적이며, 이는 대부분 해석학적 '균사체'를 통해 증가한다. 겉으로는 매력적인 것 같다. 특히 정신적인 성과에 대해 불분명하고, 불투명한 생각과 말을 가진 사람들에게는 말이다.

74 몇 년동안 나와 함께 한 동료이자 매니지먼트 개발의 노련한 전문가인 클라우스 갈러는 으로 보기에는 구식인 것 같은 '마이스터-학생-관계'에 대한 글을 썼다. 마이스터는 자신의 최고의 것을 주고, 학생은 최고의 것을 개발할 수 있다는 내용이다. 이와 관련해서는 갈러, 클라우스《Das Missing Link der Management Education》의 'Richtiges und gutes Management. Vom System zur Praxis', 베른, 2차 개정판, 2005년을 참고하기 바란다.

75 이것은 내가 1부에서 언제나 '도전 과제를 찾는' 사람들에 대해 한 이야기에

반하는 주장이 아니다. 발전을 위해 사람들에게 도전이 필요하다는 것은 논쟁의 여지가 없다. 1부에서는 자아실현의 도구로서의 도전을 다룬 것이지, 결과에 대한 책임으로부터의 도피에 대한 이야기를 한 것이 아니다. 이 차이는 중요하다. 두 가지 경우가 구분하기 어려울 수는 있어도 말이다.

76. 말릭, 프레드문트, 《올바른 기업지배구조. 효과적인 기업 감독으로 복잡성 정복하기(Die richtige Corporate Governance. Mit wirksamer Unternehmensaufsicht Komplexität meistern)》 프랑크푸르트/뉴욕, 2008년, 9장

77 〈한계가 아무것도 아니라면(Wenn Grenzen keine sind)〉에서 더 많은 내용을 볼 수 있다. 특히 새로운 것이 어떻게 세상에 오는지, '신세계의 탐험'으로서의 혁신을 어떻게 정복해야 하는지에 대해서 알 수 있는 책이다.

78 말릭, 프레드문트, 《올바른 기업지배구조. 효과적인 기업 감독으로 복잡성 정복하기(Die richtige Corporate Governance. Mit wirksamer Unternehmensaufsicht Komplexität meistern)》 프랑크푸르트/뉴욕, 2008년, 2부

79 슈나이더, 볼프, 《전문가를 위한 독일어(Deutsch für Profis)》, 함부르크, 11차 개정판, 2001년 그리고 《젊은 전문가를 위한 독일어(Deutsch für junge Profis)》, 4차 개정판, 2011년

80 예로는 맥캔들리스, 데이빗 《정보는 아름다워(Information is Beautiful)》, 런던, 2009년 혹은 투프트, 에드워드 R. 《The Visual Display of Quantitative Information》, 쳇셔, 1983년, 《Envisioning Information》, 1990년, 《Visual Explanation》, 1997년을 들 수 있다.

81 블랜드, 래리 I. (편집자), 《The Papers of George C. Marshall》), 전 3권, 1981~1991년 그리고 《The War Reports of General of the Army G. C. Marshall, General of the Army H. H. Arnold and Fleet Admiral E. J.

King, Commander-in-Chief, United States Fleet and Chief of Naval Operation》, 필라델피아/뉴욕, 1947년.

82 슈나이더, 볼프《승자들(Die Sieger》, 함부르크, 1992년, p. 175 그리고 17장 전체.

83 미해결 문제(Pendenz)는 스위스에서 주로 사용되지만 '아직 열려있는', '재제안' 혹은 '할 것(to do)'를 의미하는 실용적인 개념이다.

84 마우허, 헬무트/말릭, 프레드문트/파르쉬치안, 파르잠《Maucher und Malik über Management. Maximen unternehmerischen Handelns》, 프랑크푸르트/뉴욕, 2012년, 293p.부터.

85 현대 사이버네틱스의 창시자인 노르베르트 비너(Norbert Wiener), MIT 수학자이자 자기 조정 로켓의 창시자.《사이버네틱스》, 부제《Communication and Control in the Animal and the Machine》, 1984년 참고.

86 헤츨러, 세바스티안《복잡성의 정복을 위한 실시간 통제(Real-Time Control für das Meistern von Komplexität)》, 에디션말릭 출간, 프랑크푸르트/뉴욕 2010년.

87 Drucker, Peter F.,《Management》, 뉴욕, 1974년, 5차 개정판, 런던, 1994년, p. 412 이하.

88 Bateson, Gregory, Steps to an Ecology of Mind, New York 1972년, 전반적인 내용 참고. 베이트슨은 저명한 정보 이론학자이자 진화 연구가 그리고 사이버네틱스 전문가다.

89 Shapley, Deborah, Promise and Power. The Life and Times of Robert McNamara, Boston 1993 참고.

90 결정적 사건 기법(Critical Incident)의 방법론적 적용에 대해서는 린다 펠츠만이 2005년에 출간된《Critical Incidents im Lebenslauf》와 2014년에

출간된《Die Früherkennung von Chance》에서 소개하고 있다.

91 이 아이디어의 창시자는 많은 아이디어들이 그렇듯 역시 피터 F. 드러커다. 매니지먼트의 모든 트렌드를 넘어 유용하게 사용되는 아이디어들 말이다.

92 우리가 확인할 수 있는 바에 따르면 이 완고함은 잭 웰치(Jack Welch)에게서 비롯되었다. 당시 웰치는 제너럴 일렉트릭의 회장이 되었다. 웰치는 10년 후, 주주가치의 극대화를 통해 유명해졌지만 사실 웰치의 가치는 그보다 너 높이 생가되어야 한다.

93 내 매니지먼트 시스템은 나의《매니지먼트 - 복잡성 정복》시리즈 2권에서 더 포괄적으로 묘사되어 있다.

94 발터 크리히, 클라우스 갈러 그릭 페터 슈타델만(편집자),《Richtiges und gutes Management: Vom System zur Praxis》, 베른, 슈투트가르트, 빈, 2005년.

95 내 매니지먼트 시스템의 전체성을 위해서는 나의《매니지먼트 - 복잡성 정복》시리즈의 1~3권을 보라. 추가적으로는《복잡한 시스템의 매니지먼트 전략》, 베른/슈투트가르트/빈, 10번째 개정판, 2008년 참고.

96 최고의 리더들은 회사의 사업을 깊이 있게 알고 있다. 이에 대한 사례가 네슬레의 사업을 잘 알고 있었던 헬무트 마우허다. 마우허는 자신에게 주어진 시간의 약 60%를 시장에서 보냈고, 사업과 관련해서는 아주 작은 부분까지도 파악하고 있었다. 마우허에 대한 더 자세한 이야기는 헬무트/말릭, 프레드문트/파르쉬치안, 파르잠 〈마우허 그리고 말릭이 매니지먼트에 대하여. 기업가적 행동의 최대〉, 프랑크푸르트/뉴욕, 2012년 참고.

97 이를 어떻게 이해해야 하는지에 대해서는 한스 울리히와 발터 크리히가 이미 첫 세대의 생 갈렌 매니지먼트 모델 원본의 개발 당시 보여주었다.

98 나의 시스템 사이버네틱스 매니지먼트 이론에 대한 더 구체적인 내용은《복잡한 시스템의 매니지먼트 전략(Strategie des Managements komplexer

Systeme)》, 대학 교수 자격 취득 논문, 10쇄, 2008년, 하웁트, 베른, 2008년
을 참고하라.

옮긴이 박여명

프리랜서 아나운서. 한국외국어대학교 독일어과를 졸업하고 한국외국어대학교 통번역대학원에서 공부했다. 독일에서 학창 시절을 보냈으며 현재 번역에이전시 엔터스코리아에서 번역가로 활동하고 있다. 옮긴 책으로는 《파나마 페이퍼스》《푸마 리턴》《트렌드와 시나리오》《SNS 쇼크》《나를 일깨우는 글쓰기》《두려움 없는 글쓰기》《고루한 대화습관 탈출하기》《새로운 하늘의 발견》《매달 통장 잔고를 걱정했던 그녀는 어떻게 똑똑한 쇼핑을 하게 됐을까》《존엄하게 산다는 것》《데미안》《어른을 위한 수면 동화》《모나리자 바이러스》《숲, 다시 보기를 권함》《개 같은 시절》《최고의 골키퍼 노이어》 등 다수가 있다.

경영의 본질

초판 1쇄 발행 2023년 4월 10일
초판 3쇄 발행 2024년 12월 9일

지은이 프레드문트 말릭
펴낸이 정덕식, 김재현
펴낸곳 (주)센시오

출판등록 2009년 10월 14일 제300-2009-126호
주소 서울특별시 마포구 성암로 189, 1711호
전화 02-734-0981
팩스 02-333-0081
메일 sensio@sensiobook.com

책임 편집 오순아
디자인 Design IF

ISBN 979-11-6657-100-8 03320

소중한 원고를 기다립니다. sensio@sensiobook.com